L'OBJET DE NOS PENSÉES

DESCARTES ET L'INTENTIONNALITÉ

DU MÊME AUTEUR
À LA MÊME LIBRAIRIE

Descartes et l'ambivalence de la création, 2000
Idée et idéalisme, sous la direction de Kim Sang Ong-Van-Cung, 2006

THOMAS D'AQUIN, *Questions disputées sur la vérité*. Question X : *L'esprit*, texte latin de l'édition léonine, introduction, traduction, notes et postface par Kim Sang Ong-Van-Cung, 1998

PROBLÈMES ET CONTROVERSES
Directeur : Jean-François COURTINE

L'OBJET DE NOS PENSÉES
DESCARTES ET L'INTENTIONNALITÉ

par
Kim Sang ONG-VAN-CUNG

Ouvrage publié avec le concours
du Centre national du livre

PARIS
LIBRAIRIE PHILOSOPHIQUE J. VRIN
6, Place de la Sorbonne, Ve

2012

À mes parents

Imprimé en France
ISSN 0249-7875
ISBN 978-2-7116-2367-9

www.vrin.fr

INTRODUCTION

L'HORIZON DE LA CORRÉLATION DU SUJET ET DE L'OBJET

L'HISTOIRE DE L'INTENTIONNALITÉ ET LA QUESTION DU SUJET

Ce livre est une histoire de l'intentionnalité. Il s'agit d'une enquête qui prend sa source au Moyen Âge tardif et qui voudrait rendre compte des modifications que Descartes apporte au lexique et à la conceptualisation de l'objectivité élaborés Moyen Âge. J'ai voulu écrire une histoire de l'intentionnalité centrée sur Descartes et je voudrais en déplier ici les principales raisons.

D'ordinaire, on part plutôt du XXe siècle pour définir l'intentionnalité, comme la caractéristique propre de l'esprit qui est de tendre, ou de se diriger, vers un objet auquel il pense. C'est le sens de la phrase de Husserl, selon laquelle « toute conscience est conscience *de* quelque chose ». L'intentionnalité signifie la nécessité pour la conscience d'exister comme conscience d'autre chose que soi. Elle implique la dimension de la visée et de l'ouverture. Ainsi, selon Sartre, Husserl découvre, avec la notion phénoménologique d'intentionnalité, la transcendance de l'*ego*, et, avec elle, celle du monde qui est là et qui reste toujours au-delà d'une saisie adéquate, par laquelle il serait représenté ou contenu dans l'esprit.

> La conscience et le monde sont donnés d'un même coup : extérieur par essence à la conscience, relatif à elle. C'est que Husserl voit dans la conscience un fait irréductible qu'aucune image physique ne peut rendre. Sauf, peut-être, l'image rapide et obscure de l'éclatement. Connaître, c'est “s'éclater vers”, s'arracher à la moite intimité gastrique pour filer, là-bas, par-delà soi, vers ce qui n'est pas soi, là-bas, près de l'arbre et cependant

> hors de lui, car il m'échappe et me repousse, et je ne peux pas plus me perdre en lui qu'il ne se peut diluer en moi : hors de lui, hors de moi [1].

Quand on est fidèle à la philosophie transcendantale, il faut admettre qu'il n'y a pas de « phénomènes » mentaux, que ce qui *apparaît* se donne dans le flux du vécu de la conscience et non dans « un contenu » mental, ou dans une représentation encapsulée dans l'esprit. Le concept d'*expérience* signifie cette *corrélation d'apparaître*, consistant pour la conscience à être près des choses, à être la conscience de les saisir directement. L'expérience n'est pas une brèche dans un « espace » de la conscience, dans lequel apparaîtrait un monde existant avant toute expérience [2]. Ainsi, grâce à la notion d'intentionnalité, nous n'avons pas affaire à deux existants massifs et isolés dans leur identité : la conscience et le monde brut séparés, puis rapportés l'un à l'autre après-coup pour expliquer la connaissance ou l'action, par quelque processus biologique, mental ou linguistique. La saisie par expérience est la *relation* originaire au monde déjà-là avant moi.

Est-il possible d'envisager pour Descartes une place dans l'histoire de l'intentionnalité ? Brentano a souligné la provenance médiévale de la directionalité de l'esprit : ce sont les médiévaux, et au-delà les auteurs de la scolastique du XVIe siècle, qui ont soutenu que la pensée se caractérise par la direction vers un objet. Les médiévaux ont mis en relief la pensée comme une relation à la présence objective, intentionnelle ou mentale, c'est-à-dire une présence non de quelque chose de réel, mais plutôt de la relation à une objectivité immanente, à un objet de la pensée. Les sources de Brentano sont surtout Aristote, Thomas d'Aquin et Suárez, qu'il évoque directement, mais Duns Scot, qui est pourtant un auteur essentiel dans une histoire de la visée objective, reste plutôt à l'arrière-plan du propos « historique » de Brentano.

Or il est connu que Descartes hérite certains de ses concepts de la scolastique. La notion de réalité objective de l'idée a ainsi pour origine la notion d'*esse objectivum* de Duns Scot et sa conception de la représentation [3]. Pour connaître, l'esprit pose, selon Duns Scot, quelque chose dans

1. J.-P. Sartre, « Une Idée fondamentale de la phénoménologie de Husserl : l'intentionnalité » (1939), dans *Situations* I, Paris, Gallimard, 1947.

2. Husserl, *Logique formelle et logique transcendantale*, trad. S. Bachelard, Paris, P.U.F., 1957, § 94, p. 312.

3. Voir Ét. Gilson, *Études sur le rôle de la pensée médiévale dans la formation du système cartésien*, Paris, Vrin, 1930, 1984, p. 202-207, *L'Être et l'essence*, Paris, Vrin, 1948, 1981, chap. V, p. 146-160 ; R. Dalbiez, « Les Sources scolastiques de la théorie cartésienne de l'être objectif », *Revue d'Histoire de la philosophie*, 3, (1929), p. 464-472 ; T. J. Cronin, *Objective Being in Descartes and Suárez*, Rome, Pontificia Università Gregoriana, 1966 ; J. C. Doig, « Suarez, Descartes and the Reality of Ideas », *The New Scholasticsm*, 51, 1977, p. 350-371 ;

un être objectif. L'esprit se représente, *i. e.* présente à nouveau ou se rend présent, ce qui est d'abord présent aux sens ou à l'intellect. Les historiens de la philosophie ont insisté sur la provenance scotiste de cette notion de « réalité objective », centrale dans la théorie cartésienne des idées, mais ils ont souligné la différence qui existe entre l'*esse*, l'être, et la *realitas*, la réalité. Ils ont critiqué le côté réaliste de la conception cartésienne de l'objectivité, qui comprendrait l'être à partir de la *res*, à partir de la chose, comme un contenu de représentation.

Les commentateurs de Descartes ont mis en avant les sources scotistes de Descartes, mais en réalisant l'objet de la pensée chez lui. Et l'on a donc tendance à considérer que s'il y a bien une histoire médiévale de l'intentionnalité, comme visée objective, il n'y a pas chez Descartes d'intentionnalité, parce qu'il serait trop « réaliste », et que le propre de l'intentionnalité est de refuser les contenus mentaux. En retraçant les sources médiévales de la notion d'intentionnalité, on exclut d'ordinaire Descartes de cette histoire et l'on considère qu'il faut faire un grand bond en avant vers le XXe siècle pour en retrouver la notion. Descartes a d'ailleurs fait l'objet d'une critique de Husserl, qui lui reproche d'avoir raté de très près le concept transcendantal d'intentionnalité, si bien que Descartes ne semble pas *a priori* pouvoir être considéré comme un centre de référence pour une histoire de l'intentionnalité. La critique husserlienne de Descartes montre l'écart entre l'intentionnalité de la conscience et la *cogitatio* cartésienne, centrée sur les contenus de repréentation et enracinée dans un sujet-substance. L'intentionnalité ferait précisément pièce à la conception « cartésienne » d'un sujet séparé du monde.

Les études médiévales récentes sur l'intentionnalité ont mis en relief l'existence de différentes théories de l'intentionnalité au Moyen Âge[1].

C. Normore, « Meaning and Objective Being : Descartes and his sources » dans *Essays on Descartes's* Meditations, éd. A. O. Rorty, Berkeley, UCP, 1986, p. 223-241 ; N.J. Wells, « Objective Being : Descartes and His Sources », *The Modern Schoolman*, XLV, 1967, p. 49-61, « Material Falsity in Descartes, Arnauld and Suarez », *Journal of History of Philosophy*, 22, 1984, « Objective Reality of Ideas in Descartes, Caterus and Suárez », *Journal of the History of Philosophy*, 28 / 1 (1990), p. 33-61 et encore « Objective Reality of Ideas in Arnauld, Descartes and Suárez » *in* E. J. Kremer (éd), *The Great Arnauld and Some of his Philosophical Correspondents*, Toronto, Buffalo, Londres, The University of Toronto Press, 1994, p. 138-183 ; J.-Fr. Courtine, « La Doctrine cartésienne de l'idée et ses sources scolastiques », dans *Lire Descartes aujourd'hui*, Louvain, Peeters, 1997, p. 1-20.

1. Dominik Perler a contribué, de manière très importante, à la recherche des sources médiévales de l'intentionnalité. Voir D. Perler, « Peter Aureol vs. Hervæus Natalis on Intentionality. A Text Edition with Introductory Remarks », *Archives d'histoire doctrinale et littéraire du Moyen Âge* 61, 1994, D. Perler, (éd.), *Ancient and Medieval Theories of Intentionality*, Leiden, 2001 ; D. Perler, *Theorien der Intentionalität in Mittelalter*, Frankfurt

Ainsi, en inscrivant nos analyses dans le cadre de la recherche des sources médiévales et scolastiques de l'intentionnalité et des sources médiévales et scolastiques de la philosophie cartésienne, mises en valeur par Étienne Gilson et Jean-Luc Marion, il est possible d'envisager la philosophie cartésienne des idées comme un mouvement de réévaluation du lexique scolastique de l'intentionnalité (*species*, *intentio*, *esse intentionale*, *esse*, ou *conceptus*, *obiectivum*). C'est cette transformation que je voudrais décrire.

La raison principale qui me conduit à écrire une histoire de l'intentionnalité est liée à la question du sujet. En effet qu'est-ce que Descartes a à dire sur le sujet, lui qui est précisément antérieur au lexique et à la conceptualité du sujet moderne ? L'inventeur du concept moderne de subjectivité, comme principe de la pensée et de la liberté, c'est en effet Kant. Il est à l'origine de la thèse à la fois historique et philosophique d'une invention cartésienne du sujet de la pensée – de ce « sujet cartésien » qui est couramment critiqué à partir de lui. Or, Descartes ne dit pas que le moi soit un sujet pensant, alors que Kant écrit pour sa part que « tout le divers de l'intuition a donc une relation nécessaire au : *je pense*, dans le même sujet [*in demselben Subjekt*] où ce divers se rencontre » [1].

On a l'habitude, depuis Kant, d'attribuer à Descartes une métaphysique de la subjectivité, parce qu'il aurait identifié le sujet et la substance. Kant souligne en effet, contre Descartes, que le *Je* est bien le support logique de toutes les pensées, mais qu'il ne saurait pour autant fournir la « permanence (*Beharrlichkeit*) d'une substance », dont le *Je* reste dépourvu dans le temps. Mais il faut noter que Descartes souligne, dans la *Méditation seconde*, où ne figure pas le terme de substance, que l'*ego* n'est et n'existe que pour un temps.

> Si Descartes admet sans difficulté l'*ego* comme le "*subiectum meae cogitationis*" (AT, VII, 37, 9), de la même manière que Kant admet que le sujet transcendantal offre un "*substratum* au fondement de toutes les pensées" (*CRP*, A 350), il ne lui accorde le rang de substance qu'avec une restriction essentielle et temporelle, la permanence du concours ordinaire

a. M., Klostermann, 2002 ; *Théories de l'intentionalité au moyen âge*, Paris, Vrin, 2003. Voir aussi sur Descartes, *Repräsentation bei Descartes*, Frankfurt a. M., Klostermann, 1996.

1. Kant, *Critique de la raison pure* (abrégée *CRP*), éd. sous la direction de F. Alquié, trad. A. Delamarre et F. Marty, à partir de la traduction de Jules Barni, Paris, Gallimard, 1980 ; « Déduction des concepts purs de l'entendement », § 16, [B 132], trad. cit., p. 853. Sur la caractérisation tardive de la notion de sujet attribuée à Descartes, voir K.-S. Ong-Van-Cung (éd.), *Descartes et la question du sujet*, Paris, P.U.F., 1999.

de Dieu, sans lequel on ne saurait à strictement parler admettre aucune substance finie [1].

Notons que la citation de Descartes « *subiectum meae cogitationis* » ne concerne en fait pas l'*ego*. Le passage porte sur la définition des idées au sens propre et en un sens plus élargi, qui concerne les volontés et les affections. Ainsi, « *subiectum meae cogitationis* » désigne le sujet de ma pensée – *i. e.* ce sur quoi elle porte (son substrat) –, qui est certes conçu, mais reçoit une autre forme que celle de la conception dans les volontés et les affections. Dans les *Troisièmes Réponses*, Descartes aussi utilise le terme de sujet, mais c'est en réponse à Hobbes qui emploie le vocabulaire du sujet des facultés et des actes. Descartes en tire dans sa réponse une proposition sur la connaissance de la substance en général ; « nous ne connaissons pas la substance immédiatement par elle-même, mais seulement parce qu'elle est le sujet de quelques actes » [2]. Cette affirmation concerne ainsi, entre autres, la pensée. Il n'y a pas là d'affirmation neuve sur l'*ego*.

En effet, que l'*ego* soit le premier principe de la philosophie cartésienne [3], Descartes l'affirme avant même que, dans le cours de la preuve de l'existence de Dieu par l'idée de parfait, il souligne que *ego autem substantia* [4]. Il faudrait comprendre la fonction précise d'un tel énoncé substantiel dans la preuve, dès lors qu'il ne s'agit pas d'une permanence sans restriction de l'*ego* ou de la pensée finie. Lorsque Descartes envisage le sujet des pensées, il parle du substrat des pensées, bref il emploie le sens traditionnel de sujet. Alain de Libera souligne ainsi que « l'*invention cartésienne du sujet*, qui ne tardera pas à se transformer problématiquement sous nos yeux en *invention du sujet cartésien*, n'est, osons le dire franchement, qu'*un mythe historiographique*. Un mythe à “déconstruire” » [5]. Dans ces conditions, dire ce qu'est le « sujet cartésien »,

1. Nous renvoyons aux analyses de J.-L. Marion dans « Descartes hors sujet », *Les Études philosophiques*, 2009-1, p. 51-62, (p. 53 pour la citation). Je ne dirais pas néanmoins que Descartes soit « hors sujet », je voudrais plutôt montrer comment Descartes permet de poser autrement la question du sujet et de l'objet.

2. Nous citons Descartes dans l'édition des *Œuvres*, publiées par Charles Adam et Paul Tannery, nouvelle présentation par Bernard Rochot et Pierre Costabel, 11 vol., Paris, Vrin-CNRS, 1964-1974, abrégée AT, suivi du numéro du volume, de la pages, et le cas échéant de la ligne. Nous le citons aussi dans l'édition de Ferdinand Alquié, des *Œuvres philosophiques de Descartes*, 3 tomes, Garnier-Frères, 1963-1973, abrégée FA, suivi du numéro de tome et de la page. Pour la référence : AT, IX, 136 et en latin VII, 176, l. 1-3

3. *Discours de la méthode* (*DM*), Quatrième partie, AT, VI, 32, l. 23.

4. *Meditatio tertia*, AT, VII, 45, l. 7. « je suis aussi moi-même une substance », AT, IX, 35.

5. A. de Libera, *Archéologie du sujet*, I. *Naissance du sujet*, Paris, Vrin, 2007, p. 153. Voir aussi p. 39.

en dehors de toutes ces pesanteurs interprétatives, est un problème intimement lié à la question de l'objet des pensées.

Certains travaux récents de médiévistes sur le sujet de la pensée soulignent qu'on ne peut guère entrer dans l'histoire du sujet en se contentant d'opposer la *psyché* d'Aristote à la *mens*, ou esprit, de Descartes, et qu'il faudrait plutôt s'attacher à décrire l'application du problème du *subjectum* (de la traduction latine de *l'hypokeimenon* aristotélicienne) à l'homme ou au moi. Ils entendent déconstruire *la* question du sujet, et ils se demandent comment la notion de *sujet* (au sens du *subiectum*) en vient à investir celle du moi. Les médiévistes se sont illustrés dans l'écriture d'une histoire médiévale du sujet – histoire complexe qui donne lieu à des généalogies ou encore à une archéologie du sujet – d'une manière excellente et utile pour la recherche[1]. Mais je me demande de quel sujet il est question au juste dans ces généalogies. S'agit-il, par exemple, du sujet pensant seulement, ou du sujet juridique, du sujet d'action ou peut-être aussi du sujet moral? Je me demande aussi ce qu'il faut à vrai dire entendre sous l'étiquette de sujet « moderne ». De quelle notion de sujet propose-t-on des généalogies ou bien, comme A. de Libera, une archéologie?

Tout en soulignant qu'il n'est pas le seul sujet, c'est en définitive le sujet agent de ses pensées, *i. e.* le sujet transcendantal tellement critiqué à l'époque contemporaine, dont les médiévistes font l'histoire. C'est, à mon avis, pour une raison de fond qui tient à ce que la noétique des médiévaux est une théorie de l'intellect, récepteur (intellect possible) et agent. C'est cette histoire qu'Alain de Libera a voulu écrire[2] et, à vrai dire, dans le Premier volume de son *Archéologie du sujet*, il écrit une histoire trinitaire de la notion de personne, pour débusquer ce qu'il faudrait entendre en lieu et place du sujet pensant moderne[3].

Ce n'est pas l'histoire que je me propose d'écrire, parce qu'elle renvoie à un sens ancien et médiéval de sujet-suppôt qui, comme on le verra, est loin de rendre compte de la fonction de l'*ego* dans la connaissance et dans la pensée. En outre, chez Descartes, même si la volonté est active dans le

1. Voir O. Boulnois (éd.), *Généalogies du sujet. De Saint Anselme à Malebranche*, Paris, Vrin, 2007.

2. Voir A. de Libera, A. de Libera, *Archéologie du sujet*, I, *op. cit.*, p. 22 : « Surtout : mon archéologie du sujet porte sur cela même dont l'archéologie foucaldienne entendait "éliminer les avatars" : le sujet "transcendantal" ou "constituant". Mon sujet est le sujet constitué : je veux montrer comment s'est formé la notion de sujet contre la "souveraineté" duquel Foucault a rompu ses premières lances… ».

3. *Ibid.*, p. 97.

jugement, la passivité de l'entendement, qui reçoit les idées, ne permet pas de caractériser l'*ego*, trop simplement, comme sujet agent de ses pensées. Or, dans le cartésianisme, c'est cette fonction de l'*ego* qui implique de commencer à philosopher, ou à rechercher la vérité, à partir de la pensée, c'est-à-dire à partir du *Je pense*, et c'est ce qui explique qu'on ait prétendu attribuer à Descartes la paternité de la notion de « sujet moderne ». L'histoire du sujet trancendantal n'est pas l'histoire que je me propose d'écrire, précisément parce que esquiver, humilier ou « déconstruire », « le sujet cartésien », fût-ce par rapport à la notion leibnizienne de substance individuelle agissante[1], n'est précisément pas ce que j'ai envie de faire en philosophie.

Je voudrais plutôt reconstruire la figure de ce sujet cartésien, dont l'existence est si problématique pour l'historien de la philosophie. À vrai dire, la question n'est pas tellement celle de savoir qui a inventé le sujet pensant ni de poser que les préalables de l'invention du sujet transcendantal se trouvent au Moyen Âge ou dans la scolastique tardive, ni même d'y observer les objections préalables qui sont faites à la notion de « sujet moderne ». Ce livre n'entend pas contribuer à une archéologie de la notion surdéterminée de sujet transcendantal. Ma pratique n'est pas d'imputation, je ne me demande pas qui, dans l'histoire de la philosophie, est responsable de la naissance du « sujet moderne »[2].

L'histoire de l'intentionnalité que je me propose d'écrire, c'est l'histoire de la corrélation sujet et objet. Et la raison pour laquelle j'ai écrit une histoire de l'intentionnalité et non une histoire du sujet, en dépit de mon intérêt pour cette question, c'est qu'une telle histoire est improbable, vu l'équivocité de la notion de sujet[3]. Or poser la question de l'intentionnalité

1. Concernant la liaison essentielle de l'action et de la substance, voir M. Fichant, « *Actiones sunt suppositorum.* L'Ontologie leibnizienne de l'action », *Philosophie*, 1997, n° 53, (p. 135-148).

2. Il ne fait pas de doute que la philosophie médiévale nous fasse assister aux prémices de la naissance du sujet, en particulier parce qu'elle pose, en tous les cas dans l'averroïsme latin, la question d'un sujet transindividuel de la pensée. Voir J. Biard, « Le sujet de l'intellect chez Jean de Jandun », *Oriens-Occidens*, 2002 et aussi J.-B. Brenet, *Transfert du sujet. La Noétique d'Averroès selon Jean de Jandun*, Paris, Vrin, 2003 et « Moi qui pense, moi qui souffre. Le problème de l'identité du composé humain dans la riposte anti-averroïste de Pierre d'Auriole et de Grégoire de Rimini » dans O. Boulnois (éd.), L'averroïsme nous a semblé trop éloigné des sources du cartésianisme pour l'envisager dans la présente étude.

3. Néanmoins, parce qu'il envisage les deux aspects essentiels de cette notion, comme condition du savoir objectif et comme expérience de soi, nous pensons que Foucault a fourni un modèle narratif convaincant pour écrire une telle histoire du sujet, précisément dans l'horizon de la désubjectivation – ce qu'il désigne par les expressions « penser autrement qu'on ne pense », « se déprendre de soi-même ». Son histoire du sujet reste, à notre avis, une

à Descartes, et se demander ce que serait une théorie cartésienne de l'intentionnalité, c'est en fait lui poser la question du sujet d'une façon qui n'importe pas d'emblée dans sa philosophie la théorie d'un sujet séparé, autrement dit, qui ne présuppose pas l'existence d'un sujet-substance séparé, dont on admettra volontiers qu'il ne soit qu'un mythe historiographique. On aura donc compris que poser à Descartes la question de l'intentionnalité, c'est se situer d'emblée dans la corrélation du sujet et de l'objet et, dans ce contexte, le Moyen Âge et la scolastique sont importants, puisque, comme on le verra, ces auteurs élaborent le lexique de la corrélation sujet et objet.

L'OBJET DES PENSÉES CHEZ DESCARTES

Que l'objet soit le corrélat du sujet est néanmoins une affirmation que nous devons aussi à Kant. Plusieurs questions se posent à nous. L'intentionnalité se définit-elle, de façon générale, par la corrélation sujet et objet ? Qu'en est-il de l'objet des pensées chez Descartes, et trouve-t-on chez lui une telle corrélation ? Si l'objectivité se constitue au Moyen Âge, en quel sens une telle corrélation se met-elle en place ? Et qu'est-ce au juste que le sujet de la pensée chez les auteurs du Moyen Âge tardif que nous considérons ?

Chez Kant, l'objet est déterminé, selon le double sens du phénomène et de la chose en soi, et les objets ne sont pas connus en soi. En effet ce que nous nommons « objets extérieurs » ne sont que des représentations de notre sensibilité, dont le corrélat, la « chose en soi », est inconnaissable.

> Comment peut-il y avoir dans l'esprit une intuition externe qui précède les objets eux-mêmes, et dans laquelle leur concept peut être déterminé *a priori ?* Cela ne peut arriver qu'autant qu'elle a son siège dans le sujet comme la propriété formelle qu'il a d'être affecté par des objets et d'en

référence, bien qu'il soit possible et surtout peut-être nécessaire de revoir certaines de ses affirmations historiques, qui sont néanmoins intéressantes et productives, et qui fournissent des instruments pour penser le monde contemporain. Nous disposons de l'archéologie du sujet, dans *Les Mots et les choses*, et des textes des *Dits et Ecrits* qui accompagnent *L'Herméneutique du sujet. Cours du Collège de France de 1981-1982*, mais nous n'avons que les éléments d'un récit, dont il faudrait reconstruire le détail et l'unité. Ce programme dépasse les limites de la présente étude. On trouve des indications utiles dans Béatrice Han, « Analytique de la finitude et histoire de la subjectivité », dans G. le Blanc et J. Terrel, *Foucault au Collège de France : un itinéraire*, Presses Universitaires de Bordeaux, 2003. Voir J. Terrel, *Politiques de Foucault*, P.U.F. 2010, en particulier II, chap. 1.

> recevoir par là une *représentation immédiate*, c'est-à-dire une intuition, par conséquent comme forme du sens externe en général [1].

Sont nommés « objets » les représentations du sujet, liées les unes avec les autres, et déterminables dans les rapports de l'espace et du temps, suivant les lois de l'unité de l'expérience [2]. Les concepts de l'entendement ne font connaître que les choses dont l'intuition leur correspond. La connaissance est en effet l'application aux phénomènes, ou l'applicabilité, des concepts de l'entendement, selon sa légalité. Nous ne pouvons « avoir connaissance d'aucun objet comme chose en soi, mais seulement en tant que c'est un objet de l'intuition sensible, c'est-à-dire comme phénomène » [3].

La détermination de l'objet de la connaissance renvoie au sujet, dont il est le simple corrélat. Car ce qui procure les objets empiriques particuliers, c'est que la pensée universelle de l'objet en général puisse s'appliquer à ce qui est intuitionné. Ainsi, les conditions de la représentation sont l'unité de la conscience et l'objet en général. L'enchaînement du divers de l'intuition, grâce aux catégories de l'entendement, constitue en effet l'objet en un ensemble de connexions unifiées pourvu de sa légalité, mais sous la condition de l'unité du *Je pense*. L'objet transcendantal, qui est pensé abstraitement, isolément du contenu intuitif, n'est pas un objet connaissable par lui-même, mais il est le point d'unification qui permet d'objectiver le donné ; il est le corrélat de l'aperception transcendantale, du pur *Je*, et au même titre que celui-ci, il est un préalable et un fondement absolument premier de l'expérience.

> Il est nécessaire de bien faire entendre ce que l'on veut signifier, par cette expression d'un objet des représentations. [...] Il est aisé de voir que cet objet ne doit être pensé que comme quelque chose en général = X, puisqu'en dehors de notre connaissance nous n'avons rien que nous puissions opposer à cette connaissance comme y correspondant [4].

L'objet transcendantal, c'est la chose en soi, mais pensée comme fondement des phénomènes objectifs particuliers.

Si les représentations doivent se rapporter à un objet, et s'accorder nécessairement entre elles, l'unité de la conscience est requise dans

1. Kant, *CRP*, Esthétique transcendantale, § 3, [A 25 / B 41], p. 787.
2. *CRP*, Dialectique transcendantale, chap. II, sixième section, III, [A 494 / B 522], p. 1140.
3. *CRP*, Préface à la Seconde édition, [B XXVI], p. 745.
4. *CRP*, Déduction transcendantale des catégories, deuxième section, 3, 1re édition, [A 104], p. 1410.

l'unification des représentations[1]. Le concept est en effet une synthèse de représentations, qui suppose la conscience de l'unité de cette synthèse. Il faut qu'il y ait une conscience comme condition l'unité des représentations, quand bien même elle ne se manifesterait clairement que dans cette liaison.

> Comme nous n'avons affaire qu'au divers de nos représentations, et comme cet X qui leur correspond n'est rien pour nous, puisqu'il doit être quelque chose de différent de toutes nos représentations, il est clair que l'unité que l'objet constitue nécessairement ne peut être autre chose que l'unité formelle de la conscience dans la synthèse du divers des représentations[2].

L'objet des représentations est le quelque chose en général, et la conscience « une condition objective » de toute connaissance. Il ne s'agit pas là d'une simple condition subjective, d'une unité conçue comme une association du divers dans la représentation, selon un principe psychologique. La condition est transcendantale et elle est antérieure à la connaissance de l'objet ; « je n'en ai pas simplement besoin pour connaître un objet, mais toute intuition doit lui être soumise, *pour devenir un objet pour moi*, puisque d'une autre manière et sans cette synthèse le divers *ne* s'unirait *pas* en une conscience »[3].

Kant utilise le syntagme cartésien de « réalité objective » ; il ne caractérise pas les idées, mais des concepts ou des catégories[4]. « Le concept pur de cet objet transcendantal (qui en réalité dans toutes nos connaissances est toujours de même sorte = X) est ce qui peut procurer à tous nos concepts empiriques en général un rapport à un objet, c'est-à-dire une réalité objective »[5]. La réalité objective d'un concept est la possibilité, pour lui, d'être appliqué à des intuitions. Cette simple possibilité définit la corrélation du sujet et de l'objet, comme relation du pur *Je pense*, de la conscience, à l'objet en général ou objet transcendantal = X. C'est la capacité d'un concept à avoir un contenu, à être une représentation *de* quelque chose, qui définit l'usage kantien de la notion de réalité objective. Devons-nous alors

1. C'est ce que la 2e édition *CRP*, dans la Déduction transcendantale, formule dans la formule célèbre « Le : *je pense* doit *pouvoir* accompagner toutes mes représentations ». Voir le § 16, [B 131], p 853.

2. *Ibid.* Voir, *CRP*, Représentation sommaire… [A 129], p. 1427-1428.

3. *CRP*, Déduction transcendantale, 2e édition, § 17, [B 138], p. 857.

4. *Ibid.*, § 24, [B 150], p. 866. Les catégories, comme simples formes de la pensée, reçoivent *une réalité objective*, c'est-à-dire une application à des objets qui peuvent nous être donnés dans l'intuition, mais seulement à titre de phénomènes, car c'est seulement par rapport à eux que nous sommes capables d'intuition *a priori* ». Nous soulignons « réalité objective ».

5. *Déduction transcendantale*, 1re édition, [A 109], p. 1413.

inscrire Descartes et Kant dans une semblable problématisation de la réalité objective et de la représentation ?

Pour Descartes, on ne peut pas penser sans penser à quelque chose, ou sans avoir quelque chose à l'esprit. N'écrit-il pas en effet que « les idées étant comme des images, il n'y en peut avoir aucune qui ne nous semble représenter quelque chose »[1] ? Le but de la preuve de l'existence de Dieu, dans la *Méditation Troisième*, où le lexique de la réalité objective est constitué, est en effet de faire sortir la pensée d'elle-même, ou plutôt du simple rapport à elle-même et à ses idées. Il s'agit de l'amener à reconnaître qu'elle est déjà sortie d'elle-même, non seulement par une inclination de l'esprit, qui vise inconditionnellement quelque chose, mais par la reconnaissance d'une extériorité qui est métaphysiquement première, dont la fonction est assumée par l'idée de Dieu.

Que l'esprit vise toujours quelque chose, c'est ce que l'analyse du morceau de cire indique, avec l'*incipit* : « Relâchons-lui donc encore une fois la bride, afin que, venant ci-après à la retirer doucement et à propos, nous le puissions plus facilement régler et conduire »[2]. Il appartient à l'esprit de croire à l'extériorité, et de s'y situer naïvement, mais l'exercice de la méditation est le règlement de la pensée dans sa visée de l'extériorité. Et c'est à la philosophie première qu'est assignée la tâche d'un tel règlement, ou d'une telle conduite de la pensée.

Sur le fond d'une même réflexion portant sur la référence de nos contenus mentaux, ou sur leur capacité à se rapporter à des objets, Descartes applique la causalité métaphysique aux idées et voit dans l'existence du Dieu vérace le fondement de la règle générale de vérité, alors que Kant désactive la causalité métaphysique de sorte que le principe de l'unité de l'expérience est suffisant pour expliquer la possibilité de la connaissance. Si on veut répondre à la question de savoir s'il faut inscrire Descartes dans le chemin qui mène vers Kant, le transcendantal et la représentation (*Vorstellung*), il faut se demander s'il y a bien chez Descartes une pensée de la relation du sujet à l'objet en général ?

La question de l'intentionnalité des pensées se développe sur le fond de la thèse que l'esprit a affaire à l'objet en général[3]. La thématisation husserlienne de la *mathesis universalis* en témoignerait. Husserl

1. Descartes, *Méditation Troisième*, AT, IX, 34-35.

2. *Méditation Seconde*, AT, IX, 23.

3. Voir, Husserl, *Logique formelle et logique transcendantale*, (abrégée *LFLT*), chap. II-IV.

renvoie d'ailleurs à Leibniz, et non à Descartes[1]. Ainsi le réinvestissement du transcendantal dans l'intentionnalité phénoménologique modifie la problématique kantienne. La constitution de l'objet ne consiste pas dans la justification de l'emploi des concepts ou des catégories, que Kant nomme leur déduction transcendantale, mais dans la reconstruction de l'être concret de l'objet, le retour vers ce qui a été oublié dans l'attitude cognitive de la conscience braquée sur l'objet. L'intuition donatrice originaire met ainsi l'accent sur le mouvement régressif de l'objet vers la plénitude concrète de sa constitution. La conscience intentionnelle touche l'être original des choses, dans un rapport à l'être où le mouvement vers l'objet est libéré du scrupule criticiste. La phénoménologie husserlienne est un renouvellement du transcendantal. L'être est condition des phénomènes, la transcendance de l'objet se produit comme son objectivité même[2]. La corrélation du sujet et de l'objet définit, de façon générale, la nature de l'intentionnalité. Et entendue de cette manière, on peut envisager l'intentionnalité dans le cadre d'une histoire de l'objectivité, qui ne nous oblige pas à situer notre étude sur le seul domaine historique de la phénoménologie.

Je voudrais montrer que poser la question de l'objet des pensées, et de la corrélation du sujet et de l'objet, chez Descartes, nous engage dans une voie différente de celle de Kant et de l'intentionnalité phénoménologique, qui la pensent comme relation de la conscience et de l'objet en général. Posons alors à Descartes la question de l'objet des pensées.

Force est de constater que la situation est différente dans le texte des *Regulae ad directionem ingenii* et dans celui des *Meditationes de prima philosophia.* En effet, on ne trouve pas, dans les *Regulae*, le mot *idea*, du moins dans le sens qui sera celui des *Méditations métaphysiques*, où la notion de « réalité objective » est thématisée. À l'époque des *Meditationes*, l'idée signifie les pensées qui sont comme une image des choses – *tanquam rerum imagines*[3]. Le terme est défini précisément comme «*formam illam, per cujus immediatam perceptionem ipsius ejusdem cognitionis conscius sumus* – cette forme que prennent chacune de nos pensées, par la perception immédiate de laquelle nous avons connaissance

1. Voir D. Rabouin, « Husserl et le projet leibnizien d'une *mathesis* universalis », *Philosophie*, 2006. Voir aussi D. Rabouin, Mathesis universalis. *L'idée de « mathématique universelle » d'Aristote à Descartes*, Paris, P.U.F., 2009.

2. E. Levinas, « La Ruine de la représentation » (1959), *En Découvrant l'Existence avec Husserl et Heidegger*, Paris, Vrin, 1982, p. 116.

3. Descartes, *Meditatio Tertia*, AT, VII, 37, l. 3.

de ces mêmes pensées »[1]. Autrement dit, l'idée est la forme que prend ma pensée, quand elle est la pensée *de* quelque chose. C'est en percevant *immédiatement* l'idée que je la connais ou que j'en ai conscience (*conscius sum*) comme idée *de* quelque chose. Penser à quelque chose, c'est avoir une idée, qui est immédiatement reconnue comme idée de quelque chose. En un sens, il est bien ici question de référence ou d'intentionnalité, et tout ce que j'exprime par des paroles, quand je comprends ce que je dis, signifie que j'ai une idée de la chose dont je parle. Mais, par qui cette chose est-elle reconnue ? Par l'esprit (*mens*), ou plutôt par l'entendement. Et Descartes souligne le fait qu'il n'appelle pas « idées » les images matérielles de l'imagination (*imagines in phantasia*).

Dans les *Regulae ad directionem ingenii*, Descartes ne dispose pas de ce sens du mot idée, qu'il utilisera dans la maturité de sa philosophie à partir de 1640. Le terme « idée » est utilisé dans ce premier ouvrage, dont on date la rédaction autour de 1629, pour signifier des images corporelles. On le voit dans ce passage : « si l'entendement se propose un objet d'examen qui puisse être rapporté au corps, il faut en former une idée dans l'imagination, avec autant de distinction qu'il sera possible – *ejus idea, quam poterit distinctissime, in imaginatione est formanda* –; et pour y parvenir plus commodément, c'est la chose elle-même que représente cette idée qu'il convient de montrer aux sens externes – *ipsa, quam haec idea repraesentabit, sensibus externis est exhibenda* »[2]. On le voit aussi avec la présence dans le texte du syntagme *idea corporea*[3]. Et cependant, si on ne trouve pas le lexique des idées de la maturité ni non plus et pour cause d'examen de la « réalité objective » des idées, néanmoins le problème de l'objectivité est, comme on le sait, posé dans les *Regulae*.

En effet, la *mathesis universalis* est la science recherchée et proposée en un certain sens dans ce texte inachevé. Elle se caractérise par son universalité. Cette science universelle l'emporte sur les autres sciences, par le fait qu'elle traite de l'objet en général, entendu au sens de ce qui relève de

1. *Secundae responsiones*, « *Rationes Dei existentiam et animæ a corpore distinctionem probantes more geometrico dispositæ* », *Definitio* II, AT, VII, 160, l. 14-16; en français, AT, IX, 124.

2. *Regula* XII, AT, X, 416, l. 28-417, l. 1-3 ; en français, FA, I, 142.

3. *Ibid.*, AT, X, 419, l. 12-13 (rendu par Jacques Brunschwig, en FA, I, 145, par « image corporelle ») ; Règle XIV, FA, I, 181 « idées <corporelles> ». Voir l'étude de J.-M. Beyssade, « Le Sens commun dans la *Règle XII* : le corporel et l'incorporel », dans *Descartes au fil de l'ordre*, 2001, p. 69-88.

l'ordre ou / et de la mesure[1]. Ce qui caractérise, l'objet de l'algèbre et de la géométrie, c'est la pureté; dans un tel objet, rien n'est à considérer sinon l'ordre et la mesure selon laquelle on l'envisage et aucune donnée mixte de l'expérience ne doit être ajoutée. Ces sciences illustrent et font aussi partie de la science universelle, qui contient « les rudiments de la raison humaine – *prima rationis humanae* » et qui nous enseigne « à faire surgir des vérités de n'importe quel sujet – *ad veritates ex quovis subjecto eliciendas se extendere debet* »[2].

Comme on le sait, la *Règle* IV est composée de deux parties : l'une plus tardive concerne la méthode, l'autre, relevant d'un état sans doute plus ancien, la *mathesis universalis*. Les interprètes se sont demandés si, avec la méthode et la *mathesis universalis*, on avait affaire à deux disciplines, ou si l'on devait plutôt concevoir une unité foncière de la double rédaction de la *Règle*, IV[3]. J'incline aussi à penser qu'il y a bien une unité d'intention dans la rédaction de la *Règle* IV[4]. Les diverses occurrences du mot «*objectum*» et «*objecta*», dans les *Regulae*, recouvrent alors plusieurs sens. Parcourons-les. Les objets sont ce à quoi nous appliquons notre esprit ou parfois nos sens – *applicemus ad objecta*[5]. Ils ne sont pas simplement ce qui est devant (*ob*), mais aussi ce vers quoi l'esprit doit tourner son regard (*mentis acies est convertenda*, X, 379, l. 16; *acumine quodam ingenii*, X, 384, l. 2-3). Une expression telle que *circa* dans le titre de la *Regula* II – se tourner vers ..., diriger le regard de l'esprit vers ... – signifie ainsi une visée objective ou intentionnelle, où l'objet est déterminé à partir de la

1. *Regula* IV, AT, X, 377, l. 23-378, l. 16; en français, FA, I, 98-99. Sur l'universalité de la science universelle, voir J.-L. Marion, *Sur l'Ontologie grise de Descartes*, Paris, Vrin, 1978; en particulier le § 9.

2. *Ibid.*, AT, X, 374, l. 7-9; en français, FA, I, 94.

3. J.-P. Weber a présenté cette division de la *Règle* IV dans *La Constitution du texte des* Regulae, Paris, SEDES, 1964: «deux structures analogues, additionnées, formeront difficilement un tout organique» (p. 14). Dans son édition des *Œuvres philosophiques de Descartes*, F. Alquié présente cette lecture de J.-P. Weber dans son Introduction de façon dubitative (FA, I, p. 69). Voir J.-P. Weber, «La méthode de Descartes d'après les *Regulae*», *Archives de philosophie*, 1972, (35), p. 51-60. J.-P. Weber discerne dix strates dans la composition du texte final des *Regulae*, mais les commentateurs, s'ils s'accordent sur la chronologie de base de Weber, restent dubitatifs quant à la possibilité d'établir des stratifications aussi fines du texte. Voir J. A. Schuster, «Descartes'Mathesis Universalis, 1619-1628» *in* S. Gaukroger (éd.), *Descartes: Philosophy, Mathematics and Physics*, Sussex, Harvester Press, 1980.

4. L'interprétation de J.-L. Marion est plus compréhensive et plus convaincante. Voir *Sur l'ontologie grise*, Paris, Vrin, 1988, § 9, p. 62.

5. AT, X, 412, l. 16, voir aussi l. 21; FA, I, 136: «*Circa illa tantum objecta oportet versari, ad quorum certam et indubitatam cognitionem nostra ingenia videntur sufficere* (*R*, II, X, 362)».

connaissance. En outre, l'objet des mathématiques ordinaires, qui sert de modèle à l'objet en général, parce qu'il est déterminé par l'ordre et la mesure, est dit *ita purum et simplex*[1]. Les *objecta*, ce sont les objets particuliers des sciences, qui sont quasiment identifiables aux *subjecta*, ils s'opposent à la généralité de l'objet de la *mathesis* qui n'est pas identifié à un sujet particulier. De l'objet mathématique, il est néanmoins possible d'avoir une conception très facile et certaine, gage de l'indubitabilité recherchée dans le rapport aux objets en général. Ainsi, la diversité des sciences particulières se mesure-t-elle à celle de leur objet d'étude respectif, et une telle diversité recouvre la diversité des *sujets* qu'elles étudient. Descartes entend ce dernier terme au sens traditionnel de substance ou de suppôt; ainsi, les sciences particulières étudient des genres de substances ou de réalités[2].

Que Descartes ait en tête le sens traditionnel de ce qu'est un sujet (*subjectum*), on le voit dans le passage suivant de la *Règle* XII, où la complexité de l'usage qu'il fait du vocabulaire traditionnel se laisse percevoir.

> En considérant chaque chose selon l'ordre qui intéresse notre connaissance, il faut procéder autrement que si nous parlions d'elle en tant qu'elle existe réellement. Si nous considérons en effet un corps étendu et figuré, par exemple, nous avouerons qu'il est en lui-même quelque chose de simple; car en ce sens, il est impossible de dire qu'il est composé de nature corporelle, d'extension et de figure, puisque ces parties n'ont jamais existé distinctement les unes des autres; mais au regard de notre entendement, nous l'appelons quelque chose de composé à partir de ces trois natures, puisque nous les avons comprises chacune séparément, avant de pouvoir juger qu'elles se trouvent réunies toutes trois ensemble en un seul et même sujet[3].

Dans les *Regulae*, on ne trouve pas non plus le lexique de la substance, tel qu'il sera utilisé dans la *Méditation troisième*, et thématisé ensuite dans les articles 51 à 59 de la Première partie des *Principes de la philosophie*. On ne trouve pas non plus *substantia* dans sa compréhension péripatétienne; on trouve *subjectum*, au sens traditionnel de suppôt, encore qu'il soit soumis déjà à une manipulation qui est loin d'être transparente. En effet,

1. X, 365, l. 16-17.

2. Voir *R*, I, X, 360, où « *de scientiis etiam crediderunt, illasque pro diversitate objectorum ad invicem distinguentes* » (l. 3-6) s'oppose à « *cum scientiae omnes nihil aliud sint quam humana scientia, quae semper una et eadem manet, quantumvis differentibus subjectis applicata* » (l. 8-10).

3. *R*, XII, FA, I, 142; AT, X, 418, l. 1-13.

le lexique cartésien est en train de s'élaborer au travers de la notion de natures simples. On considère les choses en tant qu'elles sont comprises par l'entendement et non *a parte rei.* Ainsi, en lui-même, un corps étendu et figuré est *quid unum et simplex*, mais considéré selon l'ordre qui intéresse notre connaissance, il est composé des natures simples que sont la figure et l'étendue, le mouvement. Si Descartes ne dit pas, dans les *Regulae*, que les corps sont des substances, au sens où l'entendent les scolastiques, il fait référence néanmoins au lexique du *subjectum* qui est à disposition – le sujet est un suppôt ou un support, de qualités, de propriétés ou d'accidents. Or Descartes est en train de tisser tout autre chose avec ce lexique traditionnel.

En distinguant dans les choses ce qui intéresse l'ordre de notre connaissance (*i. e.* que la *notion* que nous avons des corps est composée de natures simples), et ce qu'elles sont en soi (*i. e.* qu'un corps est une chose donc quelque chose d'un et de simple, un sujet ou une substance individuelle, comme on l'entend ordinairement), Descartes est en train de transformer le lexique ontologique de la substance. Car, selon la logique aristotélicienne, un corps est une substance première. D'un point de vue métaphysique, on peut en effet dire du corps qu'il est composé de forme et de matière, ou de puissance et d'acte, lesquels sont des principes, ou des notions, qui expriment des conditions pour la substance. Matière, forme, acte et puissance sont en effet les conditions métaphysiques du changement dans la substance : les propriétés contraires ne sont jamais en même temps dans un même sujet (ou la même matière), à moins que l'un soit en puissance et l'autre en acte. Socrate n'est pas assis et debout en même temps, mais actuellement assis et en puissance déjà debout. Les deux formes accidentelles « être assis » et « être debout » ne sont pas dans un même suppôt ou dans une même matière, car les contraires ne peuvent pas exister en même temps dans une chose.

Avec Descartes, la substance est comprise comme sujet ou support de propriétés d'un point de vue logique, *exit* le lexique métaphysique des substances composées, qui se trouve transformé en une condition de la connaissance des corps : un corps est connu par des natures simples matérielles. Un pas est franchi en direction du lexique de la maturité, mais le lexique traditionnel reste présent ; il est l'objet d'une transformation.

On peut donc dire de la *mathesis universalis* qu'elle est une science de l'objet en général, c'est la science universelle et première par l'ordre qu'elle impose au savoir[1]. Elle serait une sorte de « métaphysique

1. Jean-François Courtine écrit ainsi que « l'universalité de la *Mathesis* est, si l'on peut dire, première, et elle n'a pas besoin d'être fondée sur quelque primauté que ce soit, pas

générale» de l'objet en général, autrement dit de la chose en tant que connaissable, ou en tant qu'elle est d'emblée soumise à l'ordre et / ou à la mesure. Et de cette manière, avec le vocabulaire du regard, de la façon dont il doit se tourner vers son objet, on a bien affaire à la corrélation du sujet et de l'objet, au moins de manière implicite[1].

Notons que les «objets» – Descartes emploie le pluriel – sont visés et mis en ordre par le regard de l'esprit. Ces objets sont les natures ou les notions simples. Or dans la *Règle* XII, elles ne sont pas offertes au regard de l'esprit dans la généralité de l'objet, mais dans une distribution qui spécifie leur statut ontologique (les natures simples purement intellectuelles, purement matérielles, ou communes). Cette distribution suppose un re-travail de la notion de substance, dont on a vu qu'il commence de se mettre en place. La nouvelle conceptualisation de la substance se fait jour au cœur d'une analyse des modes de connaissance, ou plutôt de la façon dont l'*ingenium* s'applique aux facultés corporelles (imagination, mémoire, sens). Cette distribution des natures en différents genres de choses présuppose la distinction réelle de l'âme et du corps, qui n'est pas encore thématisée explicitement dans le texte de 1629; autrement dit, elle suppose une assignation du rôle de l'unité de l'esprit, présente dans les *Règles* sous la figure de *l'ingenium*, ou du rôle des différents modes de la pensée, dans la connaissance des différents genres de choses.

Dans les *Méditations métaphysiques*, la fonction représentative de l'idée est immédiatement liée à une indexation ontologique, que la notion de réalité objective met en valeur. Que l'*ego* soit la condition de la connaissance ne signifie rien d'autre que cela: la philosophie première explique la manière dont les choses (corps / esprits et affections / être infini) se donnent à connaître à un esprit fini. Il n'y a donc pas de thématisation de l'objet en général dans la métaphysique cartésienne. C'est parce qu'elle échappe à la problématique de la généralité de l'objet, parce qu'elle en sort ou qu'elle l'abandonne, qu'il y a une métaphysique cartésienne, autrement dit, une philosophie première qui rend compte de la manière dont l'esprit se rapporte, par les idées qui peuvent claires et distinctes ou confuses, à ces

plus qu'elle ne doit se substituer à une philosophie première au sens de la théologie», dans *Suarez et le système de la métaphysique*, Paris, P.U.F., 1990, p. 484-485 pour la citation.

1. Ainsi que Jean-Luc Marion le souligne, voir *Sur l'ontologie grise*, § 11, p. 69 et aussi § 30, p. 181 : «le centre de gravité du savoir passe de la chose à l'*ego*. Or les *Regulae* n'élaborent aucunement le statut de cet *ego*. Bien plus, elles ne le peuvent; il n'y joue en fait son rôle, que sous des noms d'emprunt: "sagesse humaine" (360, 8), "entendement" (368, 9; 369, 4; 418, 9, 14; 419, 6-7; etc.), "esprit" (*mens*, 360, 19; 398, 16; 448, 15, etc.).

trois genres de choses : les choses corporelles, les immatérielles (l'esprit et Dieu) et enfin celles qui se rapportent à l'union de l'âme et du corps.

L'article 51 de la Première partie des *Principes de la philosophie* thématise ces genres de chose dans le lexique de la substance (la substance corporelle ou bien pensante, et Dieu, au sens propre, seule véritable substance). Ce lexique est renouvelé par une philosophie première dont la singularité est de spécifier corrélativement choses et modes de connaissance. C'est de cette façon qu'on peut poser à Descartes la question de l'intentionnalité et se demander de quelle manière l'esprit se rapporte à chacune des choses qui font l'objet des grandes idées que nous avons à l'esprit ?

On trouverait la preuve que telle est bien la situation de l'intentionnalité dans le cartésianisme, en revenant sur deux textes, la *Méditation troisième* et la *Règle* XIV. Dans la *Méditation Troisième*, Descartes souligne que « les idées étant comme des images, il n'y en peut avoir aucune qui ne nous semble représenter quelque chose, [et] s'il est vrai de dire que le froid ne soit autre chose qu'une privation de chaleur, l'idée qui me le représente comme quelque chose de réel et de positif ne sera pas mal à propos appelée fausse, et ainsi des autres semblables idées – *Quia nullae ideae nisi tanquam rerum esse possunt, siquidem verum sit frigus nihil aliud esse quam privationem caloris, idea quae mihi illud* tanquam reale quid et positivum *repraesentat, non immerito falsa dicetur, et sic de caeteris* »[1]. Ce que l'idée représente, ce n'est pas un simple quelque chose, *aliquid*, c'est une *res* : non pas simplement quelque chose, mais quelque chose de réel et de positif. Une chose réelle ou une affection réelle d'une chose, comme le disent les *Principia*, I, 48. Et il est bien ici question d'une chose et non d'un objet. Il n'y a aucune trace de la neutralité ontologique de l'objet de la pensée dans l'œuvre de la maturité. Cet objet, pour peu qu'il soit discerné comme tel, est d'emblée ontologiquement situé. La métaphysique est donc une philosophie première des idées, dans la mesure où elle montre précisément la façon dont l'esprit se rapporte à chacune des choses dont nous avons une notion[2].

1. AT, IX, 34-35, en latin, VII, 44, l. 4-8. C'est moi qui souligne.

2. On s'en convaincra en vérifiant les occurrences de *res* et de *objectum* dans les *Meditationes*, en utilisant l'*Index des* Meditationes de prima Philosophiæ *de R. Descartes*, réalisé par J.-L. Marion, J.-Ph. Massonie, P. Monat, L. Ucciani, Annales littéraires de l'Université de Framche-Comté, Les Belles Lettres, 1996. Pour *objectum*, on n'a guère que 10 occurrences, qui concernent l'étendue ou la variété des objets que l'esprit humain peut envisager par rapport à l'infinité qu'envisage Dieu (une occurrence), et sinon les objets des sens et les objets des mathématiques. *Res* compte un très grand nombre d'occurrences et met en valeur le fait que la philosophie première de Descartes est une métaphysique de la

On en a aussi pour preuve le passage de la *Règle* XIV, où Descartes assigne à trois formules leur sens respectif : « l'étendue occupe le lieu », « le corps a de l'étendue » et « l'étendue n'est pas le corps ». Les deux premières formules sont des énoncés qui sont formulés grâce à un concept de l'imagination. Dire que l'extension occupe le lieu, c'est souligner l'impénétrabilité du corps qui occupe le lieu. Or l'imagination ne se représente pas l'extension sans son sujet (*ce* qui est étendu). Du point de vue de l'imagination, les deux énoncés « l'étendue occupe le lieu » et « l'étendu occupe le lieu » sont identiques. La dernière formule est prononcée du point de vue de l'entendement qui, à la différence de celui de l'imagination, choisit l'extension comme sujet plutôt que le corps. Dire que l'étendue n'est pas le corps, c'est souligner que c'est elle qui est la raison de l'impénétrabilité du corps. Grâce à la distinction de raison, l'entendement distingue l'étendue et le corps, qui resteraient sinon confondus par l'imagination.

La *Règle* XIV marque un effort pour distinguer l'intellection de l'étendue de sa conception par l'imagination. Elle anticipe ainsi la théorie cartésienne de la substance et des distinctions des *Principes de la philosophie*. Le mode de connaissance saisit la chose déterminée, qui est ainsi connue. Et conformément au lexique, qui sera celui des *Principes*, seul l'entendement peut comprendre distinctement que la substance n'est pas son attribut principal et peut avoir la claire intellection du sujet (ou du substrat) dans sa distinction, qui ne signifie pas sa séparation, d'avec l'attribut. Le sujet, ou le substrat, ne peut pas être conçu, ou représenté par l'imagination, comme séparé de son attribut ; cela en ferait une abstraction, une appréhension de la substance toute nue, sans son attribut principal, ce qui n'est pas possible. En effet, si l'entendement n'a pas d'intuition de l'essence nue de la substance, il peut néanmoins avoir l'intellection de la distinction de raison entre la substance et son attribut principal [1]. La théorie cartésienne de la substance repose sur la théorie des distinctions et de l'abstraction, qui diffèrent grandement de celle des médiévaux [2]. Et ainsi la mention, qui définit l'objet comme ce qui est soumis à l'ordre *et* à la

connaissance qui envisage non l'objet en général, mais la fonction de l'*ego* dans le rapport de co-présence à des genres de choses spécifiées (choses purement intellectuelles ou choses matérielles).

1. Voir J.-M. Beyssade : « "L'étendue n'est pas le corps". Genres d'être et façons de parler dans les *Regulae* » dans *Descartes au fil de l'ordre*, (p. 89-104).

2. Voir K.-S Ong-Van-Cung, « Substance et distinctions chez Descartes, Suárez et leurs prédécesseurs médiévaux », dans *Descartes et le Moyen Âge*, J. Biard et R. Rashed (éd.), Paris, Vrin, 1997.

mesure, et plus loin dans le texte à l'ordre *ou* à la mesure, indique une inflexion du propos dans les *Regulae.* La question de l'ordre et / ou de la mesure doit se décliner suivant le genre de choses auxquelles a affaire l'esprit[1]. Ce qui est donc requis, à partir des *Regulæ*, c'est une philosophie première qui rapporte *l'ego* aux différents genres de choses et non seulement une science universelle de l'ordre et de la mesure.

Il en découle un certain nombre de conséquences pour notre propos. La corrélation du sujet et de l'objet qui définit l'intentionnalité est donc plutôt en contexte cartésien le rapport de l'*ego*, ou de l'esprit, à des choses qui sont ontologiquement situées. C'est un tel rapport qu'il faut expliciter, selon la tripartition des choses (corps, esprit et affections, être infini). Et, c'est parce que Descartes ne tombe pas sous la description d'une métaphysique transcendantale de l'objectivité que lui poser la question du sujet devient une question intéressante. Mais, la question du sujet chez Descartes ne va pas consister seulement à nous demander quel rôle, ou quelle fonction, joue l'*ego* dans la connaissance, même si cela fait partie de notre questionnement. Puisque Descartes n'emploie pas le terme *subjectum* pour désigner le sujet pensant, il n'y a aucune raison pour que nous identifions purement et simplement le sujet cartésien à l'*ego.* Certes, la fonction de l'*ego* est importante pour déterminer ce qu'il faut entendre par « sujet » chez Descartes, mais le sujet est manifestement « plus » que l'*ego.*

En effet, si, en guise d'objet, on a affaire à des genres de choses ontologiquement déterminées, en guise de sujet, il n'est pas certain que nous devions en rester seulement au rôle de l'*ego* dans la connaissance et au sujet abstrait de la *mens pura et abstracta.* Il est certes possible de dire que parmi les idées, pour celle qui me représente ou m'exhibe à moi-même, [...], il ne peut y avoir ici aucune difficulté. « *Ex his autem meis ideis, præter illam quæ me ipsum exhibet, de qua hic nulla difficultas esse potest* »[2]. Mais on voit qu'il s'agit ici de l'*ego* dans la fonction qu'il exerce dans la connaissance des choses, mais il n'est pas certain pour autant qu'on puisse dire que nous avons une idée représentative de l'expérience de la pensée, même intellectuelle, *a fortiori* de ma nature affective, autrement dit de l'union de l'âme et du corps, ou du « sujet » corporel et affectif. Et ainsi la question de l'objet de la volonté fait aussi partie du problème de l'intentionnalité chez Descartes, comme en fait en outre partie celle de l'objet des

1. Voir, J.-M. Beyssade, « Ordre et mesure : Descartes aux limites de la raison », dans *Descartes au fil de l'ordre*, p. 307-321.

2. AT, VII, 42-43 ; AT, IX, 34.

affects, autrement dit, de la façon dont les objets de nos affections sont ou non représentés à l'entendement[1].

Mes analyses s'efforcent de mettre en relief les éléments d'une archéologie de la corrélation du sujet et de l'objet au Moyen Âge, de montrer les limites de la question du sujet au Moyen Âge, et que Descartes parvient à modifier le lexique scolastique, en posant à sa manière la question de l'intentionnalité, hors de la problématique transcendantale de l'objectivité, au sens de l'objet en général. Il en découle une histoire de la subjectivité, où la distinction réelle de l'âme et du corps et son union est un seuil. Elle serait comme un *a priori historique* de l'âge classique, qui ouvre la possibilité d'inscrire le corps, les affects et les pratiques de soi, dans une histoire du sujet. Et en effet, avec les notions de situation, de facticité, de corps-sujet, la philosophie « française » (Bergson, Sartre ou Merleau-Ponty, pour ne citer que ces auteurs) se caractérise par son enracinement dans la problématique de la distinction et de l'union de l'âme et du corps, inaugurée par Descartes, et que le transcendantal ne parvient pas à prendre en charge, souverainement isolé qu'il est de la dimension empirique du sujet corporel. Et c'est de cette intentionnalité corporellement, et aussi historiquement située, dont il s'agit dans ce livre. Les quelques ouvertures que nous faisons en direction de l'histoire du sujet de Foucault iraient donc en ce sens.

Certes, la distinction réelle de l'âme et du corps *et* leur union est une thèse cartésienne, qui est loin d'être partagée par tous les auteurs du XVIIe siècle, qui s'y réfèrent néanmoins. Mais on trouverait dans l'idée de Spinoza, selon laquelle l'âme est l'idée du corps, de quoi rapprocher Descartes de Spinoza, plutôt que de l'en éloigner. Il faut se poser la question de savoir jusqu'où il convient de distinguer et d'opposer Descartes et Spinoza sur la question de l'âme et du corps. Mon idée est que s'il n'y a pas quelque chose auquel appliquer l'esprit, que ce soit le corps, les affects, une pensée déterminée, une œuvre, alors il n'y a pas de soi, il n'y a pas de rapport à soi. L'union, ou l'unité, de l'âme et du corps est bien un rapport à soi, un sujet. L'histoire de la subjectivité, serait celle de l'histoire de l'immanence du sujet à lui-même et du rapport à soi affectif. C'est en ce sens qu'on peut dire que le sujet est « plus » que l'*ego*, bien que la question du rôle de l'*ego* dans la connaissance soit centrale dans la définition de ce qu'il faut entendre par sujet.

1. Voir K.-S. Ong-Van-Cung, « Intériorité et institution du sujet chez Descartes », dans C. Dumoulié (dir.), *La Fabrique du Sujet. Histoire et poétique d'un concept*, Paris, Desjonquères, 2011, p. 101-109.

Ma question doit être posée en philosophie première, et du point de vue de la métaphysique de la connaissance, mais elle doit faire émerger le sujet comme rapport à soi, comme expérience de soi, car c'est de cette façon que s'ouvre la possibilité d'une histoire du sujet, qui ne soit pas cantonnée à l'histoire (heideggerienne) de la métaphysique[1]. Bien sûr, la pensée métaphysique est essentielle au projet de Descartes. Descartes n'est pas matérialiste, puisque les idées ne sont pas causées par les mouvements corporels. Cependant, l'importance du cerveau pour la pensée, qui n'est pas seulement constituée par des idées ou des représentations objectives, mais aussi par des affects, des sensations, des sentiments physiologiques et des volitions, permet de discerner une subjectivité, qui n'est pas strictement limitée à *l'ego*, et pour laquelle le terme français d'« âme » convient mieux.

La tâche de penser l'unité du sujet, pris entre la condition objective du savoir et l'expérience de soi[2]. Car, en effet, « il y a deux choses en l'âme humaine, desquelles dépend toute la connaissance que nous pouvons avoir de sa nature, l'une desquelles est qu'elle pense, l'autre, qu'étant unie au corps, elle peut agir et pâtir avec lui »[3].

NOTE D'ORIENTATION

Notre enquête historique voudrait faire apparaître les principales étapes d'une histoire médiévale et scolastique du lexique de l'intention et de l'intentionnalité (intention, formes, ou espèces, intentionnelles, être objectif, présence objective, signe, cause). Elle entend montrer comment le cartésianisme s'y inscrit et la transforme. Elle présente différents modèles de l'intentionnalité : ceux des médiévaux qui relèvent des trois voies – thomasienne, réaliste ou scotiste, et nominaliste – selon lesquelles la scolastique du XVIe siècle ordonne et résout les questions[4].

1. C'est sur ce point que se situe la différence entre l'histoire heideggerienne de la métaphysique et le schème narratif d'une histoire du sujet, proposé par Foucault. En définissant le sujet comme rapport à soi, Foucault parvient à l'ouvrir directement à la dimension éthique et politique.

2. M. Foucault, *L'Herméneutique du sujet*, Paris, Gallimard-Seuil, 2001 : voir le passage en * du manuscrit que Foucault n'a pas dite, p. 467.

3. Descartes, *Lettre à Elisabeth*, 21 mai 1643, AT, III, 664, l. 24-27.

4. La philosophie au Moyen Âge doit être distinguée de *la* scolastique, qui est une étiquette historique renvoyant à la « tradition » thomiste ou scotiste. Il s'agit en fait d'une fiction historique, car la philosophie médiévale est plus diverse que ne le laisse présager cette étiquette et elle ne se réduit pas à la théologie de Thomas d'Aquin ni à celle de Duns Scot ni même aux deux. Lorsque j'utilise le terme de scolastique, je renvoie à la scolastique du XVIe siècle. L'étiquette n'est pas précise non plus, car il y a une diversité d'auteurs et diffé-

Nous envisageons, au début de la Première partie, les deux bouts d'une histoire de l'intentionnalité : la phénoménologie et le Moyen Âge. Nous commençons par ce qui est le plus proche de nous dans le temps, la conception phénoménologique, par la lecture critique que Husserl donne de Descartes et qui lui sert comme arme dans sa critique de Brentano et des contenus représentationnels.

La Première partie de l'ouvrage est alors consacrée à l'étude des notions de forme intentionnelle et d'abstraction dématérialisante chez Thomas d'Aquin, à la distinction entre espèce et objet et à la théorie de la représentation chez Duns Scot, et enfin à la critique de l'être intentionnel par Guillaume d'Ockham.

Il est alors possible de proposer, dans la Seconde partie du livre, un « modèle » cartésien de la corrélation sujet-objet. La Seconde partie de l'ouvrage obéit aux principes dégagés par l'archéologie de l'intentionnalité au Moyen Âge. On envisage la conception cartésienne de la présence objective, puis la transformation du lexique des espèces intentionnelle et l'intentionnalité de la perception sensible chez Descartes. C'est de cette façon que nous abordons, dans le chapitre VI, la question de l'objet de la pensée, en envisageant la façon dont l'esprit se rapporte aux choses corporelles, puis aux choses immatérielles, à l'*ego* et à Dieu, et à soi-même, entendu au sens des affections de l'âme ou du sujet de l'affectivité.

Nous analysons, au chapitre VII, l'intentionnalité de la perception qui repose sur l'union de l'âme et du corps. L'avantage que procure notre archéologie médiévale de l'intentionnalité est de permettre d'interroger la critique du prétendu intellectualisme cartésien, qui serait dans l'incapacité de penser un sujet sensible, sinon comme pur intellect en survol. Nous envisageons enfin, au chapitre VIII, le problème cartésien de la mémoire, qui nous permet de suivre le destin des espèces intentionnelles et d'envisager le rapport réflexif du sujet à soi-même, dans sa constitution affective et morale. En ayant assigné à l'*ego* sa fonction métaphysique, il est possible de proposer une conception du sujet qui ne soit pas seulement métaphysique.

rentes manières de résoudre les questions, mais ce qui justifie l'usage de cette dénomination, c'est que Descartes et en général les auteurs du XVIIe siècle utilisent le terme d'« École » pour renvoyer à ces auteurs. Et en effet, la caractéristique formelle de ces écrits « scolastiques » est de présenter les trois « voies » de résolution des questions, –thomasienne, réaliste ou scotiste, nominaliste –, avant de les déterminer à leur tour. Voir J. Biard, « Les trois "voies" dans les textes logiques de Jean de Celaya », dans *Medieval and Renaissance Logic in Spain. Acts of the 12th European Symposium on Medieval Logic and Semantics*, University of Navarre, Pamplona, 26-30 May 1997, éd. I. Angelleli, P. Pérez-Ilzarbe, Geog Olms Verlag, Hildesheim-Zürich-New York, 2000, p. 275-290.

La méthode, que j'ai suivie dans l'écriture de ce livre, consiste à décrire la modification des coordonnées philosophiques d'un champ de problèmes constitutifs de l'histoire de la notion d'intentionnalité ou de sa problématisation historique. La notion d'intentionnalité ne désigne pas plus une réponse unique à une question, qu'elle ne délimite un problème qui existerait de tout temps. Et en posant les problèmes philosophiques dans les termes de l'histoire du lexique et des filiations textuelles, il est possible de décrire les transformations et les seuils que subissent les concepts au fil du temps et les changements de coordonnées qui les affectent. Il y a, en outre, *une place de la philosophie* dans l'histoire de la philosophie, grâce à une topographie des problèmes, qui serait une histoire philosophique des croisements et des lieux de rencontre, articulant les aspects saillants de la problématisation des notions. Car, au-delà de la recherche des sources et de la constitution d'archives textuelles, on a affaire, en histoire de la philosophie, à des renvois, et plus précisément à un système de références qu'il s'agit, de mettre à jour et de décrire.

Dans l'élaboration de la notion d'intentionnalité, il y a l'élaboration du lexique et des théories, mais aussi des renvois, par exemple, de Brentano à la scolastique, de Husserl à Descartes *via* Brentano et Kant, de Descartes à la scolastique, de l'histoire du Moyen Âge par les médiévistes, *via* Husserl, Heidegger ou Foucault, et *via* Descartes. Ce sont ces renvois à Descartes que je me propose de reconstruire, parce qu'ils confèrent une profondeur historique au problème philosophique de la corrélation intentionnelle du sujet et de l'objet. Ce sont ces systèmes de renvois ou de références, dans lesquels Descartes est pris de façon centrale, qui permettent de tisser une archéologie de la notion d'intentionnalité. Ils permettent d'écrire, comme Foucault le dit, une archéologie de ce qui nous est contemporain.

C'est en faisant varier les coordonnées philosophiques, grâce à une histoire du lexique et des systèmes de références, pour lesquels la référence à Descartes est centrale, que la variation conserve l'horizon des questions contemporaines. Ainsi, au lieu de me livrer à l'écriture d'une improbable généalogie de la notion d'intentionnalité, débutant au XIIIe siècle, ou même avant, et se poursuivant jusqu'à l'époque contemporaine, je reconstruis plutôt un tissage de récits qui décrivent la recomposition du lexique de l'intentionnalité, et qui reconstruisent les différents systèmes de renvois au sein de la problématisation historique de la notion d'intentionnalité. Écrire l'histoire de l'intentionnalité, c'est raconter autrement qu'on ne le fait l'histoire de la représentation, du sujet et de l'objet.

Remerciements

Avant d'être un livre, ce texte fut présenté pour une Habilitation à Diriger des Recherches. Je voudrais exprimer mon amicale reconnaissance à Joël Biard, qui en fut le Directeur attentif, qui m'a communiqué le goût pour la philosophie médiévale, m'a initiée à ses textes et ses méthodes et a suivi mon travail depuis le début. À Pierre-François Moreau, pour sa générosité, son soutien fidèle et son intérêt pour le développement de mes travaux. À Denis Kambouchner, qui grâce à la discussion précise et intelligente m'a conduite à développer un certain nombre de points cartésiens nécessaires à la démonstration. À Pierre Guenancia, dont les intérêts philosophiques pour Descartes sont ceux qui m'accompagnent. À Sandra Laugier, en particulier pour l'éclairage rétrospectif que m'a offert son travail sur Austin, Wittgenstein, Cavell et McDowell. Et à Lilli Alanen, qui m'a éclairée sur des points importants de la philosophie cartésienne de l'esprit, mais aussi à propos des réflexions féministes sur l'histoire de la philosophie. À Jean-Luc Marion pour la lecture clairvoyante de la version de mon texte, après soutenance.

Enfin, je remercie mon amie Nadine Bauthamy pour son écoute précieuse et son soutien indéfectible. Elle m'a accueillie aux Etats-Unis, à Portland, où je continue d'écrire avec joie et bonheur, en apprenant à connaître l'Oregon avec elle.

PREMIÈRE PARTIE

THÉORIES DE L'INTENTIONNALITÉ AU MOYEN ÂGE

CHAPITRE PREMIER

L'INTENTIONNALITÉ PHÉNOMÉNOLOGIQUE ET SES SOURCES SCOLASTIQUES

Quelles sont les sources médiévales de l'intentionnalité selon Brentano? Pourquoi Husserl fait-il de Descartes un point de référence majeur dans l'élaboration de la notion d'intentionnalité? Ces questions sont intimement liées. Descartes est l'occasion pour Husserl de mener une analyse des notions de phénomène, ou de contenu, mental, telles qu'elles ont été mises en valeur par Brentano. Descartes et les sources médiévales de l'intentionnalité jouent donc un rôle complexe dans la discussion entre Husserl et Brentano sur le sens de l'intentionnalité. Nous avons affaire à ce que j'ai appelé un système de renvois ou de références. Décrire la complexité du rôle de la référence à Descartes et à la scolastique, c'est construire un système de renvois dans lequel le sens et les enjeux de la définition phénoménologique de l'intentionnalité sont mis en perspective.

Au lieu de se demander si Descartes utilise le mot d'intention pour décrire les idées – question à laquelle il faut assurément répondre par la négative –, ou bien si, en dépit de l'absence du mot « intentionnalité », il y a néanmoins une conception cartésienne de l'intentionnalité – question anachronique –, il est plus intéressant de s'interroger sur les raisons avancées par Husserl pour affirmer que Descartes est un précurseur de l'intentionnalité. Mais il faudra se demander si Husserl a raison, du point de vue de l'histoire de la philosophie, d'attribuer au cartésianisme une sorte de paternité dans l'invention ou la reprise à nouveaux frais de la notion d'intentionnalité.

Nous rencontrons alors le paradoxe suivant : Descartes est présenté par Husserl à la fois comme le précurseur de l'intentionnalité et le premier auteur à en avoir laissé échapper la notion, retombant dans le « réalisme transcendantal », où les représentations sont des contenus réels de l'esprit, susceptibles de l'application du principe de causalité. Comment Descartes a t-il été en mesure d'appréhender l'intentionnalité comme caractéristique de l'esprit et comment l'a-t-il manquée malgré tout ? On a dit plus haut que la mise en place de la notion phénoménologique d'intentionnalité s'accompagnait sinon du rejet des contenus mentaux, du moins d'une profonde remise en cause de leur utilité dans la description de la pensée. Et la place que Husserl accorde à Descartes, dans la sorte de généalogie de l'intentionnalité à laquelle il se livre, est précisément liée à la critique des contenus ou des objets de la pensée, emboîtés dans l'esprit. Voyons comment Descartes est devenu avec Husserl le parangon de l'objet des pensées entendu comme contenu mental.

La critique de ces contenus mentaux, présents selon Husserl dans le cartésianisme, a une longue histoire, qui témoigne d'un souci spéculatif constant des Médiévaux aux Modernes, et même jusqu'à la phénoménologie et la philosophie du langage ordinaire. Cette critique qui resurgit sera examinée sur la longue durée. Il s'agit d'en épuiser les formes et la variété au cours de cette Première partie, en posant la question de savoir si les intentions, la forme intentionnelle, l'être objectif ou intentionnel constituent un écran « représentatif » entre l'intellect et les choses singulières. Je voudrais envisager dans la seconde partie, le statut de la réalité objective par rapport au problème de l'idéalisme, *i.e.* de la possibilité pour l'esprit de viser une réalité physique, c'est-à-dire, par rapport à la question de la représentation chez Descartes et à « la règle ci-devant posée, à savoir que nous ne pouvons avoir aucune connaissance des choses, que par les idées que nous en concevons »[1]. Je voudrais aussi le traiter, là où précisément elle se pose, dans les textes cartésiens, c'est-à-dire en philosophie première, où le principe de causalité est étendu jusqu'à pouvoir s'appliquer aux idées, et en particulier à la *réalité* objective des idées.

Il est instructif de situer historiquement la critique du réalisme des contenus mentaux et d'en épuiser les ressources grâce au nominalisme et à la critique médiévale des intermédiaires mentaux. Car c'est au fond la même critique qu'on retrouve chez Husserl, dans la néo-scolastique, chez Heidegger, avec des accents différents. Ainsi, dès que la notion de forme intentionnelle est thématisée par Thomas d'Aquin et, au XIVe siècle, celle d'un être intentionnel ou objectif des pensées, on voit se développer la critique, discréditant ces formes et autres êtres intentionnels, au motif

1. Descartes, *Lettre à Gibieuf*, 19 janvier 1642, AT, 476, l. 8-11.

qu'ils se comporteraient comme un voile ou un écran séparant l'esprit des choses.

Brentano et les sources scolastiques de l'intentionnalité

La présentation du caractère intentionnel des actes psychiques, proposée par Brentano, dans *La Psychologie du point de vue empirique*, a l'avantage de dégager les éléments d'une théorie s'enracinant dans le lexique scolastique de l'objectivité, connu de Descartes et de ses contemporains. Elle constitue le point de départ de la présentation husserlienne de l'intentionnalité. Et c'est la raison pour laquelle nous commençons dans son sillage. L'introduction de l'intentionnalité brentanienne est, aux yeux de Husserl, si importante qu'il présente sa conception des vécus intentionnels en marquant clairement sa distance critique à l'endroit de la *Psychologie du point de vue empirique* (1874-1911) de Brentano. Le but de Husserl consiste à prévenir les confusions liées à la notion de contenu, compris selon lui par Brentano et son école comme un objet mental immanent emboîté à l'intérieur de l'esprit.

Citons ce passage célèbre de Brentano qui devient l'objet du débat.

> Ce qui caractérise tout phénomène *psychique* [*jedes* psychische *Phänomen*], c'est ce que les Scolastiques du Moyen Âge ont appelé l'inexistence *intentionnelle* (ou encore *mentale*) [intentionale (*auch wohl* mentale) Inexistenz] et ce que nous pourrions appeler nous-même – en usant d'expressions qui n'excluent pas toute équivoque verbale – la relation à un contenu, la direction vers un *objet* (sans qu'il faille entendre par là une réalité) ou *objectivité immanente* [*die Beziehung auf einem Inhalt, die Richtung auf ein Objekt (voründer hier nicht eine Realität zu verstehen ist, oder die immanente Gegenständlichkeit nennen würden*]. Tout phénomène psychique contient en soi quelque chose à titre d'*objet*, mais chacun le contient à sa façon. Dans la représentation, c'est quelque chose qui est représenté, dans le jugement quelque chose qui est admis ou rejeté, dans l'amour quelque chose qui est aimé, dans la haine quelque chose qui est haï, dans le désir quelque chose qui est désiré, et ainsi de suite. Cette inexistence intentionnelle appartient exclusivement aux phénomènes psychiques. Aucun autre phénomène ne présente rien de semblable. Nous pouvons donc définir les phénomènes psychiques en disant que ce sont les phénomènes qui contiennent intentionnellement un objet (*Gegenstand*) en eux [1].

1. F. Brentano, *Psychologie du point de vue empirique* (*PPE*), trad. M. de Gandillac, nouvelle édition revue et corrigée par J.-Fr. Courtine, Paris, Vrin, 2008 ; Livre II, chap. 1, § 5,

Ce passage fameux présente les trois caractéristiques principales de l'intentionnalité. Les vécus intentionnels sont des états, autrement dit, des événements ou des actes mentaux, qui se caractérisent par le fait qu'ils ont une structure relationnelle, les dirigeant vers certains objets différents d'eux. Les objets vers lesquels se dirige l'esprit, en vertu de son intentionnalité, ont la propriété de comporter *die intentionale Inexistenz*, « la présence intentionnelle » – *l'Inexistenz* devant être comprise moins comme la non-existence que comme l'existence immanente. Enfin, l'intentionnalité serait la marque du mental. Un acte physique peut être dirigé vers une cible, mais contrairement à la cible de l'objet d'un acte mental, celle d'un acte physique ne lui est pas constitutive. Deux questions se posent : quel est le statut ontologique des objets intentionnels décrits par Brentano précisément comme *objets*, bien qu'ils n'aient pas de réalité ? L'intentionnalité est-elle la marque de l'esprit ? Autrement dit, le corps, et en particulier le cerveau, peuvent-ils avoir une place dans la description de la pensée intentionnelle ?

Brentano caractérise l'intentionnalité par l'expression scolastique « exister de façon objective », « *gegenständlich (objektive) in etwas sein* ». Il s'efforce d'ancrer la présence intentionnelle dans l'immanence mentale, afin d'éviter l'objectivation que Husserl lui a reprochée. En 1911, Brentano répond aux objections que Husserl lui a faites en 1905 dans la *Ve Recherche Logique.* Il souligne la volonté qui a toujours été la sienne d'éviter tout malentendu lié au lexique de l'objectivité et il explique sa préférence pour le terme scolastique « intentionnel ». En effet la confusion eût été plus grande « si j'avais appelé *objectif* ce qui est simplement pensé comme tel, alors que les modernes emploient ce terme pour désigner ce qui existe effectivement, par opposition aux phénomènes purement subjectifs, auxquels ne correspond aucune réalité effective »[1]. Car *obiectivum*, *obiective*, s'oppose dans la scolastique à *subiectivum*, *subiective*, c'est-à-dire à ce qui a le caractère de la substance, est une chose extra-mentale, une *res extra anima*.

p.101-102. La référence à l'allemand se trouve dans *Psychologie vom empirischen Standpunkt,* éd. O. Kraus, en trois volumes, Hamburg, Felix Meiner, 1973-1974 ; vol. I, p. 124-125. Le mot « inexistence » signifie « présence ». La traduction par « Inexistence » signifie que le contenu n'est pas une réalité effective existante. Voir J.-Fr. Courtine « Histoire et destin phénoménologique de l'*Intentio* » dans *L'Intentionnalité en question entre phénoménologie et recherches cognitives,* Paris, Vrin, 1995.

1. Brentano, *PPE*, Livre II, chap. v, p. 199, note 1. En allemand, éd. cit., vol. II, note, p. 8-9.

Le terme « immanent » est censé éviter toutes ces confusions, car l'objet n'est qu'« un objet de la représentation », quoi qu'il en soit de l'existence de la chose hors de l'esprit. Et la *présence* intentionnelle est un mode d'être qui se distingue de celui qu'ont les choses extérieures à l'esprit. L'objet *présente* la structure intelligible de la chose même telle qu'elle est constituée par la conscience. Il est nécessaire à l'activité de connaissance que quelque chose soit un objet, autrement dit, en quelque manière *présent à la conscience*. La présence n'est pas l'existence. Il n'y a pas de pensée sans présence objective. Une telle présence objective, chère à la noétique de Duns Scot, nécessaire en particulier à la différence chez lui entre la connaissance intuitive et abstractive, Brentano nous la laisse appréhender sous la figure thomasienne de l'*intentio intellecta*, en ce que cette dernière représente la nature de la chose.

La réponse que Brentano fait à Husserl consiste à souligner que l'intentionnalité est une relation, ou plutôt une quasi-relation. Il inscrit, sur le modèle d'Aristote, l'activité psychique dans la catégorie du relatif[1]. Mais si la relation a toujours des termes qui sont réels, Brentano précise que, pour le rapport psychique, il n'en est pas de même. L'un des termes est réel, c'est le sujet pensant, mais il n'est pas nécessaire que l'objet qui est pensé existe réellement. Il donne l'exemple de la négation qui, lorsqu'elle est véritable, nie l'existence de son objet à bon droit. Et ainsi le sujet pensant est la seule condition nécessaire du rapport psychique. La pensée est analogue à la relation. Elle vise un « objet immanent », quoi qu'il en soit de l'existence réelle de l'objet extérieur qui se trouve être pensé. En fait le redéploiement du lexique de l'intentionnel à partir de l'objet, donne un écho favorable aux critiques de la Ve *Recherche Logique*, et il apporte la précision tant attendue : si la pensée requiert la présence objective, elle n'est pas pour autant la pensée d'une simple « chose représentée ». Il est clair que « la représentation n'a pas pour objet la "chose représentée", mais "la chose", par exemple la représentation d'un cheval n'a pas pour objet (*i. e.* pour objet immanent, le seul qu'il faut nommer proprement "objet") "cheval représenté", mais "cheval" »[2].

En effet, dans la Ve *Recherche Logique*, s'attaquant à la *Psychologie* de 1874, Husserl a souligné en premier lieu que le contenu, lorsqu'il est entendu comme objet immanent, est source de nombreuses confusions. Husserl conteste l'interprétation dualiste et mentaliste, impliquée par les

1. Aristote, *Métaphysique*, trad. J. Tricot, Vrin, 1953 ; Δ, 15, 1020 b 30.

2. Husserl, *Lettre à Marty*, 17 mars 1905, dans *Die Abkehr vom Nichtrealen*, éd. F. Mayer-Hillebrand, 1966, p. 119-120, citée par J.-Fr. Courtine, dans « L'aristotélisme de Brentano ».

notions de « phénomènes psychiques » chez Brentano, ainsi que celle de « contenu » dans son école (par exemple chez Twardowski qui thématise la distinction entre contenu, *Inhalt*, et objet, *Gegenstand*[1]). Aux yeux de Husserl, Brentano accepte le dualisme cartésien sans l'interroger et il fonde toute sa psychologie sur le concept problématique de « perception interne ».

Car parler à propos de la conscience de « phénomènes psychiques », c'est supposer que le même phénomène peut être envisagé tantôt en contexte subjectif par rapport au moi et par rapport à la perception interne qu'on en aurait, tantôt en contexte objectif par rapport aux choses elles-mêmes. Mais « cette affirmation est fausse phénoménologiquement »[2]. Le dualisme du psychique et du corporel conduit à une équivocité complète du terme « phénomène », lorsqu'il est utilisé pour différencier les « phénomènes psychiques » *intérieurs* et les « phénomènes physiques » *extérieurs*, puisque le terme signifie alors à la fois le vécu en quoi réside l'apparaître de l'objet et l'objet apparaissant comme tel. Or si la chose apparaît (*das erscheinende Ding*), son apparition (*Dingerscheinung*), le phénomène, lui, n'apparaît pas, il est un vécu (*Erlebnis*). En appelant « phénomène » tout objet apparaissant comme tel, Brentano est conduit à identifier le contenu de la pensée à un objet.

Pour Husserl, il en découle deux confusions graves : l'interprétation de la relation intentionnelle comme processus réel (*real*) entre la conscience et la chose, et même un rapport entre deux choses, comme si l'objet intentionnel et l'acte étaient réellement dans la conscience; ce qui procure une image fausse de la nature de l'esprit comme une sorte de contenant, de boîte remplie par des contenus emboîtés, « une sorte d'emboîtement d'un contenu psychique dans l'autre »[3]. Sous la critique de la réduction de l'intentionnel au chosal, on reconnaît la défiance de Husserl à l'égard de l'introduction de la causalité dans la pensée, qui affirme résolument l'autonomie de la sphère du sens et de la signification par rapport au domaine naturel, les significations obéissant à leur lois propres, dans l'élément d'une grammaire pure logique, indépendamment des contraintes causales. Pour Husserl, la notion d'objectivité immanente chez Brentano favorise la chosification des pensées, comme celle de l'existence intentionnelle ou mentale, qui est un emprunt directement à la scolastique.

1. Voir *Husserl-Twardowski, Sur les Objets intentionnels*, trad. J. English, Paris, Vrin, 1993.

2. Husserl, *Recherches Logiques*, V (notée *RL*, V), trad. H. Elie, A. L. Kelkel, R. Scherer, Paris, P.U.F., 1972; *RL*, V, § 2, p. 148.

3. *RL*, V, § 11, a) L'objet « mental » ou « immanent », p. 174.

Ainsi pour qu'il y ait une relation intentionnelle à un objet, il suffit pour Husserl qu'il y ait un vécu. Or Brentano a une connaissance de la scolastique qui nous permet de douter qu'il soit tombé aussi naïvement dans la chosification de la pensée. Car les médiévaux manifestent une grande attention à l'endroit de la question de la dimension ontologique du pensé et ils se sont efforcés d'éviter qu'il forme une sorte d'écran entre l'intellect et la chose.

Les sources de Brentano sont Aristote, la philosophie médiévale et la scolastique tardive, dont il a une connaissance avérée. Ainsi, dans sa *Scholastikvorlesung* (1870), qui est la partie médiévale de ce qui constitue un grand cours d'histoire de la philosophie, Brentano se réfère aux textes d'Augustin, d'Anselme, d'Avicenne, de Thomas d'Aquin, d'Albert le Grand, de Duns Scot et de Suárez. Brentano a aussi puisé ses références dans des manuels de textes scolastiques, ainsi que dans des ouvrages néo-scolastiques, par exemple, un ouvrage de Stöckl, *Geschichte der Philosophie des Mittelalters* (1865), et *De la philosophie scolastique* de B. Hauréau (1850). C'est de ce dernier ouvrage qu'il tire la connaissance qu'il a du traité *De intentionibus secundibus* de Hervé de Nédellec[1]. Les sources médiévales et scolastiques de la psychologie de Brentano se trouvent chez Thomas d'Aquin et Suárez, mais aussi dans le Commentaire de Cajetan à la *Somme de théologie* de Thomas d'Aquin et de lectures scolastiques, le plus souvent scotistes, dont Brentano est redevable dans sa lecture d'Aristote. Brentano n'utilise en effet pas le terme d'intentionnalité, mais celui de présence intentionnelle et c'est la terminologie de l'*esse obiectivum* qui lui permet d'expliciter l'usage du terme « intentionnel ».

En répondant aux critiques de Husserl dans la *Ve Recherche Logique*, Brentano souligne dans les notes (1911) de *La Psychologie du point de vue empirique*, que « les scolastiques emploient également l'expression "exister à titre objectif" (*objective*) dans quelque chose ». Il note que l'usage technique du terme « objet » ne désigne pas une chose, mais ce qui est immanent à l'esprit. Aristote aurait ainsi envisagé cette forme d'inhabitation psychique quand, dans le *Traité de l'Âme*, il affirme que l'âme qui sent *contient* immatériellement l'objet senti et que l'intellect *contient* aussi l'objet pensé.

1. Kl. Hedwig, « Der scholastiche Kontext des intentionalen bei Brentano » dans *Die Philosophie Franz Brentano. Beiträge zur Brentano-Konferenz*, éd. R. M. Chisholm et R. Haller, Amsterdam, Rodopi, 1978; et J.-Fr. Courtine, « L'Aristotélisme de Franz Brentano, *Études Phénoménologiques*, 1998.

En effet, pour Aristote, ce n'est pas la pierre qui est dans l'intellect mais sa forme. Pour un auteur médiéval, la chose extérieure pensée n'existe pas dans l'intellect selon sa propre nature, mais c'est plutôt son *espèce* qui est dans l'intellect. Ainsi, selon Thomas d'Aquin, l'espèce est la forme de l'intellection. Elle est le principe par lequel l'intellect intellige en acte. Elle a en outre une relation à la chose pensée parce qu'elle en est la *similitude*. L'espèce n'informe pas le pensant de façon transitive comme une qualité physique, par exemple la chaleur, qui passe d'un corps à un autre, mais elle « demeure dans le pensant » (*manet in intelligente*) [1]. L'intellect « en pensant, forme en lui-même une certaine *intention* de la chose pensée, qui est sa notion (*ratio*), signifiée par sa définition ». L'*intentio intellecta* est le terme de l'opération intelligible. Elle diffère de l'espèce même si elle est aussi une similitude, parce que si l'espèce est reçue par abstraction en présence de la chose, nous pouvons encore intelliger quelque chose en son absence. Pour connaître une chose singulière, il est nécessaire d'en avoir une sensation, puis la pluralité des expériences de cette chose permet de former un phantasme – une image générale – de la chose. L'image est reçue dans l'intellect possible. La chose n'est plus perçue ici et maintenant, mais dans la forme de l'abstraction généralisante qui sépare la chose des conditions temporelles et spatiales singularisantes.

Thomas d'Aquin élabore sa conception de l'abstraction, en rapprochant certains textes célèbres d'Aristote : la formule « jamais l'âme ne pense sans image » [2] est lue à partir de la constitution de l'expérience et de l'art en *Métaphysique*, A, 1 [3], ainsi que de l'appréhension des principes dans les *Seconds Analytiques*, II, 19 [4]. L'ensemble du collage est appliqué à la lecture du *De anima*, III, 4 et 5, sur l'intellect patient, intellect possible, ou qui peut tout être ou devenir, et l'intellect agent ou en acte. Ainsi, le « lieu » des images est l'intellect en tant qu'il *peut* dégager une espèce intelligible à partir des images. Notre intellect agent est la saisie en acte de la chose intelligée. Une telle distinction des modes d'être de l'intellect repose sur la lecture des commentateurs néoplatoniciens du Stagirite, comme Simplicius, qui distinguent, dans les *Seconds Analytiques*, II, 19, deux universels : l'image générale qui fait abstraction des conditions particula-

1. *Thomas d'Aquin, Summa contra Gentiles* (abrégée *SCG*), I, (*editio leonina manualis*), Rome, 1934; chap. 53, n. 2-4, Cf. *Somme Contre les Gentils*, I, trad. C. Michon, GF-Flammarion, 1999. Voir J.-L. Solère, « La notion d'intentionnalité chez Thomas d'Aquin », *Philosophie*, 1989, p. 13-36.

2. Aristote, *Traité de l'âme* (noté *DA*), trad. J. Tricot, Paris, Vrin, 1985, *DA*, III, 7, 431 a 16.

3. *DA*, 980 a 21-981 a 20.

4. *DA*, 100 a 1-15.

risantes de l'ici et du maintenant, sans être totalement indifférente aux conditions spatiales et temporelles, et le concept universel ou « l'universel en repos tout entier dans l'âme ».

Dans la description thomasienne du processus de l'abstraction, quel rôle joue l'intention ? Si on peut penser à ce qui n'existe pas, pour lequel on n'a pas abstrait d'espèce, et si on peut aussi penser à ce qui n'existe plus, avec lequel nous ne pouvons plus avoir désormais le moindre contact, c'est que nous formons une intention intelligée, *i. e.* un concept universel, de la chose. Et ce qu'on fait quand le contact avec la chose fait défaut, on le fit quand il a lieu, puisque précisément c'en est la condition.

En raison de son péripatétisme, Thomas d'Aquin est un représentant de l'immanence du connu au connaissant; l'intellect est en puissance toute chose. La présence intentionnelle n'est donc pas une concession au réalisme naïf. L'espèce intentionnelle n'est pas un *quod*, ce qui est pensé, mais ce par quoi (*quo*) la chose est pensée et Thomas proscrit d'avance toute réalisation d'une entité mentale qui serait l'objet pensé. Notons que la chose ne produit pas le concept par le biais de la causalité efficiente; ce serait, selon Thomas, confondre la présence de l'intention et un processus naturel ou causal. L'abstraction est dématérialisante; elle sépare l'universel des conditions individuantes qui affectent les choses singulières.

L'autre source de Brentano, Duns Scot, fait un pas supplémentaire en direction de l'objectivité quand il affirme que ce qui est intelligé est l'objet intelligible. Il ne distingue pas l'espèce de l'intention comme Thomas d'Aquin, mais l'intention et l'objet, autrement dit, le processus réel de la formation d'une intention et le processus intentionnel de la formation de l'objet. La question de savoir s'il peut y avoir une relation de l'esprit avec quelque chose quand la chose n'existe pas est traitée par Duns Scot dans le contexte de la réflexion sur l'intentionnalité divine. Le théologien se demande ainsi s'il y a une relation de Dieu avec les choses avant qu'elles existent ? Duns Scot reprend la tripartition aristotélicienne des relations [1], en relation numérique, en relation de puissance, dont les termes sont tels que leur « essence même peut seulement être définie par rapport à autre chose » (par exemple, une chose est double d'une autre, ou est échauffée par une autre), et en un dernier type de relation qui caractérise, par exemple, le mesurable, le connaissable et le pensable, pour lesquels c'est quelque autre chose qui est relatif à eux [2].

1. Duns Scot, *Ordinatio* (abrégée *Ord.*), I, Dist 35, *Qu. unica, Responsio propria*, dans *Ioannis Duns Scot Opera Omnia*, éd. Comissio Scotistica, Civitas Vaticana, vol. VI, 1953, p. 256, n. 27.

2. Aristote, *Métaphysique*, Δ, chap. 15, 1021 a 26-30.

De la formule « le pensable signifie qu'il y a pensée de lui possible », Tricot donne en note la *lectio* de Thomas d'Aquin afin de souligner le réalisme du Stagirite : la pensée est relative à l'objet pensé, et le pensable est quelque chose, s'il y a ou s'il peut y avoir une pensée à son propos. La « pensée n'est pas relative à ce dont elle est pensée ». Le pensable a donc une nature propre indépendante de la relation. L'exemple de la vue éclaire l'argument. Bien que voir soit, en effet, voir quelque chose (par exemple une chaise ou un homme) et non voir une tache de couleur, néanmoins, parce que la couleur est le sensible propre de la vue, voir est relatif à la couleur et non pas à la chose.

Duns Scot interprète, pour sa part, le passage d'Aristote en disant que l'« *obiectum intelligibilis* », l'objet intelligible, est le terme de la pensée. Il est un absolu et notre pensée est mesurée par lui, autrement dit, l'objet est une chose intelligible et non une fiction forgée par l'esprit. La relation ne se trouve pas entre Dieu et la chose, puisque cette dernière n'existe pas, mais elle est entre Dieu et l'objet intelligible. L'intellection divine étant la mesure, les objets intelligibles se rapportent à elle et non elle à eux ; nous sommes dans le cas de la troisième division aristotélicienne de la relation. Dieu peut intelliger ce qui n'existe pas ; il peut penser une pierre avant la Création en la produisant dans un être intelligible [1]. La relation se tient entre l'intellection divine et la pierre intelligée et nullement entre elle et la pierre, « *intellectio divina terminat relationem "lapidis ut intellecti" ad ipsam* ». La pierre intelligée peut être appelée, suivant le lexique augustinien du *De ideis* [2], une idée [3], car Dieu produit les choses dans l'être intelligible, d'après lequel la chose connue est appelée idée.

1. Duns Scot, *Ord.*, I, Dist. 35, p. 258, n. 32 : « Dieu, dans un premier instant, pense son essence sous une raison purement absolue ; dans le second instant, il produit la pierre dans l'être intelligible et il pense la pierre, de sorte qu'il y a là une relation dans la pierre pensée envers l'intellection divine, mais encore aucune dans l'intellection divine envers la pierre, mais l'intellection divine termine la relation de la pierre intelligible à elle-même ».

2. Augustin, *De diversis quaest. 83*, qu. 46, n. 1 (PL 40, 29), trad. G. Bardy, J.-A. Beckaert, J. Boutet, Paris, Bibiothèque Augustinienne, 1952 : « une idée est une raison éternelle dans l'esprit divin, selon laquelle quelque chose peut être formé suivant sa raison propre ». Les idées ne constituent pas un royaume de pures essences. Dans le courant de la pensée franciscaine, plus ouvertement augustinien que péripatéticien, Duns Scot critique néanmoins Henri de Gand, qui soutient que Dieu connaît ce qui n'existe pas en pensant les essences. Dans ce cas objecte Scot, il n'y aurait pas de connaissance divine des choses individuelles, et nulle création ni annihilation possible, car les essence subsisteraient. L'être d'essence est créée en même temps que l'être d'existence de la chose concrète.

3. Duns Scot, *Ord.*, I, Dist. 35, p. 261, n. 40 : « videtur quod lapis intellectus possit dici idea ». Mais la thèse selon laquelle Dieu produit l'être intelligible s'écarte de façon notable de l'exemplarisme augustinien et thomasien, car ce n'est plus seulement en contemplant sa propre essence que Dieu crée – la science divine n'étant rien d'autre, par exemple chez

Duns Scot distingue l'*esse intelligibile* de l'*esse simpliciter*, produire dans l'être intelligible n'est pas produire dans un être absolu. Il n'est pas possible d'interpréter, comme le fait Husserl, la relation intentionnelle, avant la conception qu'il en donne, comme un rapport entre deux choses existantes – l'acte et l'objet –, précisément parce que l'objet n'est pas une chose. Les déterminations suivantes, *être diminué, être dans l'intellection, être connu* ou *représenté, être la copie,* sont équivalentes pour désigner l'objet intelligible[1]. Donc si César était anéanti et qu'il y ait une statue de César, César serait représenté par la statue. L'être représenté est d'une autre nature que l'être absolu, qu'il soit être d'essence ou d'existence. S'il n'y a d'essence que de ce qui existe, la représentation garde néanmoins un être diminué quand César n'existe pas.

Ce qui est affirmé par Scot à propos de l'intellect divin peut être appliqué à notre intellect, mais avec cette différence que Dieu produit l'*esse intelligibile* de la chose et que notre intellect ne le produit pas mais doit le former à partir d'un contact sensible avec les choses. L'expérience montre que nous pouvons intelliger quelque chose qui n'est pas, ni selon l'essence ni selon l'existence, et il n'est ainsi pas possible de déduire de notre intellection que la chose que nous pensons possède un véritable être d'essence ou d'existence[2]. Pour rendre compte de notre intellection, il faut poser un être intelligible comme condition de possibilité de notre intellection. C'est grâce à une entité immatérielle que l'intellect lui-même immatériel peut connaître quelque chose.

Quel est le statut ontologique de cet être intelligible pour Duns Scot? Il y a deux modes de l'affection, réelle et intentionnelle. Dans la sensation, l'intellect reçoit une espèce sensible réelle; l'action de la chose imprime l'espèce sensible. Scot soutient contre Henri de Gand que les espèces intelligibles sont la condition de la connaissance[3], et néanmoins qu'elles sont

Thomas, que l'essence divine en tant qu'infiniment participable; et désormais, avec Scot, il se représente ce qu'il crée et la représentation relève de l'objectité; Sur ce point, O. Boulnois, *Être et représentation. Une généalogie de la métaphysique moderne à l'époque de Duns Scot (XIIe-XIVe siècle)*, Paris, P.U.F., 1999; voir aussi O. Boulnois, J. Schmutz, J.-L. Solère (éd.), *Le Contemplateur et les idées. Modèles de la science divine du néoplatonisme au XVIIe siècle*, Paris, Vrin, 2002.

1. *Ibid.*, p. 284, n. 34, trad. fr. p. 269.

2. Duns Scot, *Ord.* I, qu. 36, p. 281-282.

3. C'est l'objet de la question 1, de la Troisième partie de la Distinction 3 de l'*Ordinatio* I que de poser la nécessité contre Henri de Gand, sur ce point plus fidèle à Augustin, de telles espèces intelligible, pour la connaissance humaine. Pour Henri, les espèces sensibles sont déjà représentatives, et il n'est pas nécessaire de poser encore une autre similitude de la chose; par l'espèce sensible, l'intellect reçoit le phantasme et saisit l'essence de la chose. Il existe

issues du processus d'abstraction et non produites par une affection réelle. L'objet est ainsi, avec l'intellect, la cause qui concourt à l'engendrement de la connaissance. Il se distingue de l'espèce intelligible en étant son « contenu » représentatif; il est reçu dans l'intellect par une affection intentionnelle.

> L'intellect ne pâtit pas seulement d'une passion réelle sous l'action de l'objet réel qui imprime en lui une espèce réelle, il pâtit aussi d'une passion intentionnelle (*passione intentionali*) sous l'objet qui brille (*relucet*) dans l'espèce : cette seconde passion, c'est la "réception de l'intel-lection", qui provient de l'objet intelligible en tant qu'intelligible, brillant dans l'espèce intelligible – et ce "pâtir" signifie "concevoir" ("*intelligere*") [1].

L'espèce intelligible est reçue dans l'âme par le biais d'une affection réelle; elle est un accident qui a en elle une existence réelle. Pour nous autres hommes, cette dernière est un moyen cognitif [2], parce que nous ne pouvons pas absorber une chose matérielle dans notre intellect. Mais le moyen diffère de l'objet. L'objet est ce qui brille, ce qui luit objectivement ou par représentation dans l'espèce intelligible. L'objet est précisément représenté.

On a l'impression que certaines expressions de Duns Scot mettent l'accent sur le fait que l'objet intelligible est une entité, qu'il y a un mode d'être intentionnel bien que diminué par rapport à l'espèce qui est une entité réelle. D'autres expressions de Duns Scot résorbent cet écart ontologique entre l'espèce et l'objet dans la représentation, même si l'espèce, qui est un accident ou plutôt une qualité de l'âme, se distingue de l'objet qui est le contenu représentatif de l'espèce intelligible. Le terme de Duns Scot est trop métaphorique – l'objet *relucet*, luit ou brille – pour que l'on puisse se prononcer sans risque pour l'une ou l'autre des deux interprétations. Néanmoins, certains de ses lecteurs scolastiques ont interprété ce contenu-

une traduction de ces textes, Duns Scot, *L'image*, introd., trad. et notes, G. Sondag, Paris, Vrin, 1993.

1. *Ord.* I, Dist. 3, Partie 3, qu. 1, n. 386, trad. P. 140, éd. cit., p. 235.

2. *Ibid.*, qu. 3, n. 562, trad. p. 230, (éd. citée, p. 334) : « Pour l'intellection des choses que nous connaissons par connaissance naturelle, les espèces présentes dans l'intellect sont en quelque sorte l'instrument de celui-ci (*quasi instrumentum ipsius intellectus*), non pas au sens d'un instrument qui serait mû par l'intellect pour agir, comme s'il recevait quelque chose de la part de celui-ci, mais au sens qu'il est ce dont l'intellect se sert en vue de sa propre action : quand l'intellect agit, l'espèce coagit en tant que cause subordonnée pour produire un effet commun ».

objet comme une entité, et les scotistes, Jacques d'Ascoli ou Guillaume d'Alnwick[1], s'identifient ainsi comme des *reales*.

Grâce à cette brève présentation de la conception scotiste de l'objet intelligible, on voit que Brentano a bien été influencé par un courant qui devait sa conception de l'intention presque autant à Duns Scot qu'à Thomas d'Aquin.

Suárez fournit, au XVIe siècle, une analyse de l'esprit, qui tombe sous la caractérisation brentanienne de l'esprit.

> Le concept objectif, écrit Suárez, signifie la chose même, ou la raison, qui est connue ou représentée proprement et immédiatement par le concept formel; ainsi, par exemple, quand nous concevons un homme, cet acte, que nous effectuons dans l'esprit pour concevoir un homme, est appelé concept formel. L'homme qui est connu ou représenté par cet acte est nommé concept objectif, concept par une dénomination extrinsèque à partir du concept formel, par lequel son objet est dit conçu, et pour cette raison il est appelé correctement objectif, parce qu'il n'est pas un concept comme une forme intrinsèque terminant la conception, mais comme *l'objet* et la matière *vers laquelle se tourne* la conception formelle et *vers laquelle le regard de l'esprit tend directement*, et c'est pourquoi il est appelé par certains, en suivant Averroès, "intention intelligée"; et par les autres il est appelé "raison objective"[2].

Mettons l'accent, dans le commentaire de ce passage, sur la façon dont Suárez utilise le matériel conceptuel qui est fourni par le lexique médiéval. Suárez transforme le lexique scotiste de l'*esse obiectivum* en substituant le terme de *conceptus* à celui d'*esse*. C'est l'indice d'une reprise du lexique scotiste qui s'entend désormais – autrement dit, dès la réception de la logique de Guillaume d'Ockham – à la lumière des outils théoriques du nominalisme; en particulier, à partir de la notion de concept connotatif. En effet, le « concept » est ce qui est conçu; c'est, explique Suárez, le terme de la pensée. L'acte de concevoir est donc appelé le « concept formel », parce que, du point de vue péripatéticien, un acte de la pensée est une forme accidentelle de l'âme quand elle pense. L'acte de la pensée est en effet une

1. C. Normore, « Meaning and Objective being : Descartes and His Sources » (art. cit.), soutient que Guillaume d'Alnwick est le premier à utiliser la distinction entre formel et objectif (*Quaestiones disputatae de esse intelligibili et de quolibet*, éd. A. Ledoux, Quarachi, 1937, 26) : « Je réponds que certaines choses peuvent être distinguées dans l'être connu ou représenté de deux manières : formellement, et d'une autre manière certaines choses peuvent être distinguées dans leur être connu objectivement parce que leur connaissance se termine à ces choses distinctes ou à la distinction entre elles ».

2. Suárez, *Disputes métaphysiques*, II, section 1, n° 1.

qualité de l'âme; c'est penser (à) ceci, ou (à) cela et cela occupe l'intellect un moment sans le monopoliser de façon définitive.

Le concept objectif désigne ce qui est conçu par l'acte de concevoir. La dénomination de « concept » est alors « extrinsèque », autrement dit, en utilisant cette fois le lexique de Guillaume d'Ockham, c'est un terme « connotatif ». Que faut-il entendre par là ? Que le concept, au sens propre et premier du terme, ne consiste que dans l'acte de concevoir et cet acte est réel : il termine la conception comme une forme intrinsèque écrit Suárez. Et c'est seulement en un sens dérivé, autrement dit, impropre ou secondaire, que l'objet de nos pensées est appelé « concept », car il n'est pas une forme ayant une mode d'être réel, mais il est une intention immanente à l'esprit qui représente la nature de la chose; il est l'objet vers lequel « tend directement » le regard de l'esprit. Ainsi, bien qu'il reprenne la conceptualité scotiste qui confère à l'objet un être intentionnel, qu'il caractérise comme un être de raison, l'attention de Suárez à la réalité de l'acte, au concept compris comme acte, témoigne de l'influence du nominalisme[1]. L'objet n'est donc pas une forme, il n'a pas de réalité substantielle, il est plutôt le terme de la pensée visé intentionnellement et la seule réalité à laquelle nous ayons affaire est donc celle de l'acte de pensée.

Pour Guillaume d'Ockham, la signification connotative d'un terme a pour fonction de déconstruire le réalisme des catégories, ou ce qu'on à nommé avec Victor Cousin le réalisme des universaux. Les catégories autres que la substance et la qualité, qui sont pour leur part réelles, ne sont que de simples dénominations, autrement dit, des concepts ou des intentions. Aucune chose n'est de soi universelle et nous ne disposons que d'intentions, ou de concepts, universels qui supposent pour plusieurs choses singulières, c'est-à-dire qui y renvoient ou s'y réfèrent. Avec Suárez, on est en présence d'une synthèse singulière des trois voies – thomasienne, scotiste ou réaliste, nominaliste – qui servent de matériau lexical et philosophique à la scolastique moderne et qui lui permet de

1. Voir Guillaume d'Ockham, *Somme de logique* (notée *SL*), I, trad. J. Biard, 1989. Au chapitre 12, Guillaume soutient que l'intention est un signe conceptuel, c'est-à-dire l'acte d'intelliger lui-même, tenant naturellement lieu des choses, et il refuse désormais que ce signe soit un être forgé par l'esprit (*fictum*), qui aurait un *esse obiectivum*, comme le pensent certains, et comme il l'a lui-même pensé (voir le *Commentaire des Sentences, Opera theologica*, St Bonaventure Institute, NewYork, 1974-1986, vol. I-IV; par exemple, *In I Sent.*, dist. 2, qu. VIII, p. 271-272, mais il a critiqué cette position dès la seconde rédaction de cet ouvrage, cf. dist. 27, qu. III, p. 230 *sq.*) Guillaume a développé au chapitre 10, dans ce même Traité, la distinction entre les noms absolus et connotatifs, dont Suárez se sert pour dire du « concept objectif » qu'il est appelé « concept » par *denominatio* extrinsèque, autrement par une connotation, ou encore en vertu d'une signification qui est seulement secondaire par rapport au concept formel qui lui est nommé « concept » de manière absolue ou principale.

rendre compte, d'une manière originale, du rapport de l'esprit à ce qu'il pense, en évitant précisément un réalisme du concept objectif. L'objet de la pensée est pour Suárez un être de raison et non une réalité formelle.

Si on se contentait de retracer les sources que Brentano met en avant, on négligerait un événement discursif remarquable, à savoir, la reprise nominaliste du lexique scotiste de l'*esse obiectivum* des espèces intentionnelles et des intermédiaires mentaux. Car, comme Joël Biard, l'a souligné, la scolastique espagnole du XVIe siècle détermine les questions en présentant les positions thomistes, réalistes (Duns Scot et les scotistes), et des nominalistes. On n'a pas souligné assez l'importance historique du nominalisme dans l'*épistémé* classique ni examiné la manière dont le cartésianisme et les auteurs du second XVIIe siècle ont accueilli ces éléments nominalistes dans la philosophie des idées. C'est sur cet aspect historique que je voudrais insister.

Au Moyen Âge, la théorie de la supposition de Guillaume d'Ockham permet de redéfinir le concept comme un signe qui renvoie directement à une chose singulière (voyez plus loin le chapitre V). Un des aspects caractéristiques de la logique nominaliste est la critique des entités mentales intermédiaires. Appartenant à la tradition oxonienne, Guillaume d'Ockham, après avoir soutenu à un moment une théorie similaire, celle du *fictum*, se démarque de ses prédécesseurs par une critique radicale des *species*, de l'*esse obiectivum* de Duns Scot et de *l'esse apparens* de Pierre d'Auriole, parce que ces entités multiples sont inutiles et constituent dès lors un écran dans la saisie des choses en s'y substituant comme objet. Immanentes à l'esprit, et universelles, elles servent d'intermédiaires dans la connaissance des choses en les représentant. Or, pour Guillaume le concept ou l'intention est un signe. Il signifie naturellement quelque chose, pour lequel il peut signifier, et il se caractérise par le fait de pouvoir faire partie d'une proposition mentale. Autrement dit, c'est par le biais d'une critique de l'objet intelligible que la supposition ockhamiste, équivalente à la notion contemporaine de référence, oriente l'analyse noétique et par là même l'intentionnalité du côté de la sémantique et de la référence et qu'elle réinscrit la causalité dans l'élément de la signification [1]. La complexité de la réflexion

1. Voir *SL*, I, chap. 1, où le terme est défini comme une partie élémentaire de la proposition, de sorte que le concept est pensé comme un signe : « le terme conçu est une intention ou une impression psychique, signifiant ou consignifiant quelque chose par nature, destinée à faire partie d'une proposition mentale et à supposer pour cette chose ». Sur la supposition chez Guillaume d'Ockham, voir J. Biard, *Logique et théorie du signe au XIVe siècle*, Paris, Vrin, 1989, Ire partie, chap. III ; et du même auteur *Guillaume d'Ockham, Logique et philosophie*, Paris, P.U.F., 1997 ; voir aussi *Le Vocabulaire de Guillaume d'Ockham*, Ch. Grellard et Kim Sang Ong-Van-Cung, Paris, Ellipses, 2005.

sur la causalité au XVIIe siècle, notamment dans l'explication de la nature de la pensée, ouvre un champ de recherche, où le nominalisme apporte sa contribution, peut-être moins en direction du naturalisme, en dépit de certaines interprétations contemporaines[1], que dans l'orientation ou dans la transformation, du lexique scotiste dans le contexte d'une réflexion sur la causalité et la représentation.

La critique de la réalité objective des idées et de l'objet mental sont monnaie courante chez les Modernes. Ce scrupule est déjà présent à l'époque de Descartes dans la controverse entre Malebranche et Arnauld, pendant la fameuse Querelle des idées, qui occupe le XVIIe siècle. Ainsi, dans *Des Vraies et des Fausses Idées*, Arnauld se propose d'exposer la théorie cartésienne des idées contre Malebranche en affirmant que les idées ne sont pas « des êtres représentatifs distincts des perceptions » comme le pense pourtant l'Oratorien. Avec Port-Royal, on a une conception de l'objectivité qui n'est pas fondée sur la dimension noétique, ou cognitive, mais qui s'enracine dans une philosophie du langage où la notion de signification est essentielle à la définition de la représentation.

Arnauld fournit une interprétation décisive de la réalité objective des idées qui se situe dans la filiation « nominaliste » de l'élimination des êtres représentatifs : « J'ai dit que je prenais pour la même chose *la perception* et l'*Idée.* Il faut néanmoins remarquer que cette chose, quoi qu'unique, a deux rapports : l'un à l'âme qu'elle modifie; l'autre à la chose aperçue, en tant qu'elle est objectivement dans l'âme; et que le mot de *perception* marque plus directement le premier rapport, et celui d'*idée* le dernier. Ainsi *la perception* d'un carré marque plus directement mon âme comme apercevant un carré : et l'idée d'un carré marque plus directement le carré en tant qu'il est *objectivement* dans mon esprit. [...] Ce ne sont point deux entités différentes, mais une même modification de notre âme, qui enferme essentiellement ces deux rapports »[2].

Son analyse est typique de la présentation nominaliste de l'être objectif « scotiste » chez certains maîtres de la seconde scolastique, dont l'intéressante contribution à notre propos est qu'elle le dissout intégralement. Par exemple, Jean de Celaya, un des représentants du nominalisme dans la

1. Voir Cl. Panaccio, *Les Mots, les concepts et les choses. La sémantique de Guillaume d'Occam et le nominalisme d'aujourd'hui*, Paris-Montréal, Vrin-Bellarmin, 1992, qui donne une importante interprétation naturaliste de Guillaume d'Ockham, sur laquelle nous aurons l'occasion de revenir.

2. Arnauld, *Des Vraies et des Fausses Idées*, éd., introd. et notes D. Moreau, Paris, Vrin, 2011, chap. V, Déf. 6, p. 67-68. Concernant la théorie arnaldienne des idées, voir S. Nadler, *Arnauld and the Cartesian Philosophy of Ideas*, Manchester University Press, 1989.

scolastique espagnole du XVIe siècle, soutient que « le terme "*intentio*" est un terme connotatif : il signifie matériellement la chose même, et formellement connote ce qui est intelligé et connu par l'intellect lui-même »[1]. Autrement dit, l'intention, entendue comme le terme de l'acte, ne se distingue pas de la chose même qui est signifiée par l'acte lui-même. Mais l'intention désigne indirectement aussi ce qui est connu par l'intellect, qui est formellement l'acte de pensée en tant qu'il vise cette chose, s'y réfère ou encore la signifie. L'entité intermédiaire a complètement disparu de la circulation !

Suárez est conscient du problème qui organise en sous-main la présentation de l'objet des pensées, *i. e.* celui de son mode d'être. Il appartient donc à l'histoire, ou à la problématisation historique, de l'intentionnalité et de la constitution de son lexique. L'usage critique, ou parfois faussement naïf, que Descartes fait du lexique scolastique, l'inscrit donc historiquement dans la problématique de la relation (intentionnelle) de l'esprit à l'objet des pensées. Ce cheminement dans les sources et les contextes scolastiques et médiévaux de l'intentionnalité dans la phénoménologie a permis de mettre en relief l'importance que revêt la question du mode d'être du pensé, et de l'objet des pensées.

HUSSERL ET DESCARTES

Certes Descartes ne thématise pas de façon exhaustive les éléments d'une théorie de l'intentionnalité, il n'y a pas de véritable traitement ni de réelle mise en valeur explicite de l'intentionnalité chez Descartes, mais Husserl n'hésite pas à lui attribuer une certaine compréhension transcendantale et phénoménologique de l'intentionnalité. Les passages de *La Crise des sciences européennes et la phénoménologie transcendantale* (ce texte sera désigné *Krisis* dans la suite de mon analyse) à propos de Descartes et de l'intentionnalité, ont l'immense intérêt de faire comprendre sur quels points Descartes s'approche et en même temps s'écarte de la conception phénoménologique de l'intentionnalité. La lecture de ces textes montre que la traduction philosophique des concepts conduit à un dépaysement profond dans l'appréhension que nous en avons. Elle produit une dérive des champs conceptuels les uns dans les autres qui mérite que nous l'analysions, parce qu'elle en en modifie le sens d'une façon radicale.

1. Voir J. Biard, « Les trois "voies" dans les textes logiques de Jean de Celaya », art. cit.

Selon Husserl, chez Descartes, l'intentionnalité « forme l'essence de la vie égologique »[1]. La *cogitatio* se détermine comme conscience *de* quelque chose quand l'*ego* éprouve, pense, sent ou veut. Le trait caractéristique du concept d'intentionnalité est que toute *cogitatio* porte en elle-même son *cogitatum*. Dans ce passage qui cherche à mettre en valeur la proximité de la phénoménologie et du cartésianisme, il est remarquable que Husserl ne mette pas l'accent sur la réalité objective de l'idée, pourtant centrale si on veut attribuer une conception de l'intentionnalité à Descartes, et si on veut bien sûr suivre le fil des sources scolastiques de l'intentionnalité dégagées par Brentano. Mais précisément Husserl en évite la notion, parce qu'il la comprend comme un « contenu » ou un « objet mental » qui nous feraient passer à côté de la notion d'intentionnalité. Il est opposé à la notion de représentation qui les sous-tend.

En effet, la traduction des *Meditationes* par le Duc de Luynes importe le mot de « représentation », qui n'est pourtant pas présent dans le texte latin, bien que le verbe *repraesentare* soit utilisé. Ainsi, dans le texte français des *Méditations*, on trouve l'expression « une chose est objectivement ou par représentation dans l'entendement par son idée »[2]. Or Descartes n'utilise pas *repraesentatio*, ni représentation quand il écrit en français. Et ce qu'il faut entendre par « représenter », chez Descartes, doit être à déterminé à partir de ses textes, car il constitue désormais plutôt un collage d'interprétations. Doit-on ainsi, comme le fait Husserl, le penser à partir du lexique allemand de la *Vorstellung*, que Kant identifie au terme latin de *repraesentatio*[3], absent pourtant du lexique cartésien. La *Vorstellung* suppose la constitution du lexique du rapport du sujet et de l'objet qui n'est pas mis en place chez Descartes. La notion de contenu mental et celle de représentation sont devenues centrales dans l'explication cognitive de l'intentionnalité, sans que la philosophie cognitive éprouve le besoin de s'embarrasser d'un examen suffisamment approfondi de leur histoire, qui seule préviendrait leur usage naïf. Il faut poser aux textes cartésien la question de

1. Husserl, *La Crise des sciences européennes et la phénoménologie transcendantale* (notée *Kr*), trad. G. Granel, Paris, Gallimard, 1976 ; II, § 20 : *L'intentionalité chez Descartes*, p. 96.

2. Descartes, *Méditation Troisième*, AT, IX, 33, qui traduit, VII, 41, l. 27-28 : « res objective in intellectu per ideam ». On trouve peu plus haut, p. 40, le nouage de la réalité, du mode d'être objectif, et de la chose représentée : « sed, quatenus una [idea] unam rem, alia [idea] aliam repæsentat, patet eadem esse ab invicem valde diversas. Nam proculdubio illae [ideae] quæ substantias mihi exhibent, majus aliquid sunt, atque, ut ita loquar, plus realitas objectivæ in se continent, quam illae quæ tantum modos, sive accidentia, repraesentant ». Voir en français AT, IX, 31-32.

3. Kant, *CRP*, *Dialectique transcendantale*, « Des Idées en général », [A 320 / B 376] p. 1031 *sq*.

la représentation. Que signifie « représenter » pour Descartes ? On peut se reporter à notre Introduction et nous y viendrons au chapitre VI.

Husserl accorde, de façon singulière, une prééminence à la notion cartésienne de certitude (*die Gewißheit*). Son objectif est de rapprocher le doute cartésien d'une « sorte d'*épochè* sceptique » [1]. Le privilège de la certitude cartésienne détourne l'attention du lecteur du lexique scolastique présidant à la notion de « réalité objective » au profit de l'interprétation de la certitude sur le modèle du « croire », du « penser que … » (*Vermeinen*). Le geste théorique de Husserl, qui met au premier plan la certitude et cantonne à l'arrière-plan la réalité objective de l'idée, est en réalité motivé par sa critique des contenus mentaux chez Brentano. La mise au premier plan de la certitude et la relégation de la réalité objective à l'arrière-plan de l'analyse a pour conséquence que Hussserl attribue à Descartes une conception de l'intentionnalité que les textes de ce dernier ne pourront finalement pas confirmer. Son mode de présentation du cartésianisme, allant de pair avec un geste interprétatif consistant à le lire à partir du lexique de Kant, a pour conséquence que Descartes se trouve être à la fois le promoteur de l'intentionnalité phénoménologique et celui qui en a manqué la notion.

Comme on l'aura compris, l'intentionnalité phénoménologique ne s'accommode pas de contenus mentaux emboîtés dans l'esprit. Or c'est de cette façon que la philosophie cartésienne des idées est couramment reçue, comme une conception internaliste de la représentation qui pense les choses au moyen d'un substitut mental – image, ressemblance, idée –, tenant lieu aussi simplement que mystérieusement de la chose. Mais, dans le § 20 de la *Krisis*, Husserl se livre à une interprétation profonde de Descartes, plus intéressante que celle qui sert à adopter, ou à rejeter, le point de vue dit « cartésien » sur le mental. Son interprétation a pour mérite de ne pas réduire d'emblée la *cogitatio* au pur et simple remplacement de la présence des choses par le contenu interne de la représentation. Au terme de l'analyse, Husserl finit certes par reprocher à Descartes une telle théorie représentationaliste des idées-objets et des contenus. Il est bien à l'origine de cette manière de comprendre le cartésianisme qui contribue à construire cette image scolaire, étriquée et contestable que l'on voit souvent reproduite par les commentateurs non-cartésiens et parfois même par certains dix-septièmistes.

Selon Husserl, chaque *cogitatum* « est, au sens le plus vaste, un "croire" (*Vermeinen*) et comporte par conséquent un mode quelconque de la

1. Husserl, *Kr*, § 17, p. 88.

certitude (*ein Modus der Gewißheit*) »[1]. Et la présomption (*Vermutung*), ou la conviction dans le jugement, autrement dit, la pensée qu'on tient pour vraie de manière seulement provisoire, et avant toute rectification, est selon Husserl, un mode de la certitude cartésienne comme peuvent l'être le tenir-pour-vraisemblable (*Für-wahrscheinlich-halten*), le doute, etc., car les différentes formes de la confirmation ou de l'infirmation sont liées à ces modes de la certitude, et avec elles se trouvent aussi celles du vrai et du faux. Selon Husserl, la vérité serait chez Descartes un « croire », *i. e.* une créance – la pensée, ou le jugement que … –, justifiée rationnellement. Husserl justifie sa lecture en disant que le doute porte sur les « convictions » (*Überzeugungen*)[2] infondées de Descartes, qui ont été héritées et reprises au compte de celui qui désormais entreprend de les livrer à un examen critique. Or le mot que Descartes emploie dans la *Méditation première*, ou dans la Quatrième partie du *Discours de la méthode*, n'est pas « conviction » (qui est le terme de G. Granel pour traduire *die Überzeugung*), mais « opinions », au pluriel, « que j'avais reçues en ma créance »[3]. Qu'est-ce qui distingue l'*Überzeugung* des « opinions » ? Autrement dit, en quoi le mot *Überzeugung* traduit-il le terme cartésien d'opinions ? C'est sur cette *petite* différence que se joue la légitimité de l'attribution husserlienne de l'intentionnalité phénoménologique à la théorie cartésienne de la connaissance.

L'opinion est certes un « croire » dans le cartésianisme, c'est une « créance » – un jugement vraisemblable que Descartes considère dans certains cas, mais pas toujours, comme un préjugé[4]. Husserl comprend Descartes au travers de la reprise néo-kantienne du lexique du « Canon de la Raison pure ». C'est lui qui guide manifestement le propos de Husserl. En effet, l'opinion (*Meinen*) est, selon Kant, un type de « tenir pour vrai » (*Fürwahrhalten*) ou encore un type de « créance »[5]. Avec le texte classique du « Canon de la Raison Pure », Kant fournit à ses successeurs de langue allemande *le* dictionnaire allemand-français du lexique de la certitude. Pour Kant, en effet, l'*Überzeugung* rend manifestes les conditions suffi-

1. *Kr*, § 20, p. 96.

2. *Kr*, § 17, p. 88.

3. Descartes, *Méditation première*, AT, IX, 13.

4. *Cf.* le point n° 1 de la *Lettre à l'Hyperaspistes*, Août 1641, AT, III, 422-423, trad. FA, II, 359-360.

5. Kant, *CRP*, Canon de la raison pure, De l'opinion, du savoir et de la foi, [A 823/ B 851], p. 1377 : « La créance ou la valeur subjective du jugement par rapport à la conviction [*die Überzeugung*] (qui a en même temps une valeur objective) présente les trois degrés suivants : l'*opinion* (*Meinen*), la *foi* et le *savoir*. L'opinion est une créance qui a conscience d'être insuffisante subjectivement *aussi bien* qu'objectivement ».

santes de tenir un jugement pour vrai ; elle suppose d'une part les conditions subjectives (insuffisamment fondées) et objectives (*i. e.* susceptibles d'être fondées en raison), dont s'autorise l'esprit pour admettre en sa créance un jugement[1]. Les traducteurs de la *Critique de la raison pure* soulignent d'ailleurs qu'ils traduisent le *Fürwahrhalten* kantien par la « créance » qui est une notion, ou un mot, cartésien et non par « croyance » qui conduirait à un contresens, puisque la simple croyance s'oppose d'ordinaire à la science. Si on traduisait *Fürwahrhalten* par « croyance », on admettrait que la croyance est une espèce de savoir[2]. Or l'opinion est plutôt une forme d'assentiment au contenu du jugement ; elle est tenue pour vraie préalablement à un examen critique qui, en toute rigueur, est destiné à avoir lieu.

Il est remarquable que pour attribuer à Descartes une conception de l'intentionnalité, Husserl suive la filiation kantienne du lexique allemand du *Meinen* et non le lexique latin de l'objectivité. Cette filiation allemande du lexique de la certitude a des conséquences considérables sur son analyse de l'intentionnalité chez Descartes. Dans l'esprit propre au lexique philosophique de la langue allemande, la « conviction » peut caractériser la certitude de type cartésien, dans la mesure où Kant définit la conviction par la suffisance subjective, et la certitude (*die Gewißheit*) par la suffisance objective. Et, en effet, outre ses causes subjectives, le *Fürwahrhalten* est en mesure de conquérir une valeur objective dans le savoir certain. La créance « qui est suffisante subjectivement aussi bien qu'objectivement s'appelle *savoir*. La suffisance subjective s'appelle *conviction* (pour moi-même), la suffisance objective, *certitude* (pour chacun) ». Le lexique kantien de l'*Überzeugung* permet de ne pas opposer frontalement l'opinion et le savoir et de faire de leur distinction l'objet d'une élaboration critique. Une opinion, tenue pour vraie subjectivement, pourrait ainsi devenir suffisante objectivement, grâce à un examen critique du jugement. L'*Überzeugung* tient les deux bouts de la chaîne : la suffisance subjective et objective.

1. *CRP*, p. 1376 : « L'acte de tenir pour vrai – *das Fürwahrhalen* – (la créance) est un fait de notre entendement qui peut reposer sur des raisons objectives, mais qui exige aussi des causes objectives dans l'esprit de celui qui juge. Quand cet acte est valable pour chacun, pour peu qu'il ait seulement de la raison, la raison en est objectivement suffisante, et le fait de tenir pour vrai s'appelle alors *conviction – Überzeugung*. Quand il a uniquement son fondement dans la nature particulière du sujet, on le nomme *persuasion.* » Notons l'importante occurrence de la distinction entre *raison objective* et *causes subjectives* (motifs) ; l'objectivité est une règle du jugement et « l'accord de tous les jugements », *i. e.* la possibilité pour tout entendement de les communiquer et de s'accorder, sert de pierre de touche pour savoir si on a affaire à une conviction ou à une simple persuasion. On a l'impression que certaines persuasions pourraient s'élever à la conviction et d'autres non.

2. Voir la note p. 1735.

Dans son analyse, Husserl laisse de côté les distinctions tranchées auxquelles Kant parvient dans la suite de son texte, quand il distingue entre l'opinion, la foi et le savoir, selon l'esprit des Lumières, afin d'éviter le dogmatisme qui consiste à prendre une simple opinion pour un savoir et à confondre foi et savoir. Il s'agit pour Husserl de soutenir que l'évidence est la forme structurelle apriorique de la conscience, qu'elle n'est pas une donnée psychologique singulière (un *datum*), mais structure bien plutôt la vie de la conscience dans son déploiement. Elle est une règle s'exerçant de l'intérieur des jugements, selon leur rapport à l'expérience. En effet, *une vie de la conscience* ne peut exister sans évidence. Elle se déploie grâce à la sphère temporelle immanente, où le jugement s'exerce dans la forme même de la recherche actuelle de sens et de vérité, *i. e.* par la rectification et par la concordance des jugements dans le champ de la rétention des effectuations de jugements. La conscience rapportée à l'objectivité ne peut pas exister sans se constituer comme un flux d'expériences externes, avec son mode de donation originaire et son remplissement, de sorte que l'évidence sous toutes ses formes et à tous les niveaux s'entrelace à d'autres évidences, pour former des effectuations supérieures d'évidence. Les effectuations d'évidence sont liées à « des non-évidences ». Ainsi, « par essence se forment constamment des *variantes* de l'évidence : la sédimentation des rétentions sous la forme : "conscience endormie", la formation d'intentions associatives vides, d'opinions, d'efforts vides qui tendent vers la plénitude, etc. Donation des choses elles-mêmes (en tant que remplissement), confirmation, vérification, biffage, fausseté, erreur pratique, etc., toutes ces formes sont des formes structurelles appartenant *a priori* à l'unité d'une vie et la recherche de cette unité qui les pend en considération et qui les éclaire est le thème immense de la phénoménologie » [1].

L'usage husserlien du terme de « conviction », pour décrire la démarche cartésienne, en lieu et place du terme cartésien d'« opinion », a pour effet de faire *apparaître* le contenu du jugement qui est élaboré dans l'« effectuation d'évidence » [2]. Ainsi, selon Husserl, dans la théorie cartésienne, ce qui est propre aux idées comme idées *de* quelque chose, c'est d'être un mode de la certitude. La *Gewißheit* serait chez Descartes un mode de l'apparaître. L'*Uberzeugung* conduit la certitude cartésienne à

1. Husserl, *LFLT*, Conclusion, p. 383.

2. *LFLT*, § 89, p. 292-293 : « Se détache comme sens du jugement le *contenu du jugement* en tant qu'il est *un élément* qui *dans les vicissitudes du mode d'être* (certitude, possibilité, probabilité, caractère problématique, "réalité effective", nullité) se maintient identique dans la direction du mode doxique de position. Ce *contenu* du jugement [...] reste *identique* dans la succession des modifications du mode primitif de la certitude de croyance ».

devenir un mode de l'apparaître, *i. e* un vécu. Husserl peut conclure son analyse en soutenant que Descartes a trouvé dans l'*ego* le sol de l'évidence apodictique, c'est-à-dire le principe du fondement des *cogitationes* : « *Sum cogitans*, cet énoncé résonne concrètement ainsi : *Ego cogito – cogitata qua cogitata.* Cela englobe toutes les *cogitationes*, une à une et aussi dans le fleuve de leur synthèse, qui les rassemble dans l'unité universelle d'une *cogitatio.* Dans ces *cogitationes* le monde, et tout ce que je lui avais toujours attribué en pensée, avaient et ont validité d'être pour moi en tant que *cogitatum* »[1].

Le rationalisme cartésien est donc un rationalisme des idées, parce que, selon Husserl, la découverte de l'*ego* coïncide avec la conscience et ainsi, dans la critique de la connaissance, « le » monde est et vaut désormais *pour* moi. Il est devenu un simple phénomène. Le monde et l'ensemble des déterminations qui lui appartenaient se sont muées en mes *ideæ*, et sont des morceaux inséparables de mes *cogitationes.* Ce sont leurs *cogitata.* L'interprétation husserlienne décrit-elle l'attitude cognitive de la philosophie cartésienne des idées ? Quoi qu'il en coûte d'avoir à le dire, parce que l'interprétation de Husserl est à la mesure d'une compréhension profonde de la notion d'évidence, il faut répondre à la question par la négative, car, chez Descartes, l'opinion n'est aucunement un mode de la certitude.

La différence entre l'opinion et la certitude est bien plus qu'une différence de méthode ou de modalité du jugement, c'est une différence de nature : l'opinion n'est jamais certaine. Dans les *Regulae*, Descartes souligne que, relevant du probable, *i. e.* du douteux, l'opinion s'oppose de façon inconciliable à la connaissance certaine et indubitable[2]. Force est de reconnaître que la certitude n'est pas, pour Descartes, une modalité épistémique parmi d'autres ; elle est la seule valide. La réduction cartésienne du probable à un fait de conscience implique que l'opinion ne consiste plus, comme chez Aristote, en une expérience requise par le mode d'être du probable et il n'y a pas non plus de raisonnement probable dont les prémisses seraient, comme dans les *Topiques*, « admises par la plupart, et parmi eux par les plus savants ». Chez Descartes, est certain ce qui est indubitable et l'opinion probable est de nature incertaine. C'est pourquoi il n'en parle guère qu'au pluriel. Fondées sur une démarche de justification, les opinions peuvent donc parfois devenir certaines, mais moralement

1. *Kr*, § 17, p. 90.
2. Descartes, *Règles pour la direction de l'esprit*, Règle II, AT, X, 363 ; FA, I, 81.

seulement, autrement dit, celles qui peuvent le devenir sont pratiques et non théoriques[1].

En identifiant la conviction et l'opinion, et en faisant apparaître le contenu du jugement, ou de la pensée, comme créance appartenant au flux des *cogitationes*, Husserl se donne les moyens de caractériser provisoirement le doute cartésien comme une sorte d'*épochè*. En effet l'exclusion du probable hors du champ du savoir a pour conséquence que le doute se manifeste, chez Descartes, comme une négation – un rejet ou une destruction de nos anciennes opinions – plutôt que comme la suspension du jugement du scepticisme ancien. Et ce trait négatif du doute cartésien sert à fournir la caractérisation husserlienne de l'*épochè* au moment des *Ideen* I. Mais, dans la *Krisis*, Husserl met en valeur la signification véritable de la réduction et il la distingue de l'attitude intellectuelle qui était la sienne dans les *Ideen*.

Le débat que mène Husserl avec Descartes, des *Idées directrices pour une phénoménologie* jusqu'à *La Crise des sciences européennes*, est interne à sa philosophie. Husserl mène un combat contre sa propre pensée pour dépasser les limites de l'intentionnalité et, en particulier, le face à face trop frontal de la conscience et du monde que supposait auparavant la réduction phénoménologique. Descartes représente pour Husserl non seulement un moment historique, où l'intentionnalité est à la fois pressentie et perdue, mais en outre un état de la réflexion sur l'intentionnalité marquée par le dualisme du corps et de l'esprit. Au moment des *Ideen* I, l'enjeu de la réduction phénoménologique est en effet de savoir de quel point de vue le sujet assiste à la révélation du monde; le retrait impliqué par la réduction est donc la condition de l'apparaître du monde. Le monde qui se manifeste est moins le monde des choses que le monde comme phénomène, donné en tant qu'il apparaît à l'*ego*. La réduction phénoménologique est alors bien un anéantissement du monde (*Weltvernichtung*)[2]. L'*ego* reste une conscience intentionnelle en dépit de l'hypothèse de la non-existence du monde. À titre

1. Par exemple, la preuve de l'existence des corps la *Méditation sixième*, dont Descartes soutient, dans la *Synopsis*, qu'elle a pour seul intérêt de n'être pas « si ferme ni évidentes » que celles qui conduisent à la connaissance du moi pensant ou de l'existence de Dieu (AT, IX, 12). On doit parler à propos de l'existence des corps de certitude morale, si on ne peut pratiquement pas en douter, la preuve reste inférieure au démonstration de l'existence du moi ou de Dieu, et manque de certitude théorique; pour la définition de la certitude morale, *cf.* l'article 205 des *Principes de la philosophie*.

2. Husserl, *Idées directrices pour une phénoménologie et une philosophie phénoménologique pures*, (*Ideen*, I), trad. P. Ricœur, Paris, Gallimard, 1950; § 49 : « *nul être réel* […] n'est *nécessaire pour l'être de la conscience même* (entendue en son sens le plus vaste de flux du vécu) ».

de conscience transcendantale, il ne dépend ni des choses ni du monde, car l'attitude phénoménologique, commandée par l'ép*ochè*, implique un perçu comme corrélat de la perception même quand la chose visée n'existerait pas.

L'effort de Husserl consiste à présenter la distinction de la noèse et du noème, en évitant la confusion du noème et de l'objet de la pensée. Dans les *Ideen* I, Husserl identifie l'« objet intentionnel » et le « sens objectif ». « Avoir un sens ou "viser à quelque sens" est le caractère fondamental de toute conscience, qui par conséquent n'est pas seulement un vécu, mais un vécu qui a un sens, [qui est] noétique »[1]. Le vécu intentionnel husserlien se voit attribuer deux faces, une face « noétique », et une face « noématique » qui comprend précisément le sens « dégagé de ce vécu, en disposant convenablement le regard ». Dans l'attitude de retrait impliqué par la réduction, si le monde a pris ses parenthèses, « *l'arbre pur et simple*, la chose dans la nature, ne s'identifie nullement à ce *perçu d'arbre comme tel* qui, en tant que sens de la perception, appartient à la perception et en est inséparable. L'arbre pur et simple peut flamber, se résoudre en ses éléments chimiques, etc. Mais le sens – le sens de *cette* perception, lequel appartient nécessairement à son essence – ne peut pas brûler, il n'a pas d'éléments chimiques, pas de force, pas de propriétés naturelles »[2].

Quel est le sens de ce « sens » ? Il n'est pas la « signification » dans le sens où on l'entend d'ordinaire, mais d'une certaine manière une anticipation de l'expérience, une visée d'unité et d'unification de l'expérience ou de la vie de la conscience. Le sens a trait à l'existence *et* à la non-existence.

> Même si l'objet représenté ou pensé d'une représentation donnée (et en général l'objet d'un vécu intentionnel quelconque) n'existe pas – ou si l'on est persuadé de sa non-existence – la représentation ne peut être dépouillé de son objet représenté en tant que tel, et donc il faut instituer une distinction entre la représentation et l'existence de l'objet[3].

Autrement dit, le sens noématique n'est pas un contenu mental. Il n'est pas réel. Le sens manifeste une indifférence remarquable à l'endroit de l'existence, *ou* de la non-existence, de l'objet. L'intentionnalité phénoménologique n'est pas une liaison entre un fait psychique et un fait physique. Le sens est opposé à l'objet intentionnel, entendu à la façon d'un objet immanent, comme inclus à titre réel dans la perception ou dans le vécu. Il n'est absolument pas une composante *réelle* du vécu comme le

1. *Ideen*, I, § 90, p. 310.
2. *Ideen*, I, § 89, p. 308-309.
3. *Ideen*, I, p. 311.

sont, par exemple, les *data* de sensation et en général les données hylétiques. Le sens n'est pas une réalité psychique, ce n'est ni un portrait ni un signe de l'objet. Et c'est la raison pour laquelle supposer un second arbre immanent, ou un « portrait interne »[1], de l'arbre réel est selon Husserl absurde.

Dès lors la compréhension de l'*épochè* comme un anéantissement, à l'époque des *Ideen* I, a une conséquence dommageable : elle coupe la *corrélation* entre l'apparaître et l'apparaissant. Et c'est sur une telle corrélation que la *Krisis* met l'accent.

> J'ai conscience immédiatement de la chose qui existe, tandis que passant pourtant de moment en moment, j'ai l'expérience vécue : "ostension de ..." (quelque chose), mais cela ne devient visible avec son remarquable "de" (intentionnel) que dans la réflexion. Dans toute perception de chose est impliqué un "horizon" entier de modes d'apparitions et de synthèses de validations non-actuelles et cependant co-fonctionnantes[2].

Pour décrire un tel *a priori* de corrélation, il est nécessaire de sortir du vis-à-vis de la conscience et de l'objet, de l'« en-face »[3] de la flèche et de sa cible, que l'intentionnalité paraît présupposer et qui s'enracine dans le dualisme ontologique entre l'être évident de la conscience immanente et l'être, sujet au doute, du monde transcendant. Il est nécessaire que l'« autour », autrement dit, le monde de la vie, qui n'est ni purement intérieur ni purement extérieur, puisse apparaître. Les horizons sont les conditions de la donation du monde ambiant. La diversité non-actuelle d'apparitions est la condition de l'expérience du monde. Sans elle, nous n'aurions l'expérience d'aucune chose et ne disposerions d'aucun monde de l'expérience. L'apparaître, qui déborde de tout ce qui apparaît, est donc la source de son apparition. À la lumière de la corrélation de l'apparaître et de l'apparition, la convergence du doute cartésien et de la réduction phénoménologique est désormais partielle. Le doute implique une négation, une destruction, qui ne s'accorde pas avec l'attitude de la conscience commandée par la réduction.

L'attribution momentanée de l'intentionnalité phénoménologique à Descartes est donc la marque de la générosité interprétative de Husserl plutôt qu'une caractérisation historiquement exacte de la théorie des idées.

1. Sur la régression à l'infini impliqué par une conception du sens comme portrait interne de la chose, *Ideen*, I, p. 313.

2. *K*, § 46, p. 181 de la trad. cit.

3. *RL*, V, § 2, p. 149 : « L'apparition de la chose (le vécu) n'est pas la chose apparaissant (ce qui est présumé se trouver "en face de nous" dans son ipséité corporelle) [...] Les phénomènes eux-mêmes ne nous apparaissent pas, ils sont vécu) ».

C'est surtout un moyen pour prendre position par rapport à sa propre pensée, identifiée un moment à la figure de Descartes. Et finalement, au-delà du mirage de l'identification et de la nécessité de prendre ses distances avec l'ombre de sa propre pensée, Husserl reconnaît que même s'il y a bien dans le cartésianisme un moment transcendantal et intentionnel, et une démarche exemplaire pour tout « auto-penseur »[1], Descartes a tout de même manqué l'orientation transcendantale, à cause de son réalisme transcendantal[2]. Descartes a posé le monde à part de l'*ego*; il a réalisé ce dernier comme *res cogitans* et comme un point de départ de raisonnements de causalité. Or la relation intentionnelle ne relève pas de la causalité. La visée intentionnelle ne s'explique pas par la cause efficiente, mais par l'orientation vers le sens du vécu, que ce soit sur le mode de la perception, de l'imagination ou du souvenir, etc.

Cette thèse qui exclut toute forme de causalité efficiente dans la caractérisation de l'intentionnalité en fait une caractéristique de l'esprit qui reste en définitive mystérieuse puisqu'elle n'est pas expliquée. Elle doit être reconnue et décrite comme caractéristique de la vie de la conscience et non pas expliquée causalement. C'est la raison pour laquelle Husserl considère qu'à l'époque moderne, c'est le système de Leibniz qui préfigure la vie intentionnelle dans l'horizon du monde de la vie plutôt que la philosophie de Descartes[3].

> En explicitant les propriétés fondamentales de la monade, qu'il désigne sous le nom de perception, de tendance à passer d'une perception à une autre, et en particulier sous le nom de représentation d'un donné qui n'est pas réellement présent tout en étant perceptivement conscient, Leibniz a saisi les caractéristiques fondamentales de l'intentionnalité et en a donné une élaboration métaphysique[4].

1. *K*, § 17, p. 87.

2. *Méditations Cartésiennes* (notée *MC*), trad. G. Peiffer et E. Levinas, Paris, Vrin, 1980, I, § 10.

3. *MC*, p. 51-52 : « On ne devra penser à aucun titre que, dans notre moi pur apodictique, nous ayons réussi à sauver une petite parcelle du monde, parcelle qui, pour le moi philosophique, serait la seule chose du monde non sujette au doute, et qu'il s'agisse maintenant de reconquérir, par des déductions bien menées et suivant les principes innés à l'*ego*, tout le reste du monde. Malheureusement, c'est ce qui arrive à Descartes, par suite d'une confusion, qui semble peu importante, mais n'en est que plus funeste, qui fait de l'*ego* une *substantia cogitans* séparée, un *mens sive animus* humain, point de départ de raisonnements de causalité. C'est cette confusion qui a fait de Descartes le père de ce contresens philosophique qu'est le réalisme transcendantal ».

4. *Philosophie première*, trad. Arion L. Kelkel, Paris, P.U.F., 1970; Ire partie, 3e sect., chap. III, 27e leçon « Métaphysique et théorie de la connaissance. La signification de la monadologie de Leibniz et la critique de la raison de Kant » [196], p. 281.

Les petites perceptions rendent manifeste le fait que nous sommes affectés par nos sens et que l'être sensible nous affecte en sa qualité de réalité étrangère. Elles permettent ainsi d'éviter la caractérisation du *Moi* comme *Cogito* au profit de la description du *varia a me cogitantur.* La variété non-actuelle du monde, imperceptible dans son détail, nous affecte et constitue le fond de la monade que nous sommes chacun, comme perception (ou représentation) de ce monde et comme passage d'une perception à une autre. Le monde qu'exprime la monade, avec lequel elle est en corrélation harmonique et non pas causale, n'est donc pas le monde des choses en vis-à-vis de l'*ego*, mais celui de la variété des traits du réel qui m'affectent. Mais à cette détermination du monde, il faut adjoindre la conception de la substance comme un Moi expressif qui porte en soi, dans sa notion complète, la loi de son propre développement et de ses actions[1], car chez Leibniz « l'idée s'imposait, quoiqu'il ait négligé de la poursuivre jusqu'au bout, de concevoir une science systématique de l'essence pure et absolument nécessaire d'un *ego* en général en tant que sujet d'une vie de conscience constituant en soi même l'objectivité, [...] ; une science apriorique [...] des sources ultimes de toute connaissance et de toute science en général ». S'il y a à l'époque moderne une intentionnalité phénoménologique, c'est chez Leibniz plutôt que chez Descartes qu'on peut la trouver. La critique du cartésianisme tombe, (excessivement) sévère : Descartes a manqué le sens transcendantal de la réduction à l'*ego*.

Aux yeux de Husserl, même si Descartes considère les idées en tant qu'elles sont seulement comme les images des choses, qu'il est attentif à l'apparaître, au *videor*, et qu'il distingue les idées des jugements pour lesquels la volonté acquiesce à ce que l'entendement lui représente clairement et distinctement, il demeure que le contenu des idées est soumis au principe de causalité. Et en effet, pour prouver l'existence de Dieu et l'existence des choses hors de moi, Descartes examine ses idées et ses croyances passées, en partant du principe métaphysique de causalité, selon lequel il doit y avoir au moins autant de réalité dans la cause que dans l'effet, il s'enquiert de la cause des idées. Dire que la réalité objective des idées a une cause, c'est bien lui reconnaître un mode d'être, car « pour imparfaite que soit cette façon d'être, par laquelle une chose est objectivement, ou par représentation, dans l'entendement par son idée, certes on ne peut pas néanmoins dire que cette façon et manière-là ne soit rien, ni par conséquent que cette idée tire son origine du néant »[2]. Un tel mode d'être,

1. Voir Leibniz, *Discours de Métaphysique*, art. VIII, dans *Discours de métaphysique et Correspondance avec Arnauld,* éd. G. Le Roy, Paris, Vrin, 1988, p. 43.

2. Descartes, *Méditation Troisième*, AT, IX, 33.

sujet à des raisonnements de causalité, comme le dit Husserl de manière critique, exclut qu'on puisse attribuer une conception phénoménologique de l'intentionnalité à Descartes. Descartes ne s'intéresse à la réalité objective des idées que dans le souci de prouver l'existence de la chose qui cause en nous l'idée. Bien que l'explication de la relation de la pensée à ses objets ne s'épuise pas dans des preuves de l'existence, c'est le réel hors de l'esprit qui motive l'intérêt de la philosophie cartésienne des idées.

Le refus d'introduire une réflexion quelconque sur la causalité efficiente dans son rapport à l'élément intentionnel de la pensée, est une conséquence de la relative indifférence de la phénoménologie husserlienne à l'endroit de l'existence des choses visées. En effet « ce concept du vécu peut être pris dans un sens purement phénoménologique, c'est-à-dire de telle sorte que toute relation avec l'existence empirique réelle (*reale*) (avec des hommes ou des animaux de la nature) soit exclue (*ausgeschaltet*) : le vécu au sens psychologique descriptif (phénoménologique empirique) devient alors un vécu au sens de la phénoménologie pure »[1]. Mais, chez Descartes, comme on le verra au chapitre VI, l'existence des choses est le cœur de l'intentionnalité. Descartes ne remplit donc pas les réquisits de l'intentionnalité phénoménologique, en particulier l'exclusion de la causalité efficiente hors de la sphère de l'intentionnalité. Cela signifie-t-il qu'il n'y a pas d'intentionnalité dans la philosophie cartésienne des idées et que la phénoménologie détient la clé de cette notion ? La notoire pauvreté causale du monde de la vie husserlien est-elle à mettre au crédit de la validité de l'intentionnalité phénoménologique ? Nous ne le pensons pas. Elle contribue plutôt à faire de l'intentionnalité une notion mystérieuse[2].

La théorie cartésienne de la sensation et de la pensée, et l'égalité spinoziste de la pensée et de l'étendue, soulignent l'importance du cerveau pour la pensée[3]. Certes la pensée n'est pas chez eux un effet mécanique des choses ou des états de choses du monde dans l'esprit. Le mouvement des corps ne cause pas les idées, c'est vrai chez Descartes, et aussi pour Spinoza chez qui les modes de l'étendue ne causent pas les modes de la

1. *RL*, V, chap. 1, § 2, [348], p. 146-147. Les traducteurs font cette remarque sur la traduction des termes *real* et *reell* : le premier implique la transcendance propre à la chose, alors que le second concerne l'effectivement vécu, « le contenu de la conscience dans son immanence » (p. 384).

2. Nous nous contenterions, comme le dit Putnam, d'une « théorie magique » de la référence, si nous nous arrêtions à la thèse que les représentations sont en relation avec ce qu'elles représentent et auraient avec eux un rapport nécessaire. Voir *Raison, vérité et histoire*, trad. A. Gerschenfeld, Paris, Minuit, 1984.

3. Voir C.H. Jaquet, P. Séverac, A. Suhamy (dir.), *La théorie spinoziste des rapports corps/esprit et ses usages actuels*, Paris, Hermann, 2009.

pensée ni inversement. Chez Descartes néanmoins le mouvement des esprits animaux peut tout à fait être la cause de certaines pensées, les passions, et certaines pensées, comme la volonté, être la cause de mouvements. Reste à savoir en quel sens et dans quelle mesure de telles pensées sont intentionnelles ou visent un objet. Mais dans tous les cas, il n'est pas certain que l'exclusion complète de la causalité et la mise hors circuit de la causalité cérébrale et de son rapport éventuel à la pensée soient susceptibles d'éclairer le rapport de l'esprit au monde.

Il y a une singularité métaphysique de Descartes, dans l'accent porté sur la cause efficiente dans son rapport aux idées, qui exige en quelque façon que l'idée ait une certaine réalité[1]. Et il importe en effet de lui donner sa signification métaphysique. Mais il faut aller au-delà de la métaphysique, si l'on veut évaluer la signification de l'efficience dans le cartésianisme, et la traiter de manière exhaustive, en envisageant l'unité et la variété des usages du principe de causalité. Outre son rôle métaphysique, dans la preuve de l'existence de Dieu et dans la création des vérités éternelles, il faut poser la question de savoir si l'efficience joue un rôle dans la philosophie naturelle de Descartes et aussi dans sa psychophysiologie. Si on veut donner une importance à la cause efficiente au XVIIe siècle, il ne faut pas l'envisager seulement d'une façon purement métaphysique, par rapport aux idées ou à la création. Mais il faut envisager, par exemple, l'importance du cerveau dans la pensée et décrire le rôle qu'y joue en réalité la causalité d'ordre mécanique. Il faudrait aussi pouvoir envisager la place réelle de la cause efficiente entre les choses corporelles qu'étudie la physique. Bref, il faudrait pouvoir en proposer une reconstruction de la cause efficiente qui prenne en compte la diversité de ses applications. Et il faudrait plutôt rendre compte des précautions prises par les auteurs, en particulier par Descartes, dans l'application ou non de la cause efficiente dans certains domaines du savoir : en physique, en psychophysiologie, et bien sûr en métaphysique[2]. On ne doit pas oublier la spécificité du XVIIe siècle : le

1. Voir V. Carraud, *Causa sive ratio. La raison de la cause, de Suarez à Leibniz*, Paris, P.U.F., 2002, chap. II et Conclusion.

2. On sait, par exemple, que Descartes explique le mouvement des corps comme transport d'une partie de la matière du voisinage de ceux qui le touchent immédiatement au voisinage de quelques autres. « Il ne s'agit pas ici de l'action qui est en celui qui meut ou qui arrête le mouvement, et que nous considérons principalement le transport, et la cessation du transport, ou le repos, il est évident que ce transport n'est rien hors du corps qui est mû » (*Principes de la philosophie*, II, art. 27, AT, IX-2, 77-78 ; VIII, 55). La physique n'envisage pas la cause du mouvement, et les lois des chocs reposent sur le principe d'inertie et sur celui de la conservation de la quantité de mouvement. L'immutabilité divine fonde la conservation de la quantité de mouvement et le principe d'inertie, autrement dit, la causalité efficiente

rapport étroit, à cette époque, entre la philosophie et le domaine des sciences physiques et de la physiologie. La reconstruction de la notion de cause efficiente au XVIIe siècle ne peut pas s'arrêter à la seule métaphysique. Elle doit affronter le problème de l'unité éventuelle et de la signification de l'efficience. Si « réalité » de l'idée il y a, en raison du privilège universel de la cause efficiente métaphysique, il faut néanmoins rendre raison de l'efficience d'une manière qui ne soit pas seulement métaphysique, qui engage entre autres la question psychophysiologique de l'importance du cerveau dans la pensée (dans la sensation, la mémoire corporelle, les affections de l'âme). Si on ne procède pas de cette façon, comment est-il possible de comprendre la notion cartésienne de cause efficiente et de ne pas la réduire à une simple notion métaphysique ?

Ce chapitre a contribué à cerner ce que la conception de l'intentionnalité, entendue comme visée d'un objet en général, doit à la philosophie médiévale et à la scolastique moderne. Il nous permet en outre de voir jusqu'où Descartes peut-être annexé à la reconstruction généalogique de l'intentionnalité phénoménologique. Enfin, nous avons pu situer historiquement le double volet de la critique couramment faite à la théorie cartésienne des idées représentatives : critique corrélative de la réalité des contenus mentaux et de l'application du principe de causalité à de tels contenus. Il devient possible d'interroger Descartes sur la fonction représentative des idées, sur le concept de la cause efficiente, et sur son importance éventuelle dans l'explication de la pensée, en ayant à l'esprit le caractère banal – *i. e.* courant dans l'histoire de la philosophie médiévale et scolastique – et à la fois tardif de la critique des contenus mentaux – liée pour une part importante à la critique phénoménologique (surtout Husserl et Heidegger) de la représentation classique. Donner à cette critique son contexte historique contribue à en relativiser la portée, car on voit que la question de savoir ce que signifie au juste la fonction représentative des idées dans le cartésianisme, l'application de la cause efficiente aux idées, ou encore l'importance qu'elle peut avoir ou non dans l'explication de la pensée n'est ni comprise ni posée par cette critique, alors que c'est néanmoins ainsi qu'elle pourrait être pertinente, si jamais elle l'était.

(métaphysique) assoit la régularité ordinaire de la nature. C'est elle qui explique les chocs des corps et non l'application physique du principe de causalité.

CHAPITRE II

LE LEXIQUE MÉDIÉVAL DE L'*INTENTIO*

La directionalité de l'esprit a été mise en relief par les médiévaux et cette tension de l'esprit vers l'objet suppose, selon de nombreux auteurs de la période, un principe formel ou un mode d'existence intentionnel qui dirige l'esprit vers les objets. C'est au travers de la constitution du lexique de l'*intentio* et de la forme intentionnelle, fondée sur le principe d'une similitude de la pensée et du pensé, que se met en place cette conception de la tension de l'esprit vers l'objet. En effet, à partir de recherches élaborées en optique, les médiévaux ont soutenu la thèse, qui est critiquée ensuite par Descartes et les Modernes, selon laquelle les intentions ne sont pas engendrées par l'esprit seulement et que certaines du moins le sont par l'objet lui-même. Or c'est en dégageant le motif de la critique moderne des espèces intentionnelles, portant sur les intentions émises par l'objet, que l'on est en mesure de comprendre la modification que Descartes et les auteurs du XVIIe siècle font subir à la notion médiévale d'*intentio*.

INTENTION ET INTENTIONNALITÉ AU MOYEN ÂGE

Le terme d'*intentio* recouvre plusieurs significations provenant de diverses sources. Il a pour origine les traductions latines du lexique noétique et optique du péripatétisme grec et arabe, mais aussi la compréhension augustinienne de l'*intentio* comme acte de la volonté[1]. Les différents niveaux d'analyse de l'*intentio* au XIIIe siècle conduisent à une

1. Pour une présentation richement articulée du lexique latin de l'*intentio*, voir l'article d'Alain de Libera dans B. Cassin (dir.), *Le Vocabulaire européen des philosophies*, Paris, Seuil, 2004.

polysémie, qui est relevée par Duns Scot au seuil du XIVe siècle. En énumérant les divers sens d'*intentio*, Duns Scot permet d'en apercevoir l'unité complexe. Un passage de la *Reportatio Parisiensa* nous permet de voir dans quelle mesure la problématique de l'*intentio* recouvre celle de l'intentionnalité.

> Il faut remarquer que le nom "intention" est équivoque. En un premier sens, "intention" désigne un acte de la volonté. En un deuxième : une raison formelle présente dans une chose, au sens où dans une chose l'intention dont est tiré le genre diffère de celle dont est tirée la différence. En un troisième, "intention", désigne un concept. En un quatrième, il désigne une manière de tendre vers un objet, au sens où une similitude est une manière de tendre vers ce dont elle est similitude ; et c'est en ce sens que la lumière émanée est "l'intention" ou "l'espèce" de la lumière source [1].

Le quatrième sens met en relief que l'intention est une forme de tension, ou de visée, de l'objet qui nous met au cœur d'une définition minimale de l'intentionnalité comme directionalité de l'esprit. Mais il est intéressant de parcourir les différents sens envisagés par Duns Scot, dans l'ordre où il les présente, car en suivant avec lui la sédimentation chronologique des significations, nous assistons à la constitution historique du concept d'*intentio* et à la percée progressive d'une unité de sens en germe sous l'hétérogénéité des significations.

À l'origine, le terme d'*intentio* prend naissance dans le contexte de la réflexion sur le libre-arbitre. Dans la psychologie de la volonté, l'*intentio* suppose une orientation, ou une tendance, qui tourne l'agent vers son objet. Augustin définit le libre-arbitre comme une tension et une ouverture vers l'objet. « Si n'était pas en notre pouvoir le mouvement volontaire par lequel la volonté *se tourne vers* ceci ou vers cela, on ne pourrait nous louer ni nous blâmer » [2]. *Intendere* s'entend de ce qui s'oriente volontairement vers un objet, absent ou présent. Le mot *intentio* est dérivé du verbe *intendere* qui signifie *in aliud* tendere ; une puissance cognitive est dite viser un objet, dès lors qu'un objet s'objecte à elle [3].

1. Duns Scot, *Reportatio Parisiensa* (notée *Rep. Par.*), II, 13 : « Notandum est quod hoc nomen "intentio" est equivocum. Uno modo dicitur actus voluntatis "intentio". Alio modo : ratio formalis in re, sicut intentio rei a qua accipitur genus differt ab intentione a qua accipitur differentia. Tertio modo dicitur conceptus. Quarto modo, dicitur ratio tendendi in obiectum, sicut similitudo dicitur ratio tendendi in illud cuius est. Et isto modo dicitur lumen "intentio" vel "species" lucis », voir K. Tachau.

2. Augustin, *De libero arbitrio*, III, c. 1, n. 13.

3. *Rep. Par.*, II, 38, 1 : « Intendere enim dicit "in aliud tendere" ; hoc potest accipi generaliter sive ab alio habeat quod in illud tendat, sive a se movente se in illud potest etiam tendere in aliquid, sicut in obiectum praesens, vel ut in terminum distantem vel absentem.

Chez Augustin, la dimension d'orientation active, impliquée dans la notion d'*intentio*, est une caractéristique de la volonté, mais en un sens aussi de tout processus cognitif. Car *intentio* est synonyme d'attention. Or Augustin fait de l'attention une caractéristique de la présence de l'esprit lorsqu'il envisage l'attention visuelle « qui fixe le sens sur la chose que nous voyons, et qui joint l'un à l'autre » [1]. La *mens* est la présence à soi qui conditionne la présence de l'esprit aux choses : « est-il chose plus intimement connue ; qui perçoive mieux sa propre existence que ce par quoi nous percevons aussi tout le reste, je veux dire l'âme elle même ? » [2]. L'attention volontaire est liée à l'*intentio*. Et le premier sens d'*intentio*, selon Duns Scot, recouvre les préoccupations du quatrième sens.

Cette filiation explique peut-être pour quelle raison Husserl met en valeur le lien entre attention et intentionnalité, en faisant usage d'un lexique optique.

> Le rayon de l'attention se donne comme irradiant du moi pur et se terminant à l'objet, comme dirigé sur lui ou s'en écartant. Le rayon ne se sépare pas du moi, mais est lui-même et demeure rayon-du-moi. "L'objet" est atteint ; il est le point de mire, simplement posé en relation au moi (et par le moi lui-même) ; mais lui-même n'est nullement "subjectif". Une prise de position qui comporte en soi le rayon du moi est de ce fait un acte du moi lui-même : c'est le moi qui agit ou pâtit, qui est libre ou conditionné [3].

L'attention est un mode principal de l'intentionnalité. Elle est liée à tous les vécus intentionnels,

> elle se combine à tous les autres types de phénomènes intentionnels, et forme ainsi une structure *sui generis* tout à fait générale de la conscience ; nous parlons en langage figuré du "regard de l'esprit" ou des "rayons du regard" émanés du moi pur ; nous disons que le regard se tourne et se détourne [4].

Primo modo convenit omni potentiae respectu sui obiecti ; secundo modo magis proprie sumitur pro illo scilicet tendit in aliud ».

1. Augustin, *De Trinitate* (*De Trin.*), XII, II, 2, « [l'attention] diffère par nature non seulement de la chose visible, car elle est esprit, et celle-ci corps, mais encore du sens et de la vision, car cette attention ne relève que de l'âme ». Descartes, lorsqu'il souligne que c'est l'âme qui sent et pas le corps, retrouve Augustin. Voir aussi *De Trin.*, XIV, 5, p. 354-356 ; XV, II, 5, p. 430-433.

2. *De Trin.*, VII, 6, 9.

3. Husserl, *Ideen*, I, § 92, p. 321.

4. *Ibid.*, p. 317.

Bien que l'intentionnalité phénoménologique déborde la dimension explicitement consciente de l'attention, l'attention constitue un élément de la filiation qui mène de l'*intentio à* l'intentionnalité contemporaine.

Le deuxième sens d'*intentio* est la *ratio formalis in re.* C'est la forme aristotélicienne entendue comme forme et comme définition réalisée dans les choses extra-mentales. Ainsi, dans la *Summa contra Gentiles*[1] de Thomas d'Aquin, l'intention est la notion (*ratio*) qui est exprimée par la définition. « Toute connaissance est la production dans le connaissant d'une espèce de la chose connue »[2]. L'espèce sensible est déjà intention; elle se distingue de l'espèce naturelle par une distinction de raison. Mais c'est le *conceptus* qui est désigné dans ce deuxième sens. Les intentions sont identifiées aux passions ou aux états de l'âme, aux *pathémata tès psychès* d'Aristote qu'il est difficile de traduire[3]. Le commentaire néo-platonicien des *Catégories* a joué un rôle important en superposant au triangle sémiotique du *De interpretatione*, qui lie qui lie les sons vocaux, les affects ou passions de l'âme, et les choses, la triade *phônai* (les sons vocaux), *noêmata* (les noèmes ou concepts), et *onta* (les étants, *ta pragmata*). L'intention est dès lors comprise comme un synonyme de concept ou de passion de l'âme.

Dans le lexique arabe, depuis Alfarabi et Avicenne, l'intention (*ma'qul, ma'na*) désigne aussi le concept: c'est ce qui est conçu ou saisi[4]. Et le terme « intention », *ma'qul*, dans le *Commentaire du De interpretatione* de Alfarabi, traduit le grec *noema* : un concept, une pensée, dont l'examen logique renvoie à son rapport aux choses et aux mots. *Ma'qul* veut dire la même chose à peu près que *ma'na*, que Alfarabi utilise dans le *De intellectu et intellecto*, et dont Avicenne se sert pour désigner la réalité du connu.

1. Thomas d'Aquin, *SCG*, I, qu. 53 : « Une fois informé par l'espèce de la chose, l'intellect, en pensant, forme en lui-même une certaine *intention* de la chose pensée, qui est sa notion (*ratio*), signifiée par sa définition ».

2. Thomas d'Aquin, *Scriptum super libros sententiarum* (*Sent.*), I *Sent.*, 36. 2, 3 sc. Voir aussi *STh*, I, qu. 14, art. 2, c : « Ex hoc enim aliquid in actu sentimus vel intellegimus, quod intellectus noster vel sensus informatur in actu per speciem sensibilis vel intelligibilis ».

3. Voir Aristote, *De L'Interprétation*, I, 16 a 4-8, trad. Tricot : « Les sons émis par la voix sont les symboles des états de l'âme, et les mots écrits les symboles des mots émis par la voix. Et de même que l'écriture n'est pas la même chez tous les hommes, les mots parlés ne sont pas non plus les mêmes, bien que les états de l'âme dont ces expressions sont les signes immédiats soient identiques chez tous, comme sont identiques aussi les choses dont ces états sont les images ».

4. K. Gyekye, "The Terms "*prima intentio*" and "*secunda intentio*" in Arabic Logic", *Speculum* 46, 1971, p. 32-38. Voir Knudsen, « *Intentions and Impositions* » dans N. Kretzmann, A. Kenny, et J. Pinborg, (ed) la *Cambridge History of Late Medieval Philosophy*, Cambridge University Press, 1982.

Ainsi *ma'qul*, *ma'na*, ou *intentio*, désignent ce qui est immédiatement présent à l'esprit.

Si l'objet de l'intention existe hors de l'esprit, l'intention est une intention *première* et s'il est une intention, elle est une intention *seconde*. Les intentions secondes appliquées aux intentions premières sont les objets de la logique. Selon Avicenne, l'intention est ce que le sens interne découvre dans les choses après la réception des phantasmes « trouvés » par les sens extérieurs. Une intention est la même chose qu'un concept et c'est aussi le contenu du concept. Elle est « ce en raison de quoi quelque chose est visé, et qui a moins d'être que ce qui est visé » [1]. Le statut de l'intention est donc ambigu, dès les premiers commencements : il est la raison formelle de la chose ou le concept, ou encore ce par quoi la chose est visée[2].

L'*intentio* comme *ratio tendendi in obiectum* – le quatrième sens selon Duns Scot – ressemble à ce que Brentano nomme l'orientation vers un objet (*Richtung auf ein Objekt*), la tension vers, caractéristique des phénomènes mentaux. Et ainsi, au XIIIe siècle, Raoul le Breton soutient qu'« une *intentio* est ce par quoi un intellect tend vers une chose (*tendit in rem*) » [3]. Et Hervé de Nédellec explique que la connaissance suppose la réception d'une entité représentative qui est une similitude de la chose hors de l'esprit. Ce n'est qu'au moyen de cette entité que l'intellect est capable de recevoir la forme de la chose connue. Hervé de Nédellec est le premier à utiliser consciemment le sens augustinien de l'intention en termes d'actes de volonté, connu au Moyen Âge, pour l'appliquer au connaître. L'intention est propre à la volonté dans la mesure où elle tend vers un objet, et elle est aussi appropriée à l'intellect, et doit être pensée sur le même modèle, impliquant une structure d'ouverture à quelque chose et une tension vers ce quelque chose. La spécificité de ce mouvement d'ouverture et de tension est d'être distingué de l'être réel qui est visé.

Le quatrième sens recouvre le troisième et il réinscrit le concept-*intentio* dans le cadre de la théorie de l'intentionnalité telle que Brentano la présente. Le même terme désigne donc le mouvement par lequel l'intellect se dirige vers un objet, la façon dont il appréhende un « contenu mental », le mode de présentation intrapsychique, et ce contenu lui-même. Cette polysémie est en fait liée à l'histoire des traductions. Le grec ancien possède

1. Avicenne, *In Metaph*, IX, III; f. 103vb : « Omnis enim intentio est propter id quod intenditur et est minoris esse quam id quod intenditur ».

2. A. de Libera, *La Querelle des universaux de Platon à la fin du Moyen Âge*, Paris, Seuil, 1996, p. 178-179.

3. Raoul Le Breton dans J. Pinborg, « Sophisma "Aliquis homo est species" », *Vivarium*, 13, 1975, p. 119-152.

plusieurs termes pour désigner la pensée : *logos*, *noêma*, *dianoia*, *ennoia*, *theôremata*, *pragma* et l'arabo-latin a conservé la polysémie ; le même terme signifie donc 1) la pensée, le concept, l'idée ou la notion ; 2) la signification, le vouloir-dire ; 3) l'entité. Il désigne un acte mental, un contenu, un état cognitif, et un objet qui apparaît clairement. Dès le XIIIe siècle, *intentio* signifie le concept d'une chose, cette chose même en tant qu'elle est conçue, ou les deux à la fois. Et ce sens se confond avec le troisième ; la *ratio tendendi*, le « principe formel » par lequel, dans l'acte de la visée, une puissance cognitive s'oriente vers son objet[1].

VOIR ET CONNAÎTRE : L'INTENTIONNALITÉ ET L'OPTIQUE DES MÉDIÉVAUX

L'intention possède une certaine consistance qui est liée à la réalité du rayon lumineux et à la similitude que les choses illuminées engendrent dans les sens. La caractérisation de l'*intentio* en termes de « contenu mental » est liée à l'engendrement des espèces dans le milieu lumineux. C'est la raison pour laquelle l'exemple fourni par Duns Scot pour illustrer le quatrième sens de l'*intentio* (« la lumière émanée est "l'intention" ou "l'espèce" de la lumière source ») fait allusion aux théories perspectivistes de la lumière. Or un des exposés de l'optique « perspectiviste » est donné à la fin du XIIIe siècle par le moine polonais Witelo (Vitellion) dans un traité qui offrira la base des travaux de Kepler et que Descartes connaissait. C'est un des apports des travaux de Gérard Simon sur l'histoire de l'optique d'avoir montré que l'originalité de Descartes par rapport à Alhazen et aux perspectivistes ne tient pas à la géométrisation du regard, puisque cette géométrisation était acquise dès l'optique des Anciens, à partir d'Euclide. Par rapport aux Anciens, Alhazen et Witelo ont inversé la trajectoire du rayonnement ; le rayon lumineux entre dans l'œil pour former une image sur le cristallin[2]. Il convient néanmoins d'être nuancé, dès lors que l'inversion du sens du rayon opérée par Alhazen relativement à Ptolémée n'em-

1. Duns Scot, *Ord.*, II, 13 : « Notandum est quod [...] intentio dicitur hic "illud per quod tamquam per principium formale in obiectum tendit sensus" [...] tamen illa dicitur "intentio" quae non est tantum res in quam sensum tendit, sed est ratio tendendi in alterum cuius est propria similitudo ».

2. On ne rend donc pas suffisamment compte, d'un point de vue historique et épistémologique, de la théorie cartésienne de la perception en la considérant d'abord et essentiellement comme une géométrisation du regard, voir M. Fichant, « La Géométrisation du regard. Réflexions sur la *Dioptrique* de Descartes », dans *Science et métaphysique dans Descartes et Leibniz*, Paris, P.U.F., 1998.

pêche nullement que les deux modèles coexistent au Moyen Âge, sinon, la théorie des *species* n'aurait pas lieu d'être. En outre on trouve une coexistence de considérations géométriques développées par Alhazen et Blaise de Parme, avec des approches plus physiques, dans bien des commentaires aristotéliciens et même chez Thierry de Freiberg.

Mais, en général, on peut dire que jusqu'à Kepler, l'optique est restée une science de la transparence. Descartes étend le domaine d'investigation de sa *Dioptrique*, en incluant la détermination des phases nerveuses et cérébrales de la communication des images, et la reconnaissance que ce milieu opaque est bien opératoire dans le processus la vision, fait que la causalité est transformée par rapport à la conception que les scolastiques en proposent[1]. Elle n'opère plus, par similitude et par analogie, mais comme une action transitive et selon les lois de la mécanique. Cependant, à moins de réduire la vision aux lois de la physique – ce que Descartes ne fait pas –, l'explication de la vision requiert un sujet voyant. La place du sujet humain est requise, comme point de vue d'un sujet corporel spectateur du monde. Descartes réinscrit l'importance du sujet, dans le *Discours de la méthode*, quand il résume, grâce à la métaphore de la vision perspective, le *Traité du Monde* resté inédit.

Cette métaphore est complétée par celle du sujet qui écrit. De même que le peintre dispose ce qu'il peint, selon une certain ordre, qui est celui de la visibilité, selon la perspective qui est la sienne, de même un auteur doit présenter ses objets de pensée, selon un certain ordre, qui est conforme à la fois à la nature des objets et à la perspective qui est la sienne.

> Tout de même que les peintres, ne pouvant également bien représenter dans un tableau plat toutes les diverses faces d'un corps solide, en choisissant une des principales qu'ils mettent seule vers le jour, en ombrageant les autres, ne les font paraître qu'en tant qu'on les peut voir en la regardant : ainsi, craignant de ne pouvoir mettre en mon discours tout ce que j'avais en la pensée, j'entrepris seulement d'y exposer bien amplement ce que je concevais de la lumière ; puis, à son occasion, d'y ajouter quelque chose du Soleil et des étoiles fixes[2].

Revenons à la citation de Duns Scot. C'est en effet le contexte optique qu'il faut examiner pour remettre la critique des espèces intentionnelles dans sa perspective historique et ne pas se leurrer en attribuant à un seul

1. Sur ces questions, voir G. Simon, par exemple « La Théorie cartésienne de la vision, Réponse à Kepler et rupture avec la problématique médiévale », dans J. Biard et R. Rashed (éd.), *Descartes et le Moyen Âge*, Paris, Vrin, 1997.

2. Descartes, *Discours de la méthode*, Cinquième partie, AT, VI, 42.

auteur l'origine de la mutation du visible dans la connaissance scientifique et dans la philosophie de la perception. Descartes s'inscrit dans une tradition, où la gnoséologie et l'optique s'impliquent l'une l'autre. Et, dans *Le Monde* et *La Dioptrique*, il se livre à la critique des espèces intentionnelles, à partir d'une réflexion sur la nature de la lumière et des sens, dont il est utile de restituer les étapes.

Si, en 1270, aucun maître n'aurait discuté du sujet des puissances de l'âme en ignorant le *De anima* et ses Commentaires arabes, aucun maître n'aurait non plus traité de la nature de la lumière sans connaître les théories d'Alhazen et des perspectivistes. Le traité d'optique d'Ibn Al-Haytham (Alhazen pour les latins) a été traduit en latin sous le titre *De aspectibus* vers le XIIe siècle. C'est Roger Bacon (1214?-1292), qui a divulgué l'*Optique* d'Alhazen (965-1039?). Il fonde sur elle ses propres œuvres : la *Perspectiva* et la *Multiplicatio specierum* (vers 1260-1265).

Alhazen fait de l'*intentio* le nom de la forme affectant l'appareil de la vision puis, par extension, son mode d'être dans le milieu physique transmetteur : on parle alors de l'*esse intentionale* de la chose *in medio*. Roger Bacon reprend la thèse que la vision résulte des rayons lumineux pénétrant dans l'œil jusqu'au cristallin et qu'elle n'est pas engendrée par les rayons visuels émis par l'œil, et allant au contact des objets, thèse que professaient Euclide et Ptolémée. Bacon reprend les analyses d'Alhazen sur le rôle de la lumière, sa description de l'œil, sa théorie de la perception et son étude de la réflexion et de la réfraction.

C'est le *De multiplicatione specierum* (*i. e.* la multiplication des espèces) de Roger Bacon qui, en s'efforçant de réconcilier les sources classiques (Aristote, Ptolémée, Augustin, etc.) et l'optique d'Alhazen, a contribué aux développements nouveaux de l'optique (*perspectiva*). Comme membre parisien des Franciscains, Bacon a influencé les maîtres de son Ordre venus étudier à Paris, où il a enseigné de 1267 à 1278. Parmi eux, Jean Peckham, Guillaume de la Mare et Mathieu d'Aquasparta.

Roger Bacon reprend le schéma émanationniste prégnant dans l'optique arabe, où l'agent naturel propage son image dans les corps environnants. Cette propagation se fait de proche en proche par la multiplication des « similitudes » des objets et explique certains effets de la causalité naturelle, comme l'action à distance. La multiplication des espèces visibles des choses est une altération qualitative du milieu et non un mouvement local, mais cette multiplication de proche en proche permet l'introduction d'un schème quantitatif, où la propagation de la forme, ou de la similitude, est géométriquement descriptible, là où le modèle de l'actualisation est plutôt celui d'un mouvement unique. On trouve au Moyen Âge de nombreuses tentatives de quantification de la qualité en théologie, en particulier lorsque les maîtres se demandre si la charité peut croître en l'homme. C'est ce type de questionnement théologique qui ouvre la possibilité d'une application de la question de la quantification de la qualité au plan, cette fois, de la philosophie naturelle.

L'*intentio* est un terme qui appartient en premier lieu au domaine optique. Elle est l'aspect visible des choses. La citation de Duns Scot s'inscrit dans ce contexte où l'on distingue la luminosité – la lumière émanée, *lumen* – qui se multiplie au travers du milieu, l'air ou l'eau, est l'espèce sensible de la lumière corporelle – et la *lux*, la lumière source. Duns Scot fait référence aux similitudes extra-mentales des perspectivistes que railleront Descartes, et la plupart des les auteurs du XVIIe siècle, comme Malebranche[1]. Le contexte optique est important pour comprendre comment le lexique de l'intention s'introduit dans la gnoséologie des médiévaux[2] et comment il est, au XVIIe siècle, modifié et critiqué.

Pour les perspectivistes du XIIIe siècle, *lumen* procède de *lux*. « Toute cause efficiente agit par sa propre puissance, qu'elle exerce sur la matière adjacente, comme la lumière (*lux*) du soleil exerce sa puissance sur l'air [...]. Cette puissance est appelée ressemblance, image, espèce, et elle est désignée par maint autre nom [...]. Cette "espèce" produit toute action dans le monde, car elle agit sur le sens, sur l'intellect, et sur toute la matière du monde, pour engendrer des choses »[3]. Dans la mesure où les espèces ne sont pas produites par les opérations de l'intellect, ces images existeraient même s'il n'y avait aucun esprit pour les percevoir. Ainsi s'explique la correspondance de la structure actuelle de l'univers avec nos perceptions. Ce sont les choses et non l'esprit qui engendrent les concepts qui les représentent. Robert Grosseteste explique de cette manière que

> l'unité de l'universel présent dans la multitude des choses particulières est semblable à l'unité de la lumière (*lux*) qui génère et qui est générée, qui engendre et qui est engendrée. En effet, la lumière (*lux*), qui est engendrée par le soleil, engendre à partir de sa substance la substance lumineuse (*lumen*) dans l'air ; et cependant rien de nouveau n'est créé de façon à ce qu'il y ait de la lumière (*lux*) dans l'air, mais la lumière du soleil est plutôt

1. Voir par exemple, *La Recherche de la vérité* (*RdV*), dans les *Œuvres complètes*, A. Robinet (dir.), Paris, Vrin-CNRS, 1958 ; *OC*, I, t. I, Livre III, 2e partie, chap. II : « Que les objets etc. », p. 418-421.

2. K. Tachau, *Vision and Certitude in the Age of Ockham. Optics, Epistemology and the Foundations of Semantics 1250-1345*, Leiden, 1988. Et pour une présentation en français de l'apport d'Ibn Al-Haytham à la science optique, voir aussi Gérard Simon, « L'Optique d'Ibn Al-Haytham et la tradition ptoléméenne », *Arabic Sciences and Philosophy*, vol. 2 (1992).

3. Roger Bacon, *De multiplicatione specierum* (*MS*), II, éd. D. C., Lindberg, *Roger Bacon's Philosophy of Nature*, Oxford, 1986.

multipliée ou propagée. Et donc l'universel n'est pas seulement une image fabriquée par l'esprit (*fictum*), mais ce qui est un dans le multiple [1].

Grosseteste évoque une relation d'enfantement qui préserve à la fois l'altérité et l'unité d'essence de l'engendrant et de l'engendré. La luminosité (*lumen*) est enfantée, ou conçue, par la lumière source. Elle est un *conceptum* produit par une chose extra mentale (*lux*), indépendamment de l'activité ou de l'acte de l'intellect. Le jeu de mot sur *species* autorise à traiter le thème de la propagation de la lumière, celui de la perception des couleurs et celui de la perception, en ayant recours au langage de la propagation et de la multiplication des espèces naturelles. Dans les *Questions disputées sur la grâce*, Mathieu d'Aquasparta développe cette thèse de Robert Grosseteste et de Roger Bacon, selon laquelle la luminosité procède d'un corps lumineux. Il y a deux modes d'engendrement : un mode « réel […], comme l'homme qui engendre l'homme, et intentionnel, ou en quelque façon spirituel, qui est mode par lequel chaque chose engendre à partir de soi-même, sa propre espèce ou similitude, et non un corps, comme c'est le cas par exemple de la couleur qui engendre son espèce et sa similitude » [2]. Ce n'est pas seulement une similitude que la multiplication des espèces engendre et la multiplication des *species* ne donne pas seulement lieu à des images mais à des forces. La forme est véritablement *force* d'engendrement. Ces thèmes mettent en relief la dimension vectorielle de l'intentionnel et la manière dont l'intentionnalité est métaphorisée par l'image d'une flèche dirigée vers sa cible. « Toute forme corporelle ou spirituelle, réelle ou intentionnelle, a une force d'engendrement et d'autodiffusion, qui est réelle, comme dans le cas des formes soumises à la génération et à la corruption, ou bien intentionnelle » [3].

Concernant à présent la réception, « l'une est réelle, l'autre intentionnelle. Aucune âme […] ne reçoit de force par une "réception réelle", qui n'a lieu que par une transmutation; mais l'âme reçoit ces influences par une réception intentionnelle et spirituelle, puisqu'elle possède une force de connaissance et d'appréhension » [4]. Ainsi, l'opposition entre ce qui est corporel (ou réel) et ce qui est intentionnel (ou spirituel) n'empêche pas que ce qui est engendré, ou ce qui est reçu, possède un être. Les forces ont une réalité extra-mentale; elles ne sont pas rien. Quand on

1. Grosseteste, *Commentarium in Post. Anal.*, 1.17 (éd. Rossi, p. 244-245, lignes 114-121), cité par K. Tachau, dans l'article évoqué précédemment, « Some Aspects of the Notion of Intentional Existence at Paris, 1250-1320) ».

2. Mathieu d'Aquasparta, *Quaest. Disp. De gratia*, q. 8, éd. Doucet, références ?, p. 208.

3. *Ibid.*, p. 214.

4. *Qu. De anima separata*, 4, 74.

admet l'existence intentionnelle, comme c'est le cas des auteurs que nous évoquons, quel mode d'être reconnaît-on à ces formes ?

Deux positions ont été soutenues à ce sujet. Ou bien elles existent comme des entités mentales et sont seulement constituées par les facultés de l'âme. C'est de cette façon qu'Averroès et Albert le Grand voient les choses : une force, *vis*, ou *virtus*, a une existence uniquement spirituelle. Ou bien on accorde à ces forces, comme le font Bacon et les perspectivistes en général, un mode d'être intermédiaire. La force de la lumière est en quelque façon distincte des objets du monde que nous expérimentons comme solides, mais on peut admettre qu'elle soit matérielle sans pour autant être aussi solide que les corps.

Partant de la théorie aristotélicienne de la sensation, dans le livre II du *Traité de l'Âme*, et de l'idée que « le sens est le réceptacle des formes sans la matière », la vision est conçue comme la réception des formes visibles, *species in medio*, en faisant abstraction de la matière de l'objet. À Paris, Albert le Grand lie l'analyse physique du péripatétisme arabe à une approche non-matérielle des formes : lorsque l'œil est affecté par la couleur, un certain processus physique a lieu, la couleur est transmise par le rayon de lumière, et elle atteint la pupille. Lorsque les organes sensoriels ont reçu une multitude de formes, ils n'ont pas reçu un objet matériel, mais un objet possédant un « être spirituel » ou un « être intentionnel ». Albert le Grand suit le *Grand Commentaire du De Anima* d'Averroès. Bien que la traduction latine parle bien d'une chose extra-mentale affectant la vision, néanmoins, dans le milieu transmetteur, la *res* a selon Albert un *esse spirituale* et non un *esse materiale*. Dans le lexique averroïste latin *spirituale* équivaut en effet à *intentionale*. Ce qui se trouve dans l'intellect n'est pas seulement une image sensorielle transmise des sens jusqu'à l'intellect, mais c'est une entité abstraite de cette image et d'un autre ordre : universel et purement intellectuel[1]. C'est la leçon que Thomas d'Aquin va aussi retenir de l'optique arabe.

Et d'ailleurs selon Roger Bacon, Averroès a considéré que la lumière était spirituelle et non corporelle. Bacon souligne en effet que l'espèce qui a été comparée aux objets, à partir desquels elle est multipliée, a été « nommée, dans l'usage ordinaire des philosophes de la nature, "intention",

1. Averroès, *Grand Commentaire*, II, comm. 97, éd. Crawford : « Color habet duplex esse, scilicet esse in corpore colorato [et hoc est esse corporale] et esse in diaffono [et hoc est esse spirituale] », pérénisé par Albert le Grand (*De intellectu et intelligibili*, I, 3, 1 : « Dans la matière, la forme a un être matériel, dans le diaphane, en revanche, la couleur n'a pas un être matériel, mais un être spirituel ; ce pourquoi l'immutation du diaphane par les couleurs et la lumière est subite »).

en raison de la faiblesse de son être par rapport à celui de la chose, parce que, disent-ils, elle n'est pas vraiment une chose, mais plutôt une intention de la chose, autrement dit, une similitude »[1]. La notion d'existence intentionnelle comme être réel, mais faible ou diminué (*esse deminutum*), a donc une importance considérable au Moyen Âge.

C'est ainsi la position perspectiviste que soutient Duns Scot dans le passage cité. Les intentions premières sont des concepts produits par une chose extra-mentale indépendamment de l'activité de l'intellect, à la différence des intentions secondes[2]. Dans l'exemple, *intentio* désigne le processus par lequel les objets engendrent directement leur image dans l'intellect. Tout en étant au point de départ de la conception de l'intentionnalité comme orientation vers l'objet, Duns Scot soutient que l'*intentio*, prise comme *conceptus* ou *species*, est le *lumen* multiplié selon les trois sortes de rayons (*rectus*, *fractus*, *reflexus*)[3]. Il utilise la théorie perspectiviste pour asseoir les éléments de sa gnoséologie : la raison formelle d'une intellection quelconque, la *species*, ou la forme, engendrée, est une *imago gignentis* – une image de ce qui l'engendre. Elle requiert la présence réelle de l'objet à la puissance cognitive. La connaissance implique une proximité suffisante de l'objet pour que l'engendrement de la *species* rende l'objet présent, connaissable ou encore représentable[4]. C'est, comme on le verra, la présence qui distingue, chez Duns Scot, la connaissance intuitive et la connaissance abstractive. La représentation intellectuelle, dans la condition actuelle de l'humanité, après le péché originel, est un substitut représentatif de la présence réelle.

L'objet, dans sa présence réelle, jouit d'une proximité suffisante pour engendrer une espèce dans l'intellect, c'est la raison formelle de l'intellection, mais dans un deuxième temps, grâce à l'espèce engendrée

1. Roger Bacon, *MS*, 1, 1 : « Intentio vocatur in usu vulgi naturalium propter debilitatem sui esse respectu rei, dicentis quod non est vere sed magis intentio rei, id est similitudo ».

2. *Ord*, . I, 23 : « Omnis enim conceptus est intentionis primae qui natus est fieri immediate a re, sini opere actu intellectus negotiantis, qualis est conceptus non tantum positivus sed etiam negativus » (« tout concept est concept d'une intention première lequel est naturellement productible immédiatement par la chose même, sans opération ni acte de l'intellect »).

3. Après avoir évoqué cette thèse dans la *Perspectiva* d'Alhazen, Duns Scot s'y range aussi : « Dico tunc quod lumen multiplicatum secundum istos tres radios immediate gignitur a luce ipsa, et etiam immediate est species sensibilis ipsius lucis ».

4. Duns Scot, *Ord.*, I, Dist. 3, Partie 3, qu. 1, p. 232 : « quod obiectum respectu potentiae primo habet presentiam realem, videlicet approximationem talem ut possit gignere talem speciem in intellectu, quae est ratio formalis intellectionis ; secundo, per illam speciem genitam quae est imago gignentis, est obiectum praesens sub ratione cognoscibilis seu repraesentati ».

qui représente ce qui l'engendre, l'objet est présent sous la raison d'objet connaissable ou représenté.

> La première présence précède naturellement la seconde, puisqu'elle est antérieure à l'impression de l'espèce, grâce à laquelle la seconde présence de l'objet est formellement possible. [...] Dans un premier temps, l'objet est présent à l'intellect agent soit en lui-même, soit dans une image et, dans un deuxième temps – au cours duquel l'objet et l'intellect agent sont présents à l'intellect possible comme l'agent l'est au patient –, l'espèce est engendrée dans l'intellect possible; à partir de ce moment, grâce à cette espèce, l'objet est présent sous la raison d'objet connaissable [1].

On remarque donc la présence d'un mouvement contraire à l'orientation vers un objet. Un tel mouvement contraire enveloppe une conceptualité opposée à l'intentionnalité phénoménologique, puisque ce sont les choses elles-mêmes qui engendrent de manière causale les concepts qui les représentent à l'esprit. En dépit de la prégnance des thèses perspectivistes, Duns Scot privilégie le mouvement de la tension vers l'objet.

> La puissance cognitive a non seulement pour tâche de recevoir l'espèce, mais encore de tendre par son acte vers cet objet. Le second point est plus essentiel à la puissance, car le premier n'est requis qu'en raison d'une imperfection de la puissance. L'objet est plus principalement objet, parce que la puissance tend vers lui, que parce qu'il imprime une espèce. Et cela manifeste : si Dieu imprimait une espèce à l'intellect, ou à l'œil, celui-ci se porterait de la même manière que maintenant vers l'objet, et son objet serait de la même façon objet. Mais Dieu ne serait pas objet, car la puissance ne tend pas vers lui, et cependant c'est lui qui l'imprime [2].

L'espèce intelligible est réellement distincte de l'espèce sensible, c'est grâce à elle que l'esprit tend vers l'objet et c'est elle qui correspond à ce qu'elle représente. L'intellect est la cause principale de l'intellection. Il est associé à une cause partielle concourante, mais seulement seconde : l'impression d'une espèce dans l'intellect possible. L'objet n'est présent qu'en étant visé par l'acte de connaître, qu'en en étant le terme. L'objet est un terme visé, une fin, plutôt qu'un principe moteur. L'objet ne se réduit pas à sa cause motrice (le phantasme), qui est pour la pensée une origine inessentielle, alors que la visée intentionnelle est essentielle[3].

1. *Ord.*, I, Dist. 3, partie 3, qu. 1, 382, trad. G. Sondag, *L'Image*, Paris, Vrin, 1993, p. 138.
2. *In Met.* VII, q. 14, § [5] 29 (IV, 290).
3. Voir O. Boulnois, *op. cit.*, p. 85 : L'Auteur souligne qu'il ne faut pas confondre l'espèce reçue de l'extérieur dans l'intellect possible, pour y imprimer la forme de la chose,

Cet écart entre l'espèce et la visée intentionnelle, qui se manifeste comme différence de *l'intentio* et de l'intentionnalité, sera résorbé avec le rejet de la théorie perspectiviste de l'*intentio*, à la fois comme modèle épistémologique et comme cadre d'une théorie de la perception fondée sur un réalisme gnoséologique direct. L'intentionnalité cesse de fonctionner comme une caractéristique et un mode d'être de la *similitudo*, de la *species*, enfantée par l'objet indépendamment du sujet percevant. C'est Pierre d'Auriole qui s'oppose le premier à l'existence intentionnelle extra-mentale. Il réduit l'être intentionnel du *lumen* à un être réel et il reformule la notion d'un être intentionnel en termes d'être apparent ou phénoménal : l'être intentionnel est réservé au mode d'être de la couleur dans l'arc-en-ciel.

> La lumière (*lumen*) dans l'air, tout comme les rayons du soleil, ont un être vraiment réel plutôt qu'à proprement parler intentionnel. Ici, il faut considérer une manière de distinguer l'"être intentionnel" en opposition à l'être réel (*esse reale*), et ainsi l'"être intentionnel" n'est autre que l'"être apparent" qui n'est pas vraiment existant. C'est de cette manière qu'il convient de dire que la couleur dans l'arc-en-ciel a un être intentionnel [1].

Le nom « être apparent » est caractéristique de cette entité qu'Auriole appelle aussi « être intentionnel », « être objectif », être *conspicuum*, fictif, vu (*visum*), jugé, *intuitum*. Auriole pose un tel être apparent en plus des espèces sensibles qui ne lui servent pas à expliquer la connaissance. Les espèces ne sont pas aptes à rendre compte de la différence entre ce qui est dans la vérité de la chose et ce qui apparaît seulement. Auriole pense ainsi que le rôle de l'intellect et des sens dans la perception ne peut pas être expliqué en termes de réception passive. Ainsi, « dans l'acte de l'intellect la chose intelligée est nécessairement posée dans un être intentionnel visible et apparent. En effet, le sens intérieur, ou le sens extérieur, n'est pas plus formatif que l'acte de l'intellect, mais l'acte du sens extérieur pose la chose

avec l'espèce intelligible, produite de l'intérieur par l'intellect agent, pour viser un objet, en imprimant dans l'intellect possible sa raison. Il s'agit de deux actes indissociables dans l'état présent, bien que leur signification soit différente. Scot dégage deux aspects dans l'espèce : ce qui provient causalement de la chose même (le contenu formel), et ce qui provient de l'activité de penser (la visée d'un objet). Ainsi la réception empirique d'une forme importe moins que la structuration d'un *a priori* intellectuel, pour constituer l'objet comme objet de pensée.

1. Pierre d'Auriole, *Reportatio* (*Rep.*), cité par K. Tachau, art. cit.

dans un être intentionnel, comme il est patent à partir de nombreuses expériences »[1].

Pierre d'Auriole présente huit expériences, à partir desquelles il est nécessaire de poser un être intentionnel. La première a pour objet la relativité du mouvement, « quand quelqu'un est transporté (par un bateau) sur l'eau, les arbres sur la rive semblent en mouvement. Ainsi ce mouvement, qui est *objectivement* dans l'œil, ne peut être posé dans la vision, sinon la vision serait l'objet du sens de la vision et une vision serait vue; le sens de la vue serait une faculté réflexive. Et le mouvement ne peut pas non plus être posé réellement dans les arbres sur la rive, parce que sinon ils seraient réellement en mouvement. Et le mouvement ne peut pas être posé dans l'air, car il n'est pas attribué à l'air, mais aux arbres. Il est donc seulement intentionnellement et non réellement dans l'être-vu et l'être-jugé »[2].

La deuxième expérience est un cercle qui apparaît à la vue lorsque un bâton enflammé est mû par un mouvement circulaire rapide; la troisième, un bâton plongé dans l'eau qui paraît cassé; la quatrième, la vision double, quand on voit deux bougies dans l'*esse apparens*, là où dans l'être réel, il n'y en a qu'une; la cinquième, l'aspect de la couleur des plumes du cou d'un canard. La sixième, les images virtuelles, qui apparaissent à celui qui regarde dans un miroir sur la surface du miroir, derrière lui, ou devant lui. La septième et la huitième, une image qui apparaît après avoir regardé trop longtemps le soleil, ou bien quelque chose de rouge. Comme Duns Scot, mais pour des raisons différentes, Pierre d'Auriole affirme que les puissances sensitives et intellectuelles ont un rôle actif; elles sont formatives. Elles produisent nécessairement un *esse intentionale* (ou une entité cognitive, la *res cognita*) distinct de l'acte de la connaissance par lequel il est engendré.

Il faut, selon Pierre d'Auriole, poser un être apparent dans certaines circonstances; dans le cas de l'arc-en-ciel et dans celui des illusions des sens. Ainsi, par exemple, quand sur un bateau on voit le mouvement dans les arbres au bord des rives, ou qu'on voit derrière la glace son image dans

1. I *Scriptum*, dist. 3, s. 14, a. 1 : « quod in actu intellectus de necessitate res intellecta ponitur in quodam esse intentionali conspicuo et apparenti. Non est enim formativus sensus interior aut exterior quam sit actus intellectus; sed actus exterioris sensus rem in esse intentionali, ut patet in multis experienti<i>s ».

2. I Scriptum, *ibid.* : « Prima <experientia> quidem quia cum quis oculo obiective, non potest poni quod sit ipsa visio; alioquin visio esset obiectum visus, et visio videretur, et esset visus potentia reflexiva. Nec potest poni quod sit realiter in arbore vel in ripa, quia tunc realiter moverentur. Nec potest poni quod sit in aere quia aeri non attribuitur, sed arbori. Est igitur tantum intentionaliter, in esse viso et in esse iudicato ».

le miroir, ou encore qu'un bâton paraît cassé dans l'eau, ou enfin qu'un flambeau dessiner un cercle de feu. Refuser l'être apparent a pour conséquence que l'on ne peut pas expliquer les illusions des sens et que l'on tombe alors dans l'erreur de considérer tout ce qui apparaît comme existant[1]. Or on n'évite pas une telle erreur en posant des entités intentionnelles, ou apparentes, extra-mentales, car bien qu'on se refuse à ce qu'elles aient un être fixe, ou que leur mode d'être ne soit pas seulement un être diminué, toutefois on ne nie pas qu'elles aient une réalité dans la nature des choses.

> Ceux qui, à propos des couleurs de l'arc-en-ciel, ou bien des couleurs du cou d'une colombe, ou encore de l'image qui apparaît dans le miroir, ou enfin de la chandelle qui apparaît située à un autre endroit, se demandent si elles ont un être réel ou seulement intentionnel, veulent en réalité savoir si elles ont seulement un être objectif et factice, un être apparent, ou bien si elles ont un être fixe dans la nature extérieure des choses, qui existe indépendamment de toute appréhension[2].

S'il n'y avait pas d'esprit pour les percevoir, aucun phénomène de ce type n'existerait, parce que pour avoir lieu, ils dépendent d'une appréhension. L'intention n'est pas

> l'acte d'intelliger [...] ni non plus l'objet connu, puisqu'il fonde la relation à l'acte d'intelliger [...], mais elle est le concept objectif lui-même formé par l'intellect [...] Et on parle d'"intention" comme concept et d'"intention première" comme "concepts de premier ordre", que notre intellect forme à propos des choses en ne réfléchissant pas sur ses concepts. Mais les "intentions secondes" sont des "concepts de second ordre", que notre intellect fabrique en réfléchissant et en faisant retour sur ses propres concepts[3].

Parce qu'il est devenu synonyme d'*esse obiectivum*, ou *fictitium sive apparens*, mode d'être de l'apparaître ou de la phénoménalité, l'*esse intentionale* s'oppose à l'*esse reale et fixum in rerum naturae absque omni apprehensione*. Ce qui est doté d'un être intentionnel ne saurait exister en dehors de la perception : ce n'est qu'un « *conceptus obiectivus* », ou pour mieux dire une « *apparitio obiectiva* »[4].

1. *Ibid.*, 1.3.14 : « Et universaliter qui negat multa habere esse intentionale et apparens tantummodo, et omnia quae videntur putat esse extra in rerum natura, negat omnem ludificationem et incidit in errore dicentium omnia sunt quae apparet ».

2. *Ibid.*, *Scriptum* I, 23, éd. Pinborg, citée par K. Tachau, art. cit.

3. *Scriptum* I, 23, (Perler, « Peter Aureol vs. Hervæus Natalis on Intentionality. A Text Edition with Introductory Remarks », art. cit.), p. 262.

4. Pierre d'Auriole, *Scriptum* I, 23, éd. Pinborg, 1980.

La notion contemporaine d'intentionnalité s'enracine donc bien dans la conceptualité médiévale de l'*intentio*. Et l'on peut admettre sans difficulté que la directionalité de l'esprit, l'ouverture sur, ou la tension vers, un objet, est bien au Moyen Âge une caractéristique de l'esprit. On a vu, au chapitre précédent, comment Duns Scot distingue les intentions et l'être intelligible de l'objet, et comment il fait preuve d'une forme de précaution « ontologique », si ce n'est du refus de « réaliser » l'objet des pensées en une sorte de contenu mental de la représentation. En faisant cette fois retour aux sources optiques de l'*intentio*, le souci médiéval du statut ontologique et gnoséologique des intentions se manifeste dans la question de savoir si les *intentiones* sont émises par les choses ou par l'esprit.

Avec Pierre d'Auriole, on a affaire à une première critique des espèces intentionnelles comme entités *extra-mentales*. Selon lui, l'esprit ne peut pas se rapporter aux choses, sans que l'intellect forme un concept universel, par lequel elles sont présentes à l'intellect dans leur universalité. L'être intentionnel est la condition de l'apparaître des choses à l'intellect. Il est l'être aperçu par l'esprit, l'être en tant qu'il apparaît. Nous analysons, dans le chapitre V, le sens de la notion d'*esse intentionale* et d'*esse obiectivum* chez Hervé de Nédellec, Pierre d'Auriole et Duns Scot, en nouant l'histoire de l'*esse intentionale* à celle de l'*esse obiectivum*.

Le projet d'une histoire de l'intentionnalité qui prend sa source au Moyen Âge, en ayant pour centre de gravité Descartes, a bien une pertinence historique. La discussion entre Husserl et Brentano, en plein cœur du XXe siècle, montre combien le Moyen Âge et la scolastique sont au cœur de l'enjeu historique et philosophique. Une certaine forme de précaution ontologique est ainsi à l'œuvre, qui vise à ne pas constituer l'intention, et l'être objectif, comme des réalités. Et en portant l'accent sur l'origine optique de la notion d'*intentio*, la critique des espèces intentionnelles chez Descartes ne doit pas être envisagée comme une critique dépassée historiquement de l'optique médiévale elle-même dépassée, mais comme la mise en place d'une relation nouvelle du voir au connaître et comme la redéfinition de la relation de l'esprit et de ses objets.

La critique des espèces intentionnelles ne met ainsi pas un auteur hors du champ problématique de l'intentionnalité. On peut critiquer les espèces intentionnelles, parce qu'on les considère superflues dans l'explication de l'intentionnalité des sensations et de la connaissance sensible en général, parce qu'elles sont des intermédiaires entre les choses et l'esprit dont le statut ontologique fait problème, et se mouvoir pourtant dans l'élément d'une explication intentionnelle des actes de l'esprit et de leurs objets. Descartes peut bien développer une conception intentionnelle ou objective des idées, tout en critiquant les espèces intentionnelles. La critique des espèces intentionnelles est plutôt la critique du rôle de la similitude dans l'explication de la connaissance sensible plutôt que celles des notions impliquées dans la directionalité de l'esprit dans son rapport aux choses. Descartes se situe ainsi historiquement au bout de la chaîne dans la question médiévale et scolastique du rôle de l'intention et des espèces intentionnelles dans la vision et la connaissance.

CHAPITRE III

LA FORME INTENTIONNELLE

Dans ce chapitre, nous abordons la question de l'intentionnalité chez Thomas d'Aquin et nous allons nous intéresser à la conception thomasienne de la *species* comme *forme* intentionnelle, et à la notion de *modification spirituelle*. On se penche, à la fin du chapitre, sur la distinction entre l'objet et la fin de la connaissance, dont le but est de sauvegarder le prétendu réalisme direct de Thomas d'Aquin et dont l'avantage sera, pour nous, de prouver qu'il n'y a pas, chez Thomas d'Aquin, de sensation pure, qui soit autonome dans le processus de la connaissance. On sera attentif au statut des espèces intentionnelles, comme *quo* de la connaissance – *medium quo*, ce par quoi la chose est connue – et non *quod*, ce qui est connu. Car c'est cette notion qu'Arnauld invoque pour rendre compte de la représentation chez Descartes.

Ces différentes questions sont liées, elles commandent la réponse qu'on peut donner à la question contemporaine, débattue chez les médiévistes, de savoir si Thomas d'Aquin était ou non un réaliste direct. Je voudrais montrer que le réalisme direct n'est finalement pas un enjeu véritable dans la question de savoir ce qu'est la sensation et la connaissance. Ce qui explique le retour et la similitude des critiques de la représentation au fil des siècles, ce n'est pas que la critique soit pertinente. Elle fonctionne parce que personne ne souhaite avouer que, dans la conception de la connaissance qu'il soutient, on ne sent ni on ne pense les choses « directement ». Or, des images, dans la sensation et dans la connaissance, il y en a bien. Elles peuvent être corporelles, cérébrales, certaines peuvent parfois avoir un usage méthodologique, ce sont alors des fictions ou bien des représentations composées par une imagination distincte, sous le couvert de l'entendement dirait Descartes, et elles sont évidemment ce par quoi nous pensons ou connaissons et non ce qui est connu. La question à poser est plutôt celle de leur rôle dans la connaissance. Et finalement, peut-être devrions renoncer à être réalistes directs, si nous n'arrivons pas à l'être, parce que c'est un idéal inatteignable, autrement dit, dépourvu de sens, et peut-être n'est-il pas aussi calamiteux d'accorder une certaine réalité objective à nos idées.

INTENTIONNALITÉ ET IMMATÉRIALITÉ CHEZ THOMAS D'AQUIN

Le thomisme français du XXe siècle s'est montré plutôt favorable à l'interprétation « intentionnelle » de la connaissance chez l'Aquinate et à la thèse brentanienne des sources scolastiques de l'intentionnalité[1], parce qu'une lecture intentionnaliste de Thomas d'Aquin était une occasion supplémentaire de critiquer la théorie cartésienne des idées en redonnant un « coup de jeune » à la noétique thomasienne. Cette lecture rétrospective de Thomas d'Aquin a pour mérite principal de donner une signification précise à «intentionnel» dans la notion d'«espèce intentionnelle», et déterminer la teneur métaphysique de la notion de forme, qui rend compte de nos capacités perceptuelles et conceptuelles. Donnons un exemple de cette lecture thomiste qui applique des caractéristiques de l'intentionnalité brentanienne et husserlienne à Thomas d'Aquin.

Thomas d'Aquin définit la notion d'intention en lui assignant d'abord un sens pratique, en liant le sens augustinien de l'intentionnel dans le libre-arbitre et le sens arabe de l'*intentio* comme raison. « Intention, comme le nom même l'indique, signifie tendre vers une chose »[2]. Si le contexte de départ est celui de l'analyse de la volonté, conçue comme tendance vers un objet, l'articulation entre la dimension pratique et la dimension théorique se met en place. « Ce n'est pas la volonté qui met en ordre, mais elle tend vers quelque chose selon l'ordre de la raison; ainsi le mot intention désigne-t-il un acte de la volonté, mais présuppose une ordination par la raison de quelque chose vers une fin »[3].

> Avoir l'intention, c'est tendre vers autre chose; et cela est le fait à la fois du vouloir et du mobile. Donc, si ce qui est mû vers la fin par un autre est dit

1. Concernant l'interprétation de Maritain et de Gilson, voir par exemple l'étude de Jean-Luc Solère, «La notion d'intentionnalité chez Thomas d'Aquin», *Philosophie* 24, 1989, p. 13-36; voir A. Hayen, *L'Intentionnel dans la philosophie de saint Thomas d'Aquin*, Bruxelles-Louvain, 1940.

2. *STh.*, Ia, IIae, q. 12, a. 1, rép.

3. *Ibid.*, ad. 3.

> avoir l'intention de la fin, on peut dire que la nature a l'intention de la fin en tant qu'elle est mue vers sa fin par Dieu, comme la flèche par l'archer [1].

Thomas distingue les substances douées de connaissance de celles qui sont non-connaissantes, selon le mode d'être que la forme a en elles ; les connaissants ont, outre leur forme propre, la capacité de recevoir la forme d'autre chose [2]. Thomas reprend la formule péripaticienne, selon laquelle l'âme est d'une certaine manière toute chose [3]. Ainsi puisque le connaissant est le connu, *de quelle manière* la forme des autres choses se trouve-t-elle dans l'âme ?

Thomas montre qu'il y a deux manières, pour une chose, d'être altérée ou modifiée, l'une est physique, l'autre est spirituelle.

> Une modification est physique, quand la forme de ce qui cause le changement est reçue dans l'être changé sous un mode physique, par exemple la chaleur dans ce qui est chauffé. Une modification est spirituelle, quand la forme est reçue sous un mode spirituel, par exemple la couleur dans la pupille de l'œil qui, pour autant n'en est pas colorée. Pour l'action du sens, une modification spirituelle est requise, selon laquelle la *forme intentionnelle* de l'objet sensible est produite dans l'organe du sens. Autrement, si la seule modification physique suffisait à produire la sensation, tous les corps physiques en éprouveraient lorsqu'ils subissent un changement qualitatif [4].

Comme le souligne Aristote, la sensation consiste en un sens en un pâtir, c'est une altération, mais ce qui la caractérise, c'est plutôt le double sens de la sensation en puissance et en acte, qui rend manifeste le fait que l'exercice de la sensation soit pour le sentant un accomplissement et non une destruction. Le sentant est changé, sans qu'il cesse d'être lui-même. La sensation apporte une connaissance, sans modifier la nature du sentant. Ce changement est spirituel et non pas physique. Croire que les sens subissent l'action des données sensibles de la même façon que l'eau celle du feu,

1. *STh.*, Ia, IIae, q. 12, a. 5, réponse.

2. *STh*, I, 14, art. 1, rép. : « Les êtres doués de connaissance se distinguent des non connaissants en ce que ceux-ci n'ont d'autre forme que leur forme propre ; tandis que l'être connaissant a, par nature, la capacité de recevoir, en outre, la forme d'autre chose : car la forme du connu est dans le connaissant ».

3. Aristote, *DA*, III, 8, 431 b 21.

4. *STh*, Ia, q. 78, art. 3 (les sens externes), resp : « est autem duplex immutatio : una naturalis, et alia spiritualis (…) spiritualis autem (*sive intentionalis*) secundum quod forma immutantis recipitur in immutato secundum esse spirituale ; ut forma coloris in pupilla, quae non fit per hoc colorata. Ad operationem autem sensus requiritur immutatio spiritualis, per quam intentio formae sensibilis fiat in organo sensus. Alioquin, si sola immutatio naturalis sufficeret ad sentiendum, omnia corpora naturalia sentirent dum alterantur ». Je souligne.

quand elle chauffe, et que sentir est l'acte des sens comme l'échauffement celui de l'eau chaude, c'est confondre les deux modifications. L'assimilation n'est pas réelle dans la connaissance : le sentant devient le senti non pas matériellement, mais selon sa forme, et l'intelligence devient son objet propre de façon *intentionnelle*.

Pour l'âme, connaître la chaleur, c'est la connaître intentionnellement et non physiquement. Maritain souligne ainsi qu'un être matériel peut devenir autre. Il peut être modifié, mais il ne peut pas devenir l'autre. Par une *ouverture* de la conscience *vers* l'altérité[1], le connaissant devient l'autre en restant néanmoins soi-même.

> Ce qui appartient par définition à l'espèce d'une réalité matérielle quelconque, une pierre, un homme, un cheval, peut être considéré sans les principes individuels, qui n'appartiennent pas à la définition de l'espèce. Procéder ainsi, c'est abstraire l'universel du particulier, ou encore l'espèce intelligible de l'image, c'est-à-dire c'est considérer la nature de l'espèce, sans considérer les principes individuels présentés par les images[2].

Le mode d'être de l'espèce permet que l'esprit se rende semblable à quelque autre chose en restant lui-même, parce que l'être de la forme diffère, dans le connaissant et dans la chose connue, par une distinction de raison. Selon Thomas, si Platon a eu raison de penser que la connaissance suppose une ressemblance de l'objet, il a eu tort de croire que la forme de l'objet connu devait être nécessairement, sous un même mode, dans le connaissant et dans la chose connue. Les sciences, les définitions, et ce qui relève de l'activité intellectuelle ne portent pas selon Platon sur les corps sensibles, mais renvoient aux Idées qui sont des réalités immatérielles et séparées. Mais si la forme d'une chose était dans l'intelligence immobile, universelle et immatérielle, les réalités connues devraient être immuables, universelles et immatérielles, or ce n'est pas le cas.

> La forme sensible existe sous un mode dans la réalité extérieure à l'âme et, sous un autre mode, dans le sens qui reçoit les formes des choses sensibles, sans la matière, comme la couleur de l'or sans l'or. Pareillement, l'intelligence reçoit les espèces des corps matériels et mobiles, sous un mode immatériel et immobile, conformément à sa nature ; car ce qui est reçu est dans ce qui le reçoit selon le mode de ce dernier. Disons donc que l'âme

1. J. Maritain, *Distinguer pour unir, ou les degrés du savoir*, dans J. et R. Maritain, *Œuvres complètes*, vol. IV, Fribourg-Paris, Éditions Universitaires Fribourg Suisse, Éditions Saint-Paul, 1983, p. 218.

2. Voir *STh.*, Ia, qu. 85, a. 1, ad. 1.

connaît les corps, au moyen de l'intelligence, d'une connaissance immatérielle, universelle et nécessaire [1].

Quel est le mode d'être de la *species ?* Elle est la forme, qui se trouvant dans la chose est présentée à la sensibilité. « L'objet de la puissance sensitive est la forme, en tant qu'elle existe dans la matière corporelle » [2]. Mais, la forme du sensible est dans la chose hors de l'âme, sous un certain mode, et dans le sens sous un autre, *i. e.* sans la matière, comme la couleur de l'or sans l'or. Le mode d'être de l'espèce est intentionnel et il est donc immatériel. « Il convient que les choses matérielles connues existent dans l'être connaissant, non pas matériellement, mais immatériellement » [3]. Le sens reçoit la forme de la chose connue, sans la matière, mais avec les conditions matérielles. « La *species*, qui est dans le sens visuel, n'est pas ce qui est vu, mais ce par quoi le sens visuel voit; ce qui est vu, c'est la couleur qui est dans le corps » [4].

La sensation aboutit donc réellement aux choses, comme elles sont hors de nous; « le sens parvient aux choses sensibles elles-mêmes » [5]. L'espèce intelligible est seulement ce par quoi l'intelligence connaît (*id quo*).

> Il y a deux sortes d'actions, d'après Aristote : celle qui demeure dans le principe actif, comme voir ou penser, et celle qui passe dans une réalité extérieure, comme chauffer ou couper. Or, l'une et l'autre supposent une certaine forme. La forme par laquelle se réalise l'action transitive est un mode d'être semblable au terme de l'action; par exemple, la chaleur de la chose qui chauffe est semblable à ce qui est chauffé. Pareillement, la forme, requise pour l'action immanente, est une ressemblance de l'objet. Aussi, la ressemblance de la réalité visible est-elle la forme par laquelle la faculté visuelle voit, et la ressemblance de la réalité connue par l'intelligence, c'est-à-dire l'espèce intelligible, est la forme par laquelle l'intelligence connaît. Mais, parce que l'intelligence réfléchit sur elle-même, elle saisit par la même réflexion et son acte de connaître et l'espèce par laquelle elle connaît. Et ainsi, l'espèce intelligible est ce qui est connu en second lieu. Mais, ce qui est premièrement connu, c'est la réalité dont l'espèce intelligible est la ressemblance [6].

1. *STh*, I, 84, art. 1.
2. *STh.*, Ia, qu. 85, a. 1, rép.
3. *STh*, I, 84, art. 2.
4. *In libros De Anima expositio*, I, III, lect. 8, n° 719; voir aussi *Quaestiones disputatae de veritate* (*QdV*), Qu. X, *De mente*, art. 4, *op. cit.*, p. 59-61.
5. *QdV*, Qu. II, art. 6, resp.
6. *STh*, I, Qu. 85, art. 2, réponse.

Qu'est-ce que la *species* sinon la forme intentionnelle, la forme de l'objet visible connue et existant intentionnellement dans l'esprit? La *species* spécifie l'esprit, comme similitude de l'objet, non au sens de la copie, mais de l'assimilation. La forme intentionnelle est un concept descriptif, qui désigne le rapport de l'esprit à la chose. Il ne faut donc pas substantialiser ce qui relève d'une pure relation. Ainsi l'in-existence intentionnelle de la chose désigne, pour Brentano, la jonction du connaissant et du connu, et non un intermédiaire interposé entre eux[1].

Cette lecture des textes de Thomas d'Aquin s'accompagne d'une critique de Descartes, qui aurait pour sa part substantialisé l'*esse obiectivum*. Selon Maritain, c'est dans une problématique, inaugurée par Descartes que l'objet premier de ma conscience est une affection de mon esprit, ou un accident de la substance pensante[2]. Dans le thomisme, l'objet premier de la conscience c'est la chose même. La *species* ne constitue pas un dédoublement de la chose, que l'esprit rencontrerait, avant de se rapporter par illation à son modèle. Elle est plutôt le signe que l'esprit est pris dans un rapport à quelque chose d'autre que soi. Elle est un « signe formel », « quelque chose qui fait connaître avant d'être soi-même connu comme objet par un acte réflexif »[3], et qui s'efface devant l'objet qu'elle donne à connaître. « Les notions de vicaire ou de similitude ou d'image doivent être purifiées ici de tout ce qui en ferait des choses tombant d'abord sous le regard de l'esprit, comme un portrait sous le regard des yeux du corps »[4].

1. Dans la traduction du Cerf, une note sur la *STh*, I, Qu. 85, art. 2, réponse (p. 745), soutient que l'expérience de la connaissance se donne irrésistiblement comme affirmation d'un réel. Dans cette activité immanente, l'espèce intelligible joue le rôle de forme, c'est-à-dire de principe et non de terme, principe expliquant que l'acte de penser se termine à telle réalité intelligible, et non à telle autre. « L'acte de connaître se termine et s'exprime dans la production d'un concept émané du sujet lui-même, et qui est la réplique, mais activement produite, de l'espèce intelligible imprimée dans l'esprit. Mais pas plus que celle-ci, le concept n'est l'objet direct de l'acte de pensée. Il est ce par quoi est saisie la réalité dont il est la similitude ». Dans la similitude, c'est le réel lui-même qui est atteint. L'objet de la pensée est le réel, et non pas une construction de l'esprit. En effet la similitude dont il s'agit est "intentionnelle" : elle n'est *que* similitude de l'autre et ne se donne *que* comme telle. La notion d'intentionnalité est caractéristique du domaine de la connaissance. La conscience est, dans son être même, visée vers l'autre ». Ainsi "espèce", "images", "concepts" n'ont de réalité que par rapport à ce dont elles sont la "similitude". L'"intentionnalité", cette aptitude à être ce qu'on n'est pas, fait partie donc de la nature de l'esprit, opposée en cela à la nature de la matière. La matière détermine la forme à n'être qu'une seule chose.

2. J. Maritain, *op. cit.*, chap. III : Le Réalisme critique.

3. *Op. cit.*, chap. III, *Le concept*, n° 24, p. 478.

4. AT, IX-1, p. 74.

Par la réalité objective des idées, et l'universalité du principe de causalité applicable à tout ce qui existe, Descartes aurait substantialisé le contenu des idées. La réaction d'incompréhension de Caterus, et la pertinence, selon Maritain, de l'objection que le théologien d'Alkmaar oppose à Descartes, témoigneraient de son étonnement devant ce qu'on pourrait bien considérer comme un non-sens.

> *Dites-moi ce que c'est qu'idée ?* C'est donc la chose pensée, en tant qu'elle est objectivement dans l'entendement. *Mais qu'est-ce qu'être objectivement dans l'entendement ? Si je l'ai bien appris, c'est terminer à la façon d'un objet l'acte de l'entendement, ce qui en effet n'est qu'une dénomination extérieure, et qui n'ajoute rien de réel à la chose. Car, tout ainsi qu'être vu n'est en moi autre chose sinon que l'acte que la vision tend vers moi, de même être pensé, ou être objectivement dans l'entendement, c'est terminer et arrêter en soi la pensée de l'esprit; ce qui peut se faire sans aucun mouvement et changement en la chose, voire même sans que la chose soit. Pourquoi donc recherché-je la cause d'une chose qui actuellement n'est point, qui n'est qu'une simple dénomination et un pur néant* [1].

Caterus s'accorde avec Suárez pour qui l'être de raison est un néant. La relation intentionnelle est ce qui nous rend capable de penser la chose en son absence, mais aussi les êtres imaginaires ou impossibles, l'imaginaire ou l'impossible relevant, comme l'être objectif ou intentionnel, du néant. L'objet n'est pas une chose ou une substance, c'est une relation; cette relation s'arrête à la conscience et vise la chose, sans que la visée n'agisse réellement sur la chose; la relation objective est intentionnelle et non réelle.

Pour Caterus, cet *esse* n'est pas réel, puisque le fait d'être appréhendé ne modifie pas la chose, qui n'en est pas affectée. L'objet est le terme d'une visée. La relation cognitive n'est pas une relation réelle. L'existence intentionnelle de la chose n'est que le mode d'être de ce qui est visé par intention. Le concept d'*esse objectivum* signifie que l'esprit se modèle sur la chose, qu'il la vise comme fin de son acte, et termine ainsi l'acte à la façon d'un objet de l'entendement. Il n'est qu'une modalité de l'intellect, remplissant sa visée, en atteignant la chose. L'objectivité de l'idée n'est pas quelque entité distincte de l'esprit ni de la chose; elle n'est que l'interface de l'esprit et de la chose, non un obstacle entre eux.

Or, pour Descartes, la façon dont les objets ont coutume d'être dans l'esprit n'est pas rien. Gilson distingue aussi à sa manière la démarche de Descartes de celles de Thomas d'Aquin et de Suárez :

1. Descartes, *Premières objections*, AT, IX, 74.

> l'être objectif est un moindre être que l'être actuel de la chose, mais [...] est cependant un être réel et requiert par conséquent une cause de son existence [...] Il ne faut cependant pas se laisser illusionner par le caractère scolastique de cette terminologie, car la conception qu'elle recouvre ne l'est pas. Dans la scolastique, l'*être objectif* n'est pas un être réel, mais un être de raison ; il n'y a donc pas besoin d'une cause spéciale pour en rendre raison. Dans le cartésianisme, l'être objectif est un être moindre que l'être actuel de la chose, mais il est cependant un être réel et requiert par conséquent une cause de son existence [1].

Avant d'analyser ce que le cartésianisme conserve ou non de la conception médiévale de l'objectivité, poursuivons notre enquête sur Thomas d'Aquin.

MODIFICATION NATURELLE ET MODIFICATION SPIRITUELLE

On a vu que le terme « intentionnel » signifie, chez Thomas d'Aquin, « spirituel » et « immatériel », mais pour certains commentateurs, il se pourrait que le mode d'être intentionnel ne s'oppose pas au mode d'être physique. On peut ainsi se demander si la modification spirituelle est si incompatible avec la modification physique, et si la sensation ne doit pas plutôt être décrite comme un phénomène d'ordre « physique ». Certains commentateurs doutent de la validité de l'interprétation « standard », ou thomiste, de Thomas d'Aquin, que je viens de présenter. Ils se demandent s'il ne faut pas défendre la thèse, selon laquelle pour l'Aquinate la sensation est un processus physique, puisque la forme est reçue intentionnellement dans l'*organe des sens*. Ils font donc un pas en direction de l'interprétation cognitiviste du péripatétisme, qui les éloigne alors des problématiques envisagées par la phénoménologie depuis Husserl.

Ainsi, selon Sheldom M. Cohen, « Thomas d'Aquin soutient que la réception d'une forme sensible, qu'elle soit naturelle ou spirituelle, est toujours un événement physique » [2]. Répondant à la question « si un ange

1. Ét. Gilson, *Commentaire sur le Discours de la méthode*, Paris, Vrin, 1925, p. 321.

2. Voir Sheldom M. Cohen, « St Thomas Aquinas on Immaterial Reception of Sensible Forms », *The Philosophical Review* 91, 1982 (citation, p. 195). Cohen s'oppose à l'interprétation courante dont il donne p. 193 un exemple, avec une citation de D. W. Hamlyn, *Sensation and Perception*, London, Routledge and Kegan, 1961, p. 46 : « Thomas d'Aquin voit premièrement dans la perception sensible une forme de changement qui modifie l'organe des sens. Mais [...] le changement physique est accompagné de la réception d'une forme sensible sans la matière. [...] Cette dernière n'est pas quelque chose qui arrive à l'organe des sens, mais quelque chose qui arrive à la faculté de l'âme ou à l'esprit. C'est, selon ses propres termes, une modification spirituelle ».

peut en connaître un autre par son essence ou par son espèce ? », Thomas substitue le couple naturel / intentionnel à matériel / immatériel parce que appliqué à l'ange et à son espèce. Ce dernier couple ne conviendrait pas pour l'ange, car il est par définition une forme immatérielle et subsistante. Une forme subsistante peut bien avoir un être naturel, par exemple la *créature* angélique est une forme qui existe dans un être naturel, mais elle peut avoir aussi un être intentionnel dans l'intellect d'un autre ange qui le pense[1]. La substitution d'un couple de notions à l'autre autoriserait l'analogie suivante : « la couleur possède, dans le mur, un être naturel, tandis que dans le médium qui la communique à l'œil, elle n'a qu'un être intentionnel »[2].

« Intentionnel » n'est plus le strict équivalent de « immatériel ». Comment l'espèce pourrait-elle exister dans l'air par exemple sans avoir un mode d'être physique ? C'est ce genre de textes, et surtout le choix du lexique destiné à en rendre compte, qui donnent à certains commentateurs la conviction que, pour Thomas d'Aquin, une forme peut être immatérielle et spirituelle, et néanmoins physique dans le composé et dans la sensation. La sensation serait physique parce qu'elle serait reçue dans un organe corporel. Robert Pasnau n'hésite pas à écrire que Thomas

> soutient une théorie de la sensation qu'un matérialiste moderne pourrait apprécier. [...] Il croit que l'intentionnalité et que la connaissance peuvent avoir lieu dans des entités pleinement physiques. C'est cette conception que je nomme *semi-matérialisme.* Un *semi-matérialiste*, c'est quelqu'un qui pense que la connaissance est possible dans les choses matérielles. [...] On peut rejeter le matérialisme dans le cas des êtres humains et penser cependant que certaines choses matérielles peuvent (ou sont) connaissantes. [...] Pour Thomas d'Aquin, le processus de la sensation est pleinement physique en tout animal, et Thomas d'Aquin est donc un semi-matérialiste[3].

1. *STh*, I, qu. 56, art. 2, sol. 3, où on lit en effet : « un ange ne peut en connaître un autre que si l'espèce de cet ange est dans son intelligence ; et entre cette espèce et l'ange connu la différence n'est pas que l'un soit matériel et l'autre immatériel, mais que l'un ait un être naturel et l'autre un être intentionnel. Car l'ange est une forme qui subsiste dans un être naturel, alors que son espèce qui est dans l'intelligence de l'ange connaissant n'y a qu'un être intelligible ».

2. « *Sicut etiam et forma coloris in pariete habet esse naturale, in medio autem habet esse intentionale tantum* ».

3. Voir R. Pasnau, *Theory of Cognition in the Later Middle Ages*, Cambridge University Press, 1997 (p. 36). Pasnau cite les commentateurs qui s'accordent avec lui (Sheldom M. Cohen, art. cit., M. Tweedale, « Origins of the Medieval Theory That Sensation is an Immaterial Reception of Forms », *Philosophical Topics*, 1992, p. 215-231, l'apport plus nuancé d'Antony Kenny, *Aquinas on Mind*, 1993, p. 34, p. 107), et ceux qui soutiennent la

Les deux grandes conceptions contemporaines de l'intentionnalité, cognitiviste et phénoménologique, fonctionnent comme des théories rivales, avec chacune leurs champions ou leurs défenseurs, qui s'illustrent par une lecture précise des textes d'auteurs d'une époque, selon les méthodes de l'histoire de la philosophie. Nous avons là une illustration de la place irréductible de la philosophie dans l'histoire de la philosophie, que j'ai évoquée à la fin de l'Introduction. L'intérêt de reconstruire un système de renvois est de faire apparaître l'horizon doctrinal et l'enjeu philosophique dans l'élément d'apparence seulement technique, philologique ou scientifique, de l'histoire de la philosophie. L'idée d'une histoire de la philosophie, uniquement historiciste, soucieuse seulement de reconstruire les problèmes, tels qu'ils se sont posés aux auteurs et aux courants de pensée, est une douce illusion. Je ne dissimulerais donc pas la curiosité amusée qui accompagne mon intérêt pour le statut *historique* de ces débats *philosophiques* de haute tenue. Que dire, quand les textes donnent lieu à une telle équivocité de l'intelligence? Quelles conclusions en tirer?

Mon propos ne tend pas cautionner une forme de scepticisme à l'endroit de la capacité de l'histoire de la philosophie à rendre compte de la pensée des auteurs, dans sa dimension historique. L'histoire est absolument nécessaire à l'archéologie d'une question, et elle fournit les critères pour déterminer une position philosophique, et s'orienter dans la pensée. La question se formulerait plutôt de la manière suivante: doit-on considérer que le «dualisme cartésien» oblitère la compréhension qu'on peut avoir des textes de Thomas d'Aquin et d'Aristote? Doit-on considérer, comme Putnam et certains antiquisants et médiévistes, que ces pensées sont de véritables antidotes au «dualisme cartésien»?

Ainsi, outre la mise en perspective philosophique des débats historiques, notre objectif va consister à mettre en relief un point de divergence précis entre les conceptions péripatéticiennes et le cartésianisme à propos de l'intentionnalité de la perception et du rapport de la perception et du jugement. Comment caractériser l'intentionnalité de la perception dans le péripatétisme? L'intentionnalité de la sensation y est-elle spirituelle ou bien physique? Quelle importance faut-il alors accorder à la perception dans la connaissance? A-t-elle une autonomie, ou un contenu informationnel propre, qui ne se réduirait pas à un acte de l'esprit?

Les commentateurs qui défendent cette thèse, suivant laquelle la forme a aussi un mode d'être physique dans le connaissant, doivent

thèse adverse, comme Paul Hoffman, «St Thomas Aquinas on the Halfway State of Sensible Being», *The Philosophical Review*, 99, 1990, p. 73-92.

remettre en question la lecture de Thomas développée dans le § 1 du présent chapitre. Ils font vaciller nos certitudes en matière de thomisme. Ils posent la question de savoir comment comprendre qu'une espèce puisse exister dans l'air, si elle n'est pas physique. La forme est reçue dans l'organe des sens qui est matériel, et si Thomas éprouve le besoin de préciser qu'elle y est reçue intentionnellement, sur un autre mode que celui qu'elle a naturellement dans la chose sensible, c'est en réalité pour souligner que l'organe des sens n'est pas littéralement coloré par les espèces sensibles[1].

Dire que la forme est reçue intentionnellement, ce n'est pas soutenir qu'elle n'est pas reçue physiquement, mais plutôt qu'elle n'y est pas reçue sur le mode d'un échange de *qualités physiques*. La pupille ne devient pas colorée, par la couleur de l'objet ni par le milieu. Thomas ne veut pas dire que la forme sensible a un mode d'être fantomatique et incorporel, ni que l'acte de la sensation n'est pas corporel. Lorsqu'une affection sensible est causée dans le sentant par un agent, ou par une chose sensible,

> parfois la forme est reçue dans ce qui pâtit, selon un autre mode d'être que celui qui est présent dans ce qui agit, car la disposition matérielle à recevoir de la part de ce qui pâtit n'est pas semblable à la disposition matérielle, qui est présente dans l'agent, et c'est pourquoi la forme est reçue dans ce qui pâtit sans la matière, en tant que ce qui pâtit est rendu semblable à ce qui agit selon la forme et non selon la matière ; et de cette manière, le sens reçoit la forme sans la matière, car la forme possède l'être d'une autre manière dans le sens et dans l'objet sensible : dans l'objet sensible, elle possède un être physique, dans le sens un être intentionnel ou spirituel [2].

Par « ce qui pâtit », il faut entendre non la faculté mentale et immatérielle des sens, mais l'organe des sens matériel. Thomas évoque en effet une « disposition matérielle de la chose affectée ». La sensation est un processus physique.

Comment penser l'assimilation si la forme est reçue dans la disposition matérielle du sentant, et que l'organe des sens est une chose matérielle ? Une chose matérielle serait capable de connaissance, puisque sentir est un

1. Voir le texte cité de *STh*, I, qu. 78, art 3, déjà citée. Voir *In Sent.*, IV, Dist. 44, qu. 2, art. 1, ad 3 : « Sciendum est quod organa sentiendi immutantur a rebus quae sunt extra animam, dupliciter. Uno modo, immutatione naturali : quando scilicet organum disponitur eadem qualitate naturali qua disponitur res extra animam quae agit in ipsum, sicut cum manus fit calida et adusta ex tactu rei calidae, vel odorifera ex tactu odoriferae. Alio modo, immutatione spirituali : quando recipitur qualitas sensibilis in instrumento secundum esse spirituale, idest species sive intentio qualitatis, et non ipsa qualitas ; sicut pupilla recipit speciem albedinis et tamen ipsa non efficitur alba ».

2. Thomas d'Aquin, *Commentaire du Traité de l'Ame* (*CdA*), Introduction, trad., notes, J.-M. Vernier, Paris, Vrin, 1999 ; II, chap. XXIV, sect. 553.

degré de la connaissance. Si le formel implique une similitude, la forme ne doit pas être physique, ni corporelle, pour qu'il y ait une similitude *formelle* entre le sens et la chose sentie. Une chose physique peut tout à fait être à la ressemblance d'une autre, par sa forme et non par sa matière. Il suffit de penser, par exemple, à une sculpture; la statue ne ressemble pas à la chose représentée par sa matière mais par sa forme. La modification spirituelle est reçue dans une chose matérielle, et non dans une chose immatérielle, et la qualité, ou la forme accidentelle, modifie la chose matérielle qui la reçoit, sans la transformer en cette qualité ou forme. Le sens n'est pas affecté par une pierre colorée, en tant que pierre, ou par le miel sucré, en tant que miel. La pupille ne devient ni colorée ni pierreuse. La langue ne devient pas le miel. Thomas n'irait donc pas au-delà de cette affirmation, quand il dit qu'une modification spirituelle a lieu dans le sens. Il n'explique donc pas que le processus de la sensation soit positivement immatériel. Il s'efforce seulement de distinguer la modification spirituelle de la modification naturelle. La sensation se produit dans l'organe des sens, la modification spirituelle est donc causée par une modification physique, autrement dit, à la base de la sensation, il y a des processus physiques. Les espèces peuvent exister physiquement dans le milieu et dans l'organe des sens, et produire des changements *physiques* [1].

On a donc le sentiment que pour Thomas la sensation est un processus physique.

> Aristote affirma que l'intellection, seule parmi les activités de l'âme, s'accomplit sans organe corporel. Quant à la sensation, et aux autres activités de l'âme sensitive, il est clair qu'elles impliquent une modification corporelle; ainsi, dans la vision, la pupille est modifiée par la représentation colorée; il en est de même pour les autres puissances. L'âme sensitive n'a donc pas d'opération qui lui convienne en propre, mais toute son activité procède du composé [2].

Une modification corporelle est à la base de la sensation et elle en fait un processus physique. La sensation est une modification spirituelle qui repose sur un processus physique et elle est en ce sens physique.

1. Thomas d'Aquin envisage que les couleurs dans le milieu sont des formes ou des corps physiques, comme l'air ou l'eau. « La couleur doit mouvoir le diaphane en acte, par exemple, l'air ou quelque chose de la sorte; c'est par lui qu'est ensuite modifiée la capacité de sentir, c'est-à-dire l'organe de la vue, comme par un corps qui lui est continu. En effet, le corps ne modifient pas, s'ils ne se touchent pas » *Ibid.*, sect. 432. Mais il faut noter le « comme » (*sicut a corpore sibi continuato* dit le texte latin).

2. *STh*, Ia, qu. 75, art. 3, rép.

Mais je considère qu'une telle présentation est plus confuse qu'elle n'est instructive, *a fortiori* quand elle aboutit à la conclusion que chez Thomas d'Aquin il existe deux sortes de changements corporels : le changement spirituel et le changement naturel[1] ! On ne comprend plus alors le sens des termes. S'il est exact que, dans le péripatétisme, la modification spirituelle n'est pas incompatible avec la modification physique, est-elle pour autant une modification « physique » ? Il vaut mieux lire les textes de Thomas d'Aquin, en utilisant un vocabulaire moins provocateur, surtout s'il conduit à considérer qu'entre les substances connaissantes et celles qui ne le sont pas, la différence est de degré et qu'en un certain sens, l'air et l'eau sont connaissants[2]. De cette façon, on découvrirait un Thomas d'Aquin capable de soutenir, en accord avec le cognitivisme contemporain, que l'intentionnalité ne caractérise pas seulement les phénomènes mentaux !

Thomas soulignerait que les animaux non humains sont capables d'intentionnalité. En effet, la vie d'un animal parfait ne requiert pas seulement qu'il connaisse la réalité présente, mais qu'il la connaisse en son absence. S'il n'était pas capable d'intenionnalité, l'animal ne se mettrait pas en mouvement *pour* chercher quelque chose qui n'est pas là, comme le font les animaux, qui chassent ou migrent *pour* trouver nourriture et points d'eau. L'animal recherche ce qui est agréable et il évite ce qui est désagréable, et il poursuit ce qui est utile et fuit le nuisible. « La brebis qui voit le loup arriver, s'enfuit, non parce que sa couleur et sa forme ne sont pas belles, mais parce qu'il est son ennemi naturel. Et de même, l'oiseau rassemble de la paille, non pour le plaisir sensible qu'il en éprouve, mais parce qu'elle lui sert à construire son nid ». L'analyse du sens interne montre qu'« il faut que l'animal *perçoive des représentations de ce genre* (*intentiones*) que le sens externe ne perçoit pas »[3]. L'animal est donc capable d'intentionnalité, non seulement parce qu'il reçoit les formes des choses dans les sens externes et les retient en leur absence dans l'imagination et la mémoire, mais parce qu'ils sont capables de représentation (*intentiones*) grâce à la faculté du sens interne qu'on nomme estimative.

1. R. Pasnau, *Theory of Cognition in the Later Middle Ages*, *op. cit.*, p. 46.

2. Voir *ibid.*, p. 52. On avait affaire une conception de la connaissance, où la réception des formes dans le milieu est interprétée sur le modèle des *qualia*, traits du réel, présents dans le processus humain de la connaissance. Il serait plus prudent de considérer que le critère de la réception intentionnelle de la forme est une condition nécessaire pour attribuer à une substance la capacité cognitive et éviter de soutenir que l'air et l'eau sont connaissants. Ils sont certes porteurs d'une information, ou d'une histoire, chimique, mais être porteur d'informations chimiques et connaître, ce n'est pas la même chose…

3. *STh*, Ia, qu. 78, art. 4, rép. Nous soulignons.

Thomas d'Aquin refuse néanmoins d'admettre que l'animal produise des jugements.

Contrairement à Avicenne, l'opération consistant à composer et de dissocier les images ne se rencontre pas chez l'animal, mais seulement en l'homme. Thomas la nomme cogitative.

> Si, quand je vois quelque chose de coloré, je perçois cet homme ou cet animal, une appréhension de cette sorte se produit en l'homme par la puissance cogitative, qui est aussi nommée raison particulière, parce qu'elle rassemble les formes individuelles, de même que la raison universelle rassemble les notions universelles, néanmoins cette puissance réside dans la partie sensitive, car la puissance sensitive en son sommet participe à quelque chose de la puissance intellective dans l'homme, lui en qui le sens est joint à l'intellect; chez l'animal irrationnel, l'appréhension de la forme individuelle se produit par l'estimative naturelle selon que la brebis connaît, par l'ouïe ou la vue, son petit ou quelque chose sous un rapport de cette sorte [1].

La cogitative permet d'éclairer la nature de l'intentionnalité de la sensation, comme ce qui implique l'inférence ou le jugement perceptuel. Thomas d'Aquin analyse le rôle de la cogitative dans la saisie d'un sensible par accident. On sait que pour Aristote, le sensible propre est ce qui ne peut être senti par un autre sens que son sens propre. Il est l'objet de la sensation, par exemple la couleur pour la vue, le son pour l'ouïe, la saveur pour le goût, etc. Le sensible par accident est ce que nous considérons à tort, comme l'objet de la sensation, or il n'est saisi que par accident, par exemple quand on perçoit le blanc comme étant le fils de Diarès. Le sensible propre, c'est le blanc du manteau du fils de Diarès. « C'est par accident, en effet, que l'on perçoit ce dernier [le fils de Diarès], parce qu'au blanc est accidentellement uni l'objet senti. C'est pourquoi aussi, le sujet sentant ne subit aucune passion de la part de ce sensible en tant que tel » [2]. Quelque chose est sensible par accident, quand un sensible propre ou commun s'ajoute à ce qui est sensible par soi, par exemple quand « être homme » s'ajoute à « blanc ». Le blanc, c'est Diarès, autrement dit « Diarès » s'ajoute au blanc qui est senti; il est sensible par accident et le sens n'est donc pas proprement affecté par le sensible par accident. Le sensible par accident est connu par une autre puissance de connaissance que le sens, autrement dit, par un autre sens ou par l'intellect, par la cogitative, ou par l'estimative s'il s'agit des animaux irrationnels. Et ce qui n'est pas connu par un sens propre, s'il

1. *CdA*, Livre II, chap. XIII, p. 211 de la trad. cit.
2. Aristote, *DA*, II, 6, 418 a 20-23.

s'agit d'un universel, est alors connu par l'intellect qui saisit *immédiatement* l'universel, dans la rencontre avec l'objet de la sensation, car aussitôt que je vois quelqu'un parler, ou se mouvoir, je saisis intellectuellement sa vie, je le « vois » en quelque sorte vivre.

La cogitative, la raison singulière, se caractérise par son immédiateté. Elle saisit l'individu, en tant qu'existant sous une nature commune, et comme elle est sensible, cela n'est possible que parce que la cogitative est unie à la puissance intellective. Le sentant connaît par la cogitative cet homme comme tel, ou ce bois comme tel. Thomas la réserve donc à l'homme seulement, parce que « l'estimative ne saisit pas un individu comme existant sous une nature commune, mais seulement en tant qu'il est terme ou principe d'une action ou d'une passion, ainsi la brebis connaît cet agneau, non pas en tant qu'il est cet agneau, mais en tant qu'il est l'objet de son allaitement, et cette herbe en tant qu'elle est sa nourriture »[1]. Si l'intentionnalité de la sensation doit être comprise à partir de la connaissance qui en est la cause finale, ce n'est alors pas à partir de la connaissance théorique ni de l'intellect, car une telle connaissance met en mouvement un animal qui en est dépourvu et cette intentionnalité le fait tendre vers les choses utiles et fuir les nuisibles. L'intentionnalité est plutôt un mode de la connaissance qui oriente pratiquement l'animal. Elle n'est pas un acte relevant seulement de l'intellect et l'on peut dire qu'elle est partagée par les animaux non-rationnels et par l'homme.

Les hommes comme les animaux sont modifiés de la même façon par les objets sensibles extérieurs. Ils ont un sens interne, parce qu'ils ont des représentations, par exemple celle du danger, néanmoins « les animaux ne les perçoivent que par un instinct naturel; l'homme les saisit par inférence. Aussi la faculté appelée, chez les animaux, estimative naturelle est appelée chez l'homme cogitative, ou faculté qui forme des représentations par une sorte d'inférence »[2]. Les opérations de la cogitative sont immédiates, mais à la fois inférentielles. La perception implique l'existence d'un contenu, dont on peut se demander s'il est ou non conceptuel. Mais quoi qu'il en soit, nous avons affaire à une intentionnalité dont le sens est originairement pratique et non intellectuel, et qui se déploie selon un régime d'information et de complexité croissante dans le milieu, les animaux, l'homme, ou encore les intelligences non humaines. Être un animal, c'est avoir la capacité cognitive d'acquérir des informations sur le monde par les sens, en recevant la forme sans la matière. C'est de cette façon que l'interprétation

1. *CdA*, Livre II, chap. XIII, p. 211.
2. Thomas d'Aquin, *STh*, Ia, qu. 78, art. 4, rép.

« cognitiviste » de Thomas d'Aquin s'appuie sur les textes pour mettre son lecteur en présence d'une conception naturaliste de l'intentionnalité de la sensation.

Bien que ces thèses soient partiellement exactes et stimulantes, il faut choisir un lexique mieux adapté aux formules de Thomas, qui fasse moins violence au sens ordinaire des mots, où ce qui est immatériel n'est pas corporel. Car, comment rendre compte de ce qui chez Thomas d'Aquin serait à la fois spirituel *et* physique ? Il faut revenir à l'intention première des textes de Thomas d'Aquin, qui a recours à la notion de modification spirituelle dans le but d'expliciter la théorie aristotélicienne de la sensation.

En rendant compte de ces lectures matérialistes, je m'interroge sur la possibilité envisagée de nos jours de ressusciter les formes intentionnelles pour construire une théorie de la connaissance comme information sinon « matérialiste », du moins « neutre » d'un point de vue métaphysique, dans laquelle l'esprit perçoit les traits formels supportés par le réel, selon un mode d'exercice ou de connaissance qui n'est pas intellectuel[1]. Si l'on prétend revenir à Aristote, comme le veut Putnam, la question est de savoir en quel sens le changement physique peut engendrer un changement spirituel et si la sensation suppose des conditions physiques et lesquelles[2] ?

1. Une lecture fonctionnaliste d'Aristote a été proposée, voir H. Putnam et M. Nussbaum, « Changing Aristotle's Mind » dans M. Nussbaum et E. O. Rorty, *Essays in Aristotle De Anima*, Oxford, Clarendon Press, 1992.

2. Une controverse importante entre Sorabji et Burnyeat, commencée dans les années 80, porte sur les conditions matérielles de la sensation et l'intentionnalité de la perception chez Aristote et Thomas d'Aquin. (Voir R. Sorabji, « Body and Soul in Aristotle », dans J. Barnes, M. Schoffield, R. Sorabji, (éd.), *Articles on Aristotle*, vol. 4 : Psychology and Aesthetics, Duckworth, 1979, 42-64 ; « Intentionality and Physiological Processes : Aristotle's Theory of Sense-Perception », M. Nussbaum et A. O. Rorty (éd.), *Essays on Aristotle* De Anima, Clarendon Press, Oxford, 1992, p. 195-225 ; « Aristotle on Sensory Processes and Intentionality. A Reply to Myles Burnyeat, dans D. Perler (éd.), *Ancient and Medieval Theories of Intentionality*, Leiden, Brill, 2001). Pour Sorabji, la sensation suppose, chez Aristote, un changement physique de l'organe ; pour la vision en particulier, la coloration de la gelée de l'œil qui est l'effet que ce changement physique produit dans l'âme sensitive. Sorabji s'appuie sur *De anima*, 425 b 22-23 et *De la sensation*, 439 a 18-b 28 (*Petits traités d'histoire naturelle*, trad., présentation et notes, par P.-M. Morel, Paris, GF-Flammarion, 2000). La thèse selon laquelle la réception de la forme sensible un changement qui n'est pas d'ordre physique serait une reconstruction de la thèse d'Aristote sur la longue durée, d'Alexandre d'Aphrodise, Themistius et Philopon, jusqu'à Brentano, en passant par le commentarisme arabe, par Albert le Grand et Thomas d'Aquin. Burnyeat défend la thèse contraire : la modification spirituelle de Thomas d'Aquin correspond bien à la réception de la forme sensible, sur un mode « intentionnel », sans la matière, dans l'aristotélisme. La forme du sensible serait directement, et sans médiation, l'objet de la conscience perceptive. Voir, « Is an Aristotelician Theory of Mind still Credible », dans M. Nussbaum et A. O. Rorty, *op. cit.*,

On a alors tendance à penser que la sensation est bien évidemment physique, mais pour un aristotélicien comme Burnyeat par exemple, il n'est pas du tout vrai que le péripatétisme explique la sensation à partir de considérations physiques ou physiologiques. Car s'il y a des conditions physiques ou physiologiques de la sensation, elles ne sont pas explicatives. Chez Aristote, « toutes ces descriptions qui semblent physiques – l'organe qui devient comme l'objet, qui est affecté, sur lequel on agit, ou qui est altéré par les qualités sensibles, qui reçoit la forme sans la matière – tout cela réfère à ce que Thomas d'Aquin nomme une modification “spirituelle”, s'aviser ou devenir conscient de certaines qualités sensibles dans l'environnement » [1].

Thomas établit donc une hiérarchie des sens selon leur spiritualité, qui permet de cerner le sens des deux notions de changement : spirituel et physique.

> Le sens de la vue est le plus spirituel de par le mode du changement en cause ici, car dans n'importe quel autre sens il n'existe pas de changement spirituel sans un changement physique […] ; or il est évident que dans le cas du toucher et du goût qui est un certain toucher, une altération physique se produit : en effet, quelque chose s'enflamme ou est refroidi par contact avec ce qui est chaud et froid, et il n'y a pas là seulement un changement spirituel ; de la même manière, un changement d'odeur se produit en étant accompagné d'une certaine évaporation d'un fumet, le changement de son, lui étant accompagné d'un mouvement local ; mais le changement de la vue est un changement spirituel seul ; il est donc évident, par conséquent, qu'entre tous les sens, la vue est le plus spirituel, et ensuite l'ouïe [2].

Thomas refuse la théorie selon laquelle une partie de l'œil devient rouge quand quelqu'un voit rouge, car la forme sensible de rouge ne colore pas l'œil de la même manière qu'elle colore l'objet perçu. La forme est dans l'œil non comme une forme naturelle, mais comme une *intentio*. Nous n'avons pas affaire à un changement naturel dans la vision, ni dans le milieu, ni non dans l'œil.

Or ce qui explique la hiérarchie des sens, c'est que le milieu de la vue subit un changement spirituel sans aucun changement naturel, alors que les autres milieux subissent un changement naturel en plus du changement spirituel. Pour l'ouïe, il y a moins changement physiologique dans l'organe

p. 15-26. ; M. Burnyeat, « Aquinas on ‘spiritual change’ in perception » dans D. Perler (éd.), *op. cit.*, p. 130-153.

1. M. Burnyeat, « Is an Aristotelian Philosophy of Mind Still Credible ? (A Draft) », art. cit., p. 21.

2. Thomas d'Aquin, *CdA*, Livre II, chap. XIV, p. 219.

que *dans le milieu*. Les odeurs sont liées à l'évaporation d'un fumet, qui se produit du fait d'un changement naturel dans l'objet senti. Thomas analyse l'exemple des vautours qui sentent un cadavre à une grande distance. Il y a une évaporation et la production d'un fumet, mais l'odeur ne peut pas se propager de cette façon-là. Car, même si le cadavre se dissolvait entièrement, en produisant dans le milieu une odeur, cela ne serait pas assez pour que le fumet parcoure une si grande distance, *a fortiori* si l'on s'avise que l'odeur se diffuse circulairement à partir de sa source. Il faut donc faire appel à la modification spirituelle du milieu, pour expliquer que les vautours sentent leur proie d'aussi loin, même si on ne voit pas bien ce qu'il faut entendre par modification spirituelle du milieu dans le cas présent[1].

> La raison de ce qu'un changement spirituel se produit davantage sous l'action de l'objet de la vue, que sous celle des autres objets sensibles, est que les qualités visibles sont présentes dans les corps corruptibles, en tant qu'ils ont quelque chose en commun avec les corps incorruptibles, par conséquent elles possèdent un être plus formel et plus noble que les autres sensibles qui sont le propre des corps corruptibles[2].

Seuls le toucher, et le goût qui est une sorte de toucher, enveloppent un changement naturel dans le percevant, comme le feu qui réchauffe les mains et dont on perçoit la chaleur. En effet, dans le contact direct de deux corps, le plus chaud tend à réchauffer le plus froid et à être refroidi par lui. Remarquons qu'Aristote ne mentionne pas ce point quand, dans le *Traité de l'Âme*, il discute du toucher et du goût, puisque la perception est selon lui un contact indirect au travers d'un *medium*. Le toucher est accompagné d'un changement physique, mais le contact affecte le *medium*, *i. e.*, la chair, et non l'organe des sens. Dans la sensation, selon Aristote, il n'y a pas de contact direct du sentant et du senti, car sinon il empêcherait la sensation[3].

Pour Thomas,

> dans certains sens, on ne trouve qu'une modification spirituelle, comme dans la vue. En d'autres, on trouve en même temps que cette modification spirituelle une modification physique, qu'elle provienne seulement de l'objet, ou aussi de l'organe. Sous le rapport de l'objet, on trouve une modification physique dans l'espace, lorsqu'il s'agit du son qui est l'objet de l'ouïe, car le son est produit par une percussion et par l'ébranlement de

1. *CdA*, II, chap. XX, p. 256-257 : « il faut dire que sous l'action de l'odorat un fumet s'évaporant peut être dégagé qui, cependant, ne parvient pas jusqu'à la limite d'où l'odeur est perçue, mais le milieu est modifié d'une manière spirituelle au-delà de l'endroit que la précédente évaporation peut atteindre ».

2. *Ibid.*, p. 257.

3. Aristote, *DA*, II, 11, 423 b 15-25.

> l'air. Il y a altération qualitative dans le cas de l'odeur, objet de l'odorat; il faut en effet qu'un corps soit modifié d'une certaine manière par la chaleur pour exhaler une odeur. Par rapport à l'organe, il y a modification physique dans le toucher et dans le goût, car la main s'échauffe en touchant un objet chaud, et la langue s'humecte de l'humidité des saveurs. Quant aux organes de l'odorat et de l'ouïe, ils ne subissent aucune modification physique en sentant, si ce n'est par accident. La vue, qui s'exerce sans aucune modification physique, soit dans l'organe, soit dans l'objet, est la faculté la plus spirituelle, le plus parfait de tous les organes et le plus universel[1].

Il n'y a donc pas de changement naturel de l'organe de la vue. Et les organes de l'ouïe et de l'odorat ne subissent pas non plus de changement physique, sinon par accident. Le changement physique est, pour l'une un changement physique dans le milieu, et pour l'autre une altération qualitative de l'odeur, car il faut une modification par la chaleur pour que le fumet s'évapore de l'objet senti. Donc, le goût et le toucher seuls supposent un changement physique non-accidentel. Car la chair et l'humidité sont modifiées de façon non-accidentelle, parce qu'elles sont le milieu de la sensation[2], et de la même façon que les couleurs ne sont pas perçues sans la lumière, les saveurs ne sont pas perçues sans la salive. L'humidité de la langue est une condition nécessaire du goût, mais elle n'est pas pour autant un processus matériel causant le goût.

Avec la notion de changement spirituel, on disposerait donc, selon Burnyeat, d'un outil pour donner un sens à la formule d'Aristote selon laquelle « pour toute sensation, il faut comprendre que le sens est le réceptacle des formes sensibles sans la matière, comme la cire reçoit l'empreinte de l'anneau sans le fer ni l'or »[3]. Recevoir la forme sans la matière, c'est sentir. La sensation serait ainsi une forme de conscience. « L'air en effet devient odorant comme ayant subi une certaine modification. Qu'est-ce donc que l'odeur <peut-on objecter> sinon une sorte de

1. Thomas d'Aquin, *STh*, Ia, qu. 78, art. 3.

2. *Ibid.*, ad 4 : « D'après Aristote (*DA*, II, 10-11), le goût est une sorte de toucher qui ne se trouve que sur la langue. Il n'y a donc pas à le distinguer du toucher en général, mais seulement de ces espèces de toucher qui se rencontrent par tout le corps. Le toucher ne subit pas seulement une modification spirituelle, mais une modification physique dans son organe, en fonction de la qualité sensible qui agit directement sur lui. Mais l'organe du goût n'est pas nécessairement modifié de cette façon, de telle sorte, par exemple, que la langue devienne douce ou amère. Il n'est modifié que par la qualité qui précède la sensation de saveur et où celle-ci prend naissance, et qui est l'humidité, laquelle est l'objet du toucher ».

3. Aristote, *DA*, II, 12, 424 a 15-20. Voir le *Commentaire* de Thomas, Livre II, chap. XXIV, p. 282.

passion ? Sentir une odeur, n'est-ce pas plutôt <répondrons-nous> percevoir une sensation, tandis que l'air, après avoir pâti, devient rapidement sensible ? »[1]. Sentir, c'est quelque chose qui diffère du simple changement physique ou qui ajoute peut-être une dimension à ce changement, c'est précisément une modification spirituelle. Être un animal, c'est avoir la capacité cognitive pour acquérir des informations sur le monde au moyen des sens, en recevant la forme sans la matière. Les *intentiones* dans le milieu ne sont pas des connaissances, comme on a vu à propos de la modification spirituelle de l'air, dans l'exemple des vautours, mais leur fonction est d'engendrer la connaissance. « Saisir une odeur, c'est pâtir quelque chose sous l'action d'une odeur de manière à ce que l'on sente une odeur, or l'air ne pâtit pas ainsi de telle sorte qu'il sente, car il ne possède pas de puissance sensitive, mais il pâtit de telle sorte qu'il soit sensible, à savoir en tant qu'il est un milieu pour la sensation »[2].

Avec Thomas d'Aquin, on disposerait d'une caractérisation positive de la formule aristotélicienne, selon laquelle sentir, c'est recevoir la forme sans la matière, car en considérant cette affection comme conscience, c'est-à-dire à proprement parler comme un sentir, on comprend que, selon le *Traité de l'Âme*, Livre II, chapitre V, le sentir n'est pas un pâtir ni une affection ordinaire mais un acte. Or, si dans le sens, la chose a l'être sans la matière, est-ce à dire que ce soit sans conditions matérielles et sans organe corporel ? Ce serait bien étonnant.

> Aristote affirma que l'intellection, seule parmi les activités de l'âme, s'accomplit sans organe corporel. Quant à la sensation et aux autres activités de l'âme sensitive, il est clair qu'elles impliquent une modification corporelle; ainsi, dans la vision, la pupille est modifiée par la représentation colorée [*speciem coloratam*, la forme colorée] ; il en est de même pour les autres puissances. L'âme sensitive n'a donc pas d'opération qui lui convienne en propre, mais toute son action procède du composé[3].

Le changement corporel, par exemple la pupille qui s'ouvre plus ou moins, n'est pas distinct de la vision. Quand la pupille est modifiée la vision a lieu. Elle n'est pas un événement mental, distinct d'un processus

1. *Ibid.*, 424 b 15-20. La traduction de Ross est peut-être plus claire, ainsi l'air « does become odorous, showing that some effect is produced on it by what is odorous [...] But smelling is more than such an affection by what is odorous – what more ? Is not the answer that, while the air owing to the momentary duration of the action upon it of what is odorous does itself become perceptible to the sense of smell, smelling is an observing of the result produced ? ».

2. Thomas d'Aquin, *CdA*, Livre II, chap. XXIV, p. 285.

3. *STh*, Ia, qu. 75, art. 3.

physique. Si par la réception spirituelle de la forme par l'organe, on entend qu'il s'agit d'une conscience, alors cet événement est à la fois physique et mental. Mais, les conditions matérielles, aussi nécessaires à la perception soient-elles, ne sont que des changements matériels dans l'organe[1].

Il y a donc des conditions nécessaires au fonctionnement de l'organe. L'œil doit contenir un liquide transparent[2], l'oreille doit receler de l'air, le toucher implique une médiété entre le chaud et le froid, le dur et le mou[3], mais ces conditions physiques n'accomplissent pas la sensation.

Burnyeat explique que les conditions physiques sont statiques et non dynamiques. Elles ne produisent pas physiquement la vision qui est spirituelle. Elles constituent une description physique d'un événement, à savoir la conscience perceptive, qui est un changement corporel, puisque c'est pour l'organe le changement consiste à recevoir la forme[4]. Or il ne faut pas oublier que le *Traité de l'Âme* est un traité de physique et ce qu'on nomme de nos jours psychologie est donc contenu dans un traité de physique. Le changement naturel et le changement spirituel tombent tous les deux dans le cadre de la physique, parce qu'ils impliquent la forme. La différence entre les deux changements n'est pas que le changement spirituel soit en partie, ou en totalité non physique, mais que c'est seulement une modification de la forme, autrement dit un changement physique non matériel. Nous touchons là les limites explicatives du commentaire, qui voudrait rendre compte des théories de la sensation se situant en deçà, ou si l'on veut au-delà, du dualisme cartésien.

1. *STh*, Ia, qu. 78, art. 1. Voir aussi *Commentaire du Traité de l'Âme*, Livre I, chap. 14 : « Nam nutritiva sive vegetabilis agit mediantibus qualitatibus activis et passivis, ut calidum, frigidum et huiusmodi. Sensitiva vero seu sensus, licet non indigeat qualitatibus sensibilibus ad sentiendum, indiget tamen organo corporali. Intellectus vero neutro istorum indiget, quia nec qualitatibus, nec per organum corporale aliquid intelligit, sed perficitur in operatione sua absque aliquo organo ».

2. Voir Aristote, *De la Sensation*, 438 b 5 : « Nous avons établi dans un autre traité que la vision ne pouvait se produire sans lumière. Mais, que l'intermédiaire entre ce qui est vu et l'œil soit de la lumière ou de l'air, c'est le mouvement qui le traverse qui produit la vision et il est logique que l'intérieur de l'œil soit constitué d'eau » (trad. P.-M. Morel [200]).

3. Voir *DA*, II, 12, où Aristote explique que les plantes, privées de cet intermédiaire, sont aussi dépourvues des organes de la sensation. Voir aussi le *Commentaire* de Thomas, Livre II, chap. XXIV, p. 283-284 : « *la cause* pour laquelle elles ne sentent pas est que cette proportion qui est requise afin de sentir n'est pas présente en elles : car elles ne possèdent pas de *médiété* sous le rapport de la complexion entre les qualités tangibles, ce qui est requis pour l'organe du toucher sans lequel aucun sens ne peut exister; et ainsi elles n'ont pas en elles-mêmes *de principe de cette espèce* qui peut *recevoir* l'espèce sans la matière, principe qui est le sens, *mais* il leur arrive *de pâtir avec leur matière*, à savoir selon un changement matériel ».

4. Burnyeat, « Aquinas on "spiritual change" in perception », art. cit., p. 145.

On peut en effet douter qu'un matérialiste contemporain s'accorde avec la théorie aristotélicienne des formes. On ne voit pas non plus comment la description thomasienne de la forme pourrait convenir à un matérialiste contemporain, ni la hiérarchie ontologique et théologique des formes, où l'immatériel a un mode d'être plus noble que ce qui est matériel. Mais, après ces analyses, on parvient mieux peut-être à distinguer ce qui différencie le dualisme cartésien de ce qui le précède. La sensation est, chez Aristote, une affection (*pathos*) de l'âme et du corps, c'est une raison, ou une forme, dans la matière[1]. Elle est la capacité de recevoir les formes sensibles, sans la matière de l'objet visé. Mais la sensation doit être expliquée, comme toute affection, par des conditions matérielles, *i. e.*, en tenant compte de la causalité matérielle des processus physiologiques et de l'état du corps. Et s'il faut tenir les deux descriptions ensemble, on peut conclure que le matérialisme est débouté de sa prétention à faire retour à Aristote par la définition de la sensation comme réception de la forme sans la matière, et par l'explication par la cause formelle de la sensation, dont le lexique ne peut pas être réduit au lexique de la cause matérielle.

Mais, de toute façon, si Aristote est plus attentif aux conditions matérielles de la sensation que ne l'est Thomas d'Aquin, il est tout de même peu probable qu'une telle attention nous mène au-delà de l'explication de la sensation par les causes matérielles. Or, si on n'explique pas la sensation par la cause formelle, on n'a rien expliqué au sujet de l'intentionnalité de la sensation dans le péripatétisme. Doit-on considérer alors que l'explication de la sensation par la conscience est l'explication par la cause formelle selon Aristote ? Ce n'est pas probable. Burnyeat interprète l'affirmation d'Aristote, selon laquelle l'odorat est peut-être autre chose qu'une simple affection, en soutenant qu'il s'agit du sentir comme conscience. Cette lecture s'accorde avec l'intention de Thomas d'Aquin et avec la relative indifférence de l'Aquinate à l'égard des conditions matérielles de la sensation, à son insistance sur le caractère immatériel de la forme intentionnelle et au caractère spirituel du changement dans l'organe. Mais chez Aristote le traitement de la notion de conscience est sporadique ! Elle n'est pas une notion centrale dans la philosophie du Stagirite, comme elle peut l'être chez Descartes et aussi chez Thomas d'Aquin qui accepte la conception augustinienne de la pensée, tout en l'inscrivant dans la conception aristotélicienne des capacités de l'âme.

Il est donc plus judicieux pour expliquer la sensation chez Aristote de s'appuyer sur l'analogie développée par Sorabji entre la sensation et la

1. Aristote, *DA*, I, 1, 403 a 25 : « les affections sont des formes engagées dans la matière ».

colère, qui ont en commun d'être des affections. En dehors du sang qui s'échauffe (cause matérielle), la colère est un désir de vengeance. Or, ce qui caractérise le désir, c'est qu'il a une cause finale qui peut aussi être la cause efficiente de l'action[1]. Ce qui définit la colère, comme un acte de l'esprit, c'est sa cause formelle, le désir, et aussi sa cause finale. Si nous envisageons l'intentionnalité de la sensation, autrement dit ce qu'elle est en dehors d'un processus physiologique, on doit alors expliquer le type de capacité qu'est la sensation, et la manière dont elle est reliée à d'autres capacités de l'esprit (*doxa*, *pistis*, *phantasia*), en particulier à l'opinion et à la raison. Si, par exemple, les animaux sont dépourvus d'opinion et de raison, la perception sera donc une capacité de connaissance qui se distingue de la *doxa*. Bref, ce qu'on peut dire au sujet de l'intentionnalité, chez Aristote, relève de la cause formelle et cela s'éclaire grâce à l'étude comparative des différentes capacités de l'âme.

Et il convient de souligner aussi une autre limite de l'interprétation matérialiste de Thomas d'Aquin, c'est qu'elle omet la *finalité* de la sensation chez l'Aquinate. La sensation n'est pas une capacité autonome de l'âme, elle est dirigée vers l'action et la connaissance. C'est la raison pour laquelle l'interprétation matérialiste ne peut pas rendre compte de l'intentionnalité péripatéticienne, qui est intimement liée à la finalité. C'est vers elle que nous devons désormais nous tourner, si nous voulons décrire l'intentionnalité. Dans le péripatétisme, la sensation humaine n'est pas un acte de l'intellect, mais elle a lieu en vue d'un acte intellectuel de connaissance. Du fait de la proximité de l'intellect, la sensation s'exerce dans l'ambiance de l'intellectualité. Chez Thomas d'Aquin, la connaissance intellective repose sur l'âme intellective, qui est forme du corps, et néanmoins l'intellect n'est pas une puissance matérielle, car son opération ne s'appuie pas, comme le sens, sur un organe corporel. La connaissance étant un processus d'abstraction dématérialisante, parler de matérialisme à propos de Thomas est dépourvu de sens et la notion de « semi-matérialisme » est un improbable compromis.

La lecture que fournit Thomas d'Aquin du *Traité de l'Âme* n'admet aucune ambiguïté au sujet de l'intellect, qui est propre à chaque homme pris individuellement, et n'est pas, comme le pensent Averroès et les averroïstes latins, unique, séparé et commun à tous les hommes.

> Penser, en effet, est un acte, qui ne peut s'exercer comme "voir", par un organe corporel. Néanmoins l'âme qui possède cette puissance intel-

1. Voir, Aristote, *DA*, III, 10, 433 a 15 : « Tout désir aussi est en vue d'une fin, car ce qui est l'objet du désir, c'est là le principe de l'intellect pratique ».

> lectuelle est unie à la matière, en tant qu'elle est la forme du corps, et le terme la génération humaine. D'où cette affirmation du traité *De l'Âme* que l'intelligence est une forme séparée, parce qu'elle n'est pas la "vertu" d'un organe corporel [1].

Parler de théorie semi-matérialiste de la sensation pour Thomas d'Aquin, c'est envisager la connaissance sensible, comme si elle était autonome : une connaissance du singulier à côté de la connaissance intellective qui a pour objet l'universel. Il y a « dans la partie sensitive deux sortes d'opération. L'une suppose seulement une modification; ainsi l'opération du sens se réalise-t-elle en ce que celui-ci est modifié par le sensible. L'autre suppose la formation d'un objet, en tant que la faculté d'imaginer se donne la représentation d'une chose absente ou jamais vue » [2]. Et de même, il y a deux sortes d'actes intellectuels : l'acquisition des espèces intelligibles dans l'intellect possible qui est une réception passive, et la formation active d'un verbe mental : la définition exprimée dans le mot, et la proposition ou le jugement. En effet,

> une fois informé par l'espèce de la chose, l'intellect, en pensant, forme en lui-même une certaine *intention* de la chose pensée, qui est sa notion (*ratio*), signifiée par sa définition [Aristote, *Mét.*, IV, 1012 a 33-24]. [...] Cette *intention* de l'intellect (*intentio intellecta*), puisqu'elle est comme le terme de l'opération intelligible, diffère de l'*espèce* intelligible qui met l'intellect en acte, et qu'il faut considérer comme le principe de l'opération intellectuelle, quoique chacune doive être considérée comme une similitude de la chose pensée [3].

Thomas distingue l'espèce intelligible de l'intention intelligée, ou du verbe mental, comme les deux faces de l'intellection. L'information de l'intellect possible, par une espèce intelligible, résulte de l'abstraction de l'intellect agent. C'est à partir de cette intention que l'intellect forme le verbe mental, ou le concept qui est une intention intelligible. On ne peut pas soutenir une interprétation semi-matérialiste de Thomas d'Aquin, car cela impliquerait une forme d'autonomie « empiriste » de la connaissance sensible par rapport à la connaissance intelligible, alors que la connaissance s'accomplit dans l'intellection et le jugement. Il n'existe pas une double modalité de la connaissance, sensible et intelligible, où la sensation puisse être considérée comme connaissance achevée chez Thomas

1. Thomas d'Aquin, *STh*, Ia, q. 76, art. 1, ad 1.
2. *Ibid.*, q. 85, art. 2, ad 3.
3. *ScG*, I, 53, 3-4.

d'Aquin. La sensation n'est pas une connaissance qui est complète ou achevée.

On trouve certes quelques textes, où la distinction entre la sensation et la perception affleure, et qui plaident en faveur de la thèse selon laquelle la perception serait un mode de connaissance qui ne devrait rien à l'intellect. Les sens ont une opération propre : un jugement concernant leur objet qui, sans être intellectuel, s'apparente à une sorte de conscience perceptive.

> L'acte de la vision peut être considéré ou bien en tant qu'il consiste en une altération de l'organe par l'objet sensible extérieur. De cette manière, seule la couleur est sentie, et par cette action la vue ne se voit donc pas elle-même voir. L'autre action du sens se produit dans la mesure où, après l'altération de l'organe, il juge de la perception même de l'organe à partir du sensible même lorsqu'il est absent, et ainsi la vue ne sent pas seulement la couleur, mais aussi la vision de la couleur [1].

Il y aurait deux sortes de perception : la sensation et le jugement opéré par les sens, lorsqu'ils font retour sur leur acte. Ainsi l'impression, qui affecte les sens, serait le sentir lui-même [2]. C'est, une des fonctions en effet dévolue au sens commun : « le sens commun possède des activités propres que les sens propres ne peuvent avoir, comme percevoir les changements eux-mêmes des sens [...] : de fait par le sens commun nous nous percevons voir » [3].

Dans le jugement perceptif, les sens se tournent en effet vers leur acte. On éprouve ainsi une perception consciente de second ordre, un se sentir voir de la vue par elle-même. La vue fait retour sur l'acte d'appréhender la chose visible, et elle ne se réduit pas à tendre simplement vers son objet. Ces deux niveaux de perception sont conscients. Car Thomas, à l'instar d'Augustin, conçoit l'*intentio* comme une attention, au cœur même des facultés cognitives.

> Quand une puissance de l'âme tend vers son acte, une autre est affaiblie dans son acte, ou totalement distraite, comme il est manifeste quand, par exemple, l'opération de la vue est fortement tendue, l'ouïe ne perçoit pas les choses dites, à moins peut-être que leur véhémence ne tire vers elles le sens de l'audition. La raison en est que l'attention – *intentio* – est requise pour l'acte de toute puissance cognitive, ainsi que le prouve Augustin dans *La Trinité* [4].

1. *CdA*, III, 2. 89-97, n°588.
2. *STh*, Ia, qu. 17, art. 2, ad 1.
3. *CdA*, Livre II, chap. XIII, p. 209.
4. *QdV*, XIII, ad. 3.

Il faut éviter de détacher trop les sens de l'intellect, car la réflexion des sens sur eux-mêmes, bien qu'elle ne soit pas intellectuelle, n'est pas sans rapport avec l'intellect. Le retour de l'acte de sentir sur lui-même souligne précisément la proximité de l'intellect et du sens.

> Que par ces puissances, l'action tende vers l'objet, cela n'est pas possible sans quelque retour sur soi; comme nous voyons que la vision est premièrement dirigée vers la couleur, mais qu'elle n'est pas dirigée vers l'acte de voir sans quelque retour, lorsqu'en voyant la couleur elle se voit voir. Mais ce retour est incomplet dans le sens et complet dans l'intellect, car c'est par un retour complet que l'intellect revient à la connaissance de son essence [1].

C'est en raison de cette proximité, que les sens possèdent une disposition naturelle au vrai. Les sens ne connaissent pas la vérité, et sont dans le vrai sans le savoir, parce que, dans la sensation en acte, une similitude de la qualité sensible est appréhendée. « La vérité se trouve dans les sens seulement comme une conséquence de leur acte, or cette vérité (qu'ils portent en eux), les sens ne la connaissent pas, car si leur jugement sur la chose est vrai, c'est à leur insu. En effet, ils ont bien conscience de leur sensation mais ignorant leur nature propre, ils ignorent aussi la nature de leur acte, son rapport à la chose, et donc sa vérité » [2].

Le retour des sens sur eux-mêmes est un retour incomplet, un retour sur l'existence de leurs actes, un se sentir voir, entendre, etc., et non pas un retour sur leur rapport à la chose, qui supposerait un retour sur la nature même de leur acte, autrement dit, un retour sur leur essence, comme le retour réflexif de l'intellect sur lui-même est un retour sur son essence.

> Dans l'intellect, [la vérité] est connue, dans la mesure où l'intellect réfléchit sur son acte, non sur la seule existence de cet acte, mais sur son rapport à la chose. Et ce rapport, il ne le saisit que parce qu'il connaît la nature de son acte, ce qui suppose enfin qu'il connaisse la nature de son principe actif – l'intellect lui-même – dont c'est le propre de se conformer aux choses. Ainsi donc, c'est dans la mesure où il réfléchit sur soi que l'intellect connaît la vérité [3].

Chez les êtres humains, « les sens, qui parmi les autres (puissances, êtres, choses) sont plus proches de la substance intellectuelle inaugurent un

1. *QdV*, *Qu. X*, *De Mente*, *op. cit.*, art. 9, trad. fr. p. 133.

2. *QdV*, *Qu. I*, art. 9 (trad. F.-X. Puttallaz dans *Philosophes médiévaux. Anthologie de textes philosophiques (XIIe-XIVe siècles)*, R. Imbach et M.-H. Méléard (dir.), Paris, 10/18, 1986, p. 92-93).

3. *Ibid.*

retour sur leur essence »[1], mais ce n'est là qu'une simple amorce qui ne va pas au-delà d'une connaissance (sensible) de l'existence de leur acte. L'acte du sens est donc dirigé intentionnellement vers ses objets, au sens où tous les actes de l'âme supposent l'attention (*intentio*). Il existe un niveau de conscience perceptive, où le retour sur l'acte est une sorte de jugement quasiment naturel, par lequel le sens perçoit la similitude de la qualité sensible avec la chose, mais il est dû à la proximité de l'intellect. Chez Thomas d'Aquin, le sens, bien qu'il n'ait rien d'intellectuel, est ordonné à l'intellect, parce que la vérité est la fin vers laquelle tend la connaissance. L'amorce de retour sur soi qu'effectue les sens s'ordonne à la connaissance de l'esprit par lui-même, en mimant le retour complet de l'intellect sur lui-même. Mais ce retour complet de l'intellect supose l'immatérialité.

Si la sensation n'est pas intellectuelle, elle n'est pas non plus un exercice « complet », mais elle s'inscrit dans une dimension pratique ou cognitive et elle n'a pas sa fin en elle-même. Il y a certes, chez Thomas, une connaissance *sensible*, mais il n'existe pas de sensation pure, pas plus qu'il n'y en a d'ailleurs dans le cartésianisme. Les « dualistes » péripatéticiens, comme Thomas d'Aquin, ont donc tracé une ligne de séparation entre l'intellect et les sens. Ces derniers dépendent des organes corporels, et ils ont pour objets les choses sensibles et non les formes universelles. La frontière que Descartes trace entre l'âme et le corps s'écarte de cette conception de l'intellect et des sens corporels, comme facultés séparées de l'âme.

Pour Descartes, les sensations sont des modes, ou des modalités, de la pensée, mais elles enveloppent un acte intellectuel dans la définition de leur concept formel. L'acte de sentir, comme aussi les états émotionnels et les passions, sont des modes de la pensée, et ils sont donc non-physiques. Néanmoins, si l'intellect et la volonté relèvent de la pure pensée, et dépendent de l'esprit seul, l'imagination, la mémoire, les sensations et les passions, requièrent la présence et la stimulation des organes corporels. On a donc affaire à un schéma de l'appareil cognitif sensiblement différent de celui de Thomas d'Aquin. En effet, l'intentionnalité dans le contexte du péripatétisme relève de la finalité. Chez Descartes, elle signifie plutôt l'unité de l'esprit dans son rapport aux choses, ou pour le dire autrement une collaboration des diverses facultés sous couvert de l'entendement, et qui ne doit rien à la finalité. Le « dualisme » paraît aussi se redistribuer dans les différents schémas de l'appareil cognitif. Soit, comme chez Thomas d'Aquin, il passe par une dualité entre le sentir et l'intelliger, pour une âme qui est la forme d'un corps organisé. Soit, dans le cartésianisme, la distinc-

1. *Ibid.*

tion réelle de l'âme et du corps explique le rapport des idées aux choses, dont elles sont les idées, ou bien, pour les affections de l'âme, le rapport de ces pensées-là à leurs objets suppose la considération de l'âme seule au cœur de l'union substantielle avec le corps.

L'OBJET ET LA FIN DE LA CONNAISSANCE

La question de savoir si Thomas d'Aquin est un réaliste direct est résolue ou plutôt dissoute. Elle est en effet dépassée plutôt que résolue, parce que l'importance du problème du réalisme direct a été surévaluée. Cette question perd beaucoup de son intérêt, dès qu'on met l'accent sur la finalité pour rendre compte de la conception thomasienne de l'intentionnalité. Le débat sur le réalisme direct de Thomas d'Aquin a en effet pour caractéristique qu'un tiers que Thomas ne connaît pas, et pour cause, est en réalité au centre du débat; il s'agit de Guillaume d'Ockham[1], ou plus près de Thomas d'Aquin, de Pierre de Jean Olivi qui préfigure pour les commentateurs les thèses de son collègue franciscain du XIVe siècle. Ces auteurs sont de véritables réalistes directs, au sens où l'esprit a selon eux directement affaire aux choses et non par l'intermédiaire du concept.

Guillaume d'Ockham peut néanmoins être aussi considéré comme un représentationaliste, au sens où l'intentionnalité serait la propriété sémantique des concepts comme signes naturels, et en général comme caractéristique du langage mental (*oratio mentalis*), dont on doit bien avouer que Thomas d'Aquin n'offre, avec la notion de verbe mental, qu'une version dépourvue de la précision et de la radicalité que trouve cette notion avec Guillaume d'Ockham[2]. Par représentationalisme, il faut entendre une théorie qui attribue un rôle important à une représentation mentale. Par représentation mentale, il faut comprendre un exemplaire quelconque de symbole, existant dans un esprit individuel, et qui est doué d'un contenu sémantique. La représentation mentale se réfère à quelque chose d'autre qu'elle-même, à quelque chose d'extra mental donc. Parce que Thomas

1. Sur la manière dont l'attribution à Thomas d'Aquin du représentationalisme est commandée par une position ockhamiste, voir Cl. Panaccio, *Le Discours intérieur de Platon à Guillaume d'Ockham*, chap. 6, p. 179-186, Paris, Seuil, 1999; « From Mental Word to Mental Language », *Philosophical Topics*, 1992, p. 125-147; « Aquinas on Intellectual Representation », dans D. Perler (éd.), *Ancient and Medieval Theories of Intentionality*, *op. cit.* Voir Aussi R. Pasnau, *Theory of Cognition in the Later Middle Ages*, *op. cit.*, II: Representations and Realism, chap. 6 : « Aquinas and Direct Realism ».

2. Sur cette question, voir J. Biard (éd.), *Le langage mental du Moyen Âge à l'âge classique*, Louvain, Peeters, 2009, en particulier C. Michon, « Les représentations rendent-elles indirecte la connaissance des choses ? », p. 45-60.

d'Aquin attribue un rôle crucial aux espèces intelligibles et au verbe mental dans la connaissance, aux yeux de certains commentateurs, il ne peut pas éviter de tomber sous l'étiquette de représentationaliste. Mais, il s'agit d'un représentationnalisme qui est privé de l'innovation logique du langage mental et de la théorie de la référence qui y est à l'œuvre.

Le connaissant entre en contact avec l'objet par le biais des sens, et il forme des images sensibles de ces choses extérieures. L'intellect agent prend le relais et il abstrait les formes intelligibles de ces images sensibles. Ces formes, ou *species*, intelligibles sont conservées dans l'intellect possible. L'espèce intelligible est donc une représentation, ou une entité mentale. Thomas soutient que quand on pense actuellement à quelque chose, pour laquelle on a déjà une espèce intelligible, on forme en soi-même quelque chose de nouveau : un concept, une conception, ou un verbe mental, qui est indispensable à l'intellection. En effet, « en quiconque connaît, et du fait même qu'il connaît, quelque chose procède au-dedans de lui : à savoir, le concept de la chose connue (*conceptio rei intellectae*), procédant de la connaissance de cette chose. C'est ce concept que la parole (*vox*) signifie : on l'appelle "verbe intérieur" (*verbum cordis*), signifié par le "verbe oral" (*verbo vocis*) » [1].

Le concept, ou le verbe mental, diffère de la *species* intelligible, car cette dernière est le point de départ de l'acte intellectuel, alors que le verbe mental est le résultat de l'opération, son *terminus ad quem* [2].

Le concept ne doit pas être identifié à la chose extérieure, ni à la *species* intelligible, ni à l'acte d'intellection. Tout acte de l'intellect implique donc deux représentations différentes au moins, la *species* intelligible et le verbe mental ou concept [3].

Claude Panaccio résume en six thèses la théorie du verbe mental de Thomas d'Aquin, qu'il reconstitue en une synthèse de la conception augustinienne du verbe intérieur et de la gnoséologie d'Aristote. 1) Le processus cognitif met en jeu deux représentations : la *species intelligibilis* et le *verbum mentalis*. Les deux représentations sont des similitudes. En

1. *STh*, Ia, 27, 1. Voir aussi plus haut (note 50), la citation de la *ScG*, I, 53, 3-4.

2. *STh*. I, 85, art. 2, ad 3um (nous empruntons la traduction à Alain de Libera, *La Querelle des Universaux*, p. 271).

3. Claude Panaccio cite à l'appui de sa lecture représentationaliste de l'Aquinate la *ScG*, IV, 11. Selon Cl. Panaccio, les *QdV*, IV, 2 montrent que le concept est un intermédiaire entre l'intellect et la chose intelligée (conceptio intellectus est *media* inter intellectum et rem intellectam). Selon le *De Pot*, IX, 5, « ce qui est intelligé en premier et par soi est ce que l'intellect conçoit en soi à propos de la chose intelligée, qu'il s'agisse d'une définition, ou d'une énonciation » et la *STh*, I, 34, 3 : « Verbum autem in mente conceptum, est repraesentativum omnis eius actu intelligitur ».

effet, si l'espèce n'est pas *id quod est intellectum*, mais le *medium quo*, ce par quoi l'esprit intellige, le concept est l'objet de la pensée; 2) Le verbe mental, ou le concept, est en outre le signifié premier de la parole extérieure qui lui correspond; 3) Il est le terme d'une opération – ou d'un acte – de l'intellect possible, qui prend l'espèce intelligible comme point de départ; 4) Alors que la *species* intelligible est une qualité de l'esprit, le verbe mental possède un mode d'existence spécial, celui d'un objet purement intelligible, qui fait contraste avec le mode d'être naturel des choses extérieures et de l'intellect lui-même[1]; 5) Le verbe mental est l'objet premier de l'intellection[2]; 6) Il y a deux variétés de verbes mentaux : la définition, et la composition et la division[3].

Pour répondre à la lecture de Panaccio, sans soutenir que Thomas d'Aquin est un réaliste direct, ce qui est dépourvu de sens, il faut distinguer, comme le fait Alain de Libera, l'*objet* de la *fin* de la connaissance. L'objet de l'intellect, c'est la quiddité des choses matérielles, et la fin, ou le but de la connaissance, c'est la vérité.

Pour montrer la différence entre l'objet et la fin de la connaissance, on rend compte de la saisie de la quiddité des choses matérielles à partir de l'intellection des indivisibles, dont Aristote explique qu'elle a lieu dans les choses « où le faux ne peut trouver place. Mais, dans celles qui admettent le faux et le vrai, il y a une composition de notions comme si ces notions n'en formaient qu'une »[4]. Le faux réside dans le jugement, dans une proposition ou « une composition », de notions, où l'intellect est le principe unificateur de chacune de ces compositions. La fin de la connaissance n'est pas l'appréhension des indivisibles, car il n'y a de vérité ou de fausseté, au sens

1. *Comp. Theol.* I, chap. 41. Le concept – ou verbe intérieur – n'a d'autre réalité que d'être intelligé. C'est une entité relationnelle, « dont toute l'essence est d'être relatif à son principe ». C'est le recours au mode ontologique spécial du pur objet de pensée qui permet à Thomas d'Aquin d'insérer le verbe mental dans le processus de la connaissance, sans le chosifier pour autant, sans en faire un intermédiaire *réel* entre l'intellect et la chose extérieure. Dans le verbe, c'est la forme intelligible de la chose elle-même qui est présente, sous un mode intentionnel.

2. *QdP*, qu. 9, art. 5 : « Cela qui est intelligé (*intellectum*) par soi n'est pas la chose dont la connaissance est ainsi obtenue par l'intellect [...] puisqu'il faut que cela qui est intelligé soit dans celui qui l'intellige et fasse un avec lui [...] Cela donc qui est intelligé en premier lieu et par soi, c'est ce que l'intellect conçoit (*concipit*) en lui-même au sujet de la chose qu'il intellige ».

3. *Super evang. S. Joannis*..., I, 1 : « On appelle verbe intérieur au sens propre ce que le sujet connaissant forme dans l'activité d'intellection. Or l'intellect forme des objets de deux sortes, selon la dualité de ses opérations. Car selon l'opération que l'on appelle l'intelligence des indivisibles, il forme une définition ; et selon l'opération par laquelle il compose et divise, il forme une énonciation, ou quelque chose de ce genre ».

4. Aristote, *DA*, III, 6, 430 a 25-30.

aristotélicien des termes, que là où il y a une combinaison de notions et une connaissance propositionnelle. Ainsi, « quand [l'intellect] a pour objet l'essence au point de vue de la quiddité, il est toujours dans le vrai, mais non pas s'il affirme un attribut d'un sujet. Mais, de même que la perception, par la vue, de son sensible propre, est toujours vraie – alors que, dans la question de savoir si le blanc est, ou non, un homme, la perception n'est pas toujours vraie –, de même en est-il pour tous les objets sans matière »[1]. Si l'indivisible est une forme intelligible qui s'imprime sur l'intellect possible, et l'informe dans l'appréhension de ces indivisibles, l'intellect ne peut pas rencontrer le faux. Il est *dans* le vrai, comme le sens dans le rapport à son sensible propre. Mais l'intellect *connaît*-il le vrai dans l'appréhension des quiddités ? Non, parce que la vérité est toujours prédicative dans la connaissance, même s'il y a une vérité anté-prédicative. C'est la raison pour laquelle il faut distinguer l'objet et la fin de la connaissance.

En effet, à la question de savoir si la vérité est dans les choses, ou seulement dans l'intelligence, on doit certes répondre que le vrai est un transcendantal, qu'il dépasse les différents genres d'étants et qu'il se convertit avec un autre transcendantal, l'être. En ce sens, l'être des choses est bien vrai, et il y a une vérité anté-prédicative, mais la vérité est une norme qui se rapporte en tout premier lieu à l'intelligence.

> Une parole est dite vraie quand elle est le signe d'une connaissance intellectuelle vraie. Pareillement, les choses naturelles sont dites vraies en tant que se réalise en elles la similitude des formes intelligibles qui sont dans l'intelligence divine. La vérité est principalement dans l'intelligence, secondairement dans les choses, en tant que reliées à l'intelligence comme à leur principe[2].

Cette thèse suppose que Dieu est formellement, de par son intellection, cause de l'être et de tous les étants autres que lui. Si l'étant est le vrai, puisqu'il possède la raison formelle par laquelle il a été créé, néanmoins la raison formelle de l'étant est différente de celle du vrai. Car, dans la mesure où il est, tout étant est vrai et intelligible, mais son être ne se réduit pas à son intelligibilité. Dans l'intellection de la quiddité des choses matérielles, on est donc dans le vrai, on y est pour ainsi dire fondés métaphysiquement. L'isomorphisme entre le langage, la pensée, et le réel, est l'objet explicite d'une métaphysique.

La vérité est néanmoins prédicative par excellence. Elle ne se trouve pas comme telle dans l'appréhension de la quiddité d'une chose. L'accom-

1. *Ibid.*, 430 b 25-30.
2. *STh*, Ia, qu. 16, art. 1.

plissement ou la finalité de l'intellect se trouve dans le vrai *en tant qu'il est connu*. C'est pourquoi la vérité est dans l'intelligence, qui compose et divise, et non dans les sens ni dans la simple intellection de l'essence.

Thomas d'Aquin commence par comparer le vrai et le bon. Le vrai est ce vers quoi tend l'intelligence, comme le bon est ce vers quoi tend l'appétit, à la différence près que le bon est dans la chose désirée, alors que le vrai dans l'intelligence. Dans la connaissance, le connu est dans le connaissant, mais dans l'appétition, au contraire, le penchant attire l'agent vers la chose désirable qui le meut. C'est parce que le bien est dans la chose ordonnée à l'appétit, que la raison formelle de bien passe de la chose attirante à l'appétit lui-même. L'appétit est dit bon quand ce qui l'attire est bon. Mais le vrai, étant dans l'intelligence, en tant qu'elle est conforme à la chose connue, la raison formelle de vrai passe à la chose par dérivation ; elle est dite vraie, en tant qu'elle se rapporte à l'intelligence. Le trajet de la connaissance intellectuelle va donc de l'objet à la vérité, par le jugement ou le raisonnement. Sa direction d'ajustement est inverse à celle de l'appétit.

L'intellection comporte deux sortes de saisie : l'appréhension des quiddités et l'intellection des premiers principes, propositions *per se nota* qui sont saisis dans le moment même où l'intellect en connaît les termes. C'est pourquoi l'intellect est nommé l'*habitus* des principes.

Thomas d'Aquin reprend l'analogie de la pensée et de la sensation qui se trouve dans le *Traité de l'Âme*, et il l'inscrit dans un processus menant de la connaissance sensible à la connaissance intelligible. Le processus qui achemine l'âme de la sensation à la formation de l'image est un modèle pour représenter celui qui l'achemine de l'image au concept.

La commentarisme arabe d'Aristote a insisté sur la distinction entre la sensation, l'information ou « immutation », de l'appareil sensoriel par la forme du sensible (*species sensibilis*), et la formation, c'est-à-dire l'opération de l'imagination entendue comme exercice d'une *vis formativa*, d'une capacité de former une image de la chose en son absence. Et l'intellection se déploie, comme on a dit, selon les deux faces d'un même acte d'information et de formation : a) l'information de l'intellect possible par une espèce intelligible résultant de l'abstraction opérée par l'intellect agent; b) la formation sur cette base de ce que Thomas nomme, suivant l'expression d'Augustin, le verbe mental, *i. e.* le concept. Mais ce qui est intéressant, outre la distinction entre l'espèce intelligible et le verbe mental, c'est que le verbe mental, n'est plus représenté par la métaphore optique, qui préside à la théorie de l'intellection des indivisibles. Ce qui se dit dans le verbe est désormais pensé sur le mode de la composition, comme définition mentale ou comme ensemble des traits que l'intellect peut « composer et diviser » dans une assertion. Le verbe mental est ce que l'intellect forme en lui-même, en vue du jugement[1].

Avec un tel verbe mental, avons-nous affaire à un objet de la pensée et faudrait-il le considérer comme un intermédiaire mental ? Il faut souligner que la définition n'est pas un énoncé complet, bien qu'elle soit tout de même une *oratio*, mais la fonction apophantique est ce qui caractérise un énoncé complet. Le hiatus entre l'intellection des indivisibles et la composition ou la division est comblé par l'articulation, en un même acte, de l'immutation de l'intellect possible par la *species* intelligible abstraite du *phantasma*, et de la production du verbe mental indispensable à la « seconde opération de l'intellect », la « composition et division », qui peut, à proprement parler, être vraie ou fausse. Comme l'explique John Marenbon, la définition mentale est une « définition non composée »[2]. Le contenu mental désigné par l'expression *verbum conceptum* n'est pas un énoncé du type « un x est un p, q, r », mais un ensemble ordonné de traits du type « p, q, r ». En caractérisant la définition mentale ainsi entendue, comme *similitudo* de la chose extra-mentale, Thomas ne fait pas du concept mental une représentation de la chose, parce que l'espèce intelligible active l'intellect possible par une forme abstraite du *phantasmata*. L'espèce est ce qui reste du *phantasma* après qu'il a été dépouillé de tous les éléments qui caractérisent la chose comme présente. Et l'intellect possible produit en un même mouvement un concept qui est la série ordonnée de ces traits résiduels. Ce qui est présent à l'intellect possible, ce n'est donc ni une chose ni la représentation d'une chose, mais un concept quidditatif, susceptible d'être appliqué à quelque chose.

Et c'est cette application, qui prend la forme du jugement. L'intellect n'arrive à sa *fin* qu'en connaissant les choses, c'est-à-dire en formant un jugement qui affirme que « un x est un p, q, r », autrement dit, en appliquant le concept à une chose, en composant ou en divisant, dans une proposition mentale, « x », et « p, q, r ». Pour qu'il y ait une connaissance intellectuelle de quelque chose, il faut qu'il y ait deux « similitudes » : l'espèce intelligible et la définition mentale produite par l'intellect possible et activée par cette *species*. L'espèce intelligible et le concept quidditatif sont tous les deux ce par quoi la chose est connue et non ce qui est connu. Il y a en effet des concepts mentaux, qui ne sont les concepts d'aucune chose, par exemple « raisonnable, animal, quadrupède », qui n'est ni vrai ni faux, mais

1. *STh*, I, 85, art. 2, ad 3um.

2. Voir J. Marenbon, *Later Medieval Philosophy (1150-1350)*, London, Routledge, 1987, 1991, p. 126.

devient faux par accident une fois qu'il entre en composition dans la proposition mentale « un chardonneret est un animal, raisonnable, mortel ».

Tout en étant un *medium quo* comme l'est l'espèce intelligible, le verbe mental est d'un ordre différent. Il a une fonction opératoire, il sert à *faire quelque chose*, précisément à *connaître* les choses et à accomplir la finalité de la connaissance. Ainsi le verbe conçu est le terme de l'activité de l'intellect possible. L'espèce intelligible est son point de départ ou son principe. Tous deux sont des intermédiaires dans la connaissance des choses. Et

> dans le cas de l'intellect spéculatif, la *species* qui informe l'intellect et fait qu'il pense en acte est le premier *quo intelligitur* et, du fait que l'intellect est activé (*effectus in actu*) par une telle forme, il peut agir (*operari*) en formant les quiddités des choses ainsi qu'en composant et divisant, de sorte que la quiddité formée dans l'intellect, de même aussi que la composition et la division, sont le produit de son action (*operatum*), qui permet à l'intellect d'arriver à la connaissance des choses extérieures : c'est donc un second *quo intelligitur* [1].

Deux traits méritent qu'on s'y arrête : 1) l'existence de conditions physiques et matérielles qui président à l'intentionnalité de la sensation et qui ne l'expliquent pourtant pas ; et 2) la nécessité d'inscrire la conception thomasienne de l'intentionnalité dans le cadre de la finalité. Ces deux caractéristiques nous permettent de nous représenter l'appareil cognitif thomasien. En soulignant l'importance de la finalité pour caractériser l'intentionnalité dans le péripatétisme, on a indiqué aussi le caractère surévalué du problème du réalisme direct, chez Thomas, en montrant que le verbe mental, comme l'espèce intelligible, étaient *medium quo* et non *quod* de la connaissance.

Par rapport à l'*apparatus* thomasien, la conception cartésienne voit dans la sensation un acte de l'esprit qui ne doit rien à la finalité. C'est ce que je voudrais approfondir dans la seconde partie de l'ouvrage, en analysant l'usage cartésien des notions d'idées, de sens commun, d'espèces, d'images, et en montrant le nouveau statut des espèces et des formes dans la gnoséologie cartésienne. Le rapport intentionnel s'inscrit chez Descartes dans la relation entre le sens et l'entendement. Notre propos illustre le fait que le dualisme dessine la structure à partir de laquelle il est possible de décrire l'appareil cognitif en contexte péripatéticien. J'en tirerais la leçon suivante : la critique du dualisme ne peut se faire qu'à l'intérieur du dualisme, et il est difficile, voire improbable, de faire retour en deçà

1. *QdV*, III, art. 2.

du dualisme vers Aristote ou Thomas d'Aquin, à moins d'être prêt à payer le prix métaphysique de l'essentialisme des natures ou celui de l'insatisfaction philosophique qui accompagne une métaphysique inchoative de l'isomorphisme entre le langage et le monde.

La différence du péripatétisme thomasien et du dualisme cartésien au sujet de l'intentionnalité réside en ce que la similitude formelle des formes et des espèces ne structure plus la connaissance, comme chez Thomas d'Aquin. Si l'intentionnalité de la sensation est, chez Descartes, supportée par les jugements de l'entendement, elle s'adosse à la conscience immédiate qu'a l'esprit d'être affecté par les corps, que Descartes nomme le deuxième degré du sens [1]. Si l'entendement est le vecteur de l'intentionnalité, ce n'est pas tant parce qu'il est une faculté immatérielle, distincte des autres, que parce qu'il renvoie à l'unité de l'esprit (*mens*). L'âme intellective des Médiévaux est pour sa part l'instance d'actualisation des intelligibles et une image de la divinité. Chez Descartes, on voit plutôt qu'à l'encontre du mythe ryléen du fantôme dans la machine, la distinction réelle de l'âme et du corps n'est pas contraire à leur union du point de vue *pratique*, autrement dit, la distinction réelle ne s'oppose pas à l'*existence* d'un sujet concret. L'intentionnalité est supportée par l'unité de l'esprit, dans la multiplicité de ses modes de pensée. Mais la distinction réelle de l'âme et du corps n'a pas pour but d'isoler l'esprit cartésien, en faisant de l'entendement une faculté supérieure aux autres facultés (les sens, l'imagination, la mémoire, la volonté, etc.), mais au contraire de manifester l'exigence transcendantale de l'unité de l'esprit, capable de s'appliquer à toutes choses.

Ainsi, dans les *Règles pour la direction de l'esprit*, où la distinction réelle de l'âme et du corps n'est pas encore explicite [2], Descartes soutient que « l'objet [*finis*] des études doit être de diriger l'esprit jusqu'à le rendre capable d'énoncer des jugements solides et vrais sur tout ce qui se présente à lui, *de iis omnibus quæ occurrunt, proferenda judicia* » [3]. Autrement dit, il n'y a pas lieu, lorsqu'on distingue des objets de la connaissance et des objets de la pratique, d'exclure les derniers de la connaissance certaine, car l'unité de la lumière naturelle de la raison est manifeste en ce que l'humaine sagesse est une et identique quels que soient les sujets qu'elle examine – *semper una et eadem manet, quantumvis differentibus subjectis applicata.*

1. Voir, *Sixièmes Réponses*, point n° 9, AT, IX, 236-238.

2. *Regula* XII : « cette force par laquelle à proprement parler nous connaissons les choses, est une force purement spirituelle, et n'est pas moins distincte du corps pris dans son ensemble que le sang ne l'est de l'os, ou la main de l'œil ; et qu'elle est unique », AT, X, 415.

3. *Regula* I, AT, X, 359.

Elle n'est pas divisée par le genre d'objets qu'elle étudie, pas plus que la lumière du soleil ne reçoit de diversité des choses qu'elle éclaire. Elle est aussi à la fois théorique et pratique.

Descartes fournit moins une théorie des facultés qu'une conception de l'unité de l'esprit et de ses modes de la pensée.

> Elle est cette seule et même force – *una et eadem est vis* – dont ont dit, si elle s'applique avec l'imagination au sens commun, qu'elle voit, qu'elle touche, etc. ; si elle s'applique à l'imagination seule, en tant que celle-ci est couverte de diverses figures, qu'elle se souvient; si elle s'applique à elle pour en créer de nouvelles, qu'elle imagine ou qu'elle se représente; si enfin elle agit seule, qu'elle comprend – *intelligere* [1].

Quand il s'applique à l'une ou l'autre des fonctions de l'esprit, l'*ingenium* se dénomme sens, imagination, mémoire, ou intellect pur.

Il faut rattacher un tel usage de la *mens* au point le plus élevé de la compréhension de l'esprit, qui est son unité même. Sous ces différents modes (sens, imagination, mémoire, intellect pur), cette force se dénomme, dans les *Règles* : l'*ingenium* [2]. Le terme d'*ingenium* met l'accent sur la dimension séminale – et naturelle, au sens précis où lumière est dite *naturelle* – du rapport intrinsèque de (l'unité de) l'esprit à la vérité. Car, il y a « certaines semences premières des vérités, déposées par la nature dans l'esprit humain » [3], que nous pouvons étouffer en lisant, ou en écoutant, trop d'erreurs de toutes sortes. L'*ingenium* est le mouvement de la lumière naturelle, ou la lumière naturelle en mouvement. Sa spontanéité se manifeste dans la mise en ordre des choses les plus simples (natures ou notions), dans la déduction et la résolution des questions. Et c'est ce qui explique que la *mathesis universalis* est la science qui doit contenir les premiers rudiments de la raison humaine – *prima rationis humanae rudimenta* [4] –, qu'elle n'a pas d'autre limite que la nature de l'esprit humain, ou l'entier développement de cette raison.

La méthode explique alors comment user de l'intuition intellectuelle et découvrir des chemins déductifs, mais elle ne peut pas « s'étendre jusqu'à enseigner aussi comment ces opérations elles-mêmes doivent être faites, puisqu'elles sont de toutes les plus simples et les premières – *sunt omnium simplicissimae et primae* [5]–, à tel point que si notre esprit n'était déjà

1. *Regula* XII, AT, X, 415-416.
2. *Ibid.*, 416.
3. *Regula* IV, AT, X, 376 : « *prima quaedam veritatum semina ingenii a natura insita* ».
4. *Ibid.*, AT, X, 374.
5. AT, X, 372.

auparavant en état d'en faire usage, il ne comprendrait aucun des préceptes de la méthode elle-même, si faciles soient-ils ». Dans les *Regulæ*, l'unité de l'esprit est reconduite à la relation transcendantale de l'esprit et de la vérité, autrement dit, à la nature séminale ou normative du rapport de l'esprit à la vérité dans ses démarches.

En dissociant le mental et le corporel, le dualisme cartésien rend impensable le modèle cognitif d'une spiritualisation des espèces sensibles[1], ainsi que la conception de la connaissance dans les termes d'une abstraction dématérialisante. Ce qui supporte l'intentionnalité dans le cartésianisme, ce n'est donc plus la similitude formelle et la finalité, comme chez Thomas d'Aquin, mais bien plutôt l'unité de l'esprit qui a affaire aux choses existantes, ou de manière générale à tout ce qui se présente à lui. Car, c'est moins la chose extérieure comme telle qui importe à l'esprit que ce qui *se présente à lui* et ne lui apparaît que comme l'objet d'une proposition sur laquelle l'esprit est invité à exercer sa sagacité, par exemple, en la déduisant de propositions plus simples[2]. Et l'objet, c'est moins la chose extérieure que l'objet d'une question, d'un problème, dont on doit déterminer les termes connus pour en déduire celles qui sont encore inconnues[3]. Et ce n'est donc pas une seule faculté de l'esprit, l'entendement ou l'intellect, qui porte le vecteur de l'intentionnalité, mais c'est l'unité entière de l'esprit, la *mens*, ou l'entendement cartésien, qui se manifeste dans la façon dont les modes de l'esprit se rapportent à ce qui se présente à lui. On pourrait dire qu'il n'y a que les choses qui sont en question qui sont objet d'un examen réfléchi. Le sujet est attentif à tout ce qui peut faire l'objet d'une résolution ou d'une compréhension.

1. Dans l'article « Le Sens commun dans la *Règle XII* », repris dans *Descartes au fil de l'ordre*, à propos de la formule « pure et sans corps », qui caractérise le transfert de la figure, ou de l'idée corporelle, des sens externes au sens commun, Jean-Marie Beyssade résume en quelques mots la différence de conception du sens commun dans le péripatétisme et dans le cartésianisme. « L'expression (*puras et sine corpore*) ne vise pas ce qu'opérerait le "sens commun", mais un caractère des figures telles qu'elles parviennent au sens commun. Elle ne vise pas une purification de la figure corporelle par la *mens*, qui la spiritualiserait en la décorporéisant, là où la *mens* s'insèrerait dans la chaîne physiologique, au niveau du sens commun. Elle désigne une simple propriété physique, qui se retrouve tout au long du trajet physiologique, en deçà du sens commun, dès le transport par les nerfs sensitifs, et même dès la réception par les sens externes. [...] [Ce caractère physiologique] doit assurer la pureté de la figure, *figura*, par rapport au corps, *corpus*, sans nous faire quitter le genre corporel pour celui du spirituel » (p. 82).

2. C'est l'essentiel de l'enseignement des *Règles* V, VI, et X

3. Voir dans la *Règle* VIII, l'exemple de l'homme qui pose le problème des limites de la connaissance pour la raison humaine, AT, X, 395 *sq.*, et la définition des questions à la fin de la *Règle* XII, en AT X, 429, ainsi que dans la *Règle* XIII.

Ce n'est pas que l'être des choses soit problématique, mais le regard de l'esprit est attentif aux choses qui permettent la résolution d'une question. La compréhension gagne du terrain sur ce qu'on aurait pu ou dû comprendre et que l'on ne comprend qu'après coup – « Tard je t'ai reconnue, ô vérité ! ». Une erreur dissipée paraît nous donner un sens de plus, ce sens n'étant pas quelque nouvel organe des sens ni un nouveau registre de perceptions, mais le bon sens, la *bona mens*, ou le bon usage de l'esprit en ses jugements. C'est la compréhension qui nous fait voir autrement le passé et les erreurs qui furent les nôtres. L'apparaître est lié chez Descartes à la compréhension. La vérité du rapport au monde ne réside pas dans l'ouverture à un dehors, mais l'ouverture consiste dans la compréhension. La compréhension est un cheminement. On s'ouvre à ce qu'on comprend, à ce qui fraye une voie d'accès en nous. Et si l'on doit considérer le sujet cartésien sous la figure du sujet ou *subiectum* de la pensée, il convient de souligner que c'est la mémoire de soi, le retour temporel de la pensée sur elle-même, comme *pensée mienne, dont je suis responsable*, qui paraît distinguer le sujet cartésien de la pensée de la notion qui en est offerte au Moyen Âge.

Il convient d'ajouter à notre comparaison entre Thomas d'Aquin et Descartes que le problème de l'*objet* de la connaissance n'est pas thomasien. L'objet de la connaissance, avons-nous dit, c'est la quiddité. Ce qui en effet est propre à Thomas d'Aquin, c'est la question de la forme et non celle de l'objet. En nous exprimant ainsi, en proposant de distinguer l'objet et la fin de la connaissance, nous avons sacrifié à une manière éclairante de parler de Thomas d'Aquin. Elle courante dans les commentaires des médiévistes, bien qu'ils introduisent ici un lexique qui ne convient pas tout à fait à Thomas d'Aquin. L'introduction de ce lexique s'explique par la discussion autour du réalisme indirect de Thomas d'Aquin. Mais celui qui contribue à penser l'objectivité et à installer le lexique de l'objet, c'est, comme nous allons le voir, Duns Scot. Il en découle un certain nombre de limites quant à l'ambition du médiéviste à voir en Thomas d'Aquin le véritable initiateur de la conception moderne du sujet agent de la pensée. Si c'est chez Thomas qu'apparaît l'idée d'un *sujet agent de la pensée*, l'âme, ou plutôt l'homme avec ou par son âme, c'est néanmoins au sens péripatéticien, et ancien, du *subiectum* qu'on peut parler d'un sujet thomasien de la pensée. L'opérativité de la pensée ne fait pas de lui un sujet au sens de l'*ego*, à moins bien sûr de penser qu'il n'y ait pas de sujet chez Descartes, sinon un mythe historiographique à déconstruire, et que l'histoire du sujet agent de la pensée aille de Thomas d'Aquin à Leibniz.

Avec cette restriction, la position de Thomas peut bien, comme l'explique Alain de Libera, accepter la notion de sujet et défendre une conception de l'âme, où l'intellect est une partie, ou une faculté de l'âme, qui est forme du corps, mais qui est séparée de lui dans son opération (la pensée). Sa conception de l'âme intellective, forme du corps, implique que toutes les puissances psychiques n'ont pas le même sujet : certaines (la pensée et la volonté) ont seulement l'âme pour sujet, d'autres (la sensation), le composé humain d'âme et de corps. Et il est possible d'introduire la considération des actes et des opérations *psychiques* selon Aristote en lieu et place des actes *mentaux* selon Augustin. « Il faut dire que le sujet d'une puissance opérative, c'est ce qui est capable d'opérer, car *tout accident dénomme son sujet propre*. Or c'est le même qui peut opérer et qui opère. Il faut donc nécessairement qu'*une puissance ait pour sujet ce à quoi appartient son opération* » [1].

Mais un tel sujet, au sens ancien, du *subiectum* péripatéticien, ne s'avise pas de rendre compte de la fonction de l'*ego* cartésien – entendement *et* volonté – dans la connaissance. En effet, la définition cartésienne du jugement dans les *Meditationes* implique l'entendement et la volonté, et il témoigne d'une compréhension bien différente à la fois du jugement et de la vérité des choses. En aucun cas le « sujet » thomasien ne pourra dire ce que dit ici l'*ego* cartésien, que « je puis établir pour règle générale, que toutes les choses que nous concevons clairement et fort distinctement, sont toutes vraies » [2], car une telle affirmation serait dans le contexte de pensée qui est le sien, dépourvue de sens. En aucun cas il ne pourrait soutenir, comme le fait Descartes aux *Septièmes Réponses* [3], que du connaître à l'être la conséquence est bonne. Or c'est de cette vérité des choses (existantes) que l'*ego* cartésien est le dépositaire. Et c'est parce que Descartes a mis la pensée, et les conditions subjectives de la représentation, au commencement de la philosophie, qu'on a pu lui attribuer, même si c'est d'une manière qui appelle sans doute certaines corrections, de l'invention du « sujet moderne ».

1. Thomas d'Aquin, *Sth*, Ia, art. 5, rép. Je donne la traduction d'Alain de Libera dans *L'Archéologie du sujet*, I, *op. cit.*, p. 306. La réinterprétation du sujet de la pensée chez Thomas d'Aquin se situe dans paragraphe intitulé « Thomas d'Aquin : la relégitimation du "*subiectum*" », p. 303-311.

2. Descartes, *Méditation Troisième*, AT, IX-1, 27.

3. *Objectiones septimae cum notis authoris*, AT, VII, 519-520, tr. fr. de Clerselier, FA, II, 1025.

CHAPITRE IV

L'INTENTIONNALITÉ ET LE MODE DE PRÉSENCE DES OBJETS

PRÉSENCE OBJECTIVE ET REPRÉSENTATION SELON DUNS SCOT

Duns Scot représente la deuxième des trois voies de la scolastique moderne, autrement dit, une des trois « façons » de résoudre les questions envisagées par les auteurs scolastiques que le jeune Descartes a étudiés.

Nous allons aborder la définition cartésienne de la réalité objective et formelle de l'idée, en commençant par faire apparaître son horizon scotiste, et en faisant se rencontrer le lexique de l'*intentio* et celui de l'objectivité (*esse obiectivum*). Ainsi, selon Duns Scot, il y a une équivoque de la présence, ou de la présentialité, en toute théorie de la représentation, car la présence est parfois celle de l'objet existant et parfois celle de l'objet intelligible qui en est le substitut.

Je voudrais montrer, conformément à la démarche progressive de l'archéologie, comment Descartes échappe à la théorie scotiste de la représentation, laquelle est à vrai dire moins considérée par ses commentateurs comme *une* théorie de la représentation parmi d'autres que comme l'inauguration de la théorie moderne de la représentation.

Car la noétique de Duns Scot ne se situe pas dans le registre de l'abstraction dématérialisante qui caractérise celle de Thomas d'Aquin. Duns Scot fait droit à une conaissance intuitive et intellective du singulier. Sa noétique est une transposition de l'espèce sensible en objectivité. Mais elle continue d'obéir à une interprétation des espèces comme ressemblances, et à une forme d'intentionnalité conçue comme visée d'objet, parce qu'elle repose sur la correspondance de l'idée et de l'idéat. La critique cartésienne de la ressemblance le sépare de la noétique de Duns

Scot et de l'ontologie transcendantale de la représentation, dont les confins se trouvent, selon les interprètes de Duns Scot, dans le kantisme.

Duns Scot, à la différence de ses prédécesseurs franciscains, Pierre de Jean Olivi et Henri de Gand, renoue avec les espèces, notamment l'espèce intelligible, qu'il juge, comme Thomas d'Aquin, nécessaire, parce que la présence de l'objet est requise par la pensée. « L'objet relatif à une puissance a en premier lieu une présence réelle, c'est-à-dire une telle proximité qu'il peut engendrer cette espèce dans l'intellect, qui est la raison formelle de l'intellection. En second lieu, par l'espèce ainsi engendrée, qui est une image de son géniteur, l'objet est présent sous son statut de connaissable, ou de représenté » [1].

Dans la sensation, l'objet matériel et étendu est signifié par une forme, ou par une espèce sensible, qui est une trace matérielle et étendue s'imprimant dans l'organe du sens, lui aussi matériel et étendu. L'image, ou le phantasme, est matérielle. Pour Duns Scot, le phantasme n'est rien d'intelligible, son intentionnalité n'est pas psychique. Il est une image singulière et matérielle d'un objet lui-même singulier et matériel ; son intentionnalité réside dans le pur fait de ressembler à l'objet. Dans la mesure où l'image est relative à son modèle, on l'appelle une intention, autrement dit, l'être intentionnel de l'espèce sensible est une ressemblance naturelle qui remplace l'objet et qui le signifie. L'image n'est pas une image vue, mais elle fait voir, elle est *ratio cognoscendi*. Ce n'est pas l'image perceptive qui est vue, mais la chose même [2]. Mais l'être intentionnel du phantasme ne relève pas de l'activité de l'intellect. C'est un objet extérieur, une chose matérielle, étendue *partes extra partes*, et il n'est donc pas la cause principale de la pensée, mais plutôt une cause secondaire partielle, et dont le rôle consiste à unir le corps et l'esprit dans le processus de la pensée. La causalité principale de la pensée appartient à l'intellect.

Ainsi, dans un premier moment, la forme de l'intellection par laquelle l'objet est présenté dans l'intuition est déjà une espèce, mais sa matière est la présence réelle de l'objet. C'est pourquoi, dans un deuxième temps, l'espèce peut s'imprimer dans la mémoire. L'image est aperçue dans son statut même d'image et la représentation est connue comme telle. Mais, comme on le sait, plus que le péripatétisme, c'est l'augustinisme qui caractérise l'école franciscaine oxonienne. Duns Scot procède ici à une relecture d'Augustin, pour lequel la mémoire est intellectuelle, *mens* et *memoria* embrassant l'activité intellectuelle et sensible de l'âme, tout en

1. Duns Scot, *Ord.* I, 3, 382 (III, 232-233).
2. Voir *Ord.*, II, 3, 340 (VII, 564-565).

visant leur unification. Le verbe, qui est le fait de l'intellect et de l'intellect-seul, est engendré par la science acquise dans la mémoire. Et la mémoire est l'intellect en acte premier, en *habitus*, c'est-à-dire l'intellect qui comprend toutes les connaissances que nous avons quand nous n'y pensons pas actuellement. Dans cet acte premier, l'objet *luit* déjà, autrement dit, la présence réelle de l'objet n'est qu'une cause secondaire. Elle imprime un phantasme dans l'organe sensoriel, qui se trouve transposé comme représentation dans la mémoire. Mais c'est la connaissance habituelle qui jouit de la clarté et de la limpidité de l'intellect. L'objet, dans sa présence réelle, n'est pas la cause réelle de l'intellection actuelle. C'est la représentation de l'intellect qui en tient lieu. L'objet est devenu le terme visé par cette représentation, il est son référent actuel.

Le phantasme du sens commun est donc déjà une représentation indépendante de la présence réelle de la chose, mais la présence actuelle de la sensation est cependant garantie par la trace matérielle dans l'organe des sens. Cependant, la forme de cette trace, sa configuration ou sa structure, ne valent que pour la connaissance. Soulignons ainsi que le corps est une cause partielle de la sensation et que c'est l'âme qui en est la cause principale. La ressemblance dans l'âme n'est donc pas une espèce sensible, reçue dans l'organe corporel, mais un acte intellectuel de connaissance[1]. Dans la transposition de la sensation en image et en connaissance habituelle, nous avons affaire à une certaine qualité de l'âme, à « une certaine ressemblance de l'objet, et sans doute plus parfaite que la ressemblance antérieure, qu'on appelle habituellement "espèce" »[2].

Nous sommes donc entrés dans une nouvelle époque de la pensée par rapport à Thomas d'Aquin, où c'est moins l'abstraction dématérialisante, fondée sur la similitude de la forme intentionnelle de type thomasien, qui fournit à la connaissance son schéma, mais plutôt une transposition, où ce qui est objectif est vaut pour l'esprit connaissant comme présence connaissable et, notons-le, indépendante de l'existence de l'objet. Nous avons affaire, comme le souligne Olivier Boulnois, à une conception nouvelle de la vérité, entendue comme « objectité », qui conduit à mettre en relief deux sens de la présence de l'objet : la présence réelle et la présence objectuelle du représenté. La chose reçoit son être d'objet par la représentation, ou en tant qu'elle correspond à une représentation. La théorie scotiste des causes partielles concourantes explique que l'objet et l'intellect concourent à la

1. *Ord.*, I, 3, 504 (III, 299).
2. *Ord.*, I, 3, 505 (III, 299).

fois activement et partiellement à l'intellection et forment ainsi une cause active intégrale totale[1].

La théorie de la représentation de Duns Scot n'est donc pas une théorie de l'abstraction, autrement dit, l'importance causale de l'objet matériel dans la connaissance est seconde et partielle. C'est à l'intellect qu'il revient de former un verbe indépendamment de la présence réelle de l'objet. La théorie de la transposition demeure néanmoins fondée sur la ressemblance formelle de l'idée et de l'idéat. Et plutôt qu'une nouvelle théorie de la connaissance, il s'agit d'un schéma visant à asseoir une nouvelle forme de correspondance, ou de ressemblance formelle, entre l'idée et l'idéat.

En effet, la différence entre l'espèce et l'objet, justifie, contre Henri de Gand, la nécessité des espèces intelligibles, et permet en outre de cerner le double sens de la présence, comme présence réelle et comme présence objective.

> Par rapport à la faculté de connaître, l'objet a, dans un premier temps, une présence réelle, ce qui veut dire qu'il jouit d'une proximité suffisante pour pouvoir engendrer une espèce dans l'intellect, laquelle est la raison formelle de l'intellection; dans un deuxième temps, grâce à l'espèce ainsi engendrée, qui représente ce qui l'engendre, l'objet est présent sous la raison d'objet connaissable ou représenté. La première présence précède naturellement la seconde, puisqu'elle est antérieure à l'impression de l'espèce, grâce à laquelle la seconde présence de l'objet est formellement possible. Dans un premier temps, l'objet est présent à l'intellect agent soit en lui-même soit dans une image et, dans un deuxième temps – au cours duquel l'objet et l'intellect agent sont présents à l'intellect possible comme l'agent l'est au patient –, l'espèce est engendrée dans l'intellect possible; à partir de ce moment, grâce à cette espèce, l'objet est présent sous la raison d'objet connaissable[2].

À la suite de la première représentation, celle de l'espèce sensible, l'acte de connaissance constitue une seconde représentation, à la fois distincte de la première et transposée dans l'intellect. L'espèce intelligible n'est pas seulement nécessaire pour expliquer la présence de l'objet à la pensée, elle rend en outre compte de la saisie de l'universel par la pensée. Car, dans l'état présent, après la Chute, nous n'avons plus la connaissance intuitive immédiate de l'universelle intelligibilité de la chose singulière, et notre finitude est rendue manifeste dans le besoin de présence qui caractérise l'esprit humain, qui ne peut être comblé que par la représentation.

1. *Quodl.* XV, § [9], 31 (552).
2. *Ord.*, I, Dist. 3, partie 3, qu. 1, 382, trad. G. Sondag, *L'Image*, Paris, Vrin, 1993, p. 138.

L'homme est certes en droit capable d'une connaissance intuitive intellectuelle. La connaissance intuitive n'est pas seulement d'ordre sensible. Mais, depuis le péché, l'intellect est tourné vers l'universel et il discerne la quiddité de l'objet, à partir des conditions individuelles qui lui sont fournies par le phantasme, dans la sensation commune, c'est-à-dire la saisie de la qualité, de la quantité, de la figure, du lieu, du temps. « À partir de cette évidence, que l'intellect peut penser l'universel, je tire cette proposition : "l'intellect peut avoir un objet universel en acte, présent par soi à lui-même dans sa raison d'objet, et antérieur naturellement à l'acte de penser". D'où découle l'hypothèse que dans cette antériorité il y a un objet présent dans l'espèce intelligible, et qu'ainsi il a une espèce intelligible antérieure à l'acte »[1].

Duns Scot refuse de recourir à une genèse empirique de l'universel, c'est-à-dire à une connaissance abstractive, qui serait une forme de dématérialisation des contenus empiriques, et il n'admet pas que nous ayons des concepts innés. L'universalité est donc plutôt un *a priori* objectif, un préalable à la pensée, c'est-à-dire la structure intelligible de notre intellect lui-même qui vise ainsi, de manière « transcendantale », un objet présent comme terme de la pensée. Et

> il ne faut pas confondre l'action de la *species véhiculaire* sur l'intellect possible, qui livre la forme intelligible d'une chose (*i. e.* son concept formel) et celle de l'intellect agent, qui produit un concept objectif de la chose ainsi connue. L'intellect agent produit dans l'intellect possible le concept objectif de la chose dont la *species* véhiculaire imprime le concept formel. On trouve chez Duns Scot la source du couple concept objectif / concept formel et de son importance paradigmatique à l'époque moderne [2].

L'universalité est une structure *a priori*, qui est antérieure à l'acte de penser. « L'objet est antérieur en nature à l'acte ; donc l'universalité, qui est la condition propre de l'objet en tant qu'objet, précède l'acte de l'intellect ou acte d'intellection ; il faut donc que l'objet soit aussi présent sous cette raison [l'universalité], car la présence de l'objet précède l'acte »[3]. L'universalité est le statut de l'objet (représenté) comme objet (représenté). L'objet est ce qui luit dans l'espèce intelligible, son contenu et, parce que l'universalité se détache de la *res*, dans sa singularité, son existence et son mode de présence, l'objectité, c'est l'universalité. Pour penser un objet en acte, il faut qu'il soit présent à la pensée, c'est la condition *a priori* de toute

1. Duns Scot, *Ord.*, I, 3, 349 (III, 210).
2. A. de Libera, *La Querelle des universaux*, *op. cit.*, p. 348.
3. *Ord.*, I, 3, 350 (III, 210-211).

intellection. L'*a priori* à l'acte de penser est la présence objective comme forme, ou comme espèce intelligible.

Si l'on reprend le lexique péripatéticien de l'intellect agent et de l'intellect patient, il faudrait dire que l'imagination présente à l'intellect patient un phantasme particulier, mais que l'intellect agent imprime pour sa part dans l'intellect patient une forme représentant tous les objets de même espèce. Duns Scot souscrit en effet à la théorie avicennienne dite « des trois états de l'universel », dont Alain de Libera a montré l'importance dans *La Querelle des universaux*. L'universel peut être *ante rem*, *in re*, ou *post rem* : il est dans la chose, à la manière des formes aristotéliciennes dans le composé de matière et de forme ; avant la chose, comme nature indifférente, neutre, essence qui est antérieure à l'inscription naturelle dans la matière et à sa conception par un intellect, *equinitas est equinitas tantum* (la chevalinité est seulement chevalinité) ; après la chose, comme conçu par l'intellect humain. « Puisque l'universel en tant qu'universel n'est rien *dans l'existence*, mais seulement *dans quelque chose qui le représente* sous telle ou telle raison, ces mots n'auront aucun sens, si ce n'est parce que l'intellect agent produit quelque chose qui représente l'universel à partir de ce qui représentait le singulier »[1]. L'universel de l'être objectif est donc *secundum quid* ; il est relatif et c'est l'être-du-représenté dans le représentant.

L'objectité est au fondement d'une conception de l'intentionnalité différente de celle que nous avons dégagée, à partir de l'élaboration des formes ou des espèces intentionnelles chez Thomas d'Aquin. En effet,

> la puissance cognitive, non seulement a pour tâche de recevoir l'espèce d'un objet, mais encore de tendre par son acte vers cet objet. Et le second point est plus essentiel à la puissance, car le premier [n']est requis [qu']en raison d'une imperfection de la puissance. Et l'objet est plus principalement objet, parce que la puissance tend vers lui, que parce qu'il imprime une espèce[2].

L'intellect reçoit non seulement l'espèce de l'objet, mais il tend par son acte vers l'objet. C'est l'intellect qui est la cause principale de l'intellection, bien que l'objet en soit une cause partielle concourante, parce qu'il communique une espèce à l'intellect possible.

Dans la théorie scotiste de la représentation, l'espèce ou le verbe n'est pas seulement, comme chez Thomas d'Aquin, un *medium quo*, ce par quoi

1. *Ord.*, I, 3, 359 (III, 216-218), trad. fr. O. Boulnois, *Être et représentation*, *op. cit.*, p. 124-125.

2. *Questions sur la Métaphysique*, VII, q. 14, § [5] 29 (IV, 290).

l'objet est aperçu, mais il est *ce que* l'intellect voit ou pense, le représentant universel à l'intérieur duquel son original est représenté. Thomas d'Aquin n'a pas envisagé l'*esse obiective*, autrement dit, un mode d'être qui ne vaut pas comme ressemblance formelle, mais comme production d'un substitut autonome, ou comme élaboration d'une représentation qui permet de penser un universel. La connaissance n'est plus une communication de la forme de la chose même à la puissance pensante, un « acte commun du sentant et du senti », mais une correspondance de la pensée à la chose; il s'agit donc de « la ressemblance à ce dont elle est la ressemblance. Ressemblance, veux-je dire, non par communication de la même forme, mais par imitation, comme la ressemblance de l'idéat à l'idée »[1].

L'expérience de l'étant sensible que nous décrivons est une explication de la manière dont nous concevons l'étant en général. Comme l'écrit Olivier Boulnois, la noétique du concept fonde l'ouverture transcendantale de la connaissance.

> L'être formel de l'objet est un *a priori* qui concourt avec le phantasme à la formation de l'espèce intelligible. [...] L'intellect vise activement l'objet formel, et il l'atteint directement en tant que nature intelligible (ou est mû par lui), constituant ainsi son verbe mental par lui-même – même s'il le fait, dans l'état présent, avec la concomitance du phantasme. *La formalité de l'objet est constituée* a priori *dans la pensée, et non reçue de l'expérience*[2].

L'intellection est donc une opération qui suppose la rencontre de deux termes, l'âme intellective et la présence de l'objet. Ainsi, l'objet peut être présent en lui-même, dans le cas de la connaissance intuitive, ou dans un substitut, par une *représentation*, dans le cas de la connaissance abstractive. Dans les deux cas, la présence est requise. Dans le second, c'est la représentation qui tient lieu de l'objet absent; elle en est le substitut. L'intellection implique nécessairement une *forme de présence*, que ce soit une présence réelle ou sous la forme d'une présence vicariante. L'objet doit toujours être présent, en quelque manière, soit en lui-même soit par un substitut qui le représente. La représentation est donc ambiguë : elle peut perpétuellement glisser de sa structure de signe (se référant par essence à un objet) à celle d'objet, bref de son statut de représentant, qui d'ordinaire s'efface devant l'original, à celui de chose représentée ou d'image subsistante de l'original. On comprend alors que le critère de la vérité change. Si, avec Aristote, la vérité repose sur la conformité du discours à la chose,

1. *Quodl.* XIII [12] 39 (461).
2. O. Boulnois, *Être et représentation*, *op. cit.*, p. 93-94.

chez Duns Scot, ce critère est plutôt le renvoi signifiant du représentant au représenté. La vérité est la non-occultation de l'espèce intelleligible dans la clarté, ou dans la lueur (*lucet*), qui est la sienne. Et c'est ainsi qu'« il y a une équivocité concernant la présence : la première est la "présence réelle" de l'objet et de la puissance comme présence de l'agent au patient, la seconde est la présence de l'"objet connaissable" de la puissance, et elle ne requiert pas la présence réelle de l'objet en soi, mais [seulement] quelque chose où luit l'objet »[1].

DESCARTES, LE TRANSCENDANTAL ET LA VÉRITÉ

Faut-il considérer alors que « l'opposition de vocabulaire entre réalité objective (représentée) et réalité formelle (consistance présente à l'intellect), si importante chez Suárez et Descartes, est ici déjà construite » ? Ou encore que

> la pensée médiévale de la représentation constitue le socle sur lequel s'est appuyée la métaphysique moderne pour se constituer. Ses concepts fondamentaux, comme ceux de représentation ou d'être objectif, ne sont pas remis en cause avant Kant, qui en achève le cours, puisqu'il les transplante sur un autre sol, celui du sujet transcendantal, les reprenant et les détruisant d'un même geste. La triple structure logique, ontologique et théologique (naturelle) se continue et se retourne dans la construction d'une théorie générale de l'objet[2].

Le terme de « transcendantal » est susceptible de nous éclairer si nous voulons voir comment Descartes diffère de ses sources médiévales[3]. Il est quasiment absent chez Descartes ; on en trouve une occurrence dans une *Lettre à Mersenne* que nous analysons un peu plus loin. Commençons par reprendre l'histoire des transcendantaux au Moyen Âge, autrement dit des termes qui transcendent les catégories aristotéliciennes, mais dont l'extension est la même, puisqu'ils sont convertibles les uns avec les autres, bien que leur signification soit différente. La doctrine des transcendantaux date du XIIIe siècle et du tournant des XIIIe et XIVe siècles. Philippe le

1. Duns Scot, *Rep. Par.* I A d. 3, § 118 : « Dico quod aequivocatio est de presentialitate : quedam enim est "praesentialitatis realis" obiecti et potentiæ, sive activi ad passivum, – et alia est praesentialitatis "obiecti cognoscilibilis" potentiæ, et illa non requirit praesentiam realem "obiecti in se", sed requirit aliquid in quo relucet obiectum ».

2. O. Boulnois, *Être et représentation*, *op. cit.*, p. 146, p. 515.

3. Voir J.-M. Beyssade, « En quel sens peut-on parler de transcendantal chez Descartes ? » dans G. Federici-Vescovini, (éd), *Le Problème des transcendantaux du XIVe au XVIIe siècle*, Paris, Vrin, 2002, (p. 175-185).

Chancelier, dans sa *Summa de bono* (1225-1228), note qu'ils se comptent au nombre de quatre : *ens*, *unum*, *verum* et *bonum*. Alexandre de Halès, Bonaventure et Albert le Grand ne font pas non plus entrer *res* au nombre des transcendantaux. Mais au milieu du XIIIe siècle, Thomas d'Aquin dresse la liste suivante *ens*, *res*, *unum*, *aliquid*, *verum* et *bonum*[1].

C'est à Avicenne que l'on doit en effet l'introduction de *res* comme « nature stable » ou « être propre », qui est affirmé, réalisé, ou établi par quelque chose[2]. Les deux notions *ens* et *res* sont au cœur de l'analyse d'Avicenne[3]. Elles diffèrent, parce que la « chose » a une « nature stable » (*certitudo*) par laquelle elle est ce qu'elle est ; la *certitudo* d'un triangle est ce qui fait que le triangle est ce qu'il est. Bref, la « certitude » d'une chose est sa quiddité, et c'est son être propre (*esse proprium*). Il diffère de l'être affirmatif (*esse affirmativum*), signifié par le terme d'*ens*, qui est synonyme d'*aliquid* (quelque chose). *Res*, en ce moment particulier de son histoire, signifie l'intelligibilité au sens grec, qui justifie qu'on réponde à la question « qu'est-ce que c'est ? » par la quiddité. Ce qui est nouveau, avec Avicenne, c'est non seulement l'introduction du terme *res* parmi les transcendantaux, alors que, par exemple, Philippe le Chancelier, au début du XIIIe siècle, ne la mentionne pas, mais aussi que *res* se distingue conceptuellement d'*ens*. Cette différence conceptuelle repose sur la distinction entre l'essence et l'existence, inconnue du monde grec. Chaque chose a une certitude propre, et cette *certitudo* est « quelque chose de différent de l'être et synonyme de ce qui est affirmé – *certitudo cuiuscumque rei quae propria est rei, est praeter esse quod multivocum est cum aliquid* »[4].

Mais dès qu'il a montré la différence conceptuelle entre *res* et *ens*, Avicenne souligne la nécessaire concomitance entre les deux notions : « Le concept d'étant est toujours concomitant avec celui de chose, parce que la chose a l'être (l'étance) dans les singuliers, ou dans le jugement et l'intellect. S'il n'en était pas ainsi, alors elle ne serait pas une chose »[5]. L'arrière-plan théologique de la discussion concerne la doctrine de la création. Certains théologiens musulmans, les Mutazilites, soutiennent que « chose » s'applique aussi à ce qui n'existe pas, puisque Dieu dit « Qu'elle

1. Thomas d'Aquin, *QdV*, q. 1, a. 1, éd. Leon. t. XXII, p. 3-8.

2. Voir l'étude de J.A. Aertsen, « "*Res*" as Transcendental. Its Introduction and Significance », dans *Le Problème des transcendantaux*, *op. cit.*, p. 139-156.

3. Avicenna latinus, *Liber de philosophia prima sive scientia divina*, éd. Van Riet, 1977 ; Liber I, cap. 5.

4. *Ibid.*, p. 35.

5. « Nec separatur a comitantia intelligendi ens cum illa ullo modo, quoniam intellectus de ente semper comitabitur illam, quia illa habet esse vel in singularibus vel in aestimatione vel inintellectu. Si autem non esset ita, tunc non esset res » (p. 36).

soit ! ». Ce qui importe à Avicenne, c'est la signification de non-être. Si on entend par « non-être » ce qui n'existe pas dans les choses singulières, il est correct de dire qu'il y a des choses non-existantes, car il est possible que quelque chose existe dans l'esprit et non parmi les choses extérieures. Si non-être doit être entendu en un absolu, il est faux de dire qu'il y a des choses non-existantes, parce qu'une affirmation porte toujours sur quelque chose qui est *certifiée* dans l'intellect. On ne peut en effet absolument rien affirmer du néant[1]. Avec Avicenne, on a l'impression que *res* devient le transcendantal par excellence, les autres lui étant concomitants. Thomas d'Aquin reprend à Avicenne l'intégration de *res* parmi les transcendantaux, que l'intellect connaît aussi par soi.

À la suite d'Avicenne, Thomas d'Aquin écrit que, comme dans les démonstrations, on doit partir de principes évidents par eux-mêmes, l'étant est ce que notre intellect saisit en premier lieu et ce qui est le plus connu et c'est encore ce à quoi se ramènent toutes les autres conceptions. Mais l'*ens* reste premier parmi les transcendantaux, parce que l'*esse*, qui est la *ratio* du terme *ens*, est relié à l'essence comme l'acte à la puissance. Autrement dit, la détermination thomasienne de l'*esse* comme acte d'être fait que l'étant l'emporte sur la chose, comme ce qui a part à l'acte d'être, et en effet l'étant (*l'ens inquantum ens*) est le premier créé, selon Thomas d'Aquin. Thomas met sur la liste *res*, car *res* ajoute quelque chose de positif à l'étant, et c'est de cette manière qu'il peut en être dérivé. En effet, toute nature est essentiellement de l'étant, il faut donc que les autres conceptions soient formées à partir de quelque chose qui s'ajoute à l'étant.

> Ce qu'on exprime dans l'étant l'est ou bien (a) de façon affirmative, ou bien (b) de façon négative; (a) exprimé affirmativement, rien ne peut être attribué à chaque étant en lui-même [*absolute*] que sa propre essence, selon laquelle on dit qu'il est. C'est dans ce sens qu'on emploie le mot *chose*, se distingue du mot "étant" de la façon suivante : l'étant désigne l'acte d'être, alors que le mot "chose" désigne la quiddité ou l'essence d'un étant, d'après le début de la *Métaphysique* (I, c. 6) d'Avicenne. (b) quant à la négation qui accompagne tout étant en lui-même, c'est l'indivision; ce que l'on exprime par le mot *un*; car l'un n'est rien d'autre que l'étant indivisé[2].

1. « Si enim intelligitur non esse id quod non est in singularibus, hoc potest concedi quod sit ita; potest enim res habere esse in intellectu, et non esse in exterioribus; si autem aliud intelligitur praeter hoc, erit falsum, nec erit enuntiatio ullo modo [...] ; nec potest enuntiari, eo quod enuntiatio semper est de eo quod certificatum est in intellectu. Unde de non esse absolute non enuntiatur aliquid affirmative » (p. 36-37).

2. *QdV*, q. 1, art. 1, trad. F.-X. Putallaz, p. 81-82 pour la citation.

Les autres transcendantaux impliquent un rapport entre un étant et les autres. *Aliquid* signifie un autre quelque chose (*alius quid*). *Vrai* et *bon* relèvent d'un rapport de convenance entre un étant et un autre. Un tel rapport suppose l'âme, qui est en quelque sorte toute chose, comme le dit Aristote. Dans l'âme, il y a un pouvoir cognitif et un pouvoir appétitif. Le rapport de l'étant à la volonté est exprimé par le mot *bien* et celui de l'étant avec l'intellect par le mot *vrai*.

Si la métaphysique médiévale peut être caractérisée comme une science transcendantale, c'est parce que la question des transcendantaux est avant tout scotiste. La question de l'*ens inquantum ens* se traduit en effet par la montée en puissance de la *res*, par rapport aux autres transcendantaux, et par l'interprétation de l'*ens* à partir de la *res*. Henri de Gand distingue ainsi deux modes de « chose », l'un est relié à la chose comme pensée l'autre à la chose qui possède une réalité d'essence. En effet, le terme « *res* » peut être compris en un double sens. *Res* c'est d'une part *res* à partir de *reor*, *reris*, qui signifie penser, opiner ou imaginer, où la chose est déterminée comme contenu de pensée, qu'un objet lui corresponde ou non. Et d'autre part *res* c'est aussi, à partir de *ratitudo*, le fait d'être ratifié, ou certifié, autrement dit, la chose possède une nature ou une essence, un être quidditatif, en tant qu'une chose est une *vraie* chose. Henri renvoie ce sens à Avicenne, mais il propose de considérer ces deux modes analogues de *res* comme relevant d'une même réalité.

Le concept le plus général de cette réalité est ce qui s'oppose au pur rien, il n'est apte à être ni dans le monde ni dans un concept de l'intellect. C'est *res* au sens de *reor*. La chose ne requiert aucune existence actuelle ou possible, mais signifie ce dont l'intellect peut former un concept, sans déterminer si c'est une nature ou une essence. Un sens moins général est dévolu à *res* comme « vraie chose », qui est apte à exister hors de l'esprit[1]. Un tel sens exclut les choses fictives ou imaginaires, tel le bouc-cerf évoqué dans le *De interpretatione*, 1, par Aristote, qui n'a d'être que dans l'esprit. Ce sens correspond au second mode de *res*, comme *ratitudo*, et il ne requiert pas l'existence actuelle (*esse existentiæ*) de la chose. La *res* comme *ratitudo* est indifférente à l'existence actuelle, et, contrairement à Thomas

1. Henri de Gand, *Quodlibet*, VII, qq. 1 et 2, éd. G. A. Wilson, *Henrici Gandavo Opera Omnia* t. XI, Leuven 1991. « *Sciendum quod omnium communissimum omnia continens in quodam ambitu analogo*, est res sive aliquid, sic consideratum ut nihil site i oppositum nisi purum nihil, quod nec est nec natum est esse, neque in re extra intellectum, neque etiam in conceptu alicuius intellectus […] Aliquid autem, sive res nata esse vel quae est aliquid extra intellectum, quae dicitur "res a ratitudine" ».

d'Aquin, la réalité n'est pas déterminée par l'actualité de l'être, mais pas la quiddité.

Dans son *Quodlibet*, Duns Scot reprend à Henri de Gand la caractérisation du terme, qui sera elle-même reprise par Goclenius, au XVIIe siècle, dans son *Lexicon philosophicum*. Ainsi, prise en un sens commun, *res* signifie ce qui est concevable, et elle est considérée par Duns Scot comme le premier objet de l'intellect. Duns Scot ne dit pas ici si la réalité commune est analogue ou univoque.

> Le concept le plus commun est celui où [ce nom "chose"] s'étend à tout ce qui n'est pas rien ; et cela peut être entendu en un double sens : en effet il est tout à fait vrai que "rien" est seulement ce qui inclut une contradiction, puisqu'il exclut tout être hors de l'intellect et dans l'intellect [...]. D'une autre façon, on appelle "rien" ce qui n'est pas et ne peut pas être quelque étant hors de l'esprit [...]. Donc l'étant est premièrement la chose, prise au sens le plus commun et qui s'étend à tout ce qui n'inclut pas de contradiction, que ce soit un être de raison, qui précisément possède un "être" dans l'esprit qui l'examine, ou que ce soit un étant réel, qui possède une entité en dehors de l'examen de l'intellect [...] Et ce qui est intelligé le plus communément, comme "chose" ou "étant", s'applique à tout ce qui est concevable, et n'inclut pas de contradiction, que cette communauté soit analogique ou univoque, ce dont je ne nous m'occupe pas à présent, et il peut être posé comme premier objet de l'intellect [1].

La théorie scotiste de la représentation s'inscrit donc dans une structure de la métaphysique comme science transcendantale. En effet, comme l'écrit Kant, avant de présenter la table de la division du concept de rien, « Le concept le plus élevé, par où on a coutume de commencer une philosophie transcendantale, est ordinairement la division en possible et impossible. Mais comme toute division suppose un concept divisé, il faut qu'un concept plus élevé encore soit indiqué, et ce concept est celui d'un objet en

1. Duns Scot, *Quodl.*, q. 3, éd. Vivès, *Opera omnia*, t. XXV, p. 114 : « Communissime, prout [hoc nomen "res"] se extendit ad quodcumque, quod non est nihil ; et hoc potest intelligi dupliciter : verissime enim illud est "nihil" quod includit contradictionem, et solum illud, quia illud excludit omne esse extra intellectume, et in intellectu [...] Alio modo dicitur "nihil", quod nec est, nec esse potest aliquod ens extra animam [...]. Ens ergo vel res isto modo, accipitur omnino comunissime, et extendit se ad quodcumque, quod non includit contradictionem, sive site ns rationis, hoc est praecise habens "esse" in intellectu considerante, sive site ns reale, habens aliquam entitatem extra considerationem intellectus[...]. Et isto intellectu communissimo, prout "res"vel "ens" dicitur quodlibet conceptibile, quod non includit contradictionem, sive illa communitas sit analogiæ, sive univocationis, de qua non curo modo, posset poni ens primum objectum intellectus ».

général (pris de manière problématique et sans décider s'il est quelque chose ou rien) »[1].

Mais si la question des transcendantaux est par excellence scotiste, c'est en réalité que la thèse selon laquelle la métaphysique est une science transcendantale est le fait de commentateurs contemporains qui font de Duns Scot l'auteur central du Moyen Âge, parce qu'il a lié la métaphysique comme science de l'étant en tant qu'étant aux transcendantaux. Mais une telle vision de l'histoire du Moyen Âge fait l'impasse complète sur le nominalisme. Dans ce courant de la pensée médiévale, l'univocité de l'étant est celui d'un terme et non d'une chose extra-linguistique et les termes transcendantaux ne sont que des termes connotatifs, c'est-à-dire des termes qui, outre leur référence à une chose singulière qui est, ont une signification secondaire ou latérale. Ainsi, comme l'écrit Joël Biard,

> Lorsque Scot, en référence à Avicenne, se demandait si le sujet de la métaphysique était l'étant ou bien Dieu, le *subiectum* était ce à quoi on a affaire. Dans cette reformulation qui est opérée par Buridan, on peut affirmer que seule la métaphysique a le terme "étant" pour sujet principal, propre et adéquat, les autres sciences ayant d'autres sujets principaux : la physique, par exemple a le terme "mouvement" pour sujet principal. [...] La science se caractérise non pas par un genre d'être qui en serait le sujet, mais par un "point de vue" sur les choses, ce qui est appelé ici une *ratio*[2].

Bien qu'il appartienne à la tradition parisienne, la façon dont Jean Buridan (± 1300-1358) résout les questions est proche de celle de Guillaume d'Ockham (± 1285-1347), par l'usage de la méthode logico-linguistique. Buridan a en outre écrit sur le sujet de la métaphysique, là où les remarques du *Venerabilis inceptor* sur la métaphysique sont plus éparpillées dans ses œuvres. La liaison de la métaphysique comme science de l'étant en tant qu'étant et des transcendantaux telle qu'on la perçoit à partir de Wolff et de Kant s'applique mal à la configuration théorique du nominalisme. On ne peut en effet pas inscrire Buridan, et en général le nominalisme, dans une métaphysique de l'objet en général, ou de la chose conçue en général comme connaissable, car dire que les sciences étudient un terme principal, ce n'est pas dire que la connaissance soit celle des mots, mais souligner plutôt qu'elle est celle des choses singulières qu'ils désignent. Et ce qui est intéressant dans la façon dont Buridan traite la question du sujet

1. Kant, *CRP*, Remarque sur l'Amphibologie des concepts de la réflexion, [A 290/B 346], p. 1010.

2. J. Biard, « L'analyse logique des termes transcendantaux selon Jean Buridan », dans *Le problème des transcendantaux*, *op. cit.*, p. 51-66.

de la métaphysique, et dont il envisage le problème des transcendantaux à partir de méthode logico-linguistique, c'est que même si le faux repose sur la composition et la division, on ne peut pas dire que tout vrai soit *in mente*, car la théorie de la supposition implique un rapport aux choses singulières ou existantes. Le nominalisme ne traite pas des choses, en visant un concept de chose en général, qui soit identifiée au connaissable. Il y a un sujet principal pour chaque science, autrement dit, un point de vue, ou une *ratio*, pour envisager *les choses*. La physique envisage le terme « mouvement », c'est son sujet adéquat, et elle rend compte des étants en tant qu'ils se meuvent.

La métaphysique a donc le terme « étant » pour sujet principal, propre et adéquat, mais, *inquantum* dans l'expression *ens inquantum ens* ne doit pas être entendu *reduplicative*, comme s'il était l'objet d'une reduplication, puisque tout étant, ou n'importe lequel, serait alors le sujet de la métaphysique ; il doit s'entendre *specificative*, spécificativement, pour exprimer le point de vue (*ratio*), selon lequel ce terme « *ens* » est posé comme le sujet propre de cette science. Tout est considéré en métaphysique du point de vue de l'étant, ce qui ici signifie du point de vue de l'attribution possible au terme « étant ».

> Tout est examiné en métaphysique du point de vue de l'attribution ou du renvoi au terme « étant ». Il appartient à la métaphysique de demander à propos de n'importe quel étant ce qu'il est, et comment il est, et encore de quelles causes il dépend dans son être. Et c'est en cela que consiste l'examen de ce qu'il faut attribuer à l'étant ou à l'être. Et cette science examine les étants non seulement selon la communauté la plus grande, mais plutôt de façon spéciale [1].

Faire l'histoire de la métaphysique comme science transcendantale, c'est donc passer sous silence un courant important de la pensée médiévale, le nominalisme, et ce qu'il accomplit par la méthode logico-linguistique, et c'est alors mettre la modernité, dans son ensemble, sous la structure transcendantale de l'objet en général, en l'inscrivant dans le destin (heideggérien) de la métaphysique comme histoire de l'être. C'est à cette condition qu'il est possible de considérer, comme Jean-François Courtine,

1. Jean Buridan, *In Metaphysicam Aristotelis questiones*, Paris, 1588, reprod. Minerva, Frankfurt a. m.., 1964. « Omnia enim considerata in metaphysica considerantur secundum attributionem vel retributionem ad illum terminum "ens". Metaphisici enim est considerare de quolibet quid ipsum esse suo, et quomodo est et a quibus causis dependet in esse suo, et hoc est considerare attributionem ad ens vel ad esse. Et non solum considerat talia in maxima sua communitate, immo etiam in speciali » (VI, 2, f. XXXIII ^{vb}-f. XXXIV ^{ra}).

par exemple, que la métaphysique n'est pas seulement transcendantale, mais surtranscendantale. Ainsi,

> un dernier trait permet de caractériser la métaphysique des modernes, comme ontologie, pour autant qu'elle ne se détermine plus prioritairement comme *scientia transcendens* ou *theoria transcendentalis*, mais plus rigoureusement comme science *sutranscendantale.* Le terme, comme on le sait, n'aura pas réussi à s'imposer; il avait pourtant le grand mérite de mettre clairement l'accent sur la *valeur d'objectivité* [...] À titre de théorie surtranscendantale, la métaphysique moderne n'est point ontologie, mais bien ti-nologie, science générale (Leibniz) du *cogitabile* [1].

On a soutenu dans l'Introduction que Descartes s'émancipe de la réflexion sur l'objet en général et que dans la métaphysique cartésienne les choses existantes sont d'emblée ontologiquement spécifiées, comme choses matérielles, choses pensantes et choses qui relèvent de l'union de l'âme et du corps. Mais reste-t-il quelque chose de la réflexion médiévale sur les transcendantaux chez Descartes qui pourrait asseoir l'inscription du cartésianisme dans une métaphysique transcendantale? En réalité, il ne subsiste plus grand-chose de cette doctrine, mais suffisamment tout de même pour que nous posions la question de savoir si Descartes abandonne totalement la réflexion sur l'être en général. On trouve, comme on l'a dit, une occurrence du terme « transcendantal », à propos de la vérité.

L'esprit n'est pas séparable de la vérité; on ne saurait en faire un objet à définir de l'extérieur. Nous connaissons la vérité, précisément sous la figure d'une règle générale « toutes les choses que nous concevons clairement et distinctement sont toutes vraies », qui s'appelle règle parce qu'elle est la norme de la recherche de la vérité. Le problème de Descartes n'est pas de déterminer la vérité, mais d'apprendre à distinguer le vrai du faux, et de mettre en ordre les raisons qui permettent de le découvrir (*invenire*). La vérité s'éprouve dans la pensée, comme l'exigence de la clarté et de la distinction, et elle requiert l'examen de nos idées. Nous avons une idée vraie, dira plus tard Spinoza, et l'on peut jusqu'à un certain point le rapprocher de Descartes. La limite du rapprochement c'est que l'entendement cartésien n'est pas actif et que la vérité n'est connue que par un acte d'assentiment, cependant le vrai est la norme, ou l'index, de lui-même, et la

1. J.-Fr. Courtine, *Suarez et le système de la métaphysique*, *op. cit.*, p. 537. Voir dans le même sens, O. Boulnois, *Être et représentation*, *op. cit.*, p. 512. *Contra* J. A. Aersten qui soutient, par exemple dans l'article cité précédemment, que la métaphysique médiévale est une science transcendantale, et peut-être pas une tinologie.

certitude de l'idée repose sur sa réflexivité[1]. Ce qui distingue Descartes de Spinoza, c'est que la réalité formelle de l'idée n'est pas envisagée, chez Descartes, comme la réalité objective d'une autre idée. Ce qui est examiné chez lui pour s'assurer que nos pensées sont véritables, c'est ce que nous percevons clairement ou distinctement dans une idée et non pas l'acte de la pensée, qui est un mode de l'esprit corrélatif à un genre donné de choses; ce qui veut dire que la réflexion porte sur l'objet de nos pensées et non sur la réalité formelle. En réfléchissant sur la clarté et la distinction de nos perceptions, il s'agit de déterminer véritablement la chose visée par l'idée, puisque *toute idée est une idée d'une chose*. Or les idées ne sont pas causées par l'entendement humain; l'esprit fini reçoit plutôt les vérités qui sont données dans la création divine. Le rationalisme absolu, impliqué par la puissance de l'entendement qui engendre ses concepts, et qui est capable de produire des définitions parfaites, réelles, génétiques et causales, distingue Spinoza de Descartes.

Que signifie « transcendantal » dans le passage de Descartes? En un sens, que Descartes reprend le fil de la discussion sur les transcendantaux. En effet, il reprend la définition commune de la vérité, qu'on trouve en particulier chez Thomas d'Aquin, il la considère comme verbale ou seulement nominale, car la vérité consiste en l'être, et la fausseté au non-être seulement[2]. Mais, dans le *De veritate*, Thomas d'Aquin donne une présentation de la *ratio veri*, qui dérive de l'étant, et soutient qu'une connaissance ne se réalise que par une assimilation du connaissant à la chose connue. La connaissance produit l'assimilation. Il applique l'analogie du voir et du connaître. Une certaine disposition spécifique de la couleur dans le mur permet à la vue de connaître la couleur. Nous nous mouvons sur le registre de la similitude des espèces sensibles. La relation fondamentale de l'étant à l'intellect est donc un rapport de concordance entre celui-ci et celui-là; c'est ce qu'on appelle l'adéquation de l'intellect à la chose, et c'est de cette façon que s'accomplit formellement la raison de vrai (*ratio veri)*. En aucun cas, Thomas d'Aquin n'envisage cette définition comme nominale, car la similitude *formelle* fonde l'adéquation de l'intellect à la chose. Certes ce qui est formel n'est pas réel, mais la raison formelle est une similitude de la chose.

1. Spinoza, *Traité de la réforme de l'entendement*, (§ 33-35). Ces développements se retrouvent dans l'*Ethique*, II, prop. XLIII. Je me permet de renvoyer à mon étude « La Certitude de l'idée chez Spinoza », dans *La voie des idées. Le statut de la représentation XVIIe-XXe siècles*, K.-S. Ong-Van-Cung (éd.), Paris, CNRS-éditions, 2006. On verra l'importance de la notion réflexive de l'idée chez Descartes, au chap. VI.

2. Voir la *Lettre à Clerselier*, 23 avril 1649, n° 6, AT, V, 356, l. 15-16.

La *ratio veri* s'accomplit formellement dans l'adéquation de l'esprit à la chose. Et cela n'empêche nullement que Thomas d'Aquin considère que le vrai soit l'être. En répondant à l'argument selon lequel Augustin définit le vrai comme ce qui est (*Soliloques*, II, c. 5), Thomas d'Aquin écrit que

> cette définition d'Augustin (le vrai est ce qui est) est prise dans le premier sens qu'on a donné au mot "vérité" : celui du fondement réel; il ne l'entend pas dans le sens de la perfection formelle de la raison de vrai : celui de l'adéquation de la chose et de l'intellect; [En effet], le vrai n'est rien de plus que l'étant; en effet, dans un certain sens, l'étant se dit du non-étant dans la mesure où le non étant est saisi par l'intellect; c'est dans ce sens que le Philosophe affirme que, au Livre IV de la *Métaphysique* (c. 3, 1003 b 5), la négation de l'étant ou sa privation peuvent être dites "étant" en un sens déterminé; c'est le même point de vue qu'adopte Avicenne au début de sa *Métaphysique* (I, c. 6) : on ne peut jamais énoncer quelque chose qu'à propos de l'étant, car l'objet d'une telle proposition doit être saisi par l'intellect. C'est pourquoi on peut clairement (tenir) que tout ce qui est vrai est de quelque manière l'étant [1].

Ce qui distingue Descartes et Thomas d'Aquin, et qui explique que Descartes traite la définition thomasienne de nominale, tient dans la formule cartésienne « servir d'objets à des pensées véritables », et plus précisément par *pensées véritables.* Les pensées vraies sont les pensées de choses vraies, autrement dit de choses existantes. Ainsi, par exemple, parlant de l'*ego*, dont il a prouvé l'existence, Descartes écrit « je suis une chose vraie, et vraiment existante – *res vera et vere existens* » [2]. Et, de l'idée de Dieu, il dit aussi, à la fin de la preuve, qu'elle est « entièrement vraie – *maxime vera* » [3]. Autrement dit une idée vraie est l'idée qui me représente une chose ou une substance. Descartes identifie en effet la chose et la substance. Si l'on suit la liste des notions communes, que Descartes évoque dans la *Règle* XII, en plus de celles de la *Règle* VI, on voit qu'il donne trois exemples : l'existence, l'unité, la durée. C'est la substance qui prend le relais de l'*existentia* dans la *Méditation Troisième*, car « quant aux idées claires et distinctes que j'ai des choses corporelles, il y en a quelques-unes qui me semblent que j'ai pu tirer de l'idée que j'ai de moi-même, comme celle que j'ai de la substance, de la durée, du nombre, et d'autres choses semblables » [4]. Descartes commente ce point dans la *Lettre à Clerselier* du 23 avril 1649, en soulignant qu'il aurait pu ajouter *vérité*, *perfection*, *ordre*,

1. Thomas d'Aquin, *De veritate*, q. 1, art. 1.
2. Descartes, *Meditation Seconde*, AT, IX, 21 ; VII, 27.
3. *Méditation Troisième*, AT, IX, 36 ; VII, 46.
4. *Ibid.*, IX, 35 ; VII, 44, l. 18-21.

etc., aux mots de *substance*, *durée*, *nombre*, etc., car explique-t-il avec un accent presque nominaliste, la vérité n'est pas distincte de la chose vraie ou de la substance ni la perfection de la chose parfaite.

Descartes identifie chose et substance. La substance est d'ailleurs définie dans les *Principes*, « une chose qui existe en telle façon qu'elle n'a besoin que de soi-même pour exister – *rem quæ ita existit, ut nulla alia re indigeat ad existendum* »[1]. Thomas d'Aquin distingue, pour sa part, chose et substance, car la substance n'ajoute à l'étant aucune différence désignant une nature qui lui serait surajoutée ; le mot de « substance » désigne plutôt le mode d'être de ce qui existe par soi. Or la chose désigne la quiddité ou l'essence d'un étant et elle se distingue ainsi de l'étant. Autrement dit, chez Descartes, l'accent est mis radicalement sur la chose existante ; la connaissance n'implique pas l'objet en général, condition transcendantale de la représentation ou de la connaissance, mais elle porte toujours sur les choses qui ont une existence et l'esprit se rapporte donc toujours à des choses qui sont déterminées ontologiquement. C'est ce que l'article 48 de la Première partie des *Principes* souligne avec force.

> Que tout ce dont nous avons quelque notion est considéré comme une chose ou comme une vérité – *Omnia quæ sub perceptionem nostram cadunt, spectari ut res rerumve affectiones, vel ut æternas veritates* ; et le dénombrement des choses. Je distingue tout ce qui tombe sous notre connaissance en deux genres : le premier contient toutes les choses qui ont quelque existence – *vel tanquam res rerumve affectiones* –, et l'autre toutes les vérités qui ne sont rien hors de la pensée – *vel æternas veritates, nullam existentiam extra cogitationes habentes*. Touchant les choses, nous avons premièrement certaines notions générales qui se peuvent rapporter à toutes, à savoir celles que nous avons de la substance, de la durée, de l'ordre et du nombre, et peut-être aussi quelques autres[2].

Quant aux genres de choses qui existent, il reconnaît la chose pensante et la chose étendue et les choses que nous expérimentons en nous-mêmes et qui doivent être attribuées à l'union de l'âme et du corps.

Descartes ne dit pas que le sujet propre et adéquat de la métaphysique soit l'étant, il lui assigne plutôt les deux choses existantes, l'*ego* et Dieu, qui sont les principes de la connaissance humaine, comme on le verra au chapitre VI. Le transcendantal prend le sens qui s'accomplit chez Kant,

1. *Principes*, I, art. 51, AT, IX-2, 47 ; VIII, 24, l. 21-23.

2. *Principes*, I, 48, IX-2, 45 ; VIII, 22-23. Voir K.-S. Ong-Van-Cung, « Notions et choses chez Descartes. A propos de *Principes*, I, 48 », dans J.-P. Cléro et E. Faye (dir.), *Descartes, Des Principes aux phénomènes*, Paris, Armand Colin/Recherches, 2012.

comme conditions de possibilité de la connaissance, mais il ne repose pas sur l'objet en général ; il est le point de vue qui permet d'envisager les idées que nous avons comme idées d'une chose existante, c'est-à-dire comme une idée vraie. Le traitement cartésien des transcendantaux est donc réduit au strict minimum, pour nous orienter vers les choses que nous pensons spécifiquement ou qui appartiennent à tel ou tel genre de choses, tombant sous la connaissance.

CHAPITRE V

PRÉSENCE, PRÉSENTIALITÉ, ET MODES D'APPARAÎTRE

Le problème de la présence, de la *presentia* et de la *presentialitas*, est thématisé chez Duns Scot, mais il est approfondi au XIVe siècle par Hervé de Nédellec (†1323), son contemporain Pierre d'Auriole (†1322), et plus tardivement par un auteur postérieur à Guillaume d'Ockham, Pierre d'Ailly (1351-1420) dans des textes composés entre 1370 et 1380. Pour ces auteurs, la présentialité n'est pas tout à fait équivalente à la présence. La présentialité éclaire la notion de présence objective qui est aussi développée par le cartésianisme et elle introduit une autre conception de l'intentionnalité.

La notion d'intention n'est pas par elle-même porteuse d'une pensée de l'intentionnalité. Guillaume d'Ockham utilise ainsi le terme d'*intentio*, comme synonyme de signe conceptuel, ayant un statut d'être réel ou subjectif, comme les Médiévaux le disent, non au sens de la subjectivité moderne, mais comme un étant subsistant à titre de réalité ou d'acte. Mais, l'intentionnalité entendue au sens d'une question, portant sur la qualité irréductible du rapport noétique entre l'âme intellective et le monde, est absente de sa réflexion. Pour le *Venerabilis inceptor*, en effet, le concept est porteur de qualités sémiotiques; il tient lieu des choses singulières, grâce à une relation de causalité ou de ressemblance. Guillaume d'Ockham soutient la thèse du concept compris comme signe conceptuel, et il critique la pensée « pré-phénoménologique » de l'intentionnalité, qu'on va voir se déployer au XIVe siècle chez des auteurs comme Hervé de Nédellec, ou Pierre d'Auriole. La question se réduit chez Guillaume d'Ockham à celle de savoir comment un étant psychique – le concept entendu comme qualité de l'âme – renvoie à un autre étant.

En dépit de sa critique de l'être intentionnel, Guillaume d'Ockham peut tout à fait défendre, ou du moins être utilisé pour défendre, une conception différente de l'intentionnalité : la conception naturaliste, qui met la référence au cœur de son analyse. C'est de cette manière que Claude Panaccio [1], en insistant sur l'apport que constitue la notion de langage mental dans la sémantique de Guillaume d'Ockham, en donne une lecture contemporaine, à partir de la notion de mentalais qu'on trouve chez Jerry Fodor, qui oriente l'interprétation d'Ockham dans le sens d'une conception cognitiviste de l'intentionnalité.

Je ne vais pas développer ce dernier point qui nous éloignerait trop du cartésianisme et du projet d'une archéologie de l'intentionnalité centrée sur Descartes [2]. Il est plus judicieux pour notre propos d'insister sur la différence entre présence et présentialité, autrement dit, sur la tentative de donner une définition de la présence intentionnelle comme « présence à … », que Guillaume d'Ockham critique avec un plus ou moins de succès. En suivant la filiation Hervé de Nédellec, Pierre d'Auriole, Guillaume d'Ockham, Pierre d'Ailly et Grégoire de Rimini [3], on voit se constituer, autour de la notion de *presentialitas*, une conception de l'intentionnalité différente de celle qui est développée à Paris au XIIIe siècle, par exemple dans la lecture que de Thomas d'Aquin, ou à Oxford, à la charnière du XIIIe et du XIVe siècle, par Jean Duns Scot. Il est très important de ne pas résumer ces développements originaux du XIVe siècle sous l'intitulé géné-

1. Cl. Panaccio, *Les Mots, les concepts et les choses. La Sémantique de Guillaume d'Occam et le nominalisme d'aujourd'hui*, *op. cit.*; en particulier chap. II, « La Pensée signifiante », p. 69-164.

2. La raison en est que j'écris à partir de Descartes, lequel ne partage pas le naturalisme, que cette lecture d'Ockham met en valeur, car quoique Descartes accorde à la causalité naturelle une importance dans l'explication de la sensation ; du fait du dualisme, il soutient qu'il n'existe pas de causalité naturelle des pensées. Les mouvements corporels engendrent d'autres mouvements corporels ; ils ne sont que l'occasion pour l'âme de saisir ses propres idées.

3. Cette lignée a été étudiée par Joël Biard, outre les ouvrages *Logique et théorie du signe au XIVe siècle*, Paris, Vrin, 1989, et *Guillaume d'Ockham. Logique et philosophie*, Paris, P.U.F., 1997, voir « Intention et signification chez Guillaume d'Ockham. La critique de l'être intentionnel », dans A. Elamrani-Jamal, E. Galonnier (éd.), *Langages et philosophie. Hommage à Jean Jolivet*, Paris, Vrin, 1997, p. 201-220 ; « La science divine entre signification et vision chez Grégoire de Rimini », dans C. Marmo (éd.), *Vestigia, Imagines, Verba : Semiotics an Logic in Medieval Theological Texts (XIIth-XIVth Century)*, Turnhout, Brepols, 1997, p. 393-408 ; « La science divine comme paradigme du savoir chez quelques auteurs du XIVe siècle : Pierre d'Auriole, Grégoire de Rimini » dans R. Rashed et J. Biard (éd.), *Les Doctrines de la science à l'âge classique*, Louvain, Peteers, 1999, (p. 189-209) ; « Intention et présence : la notion de *presentialitas* au XIVe siècle », dans D. Perler (éd.), *Ancient and Medieval Theories of Intentionality*, *op. cit.*

ral d'une métaphysique transcendantale de la représentation au Moyen Âge, qui serait commandée par la synthèse scotiste, dont les confins se trouveraient jusqu'au massif kantien.

La présentialité

Hervé de Nédellec est un auteur important dans l'histoire de l'intentionnalité au XIVᵉ siècle. Il enseigne à Paris et il a écrit un *Tractatus de secundis intentionibus*, rédigé vers 1313[1]. Il est le premier à unir consciemment le sens volitif et le sens noétique de l'*intentio.* En effet, « il faut donc savoir que l'intention convient à la volonté autant qu'à l'intellect. Et puisqu'il semble bien que l'intention signifie la tendance vers quelque autre chose, l'intention convient à la volonté qui tend vers son objet aussi bien qu'à l'intellect dans le rapport qu'il entretient avec son objet »[2]. L'intention qui convient à l'intellect doit être pensée sur le même modèle que la volonté, dans la mesure où celle-ci tend vers un objet. L'intentionnalité comme structure fondatrice de l'intention repose sur un mouvement vers quelque chose, modélisé par l'acte de vouloir, qui marque la spontanéité d'un étant (la volonté ou l'intellect), qu'on assigne comme point de départ du mouvement. Ainsi se trouve mise en place une structure d'ouverture à quelque chose, impliquant la tension vers quelque chose, et en outre une spécificité de ce mouvement qui est distingué de la présence de l'être réel à l'intellect. En effet, si on se concentre sur l'aspect proprement noétique, on appelle « intention », une entité représentationnelle, *species*, acte ou concept. Mais, ce qui nous intéresse plus particulièrement chez Hervé de Nédellec, c'est que l'intention se tient du côté de la chose intelligée aussi. Autrement dit, l'intention est la chose elle-même, dans la mesure où elle est

1. Hervé de Nédellec, *Tractatus de secundis intentionibus*, (ce texte ne se trouve qu'en édition incunable, Paris, 1489). Nous citons les textes d'après J. Biard, qui s'appuie pour le premier traité sur une transcription de Judith Dijs (Université de Leyde, Pays-Bas). Voir aussi pour la polémique entre Hervé de Nédellec et Pierre d'Auriole, « Peter Aureol vs. Hervæus Natalis on Intentionality. A Text Edition with Introductory Remarks », dans les *Archives doctrinales d'histoire littéraire et doctrinale du Moyen Âge* LXI, 1994, Paris, 1995, p. 227-262.

2. « Sciendum ergo quod intentio pertinet ad voluntatem quam ad intellectum. Et quia intentio videtur importare tendentiam in quoddam alterum, intentio convenit tam voluntati tendenti in suum obiectum quam etiam intellectui respectu sui obiecti » (*De sec. Intent.* Ia, qu., sol.).

intelligée par un acte de l'intellect, qui tend vers elle comme vers un être-connu[1].

On a affaire à une relation dynamique, qu'Hervé pense « des deux côtés », du côté de l'intellect et du côté de la chose intelligée. Hervé de Nédellec a cependant tendance à multiplier les espèces et à se livrer à une énumération aussi précise que métaphysique de ses différentes juridictions ontologiques. Ainsi, par exemple, l'intention, prise concrètement et matériellement, est la chose comme chose connue, mais prise formellement et abstraitement, elle est la relation établie entre la chose connue et l'intellect[2]. Et, *ex parte intelligenti*, il y a donc « ce qui, sur le mode d'une représentation, conduit l'intellect à la connaissance d'une chose », que ce soit une espèce intelligible, un acte de l'intellect ou un concept forgé par l'intellect, et du côté de la chose intelligée, l'intention est la chose même en tant qu'intelligée, pour autant que l'intellect est tendu vers elle, comme vers un certain être-connu par un acte d'intellection.

Il s'ensuit néanmoins une distinction importante entre ce qui est subjectivement et ce qui est objectivement dans l'intellect.

> Il faut donc savoir que quelque chose est dit être dans l'intellect de deux façons, *sc.* subjectivement et objectivement. Est dit subjectivement dans l'intellect, ce qui est en lui comme dans un sujet ; en ce sens, l'espèce, l'acte d'intellection et cette disposition qu'est la science, sont dits être dans l'intellect. En un autre sens, quelque chose est dit être dans l'intellect objectivement, et cela de deux manières. En un sens, comme ce qui est directement l'objet connu par l'intellect ; en ce sens, tout ce qui est connu par l'intellect, aussi extérieur soit-il à l'intellect, subjectivement parlant, est objectivement dans l'intellect [...]. En un autre sens, quelque chose est dit être objectivement dans l'intellect, parce que cela découle de la chose, pour autant qu'elle a un être objectif dans l'intellect[3].

Hervé de Nédellec introduit la distinction concernant l'être de l'intellect, entre ce qui y est subjectivement (comme une *species* ou un acte

1. *Ibid.*, I, q. 1 : « Alio modo dicitur intentio id quod se tenet ex parte rei intellectae. Et hoc modo dicitur intentio res ipsa quae intelligitur in quantum in ipsam tenditur scut in quoddam cognitum ».

2. « Et intentio sic dicta formaliter et in abstracto dicit terminum ipsius tendentiae sive ipsam terminationem quae est quaedam habitudo rei intellectae ad actum intelligendi. In concreto autem et materialiter dicit illud quod intelligitur, quicquid sit illus ». Hervé de Nédellec parle ici de la relation de la chose intelligée et de l'acte de l'intellect, et comme un tel l'acte est une qualité existant subjectivement dans l'âme, c'est une relation qui se tient entre une chose connue et l'intellect.

3. *De sec. Intent.*, 3a distinctione, § 21-23.

d'intelliger)[1] et ce qui y est objectivement (la chose intelligée). C'est donc l'être objectif qui permet de caractériser l'intention, lorsqu'on la considère non plus à titre de *tension vers*, mais du côté de l'intelligé qui est *présent à* quelque chose (l'intellect). Le premier cas d'être objectif est le bœuf, ou le cheval, c'est-à-dire les intentions premières pour autant que l'acte d'intellection se termine en elles[2], le second cas est l'être abstrait de l'homme, par exemple, l'universel ou l'intention seconde[3].

Hervé de Nédellec est à la recherche d'une stricte réversibilité entre le point de vue noétique et le point de vue noématique. Même si l'on peut penser qu'il multiplie les êtres réels sans discernement, il voulait plutôt introduire une sorte d'être, qui comme être spécifiquement intentionnel, soit distingué de l'être réel. En effet, « l'intentionnalité par laquelle la première intention est dite "intention" n'ajoute à la chose qui est intelligée rien d'autre que ceci : que cette chose même soit objectivement dans l'intellect »[4]. Et ce qui est important, soulignons-le, c'est que cet être n'est pas à situer « du côté de celui qui intellige », puisqu'en ce sens l'intention, n'est autre que la *species* et elle est un *ens reale*.

Considéré du côté de la chose intelligée, cet être intentionnel suppose une relation, « une disposition de cette chose envers l'acte d'intellection pour autant qu'elle le détermine [*habitudo rei intellecta ad actum intelligendi prout ipsum determinat*] ». Ainsi une telle détermination est un *ens rationis*, elle surgit du fait de la *relation* à l'intellect. Avec cette acception de l'intention, on a une équivalence « être de raison », « être objectif », « être (objectivement) dans l'intellect », et « être intentionnel ».

Hervé de Nédellec ajoute une autre détermination, à savoir que l'être intentionnel doit être entendu de deux façons : essentiellement ou dénominativement. « Essentiellement », il s'agit alors de mode d'être de ce qui est par essence intentio, c'est-à-dire, les intentions prises du côté de celui qui intellige (espèces intelligibles, acte d'intellection), qui ont un être réel et possèdent un être essentiellement intentionnel, non selon leur être subjectif, mais dans la mesure où ils sont représentatifs de quelque chose.

1. *Ibid.*, I, q. 1 : « Subiective dicitur esse in illud quod est in eo sicut in subiect. Et isto modo et actus intelligendi et habitus scientiae dicuntur esse in intellectu ».

2. *Ibid*; « Alio modo dicitur aliquid esse in intellectu obiective. Et hoc dicitur uno modo sicut quod directe est obiectum cognitum ab intellectu. Et isto modo omne quod est cognitum ab intellectu – quantumcumque sit extra intellectum subiective loquendo – est in intellectu obiective ».

3. « Alio modo dicitur aliquid esse obiective in tellectu quia scilicet consequitur rem prout est obiective in intellectu sicut esse abstractum a Sorte et Platone ».

4. *De sec. Intent.* I, 2a qu., de vera opinione « Intentionalitas qua prima intentio dicitur "intentio" super rem quae intelligitur non addit nisi ipsam esse obiective in intellectu ».

Mais pris « dénominativement », l'être intentionnel désigne le mode d'être de ce qui est objet de telles intentions. La chose intelligée est intentionnellement dans l'intellect et l'on retrouve l'être objectif. En effet, c'est dans la recherche d'une réversibilité de la relation intentionnelle, d'abord originée dans l'intellect et qui tend vers son objet, puis ressaisie à partir de l'objet intelligé comme ce qui est *présent à* l'intellect, qu'Hervé de Nédellec tente de penser ce qu'on peut nommer la présentialité, non la pure et simple présence, mais « la présence à ... ».

Il est important de voir que Duns Scot n'entend pas les choses de cette façon, car selon lui l'être objectif est produit par l'intellect comme ce qui se substitue à la chose et en tient lieu. Depuis la Chute, la chose n'est pas immédiatement intelligible et n'est pas comme telle présente à l'esprit. La distinction entre connaissance intuitive et connaissance abstractive repose, chez Duns Scot, sur la différence entre la présence ou la non-présence. En effet, le point où se concentrent les difficultés, et les différentes solutions des médiévaux, concernant la nature des *species* et le statut de la présence, se trouve dans la définition de la connaissance intuitive.

Le critère de Duns Scot est la présence ou la non-présence de la chose en tant qu'objet, c'est-à-dire en tant qu'elle fait face à l'intellect. Jean Duns Scot distingue deux actes de l'intellect. L'un se définit par l'indifférence à l'existence ou à la non-existence. « L'un peut être indifférent par rapport à l'objet existant et non existant, et même indifférent à l'égard de l'objet qui n'est pas réellement présent comme à l'égard de l'objet réellement présent »[1]. Par exemple, l'universel n'existe pas, si on entend par là qu'il peut être pensé indifféremment du fait qu'il soit ou non contracté par quelque suppôt, et il est produit par la connaissance abstractive en tant qu'elle est indifférente à la présence et à la non-présence, à l'existence et à la non-existence. En un sens, l'existence et la présence peuvent être synonymes, car d'une certaine manière une chose passée n'existe plus, mais cette synonymie n'est pas totale, puisqu'une chose existante peut être absente. La présence implique un point de repère par rapport auquel elle est présence.

Quand on ne dispose pas d'une philosophie du sujet pensant, comme c'est le cas au Moyen Âge, ce point a un sens temporel, c'est l'âme chez Augustin, ou bien il prend la forme de la temporalité grammaticale. C'est le cas dans les philosophies qui mettent l'accent sur l'approche

1. Duns Scot, *Quaestiones quodlibetales* VI, a. 1, n° 18 : « Unus indifferenter potest esse respectu obiecti existentis et non existentis, et indifferenter etiam respectu obiecti non realiter praesentis sicut et realiter praesentis ».

sémio-linguistique plutôt que sur l'approche strictement noétique. La formulation d'une proposition détermine un segment du temps vécu, qui sert de point de repère pour les autres temporalités.

La connaissance intuitive se définit selon Scot par la présence de l'objet, à la différence de la connaissance abstractive. « Mais l'autre acte d'intelliger est tel que nous ne l'expérimentons cependant pas en nous de manière certaine ; cependant un tel acte est possible, il se rapporte précisément à l'objet présent comme présent [...] cette intellection, dis-je, peut être proprement nommée intuitive, puisqu'elle est l'intuition de la chose comme existante ou présente »[1]. Une telle connaissance intuitive et intellective est possible ici-bas, puisque, d'un point de vue théologique, elle est requise par la vision béatifique quand nous serons justifiés, car c'est la vision béatifique qui est le modèle de cette connaissance comme vision directe de la chose même, sans intermédiaire, ni perte d'être de la chose ainsi saisie. Avec Duns Scot, une théorie de la représentation comme présence diminuée se met en place. Elle sera critiquée par Guillaume d'Ockham. Il serait erroné d'assimiler les deux auteurs sur la différence de la connaissance intuitive et de la connaissance abstractive.

Pierre d'Auriole reprend pour sa part l'idée que l'être objectif est à distinguer de tout être subjectif, *i. e.*, celui de la chose extérieure aussi bien que de celui de la *species*, ou du concept. Dans son *Commentaire des Sentences*, rédigé entre 1316-1318[2], il discute les thèses d'Hervé de Nédellec et celles plus anciennes de Raoul le Breton. La *presentialitas*, qui jusque-là redoublait simplement le fait de la présence, va s'en écarter selon un processus complexe. Pour Pierre d'Auriole, comme on l'a vu au chapitre II, l'acte de l'intellect *pose* la chose dans un être qu'il qualifie d'*intentionale*, de *conspicuus* ou d'*apparens*, différent de l'être réel ou subjectif. Cette thèse est justifiée par huit expériences qui sont en grande partie fondées sur des illusions d'optique[3], qui ne visent pas à miner la

1. « Alius autem actus intelligendi est, quem tamen non ita certitudinaliter experimur in nobis ; possibilis tamen est talis, qui scilicet praecise sit obiecti praesentis ut praesentis, et existentis ut existentis [...] ista inquam intellectio potest proprie dici intuitiva, quia ipsa est intuitio rei, ut existentis et praesentis ».

2. Voir en particulier *Scriptum super primum Sententiarum*, distinctio 3, sect. 14, n. 31, éd. E. M. Buytaert, Franciscan Institute Publications, Text Series n° 3, St Bonaventure, New York, 1952, vol. II, p. 696-698 ; et dist. 23, éd. dans l'article cité de D. Perler.

3. *Scriptum in I Sent.*, dist. 3, s. 14, éd. Buytaert, vol. I, 696-701.

certitude de la connaissance, mais plutôt, selon Auriole, à échapper au scepticisme [1].

Le processus qui est à l'œuvre en toute perception est la position dans l'être apparent (l'*esse apparens*), autrement dit, l'apparition entendue non comme illusion, mais au sens primordial de l'apparaître de la chose, en tant qu'elle est donnée à un intellect. Pour Auriole, l'*esse apparens* est le moyen d'éviter de poser la *species* comme intermédiaire représentatif. Auriole est avec Ockham l'un des deux auteurs à refuser de faire de la *species* un élément, ou une condition de la connaissance intellective, même s'il en admet par ailleurs l'existence. Cette position d'un être intentionnel n'est pas un acte qui dépende de la spontanéité de l'intellect, mais il se trouve du côté de la chose ; c'est l'apparaître de cette chose à l'intellect qui est désigné par l'*esse apparens* : ce n'est ni une autre chose, ni l'être réel indépendamment de cet apparaître. Pierre d'Auriole s'accorde à considérer avec Hervé de Nédellec que les intentions ne sont pas des entités mentales. Il trouve seulement qu'Hervé de Nédellec différentie trop l'être réel de l'être apparent, en faisant de l'être intentionnel le produit d'une relation de la chose à l'intellect. C'est l'objet de la polémique éditée par Dominik Perler.

L'*esse apparens* n'est donc ni une *species* ni un *tertium quid*, comme le prétend Guillaume d'Ockham, lorsqu'il le critique dans la troisième question, de la distinction 27, de son *Commentaire des Sentences*, mais c'est une simple position de la chose dans son *esse apparens*, du fait qu'elle apparaît, autrement dit, qu'elle est perçue ou conçue. En effet, quand Guillaume d'Ockham critique l'idée d'un être objectif, dans son propre *Commentaire des Sentences*, c'est Pierre d'Auriole qu'il va prendre comme point de référence et aussi Duns Scot. Comme l'écrit Joël Biard, la simplification qui conduit Auriole à nier les *species*, non leur existence mais leur utilité pour la connaissance, est « inverse de la radicalité ockhamiste. Il ne s'agit pas de tout rabattre sur une conception sémiologique (avec les implications causalistes et naturalistes d'une telle réduction), mais de reconduire la question à l'épure d'un rapport intentionnel pensé sur le modèle de la vision » [2].

Ainsi la difficulté qui se rencontre à la lecture d'Auriole est que, même si le cœur de sa démarche est de refuser la réification de l'*esse apparens*, la pointe extrême de son propos conduit à un décollement de la présentialité

1. « Et universaliter qui negat multa habere esse intentionale et apparens tantummodo, et omnia quae videntur putat esse extra in rerum natura, negat omnem ludificationem et incidit in errore dicentium quod omnia sunt quae apparent » (p. 697).

2. Voir « Intention et présence », art. cit., p. 271.

(*presentialitas*) par rapport à la présence, qui n'est pas toujours claire. Et c'est cette béance qui a permis de voir en Auriole le penseur de l'objectité par excellence. Mais c'est là son originalité, et non pas le trait commun d'une pensée de la représentation qui serait partagée par tous les auteurs du XIVe siècle. Elle est manifeste dans la critique que Pierre d'Auriole fournit de la connaissance intuitive chez Duns Scot. S'il en reprend certains éléments dans sa propre conception, le fond critique repose, comme chez Ockham, sur l'argument que la différence entre connaissance intuitive et connaissance abstractive ne saurait résider ni dans une différence entre les objets (singuliers et universels, sensibles et intelligibles), ni non plus dans la présence ou l'absence de la chose, mais dans *les actes eux-mêmes* ou dans les *modes de connaître*.

« À partir de ce qui a été dit, il est patent que la connaissance abstractive n'est pas bien définie, si on dit qu'elle est celle qui ne se termine pas à l'existence, et à la présence actuelle de la chose, mais qu'elle abstrait à partir d'elle. Il a, au contraire, été prouvé plus haut, à la fin du deuxième article, que l'actualité, la présentialité et l'existence de la chose, peuvent même être connues abstractivement »[1]. En dépit de certains arguments en faveur de Duns Scot, Pierre d'Auriole veut montrer, précisément contre Scot, qu'une connaissance intuitive peut se produire, lorsque la chose est absente ou qu'elle n'est pas présente actuellement. En effet, « il faut répondre que la connaissance intuitive peut se produire la chose étant absente et n'étant pas actuellement présente »[2]. Pierre d'Auriole met alors en place l'argument de la connaissance intuitive du non-existant. Par sa puissance absolue, Dieu pourrait nous faire voir une chose en son absence, comme on voit une étoile qui a cessé de rayonner depuis longtemps dans le ciel. Cet argument, comme chez Guillaume d'Ockham, a pour vocation non de généraliser le scepticisme, mais de distinguer la connaissance intuitive et la connaissance abstractive par la nature des actes, et non par les objets, ni par leur présence et leur non-présence.

Du fait qu'il peut peiner parfois à expliciter la distinction entre la présence et la présentialité, Pierre d'Auriole paraît souvent reprendre le terme de présentialité dans son acception scotiste, c'est-à-dire comme synonyme de présence et admettre le lien entre la connaissance intuitive et

1. « Ex praedictis patet quod non bene definitur abstractiva notitia, dicendo quod est illa, quae non terminatur ad rei existentiam et actualitatem praesentem, sed abstrahit ab eis. Probatum enim fuit supra, in fine secundi articuli, quod immo actualitas, praesentialitas et existentia rei possunt cognosci abstractive » (n° 102, p. 203).

2. « dicendum est quod intuitiva notitia fieri potest re absente nec actualiter praesente ».

la présentialité ou l'existence[1]. Les cinq expériences évoquées montrent qu'il n'est pas possible de lier la connaissance intuitive à la présentialité. C'est le fameux argument de l'illusion qui ne conduit pas tant à poser un intermédiaire mental, où le contenu de l'illusion serait vu, qu'à admettre que l'illusion est encore un mode d'apparaître, même faux, un mode de la présentialité objective. La présentialité paraît donc ici synonyme de présence. « Il est prouvé par plusieurs expériences que l'intuition sensitive ne peut pas être séparée de la présentialité réelle de l'objet, donc à plus forte raison l'intuition de l'intellect ne peut pas non plus en être séparée »[2].

Mais quand Auriole définit la connaissance intuitive et la connaissance abstractive, il utilise différemment le terme *presentialitas*, et il s'écarte de l'assimilation scotiste de *presentialitas* et de présence. La connaissance intuitive est alors définie comme « connaissance présentielle directe, actualisante de ce sur quoi elle se dirige objectivement »[3]. Cette définition de la connaissance intuitive s'éclaire par le modèle de la vision. La connaissance abstractive est présentée à partir du modèle de l'imagination. On ne doit pas identifier ces connaissances avec les modèles qui permettent de les penser. Les deux modes de connaissance ne diffèrent pas par leur objet, mais comme deux manières de connaître la même chose. Si la thèse paraît encore énigmatique, c'est peut-être parce qu'il manque à Pierre d'Auriole une théorie du signe, ou du concept comme signe mental, et c'est aussi certainement parce que l'approche strictement noétique ne parvient pas à rendre explicite la présentialité dans son décollement par rapport à la présence. Le paradoxe tient au mode d'être de ce qui est absent ou de ce qui n'est pas présent. Ainsi dans le cas de l'illusion, si la chose telle qu'on la voit n'est pas présente, elle est présente à celui qui la voit ainsi et si à proprement parler ce que l'on voit n'est pas, il est néanmoins vu-ainsi et ne saurait donc être entièrement désolidarisé de la présentialité objective. Reconduire la position d'Auriole à celle de Duns Scot, c'est passer à côté de l'effort auréaulien pour penser la présentialité comme présence à quelque chose (l'intellect), qui ne provient pas d'un acte de position par l'intellect.

1. « Est enim intuitiva quae concernit rei presentialitatem et existentiam, et terminatur ad rem se existentem. Abstractiva vero dicitur quae abstrahit ab esse et non esse, existere et non existere » (*Scriptum*, Prooem., s. 2, art. 2, n° 52, éd. Buytaert, vol. I, 191).

2. « Probatum est multiplici experientia quod intuitio sensitiva separari potest a reali presentialitate obiecti ; ergo multo fortius intuitio intellectus poterit separari » (*ibid.*, n° 81-87).

3. « cognitio directa praesentialis eius super quod transit obiective actuativa » (*Scriptum*, n° 103).

Quatre caractères de la connaissance intuitive, définie relativement au modèle de la vision, illustrent l'écartement de la présence et de la présentialité : la *rectitudo* (l'immédiateté), la *presentialitas*, l'*actuatio obiecti*, et *la positio existentiae.* « La connaissance visuelle est en outre une connaissance qui se dirige vers ce qui présent sur le mode de la présentialité, et même sur ce qui est absent sur le mode de la présentialité, comme il est patent dans les illusions et toutes les expériences induites plus haut. Bien que les objets soient en effet absents, si la vision est vue par l'œil, elle se dirige vers eux sur le mode de la présentialité, comme il est patent »[1]. La présentialité s'écarte de la présence. Et si on applique à la connaissance intellectuelle, ce qui vient d'être dit de la connaissance visuelle, on doit dire qu'il y a deux modes de connaissance, le premier fait apparaître directement la présentialité, l'actualité et l'existence, de la chose, et n'est autre que la connaissance de l'apparaître directement actualisant et présentiel de la chose existante; c'est la connaissance intuitive. Le deuxième mode de connaissance fait aussi apparaître la chose, mais ni de façon directe, sans connaissance de la chose en elle-même, ni de façon présentielle ou actualisante ; et ce mode de connaissance est abstractif[2].

Pierre d'Auriole défend donc contre Duns Scot une idée de la présentialité qui concerne autant l'objet absent que l'objet présent. Il importe seulement que l'objet soit pensé ou posé, au sens d'actué, comme présent. Auriole met en place la structure primordiale de la relation intentionnelle et de son corrélat, la présence-à …, indépendamment du donné empirique. Mais que signifie penser une chose absente comme présente ? Il semble que le présent se réduise à l'être donné, sans détermination temporelle ni factualité d'existence. On n'en saura pas beaucoup plus. La thèse d'Auriole se maintient à l'intérieur d'une noétique, où il met sur un même plan présence et absence, perception véridique et illusion, comme relevant de la présentialité ou du mode d'apparaître.

Dans la distinction 35, à l'article 1, l'être apparent est au cœur de l'analyse. Pierre se demande ce que c'est qu'intelliger pour la créature. « Intelliger, formellement, n'inclut pas de façon déterminée quelque chose

1. « Ocularis autem notitia fertur super praesens modo praesentiali, immo et super absens modo praesentiali, sicut patet in ludificatis et in cunctis experientiis superius inductis. Quamvis enim obiecta sint absentia, si visio sit in oculo, feretur super ea modo praesentiali, ut patet » (n° 106, p. 204).

2. « Transferendo itaque ad intellectum, ibi sunt duo modi cognitionis. Primus videlicet qui directe apparere facit rei presentialitatem, actualitatem et existentiam, immo non est aliud illa cognitio nisi quaedam presentialis et actuativa apparitio et directa existentia rei ; et iste modus est intuitivus. Secundus vero qui non directe nec ex se, nec presentialiter nec actuative facit res apparere ; et hic est abstractivus ».

in recto, mais connote seulement quelque chose comme apparent à celui qui est dit intelliger »[1] car, en effet, « si rien n'apparaissait objectivement à notre esprit, personne ne dirait qu'il intellige quelque chose ». L'être apparent est envisagé grâce à l'idée de connotation, qui implique une différence entre une signification directe, *in recto*, qui est d'ailleurs plutôt un contenu de pensée qu'une signification et un contenu de pensée qui y est associé de manière *indirecte* ou *latérale.* Ainsi, le terme « intellection » désigne un intellect qui se trouve modifié d'une certaine façon et il connote quelque chose qui lui *apparaît.* « Pour intelliger actuellement, trois choses concourent, l'une précède pour sa part quasiment les autres, à savoir la présence de l'objet dans l'être apparent, mais l'autre est au fondement, à savoir l'intellect informé par une similitude. L'apparaître objectif suit de l'intellect ainsi informé. Et la troisième est comme un complément, à savoir l'apparaître »[2].

L'acte d'intelliger suppose premièrement la présence de l'objet, considéré dans l'*être apparent* ou l'*être objectif*, c'est-à-dire pour autant qu'il est intelligé, deuxièmement, un intellect qui reçoit ainsi une forme, troisièmement, l'acte qui relie ces deux aspects et qui est une actualité ou une actualisation, plutôt d'ailleurs que l'opération d'un sujet, c'est l'*apparitio* de l'objet à l'intellect. En ce sens, l'intellect se termine normalement « à quelque chose d'absolu dans la créature »[3]. Les différents réquisits s'impliquent mutuellement. Ce n'est pas la présence de la chose singulière qui est requise, mais celle de l'objet, autrement dit de la chose qui se prépare ou qui est prête à être intelligée. L'intellect est par nature prêt à intelliger. Leur rencontre donne alors lieu à l'apparaître objectif, ou si l'on veut à la donation de la chose dans sa visibilité ou son intelligibilité.

Il y a deux manières d'être intelligé, *terminative* et *denominative* :

> Il faut considérer qu'une chose est dite intelligée de manière terminative ou bien de façon dénominative. Est intelligée de manière terminative la chose même, relativement à l'être qu'elle a sur le mode de l'être-vu : un être dans l'âme et un être diminué. Elle est intelligée de manière dénominative, relativement à cet être qu'elle a dans la chose extérieure qui est vrai et réel.

1. *Comment. In I Sent.*, dist. 35, art. 1, 751 B (1596).

2. « ad intelligere actuale tria concurrunt, unum quidem quasi previum, videlicet presentia obiecti in esse apparenti, aliud vero ut ad fundamentum, scilicet intellectus informatus similitudine. Sequitur namque intellectum sic informatum apparitio obiectiva. Tertium vero ut complementum, scilicet apparitio » (*Comment. In I Sent.*, dist. 35, art. 1, 751 B).

3. Voir en 753A.

> Et il est possible que ce soit la même chose. Et cependant l'être et l'être intentionnel ne sont pas le même être [1].

Du point de vue de la *chose* intelligée, être intelligée en un sens ne la divise pas réellement, mais cela la diversifie tout de même, car elle est intelligée de manière terminative, quand elle est objectivement pour l'intellect, et de manière dénominative dans l'être vrai et réel qu'elle a dans la chose extérieure (qu'elle est). Au sens premier, être intelligée pour elle c'est être objectivement dans l'intellect, mais en un sens secondaire, c'est être elle-même comme une chose extérieure intelligée. Pour elle, c'est la même chose, mais Pierre éprouve la nécessité de mettre en place cette distinction du côté de la chose. On ne doit pas soupçonner Pierre d'Auriole d'introduire avec l'*esse apparens* une sorte d'écran dans le rapport de l'esprit aux choses qu'il connaît, cependant Auriole met l'accent sur la distinction entre les deux modes d'être que sont d'un côté l'être *per modum conspicuum*, ou *in anima*, ou encore *diminutum*, et de l'autre l'être in *re extra*. La fêlure est redoublée du côté noétique : on intellige *terminative* l'être réel sous son *esse apparens*, mais *denominative* la même chose *in esse subiective*.

On a un redoublement de la fêlure entre la connaissance terminative et la connaissance dénominative, l'être réel et l'être apparent, qui pourtant sont indissociables. Auriole prend l'exemple de la rose et celui du miroir; l'être diminué de la rose termine l'intellection que l'intellect a de la rose, et les roses particulières sont dites intelligées dénominativement; l'image a un être objectif et termine la vision, mais la *res extra* est vue dénominativement. C'est *comme si* le visage était sur le miroir. D'une certaine manière, c'est la chose même qui doit apparaître dans l'*esse apparens* et néanmoins une dualité s'introduit, laquelle peut justement donner lieu à des distorsions, à des visions déformantes, par exemple, ou aux illusions évoquées dans les expériences que Pierre d'Auriole a présentées.

Ainsi la réflexion qui s'inaugure au XIVe siècle, avec la notion de *presentialitas*, a pour objectif théorique de déterminer le mode de présence corrélatif à la visée intentionnelle. Les auteurs envisagés, Hervé de Nédellec et Pierre d'Auriole, s'efforcent de déterminer la présence comme présence à quelque chose (à l'intellect) et ils distinguent la présence, ou l'existence, empirique de la chose de son apparaître à un esprit. Pour le

1. « Ubi considerandum est quod aliquid dicitur intelligi terminative, aliquid vero denominative. Terminative quidem res erat quantum ad illud esse, quod habet per modum conspicui, quod est esse in anima et esse diminutum; denominative vero quantum ad illud esse quod habet in re extra quod verum est et reale, et licet sit eadem res, non tamen esse et esse intentionale sunt idem esse » (776B).

moment, on voit qu'Hervé de Nédellec est amené à multiplier les intentions – formelle ou matérielle, concrète ou abstraite. Pierre d'Auriole est conduit pour sa part à mettre en place la notion paradoxale d'un mode de présentialité des choses absentes, qui introduit du point de vue noétique, comme du point de vue noématique, une dualité entre modes d'intelliger et entre modes d'être, alors que les uns et les autres sont indissociables. Les distinctions de Pierre d'Auriole trouvent cependant leurs prolongements dans les analyses de Pierre d'Ailly, qui est un auteur post-ockhamien de tradition nominaliste. Mais je suggère que nous nous arrêtions, pour le moment, sur la critique destructive de l'être intentionnel, formulée par Guillaume d'Ockham, dont on va voir qu'elle touche plutôt Duns Scot que Pierre d'Auriole, pour qui, comme je l'ai dit, l'intellect ne pense pas les choses en posant l'être apparent comme un intermédiaire *mental*.

GUILLAUME D'OCKHAM ET LA CRITIQUE DE L'ÊTRE INTENTIONNEL

Comme on le sait, la position de Guillaume d'Ockham connaît une évolution entre le *Commentaire des Sentences* et la *Somme de logique*[1]. Dans un premier temps, il attribue au concept un *esse obiectivum* distinct de l'être subjectif, de l'existence réelle, chosale. Guillaume ne connaît pas Hervé de Nédellec et, à cette époque, il n'a pas lu Pierre d'Auriole. Mais il trouve une conception voisine de l'être objectif chez Henri de Harclay (1270-1317) qui lit les *Sentences* à Paris vers 1300, à une période ou Jean Duns Scot s'y trouvait lui-même. Henri de Harclay attribue un être objectif aux idées divines[2]. Parce qu'il est possible de penser à quelque chose qui n'existe pas – de pures fictions, des êtres logiques ou de raison comme la proposition, ou encore l'universel –, Guillaume d'Ockham accorde aux concepts un être objectif. Toute pensée est pensée de quelque chose, qui termine l'acte de l'intellection et il convient donc de lui attribuer un être objectif. On trouve les traces de cette première position dans plusieurs passages des Livres II à IV du *Commentaire des Sentences*, que l'on trouve sous la forme d'une *Reportatio*, ainsi que dans la première rédaction de

1. Voir, M. McCord Adams, *William Ockham*, 2 vol., University of Notre Dame Press, 1987, vol. I, p. 74, n. 10; voir aussi « Théories de la pensée, de ses objets et de son discours chez Guillaume d'Occam », *Dialogue*, 1994, p. 437-456. On trouve la théorie du *fictum* dans des passages des livres II et IV du *Commentaire des Sentences*, ainsi que dans la première rédaction du livre I.

2. Voir A. Maurer, « Henry of Harclay's Questions on the Divine Ideas », *Medieval Studies* XXII, 1961, p. 162-193, et la question sur l'universel édité par G. Gál, dans les *Franciscan Studies* XXXI, 1971, p. 186-234.

l'*Ordinatio*, Livre I, *distinctio* 2, *quaestio* VIII : « On peut encore dire de manière probable que l'universel n'est pas quelque chose de réel ayant un être subjectif, ni dans l'âme ni en dehors de l'âme, mais qu'il a seulement un être objectif dans l'âme, et qu'il est une certaine fiction [*quoddam fictum*] ayant son être dans l'être objectif, comme la chose extérieure l'a dans l'être subjectif ».

Mais Guillaume d'Ockham évolue sous l'effet de la lecture critique de Pierre d'Auriole, et d'abord à la suite des objections à sa position d'alors, émises par son confrère Gauthier Chatton. Dans un premier temps, Guillaume assimile tout être objectif a une entité forgée par l'esprit, non seulement à l'universel, mais même à la chose singulière en tant qu'elle est conçue. Il accentue ainsi le côté fictif du *fictum* et le généralise à tout *esse obiectivum*, tout en soulignant ce qui lui paraît difficile à admettre dans le cas de l'intellection d'une chose singulière présente. Ensuite, il considère cette entité, dorénavant envisagée comme un *tertium quid* et non comme un aspect de la chose en tant que conçue, pour un intermédiaire inutile, voire un obstacle qui fait écran dans le procès de renvoi à la chose même. Cette objection est le résultat immédiat des critiques de Gauthier Chatton, qui a souligné l'incompatibilité de l'être objectif avec le réalisme gnoséologique que professe par ailleurs Guillaume d'Ockham :

> outre l'intellection et la chose extérieure elle-même qui est connue par cette intellection, il n'y a ici ni être fictif intermédiaire [*ens medium fictum*] qui serait le terme immédiat de l'acte au lieu de la chose extérieure [*quod immediate terminat actum pro re extra*], ni un être de la chose qui serait distinct de l'existence de la connaissance et de l'existence réelle de la chose extérieure, mais il y a seulement l'intellection elle-même, la *species* ou l'*habitus* [1].

C'est à partir de l'objection de Gauthier Chatton, que Guillaume est conduit à développer une critique de Pierre d'Auriole, dans la troisième question de la distinction 27 du Livre I des *Sentences*. Les citations que Guillaume d'Ockham donne de Pierre d'Auriole montrent qu'il ne s'agissait pas pour ce dernier d'introduire un être réellement distinct entre la chose et son intellection, contrairement à l'interprétation de Guillaume, mais de considérer plutôt que la chose est posée par l'intellection, sous forme d'une actualisation dans un être intentionnel qui nous apparaît et s'offre à notre appréhension, « *in quodam esse intentionali conspicuo et*

1. Ockham, *Lectura*, I, dist. 3, art. 2.

apparenti »[1]. En partant du principe selon lequel deux êtres sont ou bien identiques ou bien réellement distincts[2], principe lui servant à critiquer la non-identité formelle chez Duns Scot, Guillaume d'Ockham récuse toute idée d'un être qui, sans être réellement distinct de la chose elle-même, serait l'objet de la sensation, de l'imagination ou de l'intellection. L'être objectif, si on lui garde une consistance, est un intermédiaire dénoncé comme inutile : « La blancheur peut donc être vue sans aucun être apparent, intermédiaire entre la blancheur et la vision; c'est donc en vain que l'on pose un tel être apparent intermédiaire »[3]. S'il subsiste encore à cette époque une forme de tolérance à l'endroit de la théorie du *fictum*, en particulier en ce qui concerne l'universel, avec la *Somme de logique*, et d'autres textes où la radicalisation a atteint son terme, comme les *Quodlibeta* ou les *Questions sur la physique*[4], et avec la critique de toute forme de réalisme de l'universel[5], l'être objectif est définitivement rejeté et détruit.

Dans le chapitre 12 de la *Somme de logique*, I, qui porte sur l'intention, Guillaume d'Ockham commence par reprendre ce qu'il a montré au chapitre 2, la distinction entre trois sortes de propositions, et de termes, écrits, parlés et conçus, et la subordination des propositions et des termes écrits et vocaux par rapport aux propositions et aux termes conçus. Autrement dit, le langage mental est fondé sur la signification naturelle des concepts comme signes, et des propositions mentales, comme éléments du

1. Pierre d'Auriole, *Scriptum super primum Sententiarum,* distinctio 3, sect. 14, n. 31, p. 696.

2. Ockham, *Scriptum in primum librum Sententiarum ordinatio*, dist. 36, qu. un., *OTh*, IV, p. 523-561.

3. Distinction 27, qu. III, p. 241.

4. Voir *Quodlibeta* IV, qu. 35, Oth, IX, éd. J. C Wey, St Bonaventure, New York, 1980, p. 469-474; *Quaestiones in libros Physicorum Aristotelis*, éd. St. Brown, Oth, VI, 1984, qu. I, p. 397-398.

5. Voir Guillaume d'Ockham, *SL*, chap. 14-20, où il est explique qu'il n'existe pas de chose universelle, que l'universel n'est pas une chose extra-mentale, et se livre à la critique de Duns Scot. « Il faut donc dire que n'importe quel universel est une chose particulière, et n'est universel que par signification, parce qu'il est le signe de plusieurs choses; [...] Il faut cependant savoir qu'il y a deux sortes d'universel. L'un est universel par nature; c'est celui qui est naturellement un signe prédicable de plusieurs choses, de la même manière que la fumée signifie naturellement le feu, les gémissements du malade la douleur, et le rire la joie intérieure. Un tel universel n'est autre qu'une intention de l'âme; aucune substance ni aucun accident hors de l'âme ne sont un tel universel. C'est celui dont je parlerai dans les chapitres suivants. L'autre est universel par institution volontaire. Ainsi un son proféré, qui est véritablement une qualité numérique une, est un universel parce qu'il est un signe institué volontairement pour signifier plusieurs choses. De même que le son vocal est dit commun, de même il peut être dit universel; toutefois, cela ne provient pas de sa nature mais seulement de la volonté de ceux qui l'ont institué » (chap. 14, p. 50-51).

langage mental. Le signe écrit, ou vocal, est subordonné au signe conceptuel qui jouit d'une certaine primauté. Quel est alors le sens de cette naturalité ? Ces signes ne relèvent pas d'une langue particulière (donc conventionnelle), mais d'un langage mental valable universellement, et dont Claude Panaccio a contribué à souligner l'importance. Pour Ockham le terme conçu « est une intention ou une impression psychique, signifiant ou consignifiant quelque chose par nature, destinée à faire partie d'une proposition mentale et à supposer pour cette chose »[1]. Ce qui caractérise le concept, c'est d'être un signe naturel de sa cause, qui en tient lieu dans des propositions mentales. La reprise du lexique de l'intention ne signifie pas l'adhésion à quelque être intentionnel, *species* ou être objectif, mais l'identification de l'intention et du concept.

À partir de la définition du concept comme signe naturel, deux arguments servent à la critique de l'être objectif, c'est d'une part le principe d'économie ;

> Certains disent que ce n'est qu'une fiction forgée par l'âme. D'autres disent que c'est une qualité existant subjectivement, distincte de l'acte d'intelliger. D'autres disent que c'est l'acte d'intellection. En faveur de ces derniers, on peut invoquer le principe selon lequel "c'est en vain que l'on ferait avec un plus grand nombre de facteurs ce qui peut se faire avec moins". Il n'est donc pas nécessaire de poser quelque chose en plus de l'acte d'intellection[2].

Ockham utilise un principe méthodologique, qui a une portée ontologique pour critiquer l'être objectif chez Hervé de Nédellec et Pierre d'Auriole, ou chez Duns Scot, dans la mesure où ils distinguent ce qui est *subiective* et ce qui est *obiective*.

Mais ce critère de l'économie est insuffisant et il n'a rien de nouveau ; on le voit évoqué par Aristote[3] et par Duns Scot, qui multiplie pourtant les distinctions formelles. Le concept n'est pas *un objet*, ni réel ni intentionnel, et il n'est proprement pas ce qui *se tient devant* l'acte d'intellection, mais il est un signe naturel de la chose singulière. La démarche sémiologique accompagne le principe méthodologique d'économie. L'intention n'est pas ce qui *termine* l'acte de connaître et le concept est un signe naturel de sa cause, *i. e.*, une chose singulière. L'être du concept est réduit à une qualité, existant *subjectivement* dans l'âme. Il est l'acte même d'intellection. « Il suffit pour lors de savoir que l'intention est quelque chose dans l'âme, un

1. *SL*, I, chap. 2, p. 5.
2. *SL*, I, 12, p. 43-44.
3. *Physique*, I, 4, 188 a 17-18.

signe signifiant naturellement quelque chose pour quoi il peut signifier ou qui peut faire partie d'une proposition mentale » [1].

L'*intentio* est synonyme du concept comme acte d'intellection. Quel est le fondement naturel de la relation signifiante ? Guillaume dispose *a priori* d'un double modèle : celui de la ressemblance et celui de la causalité efficiente. La thèse de Joël Biard est que la signification naturelle est essentiellement comparable à celle du vestige plus que de l'image, et le modèle de la causalité prévaut donc sur celui de la ressemblance. Claude Panaccio tente, pour sa part, de faire une place à la similitude à côté du modèle de la causalité, bien que ce soit sous la forme d'une sorte de d'isomorphisme entre un concept et sa cause [2].

> La connaissance intuitive est la connaissance propre d'un singulier, non en raison d'une plus grande assimilation de l'un que de l'autre, mais parce qu'elle est causée naturellement par l'un et non par l'autre, et qu'elle ne peut pas être causée par un autre. [...] Ce n'est donc pas en raison de la ressemblance que l'on dit de la connaissance intuitive, pas plus que de la première connaissance abstractive, qu'elle est connaissance propre du singulier, mais en raison de la causalité, parce qu'on ne peut lui assigner aucune autre cause [3].

Si l'on veut mesurer l'importance de la causalité dans la théorie ockhamiste du signe conceptuel, il importe de relier les textes logiques et les textes plus proprement noétiques, qu'on trouve dans le Prologue du *Commentaire des Sentences*, car Ockham n'a en effet pas commenté le *Traité de l'Âme* d'Aristote. Il faut donc inscrire la théorie de la signification au cœur de la noétique d'Ockham, même si Guillaume ne parle pas de la signification dans le Prologue, mais, comme le souligne Joël Biard, la logique ockhamiste est entièrement appelée par la gnoséologie qui est présentée dans l'*Ordinatio*. Les choses du monde naturel étant matérielles, le premier contact avec elles est l'intuition sensible. Mais cette intuition sensible se double d'une intuition intelligible, car selon Ockham, le singulier est intelligible directement et par soi. Il n'y a pas de processus d'abstraction dématérialisante, qui soutire l'intelligible à partir du sensible, même si dans le cas d'une chose matérielle l'intuition sensible est la condition de l'intuition intelligible. On parlera alors de signe naturel, parce qu'on a précisément affaire à un processus psycho-physique, qui est

1. *SL*, I, 12, p. 44.
2. Cl. Panaccio, *Les Mots, les concepts et les choses*, *op. cit.*, p. 127-128.
3. *Quodlibeta*, I, q. 13, p. 76. Et p. 74 : « aucune connaissance abstractive n'est davantage la ressemblance d'une chose singulière que d'une autre qui lui est tout à fait semblable ».

enclenché par le contact direct de l'intellect avec une chose extérieure. À partir du premier contact, la connaissance s'élabore grâce à une complexification et un éloignement par rapport à l'intuition, qui ne cesse pas néanmoins de la fonder et d'en garantir la vérité, par la médiation de la théorie de la supposition. Le concept est un acte de signifier qui renvoie à ce qui l'a causé ou engendré, dans un contact premier.

Un tel concept est pris immédiatement dans des relations de combinaison avec d'autres signes conceptuels. Le signe conceptuel est l'acte par lequel naturellement, ou de manière non-conventionnelle, en vertu d'un procès de réaction psycho-physique, l'intellect peut se référer à la chose. Il suppose alors de manière propre pour une chose singulière, ou bien de manière confuse pour pluralité de choses. Les actes cognitifs entrent ainsi comme parties dans propositions mentales, et ils tiennent lieu des choses comme en tiennent lieu les mots dans les propositions parlées.

Mettons en place la distinction entre la connaissance intuitive et la connaissance abstractive selon Ockham. Elle repose sur une différence d'actes et non d'objets. L'originalité de la définition ockhamiste par rapport à la définition scotiste réside dans le fait que Guillaume ne caractérise plus la connaissance intuitive par la présence et la connaissance abstractive par l'absence de l'objet. Il ne s'appuie plus sur le critère exclusif de la présence et de l'absence pour formuler la définition des deux modes de la connaissance, mais sur le type de jugements auxquels ces connaissances peuvent donner lieu.

La genèse des deux formes de connaissance simples le prouve. La *notitia*, ou la saisie de l'esprit, repose sur le contact intuitif avec la chose singulière qui est la cause efficiente de la connaissance. Cette *notitia* est une cause partielle de la connaissance, l'autre cause de la connaissance est l'activité de l'intellect qui compose les propositions mentales. Le concept est une connaissance simple, intuitive, qui est engendrée par une réaction psycho-physique. Cette réaction forme une connaissance intuitive immédiate, propre à la chose singulière, et qui suppose uniquement pour elle. Cet acte d'intellection est donc d'emblée un terme du langage mental, un concept comme signe naturel. Il renvoie à la chose qui le cause et il est destiné à pouvoir entrer dans une proposition mentale, par exemple « Socrate existe », « Socrate est blanc ». La connaissance intuitive est immédiatement redoublée par la connaissance abstractive.

La connaissance intuitive est première « selon l'ordre naturel des choses », car elle dépend de la chose matérielle qui en est la cause. Il existe une autre *notitia* simple, la connaissance abstractive, qui ne permet pas de déterminer si la chose existe ou non, mais peut donner lieu à la formation de concepts généraux. Et ainsi « toute connaissance abstractive d'une chose en elle-même, ou toute connaissance simple propre d'une chose, en parlant selon l'ordre naturel des choses, présuppose la connaissance intuitive »[1]. Il existe une connaissance abstractive singulière : on peut ainsi penser à une rose en hiver.

La connaissance intuitive est la connaissance par laquelle on sait si une chose existe ou non. Elle se caractérise par son évidence et son immédiateté et ne peut jamais être fausse. Quand la connaissance des termes suffit à produire dans l'esprit la connaissance évidente d'une proposition composée à partir d'eux, on sait avec évidence que « Socrate existe », qu'« il est blanc », etc. Mais quand il est possible d'appréhender les termes, de savoir à quoi ils renvoient et ce qu'ils signifient, sans pourtant savoir si Socrate existe ou non, s'il est blanc ou non, s'il se trouve ou non à tel endroit, la connaissance est abstractive.

> La connaissance (*cognitio*) abstractive abstrait de l'existence et de la non-existence et des autres conditions qui surviennent de manière contingente à la chose, ou en sont prédiquées. Non pas que par une connaissance intuitive (*notitia intuitiva*) soit connu quelque chose qui ne soit pas connu par une connaissance abstractive (*notitia abstractiva*), car la même chose est totalement, et sous la même raison, connue par l'une et par l'autre connaissance. La connaissance intuitive de la chose est une connaissance telle qu'en vertu de cette connaissance on peut savoir si la chose existe ou non[2].

Affecté par une chose singulière, l'intellect forme *en même temps* une connaissance qui s'applique aux individus de même espèce, à Socrate autant qu'à Platon. L'appréhension d'une chose singulière se résoud immédiatement en une première connaissance abstractive et en une disposition à engendrer un concept commun. Cette connaissance commune reste néanmoins une connaissance singulière. Elle permet par exemple de reconnaître un autre individu de la même espèce quand il se présente. La connaissance d'un homme, une seule et première fois, suffit à faire connaître l'espèce humaine, c'est-à-dire à faire reconnaître un autre homme, quand on en rencontre un. Le processus simultané et immédiat d'abstraction ne concerne que les espèces dernières et l'intellection de l'individu coïncide avec celle de l'espèce, dont il est un individu. Pour former un concept plus général, il faut en fait avoir intelligé des individus d'espèces différentes.

La première connaissance abstractive engendre alors une disposition (un *habitus*), qui favorise la réitération d'actes d'abstraction de même

1. *Scriptum in librum primum Sententiarum ordinatio*, « Prologue », qu. IX, p. 241.
2. I *S*, Prol., q. 1, a. 1

espèce, et qui est la condition de la connaissance de la chose, car elle permet de former un concept commun. Les concepts universels n'ont pas d'autre fonction ni d'autre nature que de désigner des choses individuelles, ce sont des signes. Les concepts peuvent devenir les éléments d'un jugement. Les connaissances intuitive et abstractive sont des connaissances simples, *i. e.* des connaissances des termes qui portent sur les choses pour lesquelles ils supposent. C'est à partir de ces connaissances simples (incomplexes) que toute connaissance complexe se compose.

La connaissance abstractive (*notitia abstractiva*) fait abstraction de l'existence et de la non-existence et de toutes les conditions contingentes qui surviennent à la chose, ou qui lui sont prédiquées. Mais on n'abstrait cependant pas le concept universel, comme dans la gnoséologie thomasienne, en le séparant des conditions singulières de la chose concrète, mais en mettant plutôt à part l'existence et les accidents contingents. Ce n'est pas le caractère sensible ou intellectuel de la connaissance qui permet de distinguer la connaissance comme intuitive ou comme abstractive. Cette distinction ne doit pas être envisagée à partir de la chose, de sa présence ou de son absence, mais à partir de la nature de l'acte de connaissance.

Quand Guillaume souligne que la connaissance abstractive suppose la connaissance intuitive, ce n'est pas la présence qu'il requiert au fondement de la distinction des deux connaissances, mais la causalité naturelle de la chose, qui fonde la naturalité du signe conceptuel.

> La connaissance simple et propre du singulier, première en ce sens [c'est-à-dire dans l'ordre de la génération] est la connaissance intuitive. Que cette connaissance soit première, c'est évident, puisque la connaissance singulière abstractive présuppose la connaissance intuitive relativement au même objet et non l'inverse. Qu'elle soit propre au singulier, c'est évident, puisqu'elle est causée immédiatement par la chose singulière [...] et elle n'est pas à même d'être causée par une autre chose singulière, même de la même espèce. Mais la connaissance intuitive ne peut jamais avoir lieu naturellement si ce n'est effectivement, soit médiatement soit immédiatement, à partir de cette chose [1].

La causalité efficiente est au cœur de la gnoséologie ockhamienne; elle fonde la naturalité de la signification des concepts, qui dans une proposition suppose pour les choses singulières qu'il signifie.

> L'intellect, appréhendant par intuition une chose singulière fait naître en lui une connaissance intuitive, qui est seulement la connaissance de cette chose singulière, pouvant par sa nature supposer pour cette chose singu-

1. *Quodl.*, I, qu. 13, p. 73.

> lière. [...] Mais, en plus l'intellect forme en lui d'autres intellections qui ne sont pas plus [l'intellection] de cette chose que d'une autre; [...] La connaissance propre singulière et la connaissance spécifique sont causées, aussi intuitivement et directement, en même temps, par l'objet, et la connaissance du genre est causée dans l'esprit par les individus de l'une et l'autre espèces, et cela en même temps que leur connaissance propre [1].

Guillaume refuse donc les êtres intentionnels et les intermédiaires représentatifs, *species*, *esse obiectivum*, *esse diminutum*, etc., autrement dit, toute forme de réalité mentale qui accompagne la position des espèces et forme une sorte d'écran dans la saisie des choses singulières. Ce refus, lié au statut ontologique des concepts universels, dont Guillaume n'admet pas qu'ils aient une entité hors de l'acte de pensée; il fait du concept universel bien plutôt un signe renvoyant à plusieurs choses singulières.

Concluons cette analyse de la gnoséologie ockhamiste en mettant l'accent sur la promotion de la causalité efficiente dans la pensée et sur la destruction ockhamiste de l'être intentionnel, impliquées par l'approche sémio-linguistique[2]. Ces analyses fournissent un modèle naturaliste de l'intentionnalité fondée sur la notion de langage mental. Descartes s'inscrit aussi dans le cadre d'une critique de la ressemblance qui tend à promouvoir la causalité efficiente au sens précis du transfert, ou du transport, de la figure dans le sens jusqu'au sens commun. Si la ressemblance est minimale, si elle relève de l'étendue, on voit que la critique de la ressemblance est définitive, dès lors que ce qui se communique relève du mouvement plutôt que de la figure, dans les textes postérieurs aux *Règles pour la direction de l'esprit*, par exemple dans la *Dioptrique*. Descartes n'est pas naturaliste. Il accorde une importance à la causalité, mais non jusqu'au point de considérer que la pensée est causée par les choses. Peut-être pourrait-on défendre l'idée que cette cause est concourante, au sens où elle donne occasion à l'entendement de se représenter les choses par les idées? Nous en discuterons plus loin.

1. *Quaestiones in libros Physicorum Aristotelis*, qu. 7, p. 411-412.

2. Donnons pour conclure une citation de Joël Biard, « Intention et signification chez Guillaume d'Ockham. La critique de l'être intentionnel », *op. cit.*, p. 212 : « Il y a donc signe (naturel) parce qu'il y a un processus psycho-physique, enclenché par le contact (direct) de l'intellect avec une chose extérieure. Il en résulte une double réaction, réversible quoique non symétrique. D'une part, à partir de ce contact premier, la connaissance s'élabore par complexification et éloignement progressif de l'intuition qui ne cesse néanmoins de la fonder et de garantir sa vérité (par la médiation de la théorie de la supposition). D'autre part, le concept n'est pas simplement passif, mais surgit comme acte de signifier, acte qui de ce fait renvoie à ce qui l'a fait surgir par ce contact premier et qui, immédiatement, se trouve pris dans des relations de combinaison avec d'autres ».

Mais Guillaume n'a pas mis fin à la réflexion sur la présentialité, et un auteur comme Pierre d'Ailly, qui suit Guillaume d'Ockham sur un grand nombre de points, en particulier sur le traitement de la connaissance comme un langage, va néanmoins réinvestir la notion[1]. Pierre d'Ailly retient plutôt la distinction scotiste entre la connaissance *in se* et la connaissance représentative, mais il suit aussi Ockham de près[2]. Il assimile de manière plus radicale que le *Venerabilis inceptor*, connaître, signifie et représenter[3]. La représentation n'a pas seulement un sens psycho-noétique, mais elle se développe sur un plan sémio-linguistique. Chez Guillaume d'Ockham, une certaine juxtaposition subsiste encore entre les analyses logiques de la *Somme de logique* et les éléments de gnoséologie du *Commentaire des Sentences*. Pierre d'Ailly lie, pour sa part, étroitement signification et connaissance.

> Il faut noter ensuite que signifier est la même chose que produire un signe d'une chose [...]. Cependant, une chose peut être dite signe d'une autre de deux façons. En un sens, parce qu'elle conduit à la connaissance de cette chose dont elle est signe. En un autre sens, parce qu'elle est cette connaissance même de la chose. En ce second sens, nous disons que le concept est signe de la chose dont un tel concept est une ressemblance naturelle, non pas qu'il conduise à la connaissance de cette chose mais parce qu'il est la connaissance même de cette chose, la représentant proprement de manière naturelle[4].

Le signe mène à la connaissance d'une chose, que ce soit les signes conventionnels ou naturels comme les concepts, car le signe est la connaissance même de la chose.

On trouve une distinction importante entre signification formelle et signification objective. La signification du concept est formelle, parce qu'elle est une modification vitale; le concept informe immédiatement

1. Pour de plus amples précisions, voir J. Biard, « Intention et signification chez Guillaume d'Ockham. La critique de l'être intentionnel », *op. cit.*, et « Présence et représentation chez Pierre d'Ailly. Quelques problèmes de théorie de la connaissance au XIVe siècle », *Dialogue*, 1992, (p. 459-474) ; c'est l'étude sur laquelle je me base dans mon présent propos.

2. Voir L. Kaczmazek, « "Notitia" bei Peter von Ailly, Sent. 1, q. 3, Anmerkungen zu Quellen und Textgestalt », *in* O. Pluta (Hrsg), *Die Philosophie im 14. und 15. Jahrundert*, Amsterdam, Verlag Grüner, 1988, p. 385-420.

3. Pierre d'Ailly, *Conceptus*, éd. L. Kaczmarek dans *Modi significandi und ihre Destruktionen*, Münster, Münsteraner Arbeitkreis für Semiotik, 1980, p. 83 : « Il faut en outre noter que le terme mental, le concept ou l'acte d'intelliger, et la connaissance appréhensive de la chose sont identiques » ; et p. 81 : « Signifier, c'est représenter quelque chose, ou quelques choses, ou d'une certaine manière à la faculté cognitive, en la modifiant vitalement ».

4. *Ibid.*, p. 82-83.

l'intellect, il est la forme de son acte de connaissance. Pierre d'Ailly prend l'exemple du concept de roi par lequel je connais le roi, et qui est une représentation formelle du roi. La signification formelle est la modification en acte de ma faculté de connaître, lorsque l'âme appréhende une chose. Une image du roi ne signifie pas formellement mais objectivement, et le signe renvoie dans ce cas à autre chose que soi, en suscitant une connaissance de cet objet.

Cet exemple de Pierre d'Ailly nous rappelle passage voisin de Descartes dans *L'Entretien avec Burman.* « Quand par exemple j'entends que le mot R-O-I signifie le pouvoir souverain et quand je le consigne dans ma mémoire, puis que je récupère par après grâce à la mémoire intellectuelle, puisque ces trois lettres n'ont avec leur signification aucune affinité d'où je puisse la tirer; c'est grâce à la mémoire intellectuelle que je me rappelle que telles lettres désignent tel sens »[1]. Représenter c'est, chez Descartes, signifier, au sens où les idées ne sont pas des images, mais des significations que l'esprit saisit ou comprend. Il faut bien voir les limites de l'expression « *comme* des images », dont il use dans la *Méditation troisième*, et dont les *Secondes Réponses* soulignent qu'elle ne nous autorise pas à confondre les idées de l'entendement et les images de l'imagination corporelle. La critique de la ressemblance, reprise dans le passage de *L'Entretien avec Burman* que je viens de citer, nous oriente vers la notion de signification. Bien que Descartes ne considère pas que l'idée soit un concept mental, se référant aux choses singulières ou, selon l'expression de Guillaume d'Ockham, supposant pour elles, néanmoins « les idées étant comme des images, il n'y en peut avoir aucune qui ne nous semble représenter quelque chose »[2]. La notion d'un « quelque chose », de la *res*, est une notion ou une nature simple : c'est celle de la substance comme chose existante, qui est comprise par l'intellect.

Descartes ne dispose pas d'une conception du langage mental; les signes du langage renvoient aux idées qui sont représentées par l'esprit. Cependant concevoir, au sens d'avoir une intellection de quelque chose, est synonyme d'entendre ce qui se dit ou de comprendre la signification des mot mots prononcés ou écrits[3]. Autrement dit, l'association des signes et de

1. Descartes, *L'Entretien avec Burman*, AT, V, 150, texte 5 dans l'édition Beyssade, trad. p. 30.

2. *Méditation troisième*, AT, IX, 34-35 ; en latin : « nullæ ideæ nisi tanquam rerum esse possunt » (AT, VII, 44).

3. Voir la *Lettre à Celerselier sur les Instances de M. Gassendi*, à propos de l'idée et du mot Dieu : « Mais, si on prend le mot d'idée en la façon que j'ai dit très expressément que je le prenais, sans s'excuser par l'équivoque de ceux qui le restreignent aux images des choses

la signification est habituelle, elle relève de la mémoire corporelle. Mais la saisie de la signification des mots qui s'exerce dans l'immanence de l'habitude est un acte de la mémoire intellectuelle.

Descartes écrit à l'Hyperaspistes qu'à proprement parler, on n'a pas de ressouvenir des choses purement intellectuelles et que la première fois qu'elles se présentent à l'esprit, on les pense aussi bien que la deuxième fois, dès lors qu'elles sont comprises, c'est-à-dire conçues ou intelligées. Mais il ajoute la réserve suivante: « si ce n'est peut-être qu'elles ont coutume d'être jointes et comme attachées à certains noms qui, étant corporels, font que nous nous ressouvenons aussi d'elles »[1]. En droit, on devrait pouvoir penser sans les signes du langage, et se passer de l'association imaginaire entre les signes et la signification, en fait cela n'a pas lieu et la pensée est liée à l'usage des signes, et peut-être qu'elle s'identifie peut-être à un usage réglé des signes.

C'est le mérite d'Arnauld d'avoir prolongé les remarques de Descartes sur les conséquences linguistiques de la définition de l'idée. Et en effet,

> si les réflexions que nous faisons sur nos pensées n'avaient jamais regardé que nous-mêmes, il aurait suffi de les considérer en elles-mêmes, sans les revêtir d'aucunes paroles, ni d'aucuns signes: mais parce que nous ne pouvons faire entendre nos pensées les uns aux autres, qu'en les accompagnant de signes extérieurs: et que même cette accoutumance est si forte, que quand nous pensons seuls, les choses ne se présentent à notre esprit qu'avec les mots que nous avons accoutumé de les revêtir en parlant aux autres; il est nécessaire dans la logique de considérer les idées jointes aux mots et les mots joints aux idées[2].

Même si la philosophie cartésienne des idées ne se meut pas dans le sillage de la différence entre connaissances intuitive et abstractive, la reprise nominaliste du lexique scotiste apporte un éclairage sur les questions de noétique et de théorie du signe, et elle permet de situer Descartes par rapport à la philosophie de la connaissance au Moyen Âge et

matérielles qui se forment en l'imagination, on ne saurait nier d'avoir quelque idée de Dieu, si ce n'est qu'on dise qu'on n'entend pas ce que signifient ces mots. Et c'est passer à d'étranges extrémités pour vouloir faire des objections, que d'en venir à dire qu'on n'entend pas ce que signifient les mots qui sont les plus ordinaires en la bouche des hommes » (AT, IX, 209).

1. *Lettre à l'Hyperaspistes*, Août 1641, n° 2 : « *De rebus vero pure intellectualibus, nulla proprie recordatio est; sed prima vice qua occurunt, æque bene cogitantur ac secunda; nisi quod soleant nominibus quibusdam alligari, quæ cum corporea sint, de ipsis etiam recordamur* » (AT, III, 425, trad. FA, II, 363).

2. Arnauld et Nicole, *La Logique ou l'art de penser* (*LAP*), édition critique par P. Clair et F. Girbal, Paris, Vrin, 1981[2], première partie, chap. I, p. 38.

dans la scolastique. Cette reprise nominaliste du lexique est un élément de première importance si on veut comprendre Descartes, en le resituant dans son époque, avec des influences qui viennent des *trois* voies (thomasienne, scotiste ou réaliste, nominaliste), et qui permettent de mesurer les transformations qu'il fait subir aux notions scolastiques. Cette influence du lexique nominaliste sur le cartésianisme n'a peut-être pas été suffisamment reconnue par les historiens du XVIIe siècle. Mais il ne serait pas exact de considérer que Descartes soit pour autant un ockhamiste ou un nominaliste. Il est intéressant de voir ce passage du lexique scotiste dans le lexique nominaliste. Cela permet d'échapper à la lecture un peu massive d'un Descartes, dernier disciple de Suárez, pour laquelle Descartes et l'ensemble du XVIIe siècle auraient adhéré à une forme d'essentialisme de type scotiste, comme Etienne Gilson le soutient dans l'*Être et l'essence*. Cela permet d'échapper aussi à la thèse de l'instauration d'une métaphysique comme science transcendantale à partir de Duns Scot jusqu'aux confins du kantisme.

Lorsqu'on porte son attention sur la théorie de la supposition et l'approche sémio-linguistique de Guillaume d'Ockham, des espaces de liberté s'ouvrent dans le jeu des interprétations des sources médiévales et scolastiques de Descartes. Et l'on voit aussi les limites historiques et philosophiques d'un tel rapprochement avec le Moyen Âge. L'absence, par exemple, du langage mental chez Descartes interdit l'assimilation de la philosophie cartésienne des idées et de la connaissance à la démarche ockhamiste et aussi bien sûr l'identification du cartésianisme avec un mentalisme cognitif de type matérialiste. On trouve cependant la trace du langage mental chez Hobbes, et en un certain sens dans *La Logique ou l'art de penser* d'Arnauld et Nicole, dans le cadre d'une conception des idées, qui doit trop à Descartes pour être pleinement nominaliste. Il y a bien une postérité de Guillaume d'Ockham et du nominalisme au XVIIe siècle, comme le montrerait la critique spinozienne des termes universels, mais au XVIIe siècle, le langage est en général compris à partir du rapport de l'âme et du corps plutôt que selon une logique de la pensée. Cependant l'intérêt de mettre en relief le nominalisme dans la recherche des sources médiévales du cartésianisme ne consiste pas à dire à propos de Descartes ni même du XVIIe siècle qu'il est peu ou prou nominaliste, mais bien plutôt à marquer les effets au XVIIe siècle de la reprise du lexique scotiste de l'objectivité dans une conceptualité nominaliste. C'est bien là qu'il y a un effet historique du nominalisme au XVIIe siècle.

DEUXIÈME PARTIE

SUJET ET OBJET DANS LE CARTÉSIANISME

CHAPITRE VI

LA PRÉSENCE OBJECTIVE DANS LE CARTÉSIANISME

Cette seconde partie est consacrée à la reconstitution de la notion d'intentionnalité en contexte cartésien, dans l'horizon de la présentation archéologique de cette notion au Moyen Âge. Nous abordons à présent la question de l'objectivité dans le cartésianisme, à partir de la théorie des idées et de la réalité objective, en décrivant une intentionnalité de l'idée qui n'a pas recours aux espèces, de quelque type qu'elles soient, sensibles ou intelligibles.

CHOSE ET OBJET SELON DESCARTES

L'intentionnalité, telle que l'envisageons, chez Descartes, ne repose pas sur la corrélation du sujet et de l'objet pris en général, mais plutôt sur le rapport de l'esprit à la spécification ontologique des principaux genres de choses. C'est ce qu'on voit par exemple dans la présentation des natures simples, de la *Règle* XII, mais aussi, comme on le verra, dans certains textes de la maturité, les *Lettres à Elisabeth* du 21 mai et 28 juin 1643, et les *Principes de la philosophie*, I, article 48. Dans les *Regulæ*, Descartes envisage l'objet en général, comme en témoigne l'idée de science universelle, mais on remarque aussi la présence d'un certain infléchissement de son propos vers la spécification ontologique des natures; infléchissement du propos qui fait problème dans ce texte, puisqu'il remet précisément en question son unité et explique peut-être que l'ouvrage ait été laissé inachevé.

Mettons en relief cet infléchissement dans la manière dont la *Règle* XIV s'efforce de relier, en la distinguant néanmoins, l'objectivité des rapports et proportions en général à l'étendue réelle des corps[1]. On se souvient que la fin de la *Règle* XII a spécifié les questions en parfaitement comprises et en imparfaitement comprises. Le texte s'interrompt d'ailleurs, avant que le second genre de questions n'ait été abordé. Dans une question parfaitement comprise, l'inconnue est déterminée, comme le précise la *Règle* XIII. Afin de parvenir à cette détermination, il faut procéder à une abstraction, qui reconduise la question à la grandeur en général ainsi qu'à une symbolisation. Cette abstraction qui distingue les rapports de proportion des choses, ou des sujets, dans lesquels ils se trouvent, s'accompagne d'une symbolisation. L'inconnue se connaît grâce à un rapport de comparaison simple, ou bien par une mise en proportion, avec les termes connus. La connaissance revient à la mise en équation et la proportion est réduite ensuite à une égalité. L'inconnue est alors désignée par un certain signe. Or rien ne peut se réduire à égalité, sinon ce qui est susceptible de plus ou de moins, autrement dit ce qui relève de la grandeur. Nous sommes dans l'élément de la généralité de l'objet, qui tombe sous la science universelle de l'ordre et de la mesure.

En effet, la *mathesis universalis*, science de l'ordre et de la mesure, relève proprement de l'*ingenium*, *i.e.*, de la façon dont cette force de l'esprit purement spirituelle s'applique, pour connaître quelque chose, aux facultés corporelles (imagination, mémoire, sens). Elle se donne un objet abstrait dans toute sa généralité, puisqu'il ne retient des choses que leurs rapports ou proportions, *i. e.*, la comparaison, ou la proportion, qui met en ordre les termes ou les notions, connus les uns par rapport aux autres.

Et, en effet, toutes les sciences mathématiques particulières, en tant qu'elles relèvent de la *mathesis universalis*, « ne laissent pas de s'accorder toutes, en ce qu'elles n'y considèrent [dans leurs objets] que les divers rapports ou proportions qui s'y trouvent ». Au moment de la rédaction des *Regulæ*, Descartes considère que les questions sont déterminées par une abstraction de tout ce qui est trop particulier. En effet « il valait mieux que j'examinasse seulement ces proportions en général, et sans les supposer que dans les sujets qui serviraient à m'en rendre la connaissance plus aisée ; même aussi sans les y astreindre aucunement, afin de les pouvoir d'autant mieux appliquer après à tous les autres auxquels elles conviendraient »[2]. La

1. Voir M. Fichant, « L'*Ingenium* selon Descartes » dans *Science et métaphysique dans Descartes et Leibniz*, Paris, P.U.F., 1998 (p. 59-84), en particulier § 4, p. 1-28.

2. Descartes, *Discours de la méthode*, AT, VI, 20.

nature de la grandeur consiste dans la comparaison, dans le rapport de proportion, entre une grandeur donnée et d'autres grandeurs. La symbolisation consiste alors à prendre une grandeur comme signe de toutes les autres.

Or puisque nous considérons ici l'esprit aidé de l'imagination, la grandeur qui se laisse la mieux imaginer est l'étendue *réelle* des corps, considérée indépendamment de tout autre propriété des corps, qui en sont les sujets. C'est elle qui est figurable. Dans le cadre de la généralité de l'objet, la *Règle* XIV s'efforce de penser l'étendue *réelle* des corps, *i. e.* « tout ce qui possède longueur, largeur et profondeur, sans nous demander s'il s'agit d'un corps véritable ou seulement d'un espace » [1]. Pour rendre compte du corps étendu, qui est perçu par l'entendement aidé de l'imagination, et de l'étendue, qui est perçue par l'entendement seul, Descartes envisage les trois formules, évoquées dans l'Introduction : « l'étendue occupe le lieu » ; « le corps a de l'étendue » ; « l'étendue n'est pas le corps », où commence de s'élaborer, comme on l'a dit, la théorie cartésienne de la substance et des distinctions.

Pour établir ce point capital pour notre propos, selon lequel l'intentionnalité, considérée en contexte cartésien, n'implique pas le rapport de l'esprit à l'objet en général, mais plus précisément celui de *l'ego* à des genres de choses d'emblée ontologiquement spécifiées, reprenons l'énumération des natures simples dans la *Regula* XII. « *Dicimus* [...] *res illas, quae respectu intellectus nostri simplices dicuntur, esse vel pure intellectuales, vel pure materiales, vel communes* » [2]. Les natures simples, purement intellectuelles, sont connues par la lumière naturelle, ou qui est innée (*lumen quoddam ingenitum*), sans le secours d'aucune image corporelle qui représenterait (*repraesentet*) ce qu'est la connaissance, le doute, l'ignorance, l'action de la volonté (volition) etc.

On voit que chez Descartes, « représenter » peut parfois signifier la conception ou la représentation de l'imagination [3], ou bien une pure idée de l'entendement sans image, qui fournit une compréhension de la nature de la chose considérée. Et *repraesentare*, quand il est associé à la *realitas*

1. *Règle* XIV, FA, I, 171 ; AT, X, 442, l. 17-19.

2. AT, X, 419, l. 6-8. « Les choses qui au regard de notre entendement sont dites simples, peuvent être soit purement intellectuelles, soit purement matérielles, soit enfin communes » (FA, I, 145).

3. Voir J.-M. Beyssade, « RSP, ou le monogramme de Descartes », dans Descartes, *L'entretien avec Burman*, J.-M. Beyssade (éd.), Paris, P.U.F., 1981 (p. 153-207), dans *Études sur Descartes. L'Histoire d'un esprit*, Paris, Seuil, 2001 (p. 247-322) ; en particulier, « L'Intellection de l'infini », p. 272-285.

objectiva, ou à ce qui est *objective in intellectu per ideam*, dans le lexique des *Meditationes*, consiste plutôt en un rapport des idées aux choses qui est une compréhension, ou une saisie intellectuelle, de la nature de la chose. « Représenter », ce n'est donc pas forger une image, ou un contenu mental, qui se substitue à la chose et la re-présente (*Vorstellung*), mais c'est avoir une idée *de* quelque chose, comprendre quelque chose.

Les natures simples matérielles ne se connaissent que dans les corps, c'est, par exemple, la figure, l'étendue ou le mouvement. Parmi les notions communes, on trouve celles qui sont évoquées dans la *Règle* VI, et d'autres aussi que cite la *Règle* XII, l'existence, la durée, le mouvement, ainsi que leur négation ou privation, le néant, l'instant, le repos. Les natures simples communes sont attribuées sans discrimination aux *choses* corporelles et aux esprits – *communes dicendae sunt, quae modo rebus corporeis, modo spiritibus sine discrimine tribuuntur* –, et en outre il y a les énoncés qui sont comme des liens qui servent à relier les natures simples, et sur l'évidence desquels sont fondées les conclusions de nos raisonnements (« deux choses identiques à une même troisième sont identiques entre elles » etc.). Descartes note qu'on saisit ces notions communes par l'entendement, mais aussi par l'entendement qui appréhende les images corporelles des choses, autrement dit, ces notions générales sont connues par soi, avec évidence, et l'entendement peut les connaître sur un cas particulier.

Pour asseoir la thèse d'un infléchissement de la problématique de l'objet en général en direction de la spécification ontologique des natures, dans les *Regulæ*, notons que, dans le cours du texte, c'est le terme de *res* qui finit par l'emporter sur celui d'objet, *objectum* ou *objecta*. Ainsi, dans la *Regula* II, « *circa illa tantum objecta oportet versari, ad quorum certam et indubitatam cognitionem nostra ingenia videntur sufficere* », c'est vers les *objets*, dont nous pouvons avoir une connaissance certaine et indubitable, qu'il faut se tourner. Et, dans la *Regula* V, « *tota methodus consistit in ordine et dispositione eorum, ad quae mentis acies est convertenda, ut aliquam veritatem inveniamus* », le neutre *eorum* indique que toute la méthode consiste bien dans la mise en ordre et la disposition ce vers quoi il faut tourner son regard. Et, dans la *Regula* VI, qui introduit les natures simples et qui révèle le principal secret de la méthode – repérer en toute chose soigneusement ce qui est le plus absolu au regard de l'esprit et de la certitude de la connaissance –, c'est le terme de *res* qui est utilisé. « *Ad res simplicissimas ab involutis distinguendas et ordine persequendas, oportet in unaquaque rerum serie, in qua aliquot veritates unas ex aliis directe deduximus, observare quid sit maxime simplex, et quomodo ab hoc caetera omnia magis, vel minus, vel aequaliter removeantur*»[1]. Toutes les choses peuvent se disposer sous forme de séries – *res omnes per quasdam series posse disponi* –, non selon les genres d'être, ou les catégories, mais dans une comparaison selon leur simplicité ou leur absoluité au regard de l'esprit, autrement dit, les choses sont envisagées en tant que les unes font connaître les autres.

Il y a un passage où les deux termes sont ensemble :

> Il faut remarquer ici que l'entendement ne peut jamais se laisser tromper par aucune expérience, pourvu seulement qu'il ait une intuition précise de l'objet qui lui est présent, soit en lui-même, si c'est ainsi qu'il le possède, soit sous sa forme imaginative ; et pourvu qu'en outre il n'aille pas juger que l'imagination lui rapporte avec fidélité les objets des sens, ni que les sens se fassent les porteurs de la vraie figure des choses, ni que les choses externes enfin soient toujours telles qu'elles apparaissent ; car en tout ceci nous sommes sujets à l'erreur[2].

L'objet, c'est l'objet des sens. L'expérience doit être envisagée comme expérience « sensible », lorsque les objets des sens sont représentés à l'imagination. Mais il y a encore une expérience intellectuelle des objets extérieurs, quand l'entendement les saisit, selon les natures simples matérielles et les notions communes. La modalisation de l'expérience se fait en fonction du mode de présence ou de donation de la chose à l'entendement. L'erreur ne vient, pour sa part, que du jugement[3].

On a tendance à distinguer la *res* et *objectum*, en disant que la première est une chose singulière, existant hors de l'esprit, alors que l'objet serait ce qui est considéré par l'esprit, quand il se tourne vers quelque chose ; distinction qui repose sur la théorie de la représentation, pour laquelle l'esprit pose un objet, qui rend présent la chose ou l'état-de-choses. Mais la *res* est la chose, ou plutôt c'est *la nature de la chose qui est considérée par rapport à une question* ; c'est une nature simple ou complexe, bref, c'est une notion. Les *Regulae* présentent une ontologie générale de l'objet, où la chose est déterminée, en tant que connaissable. Néanmoins, entre la présentation des natures simples dans la *Règle* VI et celle de la *Règle* XII, il y a une inflexion nettement perceptible. Les natures simples ne sont pas seulement de simples notions générales et absolues, des « connaissances-mères », ainsi que les désigne Alquié, par exemple, indépendant, cause,

1. AT, X, 381.
2. AT, X, 423, l. 1-8 ; FA, I, 149-150.
3. Sur la différence entre le jugement dans les *Regulæ* et dans les *Meditationes*, et l'importance qu'il faut lui accorder du point de vue de la philosophie première, voir G. Olivo, *Descartes et l'essence de la vérité*, Paris, P.U.F., 2005, en particulier le chap. V.

simple, universel, un, égal, semblable, droit, qui font connaître des notions générales relatives, comme dépendant, effet, composé, particulier, multiple, inégal, dissemblable, oblique, etc. Elles sont redistribuées dans une spécification, qui les détermine d'emblée ontologiquement (en purement intellectuelles, purement matérielles et communes). Et elles prescrivent ainsi un mode de connaissance qui est proportionné au mode de présentation, ou de donation de la chose.

On retrouve, tout au long de l'œuvre de Descartes, cette tripartition. Elle est alors clairement présentée, à partir de la distinction réelle entre l'âme et le corps, que les *Regulæ* ne connaissent pas explicitement. La *Règle* XII évoque, certes, une force spirituelle qui n'est pas moins distincte du corps, pris dans son ensemble, que le sang ne l'est de l'os, et la main de l'œil. Mais, en l'absence d'une thématisation du (nouveau) concept de substance, on voit mal comment le sang et l'os, et la main et l'œil, qui sont des organes d'un même corps, pourraient permettre d'articuler la distinction réelle de l'âme et du corps, qui repose sur les principes de la métaphysique de Descartes, qui n'est pas en place dans le texte des *Regulæ*.

Les deux *Lettres à Elisabeth* du 21 mai, et du 28 juin 1643, réélaborent en effet cette tripartition des natures, ou des notions. Remarquons que l'équivalence de « nature » et de « notion » est attestée dès la *Règle*, XII, qui parle de notions des choses simples – *simplicium rerum notiones ab illis quae ex iisdem componuntur*[1]. Elle se retrouve aussi dans la formule « *veras et immutabiles naturas* » de la *Meditatio Quinta*, qui est développée quelques lignes plus loin dans l'expression « *natura, sive essentia, sive forma, immutabilis et æterna, quæ a me non efficta est nec a mente mea dependet* »[2]. On trouve, en outre, dans les *Meditationes*, une occurrence de *notio*, où elle est identifiée à *idea*. Descartes évoque, dans la *Meditatio tertia*, deux idées du soleil. La première idée tire son origine des sens, elle est considérée comme étrangère, et venant de dehors, l'autre idée est prise des raisons de l'astronomie et relève des *notions innées*, ou bien formées par nous-mêmes. On reconnaît assez facilement la tripartition des *idées*, selon leur provenance, ou leur origine, probable, qu'on trouve exposée un peu plus haut dans le texte[3].

Certes, entre les *Regulæ* et les *Meditationes*, Descartes a élaboré sa théorie du jugement, qui implique la stricte différence entre la réceptivité de l'entendement et l'action de la volonté. Dans les *Regulæ*, le jugement, ou

1. AT, X, 417, l. 17-18.

2. Respectivement, VII, 64, l. 10 et l. 15-17

3. AT, VII, 39, l. 40; IX, 31. Voir la répartition des idées en *innatæ*, *adventitiæ*, ou *a me ipso factæ*, p. 37-38, et en français, p. 29.

la composition, est encore attribué à l'entendement, qui est donc actif : « nous distinguons en l'entendement cette faculté qui lui fait avoir l'intuition et la connaissance des choses, de celle qui lui fait juger affirmativement ou négativement – *distinguamus illam facultatem intellectus, per quam res intuetur et cognoscit, ab ea qua judicat affirmando vel negando* » [1]. Mais, dans la philosophie de la maturité, le rapport aux choses est supporté par l'idée-même, comme idée *de* quelque chose, et non par la volonté. Nous pensons donc que la théorie des natures simples préfigure celle des idées [2], bien que Descartes n'a pas encore élaboré la théorie de l'idée de la maturité, puisque *idea* est toujours, dans le texte des *Regulæ*, synonyme *figura*, et qu'elle signifie une nature simple matérielle et ne prend pas le sens intellectuel d'un mode de l'esprit.

La définition de l'*intuitus* souligne que l'intuition, ou encore le regard de l'esprit suivant la traduction de J.-L. Marion [3], est la saisie simple de son objet. Autrement dit, l'entendement connaît les choses simples dont il a l'intuition. Qu'il n'y ait rien de faux dans ces notions implique que les natures simples sont vraies. Dans la représentation par *intuitus*, l'esprit reçoit son objet.

> Par intuition j'entends [...] une représentation (*conceptus*) qui est le fait de l'intelligence pure et attentive, représentation si facile et si distincte qu'il ne subsiste aucun doute sur ce que l'on y comprend ; ou bien, ce qui revient au même, une représentation inaccessible au doute, représentation qui est le fait de l'intelligence pure et attentive, qui naît de la seule lumière de la raison, et qui, parce qu'elle est plus simple, est plus certaine encore que la déduction, celle-ci [...] ne saurait, elle non plus, être faite de travers par un esprit humain [4].

La constitution des natures simples étant une anticipation de la théorie des idées, j'incline à penser que, selon Descartes, l'entendement saisit quelque chose comme objet de son idée, toute idée étant idée *de* quelque chose. Or, l'idée ne dépend pas de la volonté, mais de l'entendement.

1. *Regula* XII, AT, X, 420, l. 16-18 ; FA, I, 146. Ce pouvoir d'affirmer et de nier est retiré à l'entendement et revient à la volonté dans la *Méditation Quatrième*, voir aussi *Principes*, I, § 32.

2. Sur une forme de constance de la doctrine de l'idée comme *perceptio rei*, entre les *Regulæ* et la réponse à Burman, voir J.-M. Beyssade, « Le sens commun et la Règle XII », dans *Descartes au fil de l'ordre*, *op. cit.* Voir aussi les thèses de J.-L. Marion sur ce point, p. ex. *Questions cartésiennes*, I, p. 75-81. G. Olivo s'y oppose néanmoins, *op. cit.*, chap. VI.

3. Descartes, *Règles utiles et claires et claires pour la direction de l'esprit en la recherche de la vérité*, trad. selon le lexique cartésien et annotation conceptuelle, La Haye, Martinus Nijhof, 1977.

4. *Regula* III, AT, X, 368, l. 13-21 ; FA, I, 87.

L'idée représente une chose qui est reçue, selon une spécificité ontologique déterminée – comme chose corporelle ou comme chose immatérielle. La relation de représentation, ou la fonction représentative de l'idée, est donc immanente à l'idée. À ce niveau, la volonté n'est pas encore impliquée. La définition de l'évidence, et de la certitude de l'intuition, qui, dans les *Regulae*, n'est pas métaphysique, ou qui, si l'on préfère est neutre ou grise, reste encore valable pour les idées dans les *Meditationes*. Avec l'idée, on a donc affaire à la relation aux choses, et une telle relation est immédiate. L'idée est la forme de la pensée, qui nous fait reconnaître immédiatement la chose, dont elle est l'idée. C'est ainsi, que la forme de la pensée vise *son* objet. Ou, si l'on préfère, c'est parce que la perception de l'entendement est de l'ordre de la réceptivité, et non de l'action, qu'elle est immédiatement en relation avec quelque chose, même si la nature de la chose en question n'est pas encore suffisamment connue. Ainsi, dans le jugement, l'action de la volonté ne consiste qu'à affirmer le rapport de l'esprit à quelque chose qui est reconnue, comme telle ou telle, et est ainsi objectivement présente à l'entendement.

Ce point a une grande importance dans notre propos[1]. Car, il est entendu que, dans la *Méditation Troisième*, la preuve de l'existence de Dieu donne lieu à la démonstration de ce que les commentateurs ont nommé la *véracité divine*, autrement dit, il y a, dans la métaphysique cartésienne, une fonction en quelque sorte transcendantale de Dieu dans la connaissance humaine. La règle générale de vérité, stipulant que « toutes les choses que nous concevons fort clairement et fort distinctement, sont toutes vraies », est entièrement prouvée à la fin de la *Méditation*

1. Il renvoie à la question du cercle, ou de la concurrence des fondements métaphysiques (l'*ego* et Dieu), posée par Arnauld dans les *Quatrièmes Objections et Réponses* (AT, IX, 166 et 189-190), qui a fait couler tant d'encre. Il constitue un des lieux topiques du commentarisme cartésien. La bibliographie est immense ; on se reportera à J.-R. Armogathe et V. Carraud, *Bibliographie cartésienne (1960-1996)*, Lecce, Conte Editore, 2004, *Table des mots clés*, « Cercle logique », p. 508. On retiendra O. Hamelin, *Le Système de Descartes*, Paris, 1911 (rééd. 1979), p. 97-106 ; J. Laporte, *Le Rationalisme de Descartes*, Paris, P.U.F., 1945 (rééd. 1988) ; M. Gueroult, *Descartes selon l'ordre des raisons*, Paris, Aubier, 1953, p. 237-247 ; H. Gouhier, *La Pensée métaphysique de Descartes*, Paris, Vrin, 1962, 2ᵉ éd., 1969, p. 293-319 ; G. Rodis-Lewis, *L'Œuvre de Descartes*, Paris, Vrin, 1970, tome I, p. 261-269, 305-313, tome 2, p. 528, n. 58, 59 et 62, p. 528-530 ; J.-M. Beyssade, « Certitude et fondement. L'évidence de la raison et la véracité divine dans la métaphysique du *Discours de la Méthode* », dans N. Grimaldi, et J.-L. Marion (dir.), *Le Discours et sa méthode*, Paris, P.U.F., 1987 ; *La Philosophie première de Descartes*, Paris, Flammarion, 1979, p. 256-261, 317-346 ; J.-L. Marion, *Sur la Théologie blanche de Descartes*, Paris, P.U.F., 1981, 1991, p. 324-342 ; *Questions cartésiennes*, I. *Méthode et métaphysique*, Paris, P.U.F., 1991 ; et récemment G. Olivo, *Descartes et l'essence de la vérité*, *op. cit.*

Troisième[1]. Certes Dieu ne garantit pas l'évidence, qui est indubitablement perçue par l'esprit, mais il n'a pas à garantir non plus que les idées soient vraies, au sens où elles se rapporteraient alors vraiment aux choses que Dieu a créées. La véracité divine garantit seulement le passage des principes à la science des conclusions et, autrement dit, Dieu soutient la pensée finie de sa présence créatrice ou conservatrice. Il garantit la durée et l'autonomie des pensées finies, en fournissant à celles qui suivent « le fil de l'ordre » leur vérité; la vérité leur appartient, de droit, dès lors que les facultés de *l'ego* ne sont pas par nature fautives.

Il nous importe, en effet, de souligner que le rapport aux choses est donné dans l'idée, et dans les natures simples déjà, pour spécifier l'intentionnalité de type cartésien, que nous envisageons. Cette intentionnalité n'est pas exercée par la volonté, bien qu'elle s'accomplisse dans le jugement, autrement dit, dans la démarche « critique », ou plutôt réflexive, de la pensée, qui s'élabore dans un cheminement, où les pensées sont disposées selon l'ordre, de manière à rencontrer, sous les auspices des preuves, l'*existence* de leur objet[2]. Il y a bien *une intentionnalité des idées* et nous nous proposons précisément de la décrire.

Cette intentionnalité s'inscrit, d'emblée, dans une répartition des choses, qui sont ontologiquement déterminées. La question est alors de savoir comment l'esprit se rapporte, par idée, à ces différents genres de choses. En effet, Descartes écrit à Elisabeth

> je considère qu'il y a en nous certaines notions primitives, qui sont comme des originaux, sur le patron desquels nous formons toutes nos autres connaissances. Et il n'y a que fort peu de telles notions; car, après les plus générales, de l'être, du nombre, de la durée, etc., qui conviennent à tout ce que nous pouvons concevoir, nous n'avons, pour le corps en particulier, que la notion de l'extension, de laquelle suivent celles de la figure et du mouvement; et pour l'âme seule, nous n'avons que celle de la pensée, en

1. Si dans l'« Abrégé des Six Méditations », Descartes souligne qu'il est prouvé, dans la *Quatrième Méditation*, « que les choses que nous concevons fort clairement et fort distinctement sont toutes vraies » (AT, IX, 11), c'est parce que la distinction entre l'entendement et la volonté explique le jugement, et contribue à faire s'éloigner le spectre d'un Dieu trompeur.

2. Voir dans les *Secondes Réponses*, le passage concernant la manière de démontrer selon l'analyse ou selon la synthèse. Dans l'analyse, c'est-à-dire dans la manière dont Descartes a écrit les *Méditations*, on a affaire à « la vraie voie par laquelle une chose a été méthodiquement inventée », autrement dit, c'est la manière de démontrer qui est inventée, qui relève d'une disposition des raisons, mais il s'agit de trouver aux effets leur cause, c'est-à-dire de démontrer la vrai cause des choses et de s'y rendre si l'on veut. C'est de cette manière que l'analyse touche les différentes choses dont l'existence est prouvée. Ce que Dieu garantit, c'est donc qu'en usant correctement et de façon ordonnée de nos facultés, nous rencontrions bien la chose en question que nous recherchons.

> laquelle sont comprises les perceptions de l'entendement et les inclinations de la volonté; enfin, pour l'âme et le corps ensemble, nous n'avons que celle de leur union, de laquelle dépend celle de la force qu'a l'âme de mouvoir le corps, et le corps d'agir sur l'âme en causant ses sentiments et ses passions [1].

Nous avons trois principales idées, ou trois notions primitives de choses (la notion de l'âme, celle du corps, et enfin celle de l'union de l'âme et du corps), sur le patron, ou sur le modèle, desquelles, se rangent toutes les idées plus particulières que nous pouvons avoir.

La certitude de la « science des hommes » repose ainsi sur deux conditions. Savoir d'abord distinguer ces notions primitives, et ainsi « n'attribuer chacune d'elle qu'aux choses auxquelles elles appartiennent ». Connaître consiste, selon Descartes, à expliquer une difficulté, ou comme le disent les *Regulæ*, à résoudre une question, en en recensant les termes, et si cela est possible en déterminant entièrement, dans la question, les inconnues, à partir des termes connus. Il ne faut donc pas expliquer une difficulté qui couvre le champ d'une notion primitive, par une autre notion primitive. On connaît, en effet, chaque notion primitive, par elle-même. Par exemple, les sens rendent confuse la perception de l'étendue, de la figure ou du mouvement. Dans le cartésianisme, la connaissance des choses repose sur la façon dont l'esprit sait se rapporter à chaque genre de chose par ses idées.

« La principale cause de nos erreurs est en ce que nous voulons ordinairement nous servir de ces notions pour expliquer les choses à qui elles n'appartiennent pas, par exemple lorsqu'on veut se servir de l'imagination pour concevoir la nature de l'âme, ou bien lorsqu'on veut concevoir la façon dont l'âme meut le corps, par la façon dont un corps est mû par un autre corps » [2]. La possibilité de la connaissance suppose que l'esprit se modalise et s'applique, de manière spécifique, au genre de choses considérées. L'âme ne se conçoit, que par l'entendement pur. Le corps se connaît, par l'entendement, éventuellement aidé de l'imagination. Et les choses, qui appartiennent à l'union de l'âme et du corps, ne se connaissent qu'obscurément par l'entendement seul, ni non plus par l'entendement aidé de l'imagination, mais elles se connaissent très clairement par les sens [3]. Dans les *Principia*, I, 48, nous trouvons une spécification, à la fois

1. *Lettre à Elisabeth*, 21 mai 1643, AT, III, 665, l. 9-24.
2. *Ibid.*, p. 666, l. 9-15.
3. *Lettre à Elisabeth*, 28 juin 1643, AT, III, 691-692.

concordante et compréhensive, des principales notions des choses, à laquelle s'ajoute la thématisation de la notion de substance[1].

LA PERCEPTION ET L'IDÉE CHEZ DESCARTES

Bien que la réalité formelle et la réalité objective de l'idée ne soient pas deux choses ou deux réalités ontologiquement distinctes, comme pour Malebranche, elles sont cependant distinguées d'un point de vue fonctionnel, selon le versant subjectif, ou modal, de la pensée et selon le versant objectif de la fonction représentative de l'idée. La réalité formelle des idées, qu'Arnauld désigne par le terme de perception, n'est pas identique à la réalité objective des idées, ou à l'idée comme objet de la pensée, pour utiliser encore le lexique arnaldien. On a affaire à une différence entre deux aspects corrélatifs de l'idée, selon qu'on l'envisage comme forme de la pensée ou comme modalité de l'esprit qui est représentative des choses. La nuance à introduire, entre ces deux aspects, est liée à l'importance que prend le discours des preuves de l'existence, dans la métaphysique.

Il faut reconnaître, en suivant sur ce point Denis Kambouchner, que la stricte identification entre idée et perception est caractéristique de l'exposé arnaldien de la notion d'idée, que nous envisagerons au § 3, mais qu'elle ne peut pas s'appliquer *stricto sensu* à Descartes. C'est, en effet, dans le cadre de la preuve de l'existence de Dieu, que Descartes présente, dans la *Méditation Troisième*, une définition de l'idée et l'explication de la distinction entre réalité formelle et objective de l'idée. Et la distinction entre ces deux réalités, comme l'affirmation des degrés de réalité ou de perfection, sont commandées par l'application du principe de causalité, dans le registre du discours métaphysique des preuves de l'existence.

Analysons les définitions cartésiennes de la pensée, et celle de l'idée et de sa réalité. La question, à laquelle nous voulons répondre dans ce § 2, est de savoir ce que signifie la « réalité » de l'idée dans le cartésianisme. Et nous voulons examiner la question de savoir si cette réalité ne conduit pas, comme le soutient l'interprétation convenue de la théorie cartésienne des idées, à une forme de réification de l'objet connu qui tiendrait ainsi lieu de la chose, autrement dit, qui procèderait au remplacement de la chose par la chose connue. Commentons donc les premières définitions, proposées dans l'Exposé géométrique des *Secondes Réponses*.

1. Voir art. cit., K.-S. Ong-Van-Cung, « Notions et choses chez Descartes. A propos de *Principes*, I, 48 ».

> Par le nom de *pensée* – cogitationis *nomine* –, je comprends tout ce qui est tellement en nous, que en nous sommes immédiatement connaissants – *ejus immediate conscii sumus*. Ainsi toutes les opérations de la volonté, de l'entendement, de l'imagination et des sens sont des pensées – *omnes voluntatis, intellectus, imaginationis, et sensuum operationes sunt cogitationes*. Mais j'ai ajouté *immédiatement*, pour exclure les choses qui suivent et dépendent de nos pensées : par exemple, le mouvement volontaire a bien, à la vérité, la volonté pour son principe, mais lui-même néanmoins n'est pas une pensée [1].

L'immédiateté dont il est ici question circonscrit la pensée se connaissant elle-même, ou encore la pensée « consciente », même si la traduction française préfère le terme de connaissant, parce que l'usage du terme français pour désigner la pensée se met en place seulement après Descartes et sans nul doute grâce à sa conception de la pensée [2]. La pensée est ainsi distinguée du champ hétérogène des corps et de leur mouvement. En effet, bien que l'imagination et que les sens supposent l'existence du corps pour s'exercer, néanmoins c'est en tant que pensée connaissante d'elle-même qu'elles sont envisagées, et non comme un mouvement corporel ou cérébral. De même la volonté est une pensée, mais non le mouvement volontaire qui en découle.

C'est ainsi que la pensée de la promenade se distingue de la promenade comme mouvement physique.

> Car si je dis que je vois ou que je marche, et que j'infère de là que je suis ; si j'entends parler de l'action qui se fait avec mes yeux ou avec mes jambes, cette conclusion n'est pas tellement infaillible que je n'aie quelque sujet d'en douter [...] ; au lieu que si j'entends parler seulement de l'action de ma pensée ou du sentiment, c'est-à-dire de la connaissance qui est en moi, qui fait qu'il me semble que je vois ou que je marche, cette même conclusion est si absolument vraie que je n'en puis douter, à cause qu'elle se rapporte à l'âme, qui seule a la faculté de sentir ou bien de penser en quelque autre façon que ce soit – *Sed si intelligam de ipso sensu sive conscientia videndi aut ambulandi, quia tunc refertur ad mentem, quæ sola sentit sive cogitat se videre aut ambulare, est plane certa* [3].

1. *Secondes réponses*, Exposé géométrique, Déf. I, AT, IX, 124 ; VII, 160.

2. Pour le recours au terme latin *conscientia*, voir par exemple *Principa*, I, 9, AT, VIII-1, 7, l. 21 et 30. Le terme apparaît en français dans la *Lettre à Gibieuf*, 19 janvier 1642, en AT, III, 474, l. 12 : « Je ne la tire pas de ma propre pensée ou conscience ».

3. *Principes de la philosophie*, I, 9, AT, IX-1, 28.

Notons, dans le passage, l'identification de la « conscience » et du pur sentir de l'esprit dans son rapport à soi, *i. e.*, dans le rapport de la pensée à elle-même.

On a affaire à une définition de la pensée par la conscience. C'est la « conscience » qui permet d'ailleurs d'expliquer que Descartes, dans la *Méditation Seconde*, propose deux définitions de la chose pensante : « un esprit, un entendement ou une raison – *mens, sive animus, sive intellectus* »[1] ; « une chose qui doute, qui conçoit, qui affirme, qui nie, qui veut, qui ne veut pas, qui imagine, et qui sent – *Res cogitans. Quid est hoc ? Nempe dubitans, intelligens, affirmans, negans, volens, nolens, imaginans quoque, et sentiens* »[2]. La première définition de la chose pensante se cantonne à l'essence, à l'esprit pur, à l'entendement ou plutôt la raison, autrement dit, à la démarche discursive de la pensée qui implique non seulement la réceptivité de l'entendement qui perçoit les idées, mais l'action de la volonté qui affirme, ou qui nie, ce que l'entendement représente, selon la clarté et la distinction des perceptions. Mais, la seconde définition enveloppe, en outre, certains modes de pensée – imaginer et sentir –, qui impliquent le corps, puisque l'imagination et le sens sont corporels. Ils sont néanmoins considérés ici comme modes de la pensée, comme « conscience » d'imaginer ou de sentir, ou encore comme un imaginer, ou un sentir, qui se connaît comme étant une pensée, et non sous une description seulement mécanique ou cérébrale.

Descartes développe la présentation de la chose pensante, selon ses différents modes. Douter, entendre, et vouloir font indubitablement partie des pensées qui appartiennent à l'*ego*, et qui ne sauraient être séparées de lui. On peut concevoir une chose qui pense, sans pour autant imaginer. Mais, bien que l'imagination représente des choses qui ne sont pas vraies, qui ne sont ni réelles ou véritables, la puissance d'imaginer, que l'*ego* expérimente en lui, fait partie de la pensée. Et

> je suis le même qui sens – *idem ego sum qui sentio* –, c'est-à-dire qui reçois et connais les choses comme par les organes des sens – *res corporea tanquam per sensus animadverto* –, puisqu'en effet je vois la lumière, j'ouïs le bruit, je ressens la chaleur. Mais on me dira que ces apparences sont fausses et que je dors – *Falsa haec sunt, dormio enim.* Qu'il en soit ainsi ; toutefois, à tout le moins, il est très certain qu'il me semble que je vois, que j'ouïs, et que je m'échauffe ; et c'est proprement ce qui en moi s'appelle sentir – *At certe videre videor, audire, calescere. Hoc falsum esse*

1. *Méditation Troisième*, AT, IX, 21 ; VII, 27, l. 14.
2. *Ibid.*, 22 ; en latin, l. 28, l. 21-22.

non potest; hoc est proprie in me sentire appellatur – et cela, pris ainsi précisément, n'est rien autre chose que penser – *atque hoc præcise sic sumptum nihil aliud est quam cogitare.* D'où je commence à connaître quel je suis, avec un peu plus de lumière et de distinction que ci-devant [1].

Le sentir n'est pas considéré comme une opération corporelle, ce qu'il est de fait, si on le considère selon le premier degré du sens, mais il est ici plutôt envisagé au second sens[2], comme sentir qui se connaît ou qui s'expérimente, bref, comme conscience de sentir, précisément sous la forme de voir *la* lumière, ouïr *le* bruit, ou sentir *la* chaleur. Et c'est donc en tant qu'apparaître – « il me semble que … », *videor* –, que le sentir est une pensée. Ainsi, la transcendance de l'intentionnalité de la sensation, qui vise les choses corporelles *comme* par les organes des sens, suppose l'immanence du sujet pensant, ou du pur sentir de la pensée, qui fait l'expérience de soi dans ses différents modes de pensée.

Il faut noter qu'une telle présentation de la *cogitatio* implique une pensée du sujet, qui va au-delà de la glose du sens traditionnel du sujet comme *hypokeimenon* ou *subjectum.* Lorsque Descartes souligne, d'une façon traditionnelle, qu'on ne peut concevoir aucun acte sans son sujet, il cite Hobbes, qui précisément reprend le sens traditionnel de sujet. Le but de Descartes est de distinguer les actes corporels et les actes cogitatifs, pour asseoir la distinction réelle de l'âme et du corps[3]. Il s'oppose au matérialisme de Hobbes, et il ne dit rien de proprement cartésien, en reprenant le lexique scolaire du sujet de la pensée. Ce qui est caractéristique de Descartes, c'est que la sensation soit une pensée, alors que pour Thomas d'Aquin, par exemple, on a affaire à des actes corporels, donc à la puissance (*habitus*) sensitive de l'âme, et ainsi à l'âme (essence) qu'on peut donc nommer animale.

En considérant l'imagination et la sensation, comme des modes de la chose pensante, Descartes ne les réduit pas à l'entendement – à la différence, par exemple, de Malebranche, qui, en insistant plus que Descartes sur la radicale passivité de l'entendement, met l'esprit créé sous la dépendance, ou sous la sujétion, de l'efficace du Dieu tout puissant. Ces modalités de la pensée sont reconduites à *l'unité de l'esprit qui se connaît*, qui est conscient, ou encore qui fait l'expérience de soi, *dans les divers*

1. *Ibid.*, 23; en latin, 29, l. 11-19. Comme on sait, c'est de cette façon que Michel Henry interprète le célèvre *videre videor* comme illustration la plus nette du *cogito*, sous la figure de l'immanence pure du sentir, entendue comme pensée. Voir l'interprétation du *videre videor* de M. Henry, *Généalogie de la psychanalyse*, Paris, P.U.F., 1986, les chap. I et II.

2. Sur les degrés de certitude du sens, voir les *Sixièmes Réponses*, point n° 9.

3. *Troisièmes Réponses*, AT, IX, 136; VII, 175, l. 7.

modes de la pensée. Si les facultés d'imaginer et de sentir incluent, dans leur concept formel, quelque intellection[1], c'est qu'elles impliquent, pour être des pensées, d'être connaissantes (ou conscientes) d'elles-mêmes, comme de pensées, autrement dit, elles ne peuvent être sans une chose qui pense.

Quand Descartes soutient que la pensée ne peut pas être sans une chose qui pense[2], il souligne que la substance n'est pas connue immédiatement par elle-même, mais comme sujet de ses actes. En effet

> il y a d'autres actes que nous appelons *intellectuels* (*cogitativos*), comme entendre, vouloir, imaginer, sentir, etc., tous lesquels conviennent entre eux en ce qu'ils ne peuvent être sans pensée, ou perception, ou conscience et connaissance – *qui omnes sub ratione communi cogitationis, sive perceptionis, sive conscientiæ, conveniunt*; et la substance en laquelle ils résident, nous disons que c'est une *chose pensante*, ou un *esprit – atque substantiam insunt, dicimus esse* rem cogitantem, *sive* mentem[3].

La *chose*, dans le syntagme cartésien de « chose pensante », ne doit pas être entendue, comme on entend pourtant d'ordinaire le « sujet cartésien », c'est-à-dire comme un sujet réifié et massif. L'*ego* est certes un fondement métaphysique, c'est le premier principe de la philosophie. Autrement dit, il est perçu à l'évidence comme une vraie chose, ou comme une chose véritablement existante[4]. Mais il faut entendre cette « chose » de façon moins monolithique, comme l'unité, ou l'identité, d'un sujet modifiable qui s'expérimente et qui prend connaissance, ou conscience de soi, dans les modes de la pensée, c'est-à-dire dans le rapport aux choses. Et de ce point de vue, en dépit de l'absence du sens cartésien de la notion de substance, dans les *Regulæ*, on ne voit pas qu'il y a une grande différence entre l'unité de la pensée, telle qu'elle est présentée dans la *Règle* XII, sous la figure de l'*ingenium*, et l'*ego* ou la chose pensante, *i. e.* l'unité de la pensée, dans les *Méditations*.

La définition II est celle de l'idée. « Par le nom d'*idée*, j'entends cette forme de chacune de nos pensées, par la perception immédiate de laquelle nous avons connaissance de ces mêmes pensées – *cujuslibet cogitationis*

1. *Méditation Sixième*, AT, IX, 62 : « Car dans la notion que nous avons de ces facultés, ou (pour me servir des termes de l'École) dans leur concept formel, elles enferment quelque sorte d'intellection ». Le contenu de la parenthèse ne se trouve pas dans le latin; voir VII, 78, l. 21-27.

2. *Troisièmes Réponses*, AT, IX, 136; VII, 175, l. 26.

3. *Ibid.*, AT, IX, 137; VII, 176, l. 16-21.

4. « *Sum autem res vera, et vere existens* », AT, VII, l. 16.

formam illam, per cujus immediatam perceptionem ipsis ejusdem cogitationis conscius sum »[1]. L'idée ne se réduit pas à la conscience que la pensée prend d'elle-même. Elle est ou elle confère une forme à cette pensée, en lui donnant d'être la conscience de la perception qu'elle reçoit, autrement dit, en lui faisant connaître, ou plutôt, reconnaître la chose dont il y a une idée. La perception immédiate de l'idée est en même temps l'identification de la pensée, comme pensée objective, autrement dit, la reconnaissance de l'idée comme idée *de* quelle chose. « J'appelle généralement du nom d'idée tout ce qui est dans notre esprit, lorsque nous concevons une chose, de quelque manière que nous la concevions »[2]. L'idée donne telle ou telle forme à la pensée, perception, imagination, sentir. L'idée est, au sens propre, représentative. Elle est, selon la *Méditation Troisième*, « comme une image des choses », sans qu'on doive confondre imagination corporelle et entendement.

Ainsi, ce qui explique que nous devions prendre connaissance (ou conscience) de ces pensées, qui sont pourtant immédiatement en nous, c'est que, corrélativement à la forme de la pensée, l'idée présente une chose, qui est objectivement contenue en elle. C'est la raison pour laquelle Descartes ajoute « je ne puis rien exprimer par des paroles, lorsque j'entends ce que je dis, que de cela même il ne soit certain que j'ai en moi l'idée de la chose qui est signifiée par mes paroles ». Le caractère représentatif, ou référentiel, du langage repose sur le fait que, dans la pensée, l'idée est toujours déjà idée *de* quelque chose. Mais idée de quoi précisément ? C'est toute la question. Et l'on est bien alors obligé de constater que la définition de l'idée ne l'identifie pas, *stricto sensu*, à la perception. La perception est certes perception *de* quelque chose, mais dans le mode pensée, le rapport à la vérité de la chose est seulement présumé. Il attend donc un examen « réflexif » de l'idée, qui précisément constitue un travail de reconnaissance.

Ainsi, le passage qui envisage l'idée matériellement fausse, dans la *Méditation Troisième*, s'inscrit dans le parcours entier de la réflexion aboutissant à la preuve de l'existence de Dieu ; il s'agit de faire voir au moment de la conclusion de la preuve que l'idée de Dieu n'est pas matériellement fausse[3] mais *summe vera*. L'idée matériellement fausse est

1. *Secondes Réponses*, AT, IX, 124. En latin, VII, 160.

2. *Lettre à Mersenne*, juillet 1641, AT, III, 392-393.

3. Voir Arnauld, *Quatrièmes Objections*, VII, 207, IX, 161 : « L'idée de Dieu ne doit pas matériellement même être appelée fausse, encore que quelqu'un la puisse transférer et rapporter à une chose qui ne soit point Dieu, comme ont fait les idolâtres », et la réponse de Descartes : « Qant aux idées confuses des dieux qui sont forgés par les idolâtres, je ne vois pas pourquoi elles ne pourraient point aussi être dites matériellement fausses, en tant qu'elles

une certaine « idée » qui semble représenter quelque chose de réel ou de positif, alors qu'elle ne représente précisément rien, sinon une négation ou une privation, et qui nous fait donc juger faussement que les sensations représentent les choses. Et c'est dans la continuité d'un même fil de pensée, où Descartes examine l'objet de nos idées, en recherchant quelle idée au juste nous représente quelque chose de réel ou de positif, qu'on aboutit à la conclusion que Dieu est la plus claire et la plus distincte, et donc la plus vraie de toutes nos idées. Elle suppose donc qu'on ait reconnu la chose vraie et existante, qui est contenue dans l'idée, et qu'on vérifie que cette idée n'est pas matériellement fausse.

La preuve de l'existence de Dieu, et en général les preuves de l'existence, constituent donc un examen réflexif de l'idée et de sa réalité. Il nous fait reconnaître la chose vraie et véritablement existante, qui est contenue objectivement en elle. Prouver l'existence de quelque chose, c'est bien appliquer le principe de causalité aux idées, mais au sens où la réflexion sur les idées et sur leur objet fait reconnaître la chose vraie, qui est objectivement présente dans l'idée. Cela suppose que l'objet des pensées soit d'emblée ontologiquement situé, et qu'il y ait autant de modes de visée que de choses premières ou génériques, car la relation intellectuelle qui nous fait connaître les corps diffère de celle qui nous fait connaître l'esprit, ou bien Dieu.

En effet, la preuve de l'existence des corps porte non pas sur l'idée claire et distincte des corps, comme relevant de l'étendue, de la figure et du mouvement, mais sur l'idée sensible – les « idées des choses sensibles » –, dont les analyses de l'idée matériellement fausse, dans la *Méditation Troisième*, ont montré qu'elles avaient très peu de réalité objective. Qu'il ne s'agisse pas ici de garantir la vérité de l'idée d'étendue, c'est ce que souligne la mention de *la passivité du sentir* et le fait que ces idées nous sont représentées, sans qu'on y contribue et parfois même contre notre gré. Que représentent les idées sensibles ? Rien qui appartienne à la chose, et c'est pourquoi elles sont à peine des idées, mais bien plutôt « *une très grande inclination à croire* qu'elles [ces idées] me sont envoyées ou qu'elles partent des choses corporelles – *magnam propensionem ad credendum illas a rebus corporeis emitti* »[1]. C'est précisément cette

servent de matière à leurs faux jugements » (IX, 181, VII, 233). Voir aussi *Entretien avec Burman*, éd. et trad. J.-M. Beyssade, texte 19, : « c'est à travers la fiction de cette idole qu'ils forment l'idée réelle (et positive de Dieu), l'idée qu'ils s'en forment est matériellement fausse » (p. 58, éd. cit. ; AT, V, 157). La fiction ou l'idole n'atteint pas la perfection de Dieu, que l'idée réelle et positive parvient à toucher.

1. *Méditation Troisième*, AT, IX, 63 ; VII, 79-80.

inclination *à croire*, que la bonté divine garantit dans la preuve de l'existence des corps. La bonté de Dieu joue alors le rôle d'un principe qui fonde la rationalité *ordinaire* du réel, dans sa dimension pratique. Bien que parfois certains dysfonctionnements se produisent, la soif dans l'hydropique, la douleur dans le membre fantôme, on est assurés d'une certaine rationalité *ordinaire* et l'on peut compter avec elle. La toute-puissance divine, aussi incompréhensible soit-elle pour l'esprit fini, ne compromet ni la véracité ni la bonté divine, autrement dit, elle est seulement le principe qui assure que l'ordinaire obéit à des règles ou des lois (ordinaires).

On distinguera alors l'inclination à croire de cette autre inclination, qui préside à la preuve de l'existence de notre âme et à celle de Dieu, où la grande inclination qui, en la volonté, suit d'une grande clarté en l'entendement – *ex magna luce in intellectu magna consequuta est proprensio in voluntate*[1] –, et qui est garantie par la véracité divine. Autrement dit, la véracité divine signifie que l'homme trouve, dès toujours « déjà la nature de la bonté et de la vérité établie et déterminée par Dieu »[2]. C'est pourquoi la *Synopsis* souligne que la preuve de l'existence des corps est moins ferme, ou moins évidente, que celles qui prouvent l'existence de Dieu ou de notre âme[3].

On distinguera aussi cette preuve de l'existence des corps de celle qui est donnée dans l'article 1, des *Principes de la philosophie*, dans la partie II, qui traite des principes propres à la philosophie naturelle, et où l'on voit que Dieu garantit la vérité de l'idée de la matière étendue en longueur, largeur et profondeur, qui se forme en nous à l'occasion des corps de dehors. Cette preuve suffit, en effet, à nous enseigner ce qu'il faut savoir de l'existence des choses corporelles, sur lesquelles porte la physique qui est l'objet précis de ce Traité, dans la Deuxième partie, après l'exposition des principes de la métaphysique. La causalité que Descartes aperçoit, et qu'il rend avec le terme « occasion », n'est pas une causalité efficiente, car rien ne transite du corps senti à l'esprit qui soit la cause de ses idées. Elle relève plutôt d'une actualisation, d'une saisie attentive, ou d'une pure présence attentive de l'esprit, qui s'accomplit dans le jugement. C'est ce qui explique que Descartes dise aussi des sensations, ou des idées sensibles,

1. *Meditatio Quarta*, AT, VII, 59, l. 1-2; IX, 47.

2. *Sixièmes Réponses*, n° 6, AT, IX, 233; VII, 432, l. 25-26. On note que le latin ne ne porte pas « établie », mais seulement « déterminée », *determinatam*.

3. AT, IX, 12; VII, 16, l. 3-5.

qu'elles sont innées, si seulement on excepte certaines circonstances qui n'appartiennent qu'à l'expérience[1].

Et certes, la sensation ne nous fait pas connaître la nature des choses corporelles, car « elles ne sont peut-être pas entièrement telles que nous les apercevons par les sens, car cette perception des sens est fort obscure et confuse en plusieurs choses; mais au moins faut-il avouer que toutes les choses que j'y conçois clairement et distinctement, c'est-à-dire toutes les choses, généralement parlant, qui sont comprises dans l'objet de la géométrie spéculative, s'y retrouvent véritablement »[2]. Au mieux, cette nature est connue par l'entendement, à l'occasion des sensations[3].

On n'assiste donc pas, dans les diverses preuves en question, à l'application sèche de la causalité efficiente, mais plutôt à un examen réflexif de la réalité objective de l'idée, à la recherche de la chose véritable, réelle et positive, qui est présente objectivement dans l'idée qui se présente à nous.

De quelle immédiateté est-il alors question dans l'idée, si, comme on le prétend, elle est une notion réflexive, ou réfléchissante ? C'est le rapport de la pensée à l'idée, qui est immédiat. La perception de l'idée donne immédiatement à la pensée telle ou telle forme. Elle se modalise comme entendre, vouloir, imaginer, sentir, en même temps qu'elle reconnaît son objet comme intellectuel, comme vrai ou bien, comme fiction ou image composée, comme chose corporelle. L'idée se saisit immédiatement, selon le double aspect de la forme de la pensée, autrement dit, de la réalité formelle et de la réalité objective de l'idée.

« Par la *réalité objective d'une idée*, j'entends l'entité ou l'être de la chose représentée par l'idée, en tant que cette entité est dans l'idée – *entitatem rei repræsentatæ per ideam, quatenus est in idea*; et de la même façon, on peut dire une perfection objective, ou un artifice objectif, etc. – *perfectio obiectiva, vel artificium objectivum* – Car tout ce que nous

1. *Notae in programma, trad.* FA, III, 808-809 : « aucunes idées des choses ne nous sont représentées par [nos sens] telles que que nous les formons par la pensée; en sorte qu'il n'y a rien dans nos idées qui ne soit naturel (*innatum*) à l'esprit où à la faculté qu'il a de penser; si seulement on excepte certaines circonstances qui n'appartiennent qu'à l'expérience : par exemple, *c'est la seule expérience qui fait que nous jugeons que telles ou telles idées que nous avons maintenant présentes à l'esprit se rapporte à quelques choses qui sont hors de nous*; non pas à la vérité que ces choses les aient transmises en notre esprit par les organes des sens telles que nous les sentons, mais à cause qu'*elles ont transmis quelque chose qui a donné occasion à notre esprit, par la faculté naturelle qu'il en a, de les former en ce temps-là plutôt qu'en un autre* ». Nous soulignons, afin de marquer que l'intentionnalité est naturelle à l'esprit, et ne relève en ce sens pas de la causalité efficiente.

2. *Méditation Sixième*, AT, IX, 63; VII, 80, l. 4-10.

3. *Notæ in programma*, AT, VIII, 358, l. 20-359, l. 16; trad. FA, III, 808-809.

concevons comme étant dans les objets des idées, tout cela est objectivement, ou par représentation, dans les idées mêmes – *Nam quæcumque percipimus tanquam in idearum objectis, ea sunt in ispsis ideis objective* ». Pour Descartes, la réalité est synonyme de perfection [1] et la réalité objective est donc le mode d'être objectif, ou de ce qui est par représentation, comme l'ajoute la traduction de Clerselier, de l'entité de la chose. Et, en effet, « pour imparfaite que soit cette façon d'être par laquelle une chose est objectivement ou par représentation dans l'entendement par son idée, certes on ne peut pas dire que cette façon ou manière-là ne soit rien, ni par conséquent que cette idée tire son origine du néant » [2].

Le terme d'artifice renvoie à la notion médiévale de l'être intentionnel, ou objectif. Il renvoie à l'origine scotiste du terme et à la reprise nominaliste du lexique scotiste de l'être objectif. La notion médiévale de l'être objectif, ou intentionnel, est réinscrite, de manière originale, dans la métaphysique cartésienne, au sein de l'économie du discours des preuves de l'existence, où c'est précisément là que la définition de la réalité intervient dans les *Méditations*. Descartes refuse donc qu'à l'instar de Suárez, le « concept » objectif ne soit qu'un être de raison. Car, ce que Descartes recherche dans l'objet des idées, c'est la chose véritablement existante, autrement dit, ce qui fait sa réalité ou sa perfection ; ce qu'il exprime non sans un certain accent nominaliste, « *veritas non distinguitur a re vera sive substantia, nec perfectio a re perfecta* – la vérité n'est pas distincte de la chose vraie ni la perfection de la chose parfaite ». Et quand la formule est réinvestie dans l'idiome de la métaphysique, elle devient une vérité substantielle : « la Vérité consiste en l'être, et la fausseté au non-être seulement, en sorte que l'idée de l'infini, comprenant tout l'être, comprend tout ce qu'il y a de vrai dans les choses, et ne peut avoir en soi rien de faux » [3].

Qu'on nous permette de souligner un autre aspect de l'usage moderne des notions médiévales. Car Descartes ne renvoie pas l'artifice objectif à sa source scolastique, mais aux inventions de la technique, utiles à la vie des hommes.

> Et j'ai déjà suffisamment averti en plusieurs lieux que je parlais seulement de la perfection ou réalité objective de cette idée de Dieu – *me agere tantum de perfectione sive realitate ideæ objectiva* –, laquelle ne requiert pas

1. *Méditation Troisième*, « la réalité ou perfection », AT, IX, 33.
2. *Ibid.*, AT, IX, 33 ; VII, 41, l. 26-29.
3. *Lettre à Clerselier*, 23 avril 1649, respectivement, n° 3 et n° 6, AT, V, 355, l. 18-19 et p. 356, l. 15-19.

moins une cause en qui soit contenu en effet tout ce qui n'est qu'objectivement ou par représentation, que fait l'artifice objectif ou représenté qui est en l'idée de quelque artisan a d'une machine fort artificielle – *quæ, non minus quam artificium objectivum quod est in idea machinæ alicujus valde ingeniose excogitare, causa exigit, in qua revera contineatur illud omne quod in ipsa continetur tamtum objective* [1].

Cette idée est moins vraie que celle de l'infini, parce que la machine n'est qu'objectivement dans l'esprit de l'artisan, mais elle est l'idée d'un artifice ou d'une chose artificielle, c'est-à-dire qu'elle comporte l'articulation, la précision, l'adaptation de la diversité des pièces au mouvement qu'on voudrait que la machine produise. Il y a une perfection objective de la pensée de l'artisan, car mieux la machine est conçue, autrement dit, plus ingénieusement elle est pensée dans le détail de son artifice, dans la précision de ses éléments en vue de l'effet qu'elle est censée produire, plus a-t-elle de chance de voir le jour. Et ainsi, « dans l'idée ou le concept de chaque chose, l'existence y est contenue, parce que nous ne pouvons rien concevoir que sous la forme d'une chose qui existe; mais avec cette différence que, dans le concept d'une chose limitée, l'existence possible ou contingente est seulement contenue, et dans le concept d'un être souverainement parfait, la parfaite et nécessaire y est comprise » [2].

Les analyses, que nous avons fournies au sujet de la *cogitatio*, de l'idée en sa réalité formelle et objective, nous inclinent alors à ne pas réifier l'idée, ni le sujet, bien que nous ayons affaire à la *réalité* formelle et objective (perfection ou artifice) de l'idée et à la *chose* pensante. En effet, l'examen de la réalité objective de l'idée est seulement ce par quoi nous connaissons une chose, comme vraie et existante. Un tel examen suppose qu'on examine le mode, par lequel on se rapporte à la chose qui est objectivement dans l'idée. Il suppose donc, en outre, que les différents modes de la pensée se connaissent dans l'unité de la pensée, la *res cogitans*, qui vise quelque chose. Le discours des preuves de l'existence implique bien, en effet, l'extension du principe de causalité au domaine des idées. Mais quand on a dit cela, tout reste à expliquer. En effet, ce n'est pas l'application mécanique de la causalité efficiente ni l'efficace du raisonnement, qui prouvent l'existence véritable de quelque chose. Ce n'est pas non plus l'invocation de la toute-puissance divine, même si elle a établi les vérités. C'est plutôt, au fil de la méditation, l'examen réfléchi de la chose présente

1. *Secondes Réponses*, AT, IX, 106; VII, 134-135. Voir encore à propos de l'artifice objectif, l'illustration par l'idée de quelque machine fort artificielle», *Premières Réponses*, IX, 83, VII, 103-104.

2. Axiome X de l'Exposé géométrique des *Secondes Réponses*, AT, IX, 128; VVII, 166.

objectivement dans nos idées qui permet de conclure qu'elle est précisément, dans l'idée que nous avons, *cette* chose qui en effet existe. Et ainsi, pour trouver l'objet de ses pensées, pour le trouver là où il est, et comme il est, dans la mesure des possibilités imparties à un esprit fini, nous n'avons que les notions primitives, appréhendées par l'esprit, selon ses propres forces, autrement dit, par l'intuition et la déduction ou par le jugement.

LA PERCEPTION ET L'IDÉE CHEZ MALEBRANCHE ET ARNAULD

Je voudrais, pour vérifier ce qui vient d'être affirmé, et pour approfondir notre questionnement, me tourner vers le débat entre Arnauld et Malebranche à propos de la nature de l'idée, dont je pense qu'il éclaire nos analyses et permet de leur donner plus de résonance, en les situant dans le contexte de la philosophie « cartésienne » des idées au XVIIe siècle. Dans la Première partie, nous avons souligné l'importance de l'analogie entre sentir et connaître au Moyen Âge, dans le dessein de montrer, dans cette seconde partie, comment Descartes s'en distingue.

Or dans son combat contre la vision en Dieu de Malebranche, Arnauld critique l'analogie entre voir et connaître, en proposant une lecture de la théorie cartésienne de l'idée qui sert à distinguer radicalement la présence physique de la présence objective. On verra que Descartes n'a pas été aussi réticent à l'endroit d'un usage avisé de cette comparaison, et l'analyse de la vision lui sert à expliquer que c'est l'âme qui voit et non le corps. Mais, dans *Des Vraies et des Fausses Idées*, Arnauld reconstruit la théorie cartésienne des idées contre cette analogie. Il soutient ainsi que les idées ne sont pas des êtres représentatifs distincts des perceptions. Or, selon Malebranche, nous ne sommes que ténèbres à nous-mêmes[1], nous ne sommes pas à nous-mêmes notre propre lumière[2], donc les idées qui sont les objets immédiats de notre esprit, représentatifs des objets, sont en Dieu.

1. Malebranche, *RdV*, Xe Eclaircissement, *OC*, III, 150 : « Nous ne sommes que ténèbres à nous-mêmes; il faut que nous nous regardions hors de nous pour nous voir; et nous ne connaîtrons jamais ce que nous sommes, jusques à ce que nous nous considérions dans celui qui est notre lumière, et en qui toutes choses deviennent lumière. Car ce n'est qu'en Dieu que les êtres les plus matériels sont parfaitement intelligibles; mais hors de lui les substances les plus spirituelles deviennent entièrement invisibles ».

2. *Entretiens sur la métaphysique et la religion* (noté *EMR*), III, § III, *OC*, XII-XIII, p. 64 : « L'homme n'est point à lui-même sa propre lumière. Sa substance, bien loin de l'éclairer, lui est inintelligible elle-même. Il ne connaît rien que par la lumière de la Raison universelle qui éclaire tous les esprits, que par les idées intelligibles qu'elle leur découvre dans sa substance toute lumineuse ».

Mais pour Arnauld, les limites de l'esprit humain ne rendent pas nécessaire que, pour qu'un objet soit connu, nous ne voyions pas immédiatement les corps et qu'il faille poser que les idées ont une réalité formelle hors de l'esprit. Il n'y a aucun milieu entre nos perceptions et les objets. Il en est de même pour la manière dont nous concevons Dieu ou notre âme.

Je voudrais évoquer, dans un premier temps, la généalogie critique de l'analogie entre voir et connaître, proposée par Arnauld, pour confirmer *a contrario* son importance, si on veut comprendre la modification que Descartes fait subir à la théorie de la perception sensible au Moyen Âge. Le récit arnaldien est certes simpliste, parce qu'il est pour l'essentiel dirigé de façon polémique contre la vision en Dieu de Malebranche. Et il est doublement injuste, à l'endroit des médiévaux et de Malebranche. Ces passages permettent néanmoins de préciser le sens qu'il faut donner à la notion de la présence objective dans le cartésianisme. En outre, le débat entre Arnauld et Malebranche permet de poser d'une autre façon la question de savoir si Descartes a ou non identifié l'idée et la perception. Comme on le sait, Malebranche les distingue radicalement, alors qu'Arnauld les identifie en prétendant fournir une lecture des définitions cartésiennes dans l'Exposé géométrique des *Secondes Réponses*. Ce débat nous permet, en outre, de poser la question de savoir au juste *quelles choses* sont, dans le cartésianisme, objets d'une idée claire et distincte.

Dans le chapitre IV des *Vraies et des Fausses Idées*, Arnauld cite les définitions de l'idée de Malebranche et il lui impute, comme à la philosophie ordinaire de l'École, une fausse analogie entre la vision sensible et la vision de l'esprit, reposant sur les préjugés de l'enfance à propos de la *présence* des choses. L'oratorien a soutenu en effet, dans un passage de la *Recherche de la vérité*, que l'âme ne voit pas les objets hors de nous

> par eux-mêmes, et l'objet immédiat de notre esprit, lorsqu'il voit le soleil, par exemple, n'est pas le soleil, mais quelque chose qui est intimement uni à notre âme, et c'est ce que j'appelle Idée. Ainsi par ce mot Idée, je n'entends ici autre chose que ce qui est l'objet immédiat, ou le plus proche de l'esprit quand il aperçoit quelque chose. Il faut bien remarquer qu'afin que l'esprit aperçoive quelque objet il est absolument nécessaire que l'idée de cet objet lui soit actuellement présente [1].

1. Arnauld, *Des Vraies et des Fausses Idées*, chap. IV, éd. Denis Moreau, op. cit., p. 64. Le passage de Malebranche se trouve dans la *RdV*, Livre III, 2, chap. I, § I, *OC*, I, 413 ; dans l'édition de poche de la *RdV*, éd. J.-Ch. Bardout, 2 vol., Paris, Vrin, 2006, vol. I, p. 435-436. On lit « quand il aperçoit quelque objet », parce que Malebranche a remanié son texte.

Arnauld propose une généalogie de ce qu'il considère être une erreur et un contresens sur la théorie cartésienne de l'idée. Les préjugés de l'enfance sont ainsi la raison, pour laquelle les hommes « ont été longtemps sans connaître d'autre vue que la vue corporelle, qu'ils attribuaient à leurs yeux »[1]. Or il y a deux caractéristiques de la vision corporelle, « l'une qu'il fallait que l'objet fut devant nos yeux, afin que nous le pussions voir, ce qu'ils ont appelé *présence* », et l'autre qu'il était possible de voir les corps, représentés par leur image, comme dans le cas des miroirs, ou de l'eau. « Et alors ils ont cru, quoique par erreur, que ce n'était pas les corps mêmes que l'on voyait mais leurs images ». Arnauld ne se base pas sur le détail historique précis de la différence entre connaissance intuitive et connaissance abstractive ni sur le fait textuel qu'il y a chez les médiévaux, chez Duns Scot et Guillaume d'Ockham, par exemple, une connaissance intuitive *et* intellectuelle du singulier. Il évoque un courant de la pensée, pour lequel la connaissance se fonde sur la présence directe et intuitive, appréhendée à partir de la vision sensible et étendue à l'intellect. Les hommes, parce qu'ils ne pouvaient pas voir de leurs yeux certaines choses, soit qu'elles fussent trop petites ou non visibles, soit qu'elles fussent trop éloignées, comme les villes et les pays lointains où nous n'avons pas été, se sont persuadés qu'il y avait des choses qu'on voit par l'esprit et non par les yeux. Et « ils eussent mieux fait s'ils eussent conclu qu'ils ne voyaient rien par les yeux, mais tout par l'esprit, quoiqu'en différentes manières. Mais il leur a fallu bien du temps pour en venir jusque là ».

Si, selon les philosophes de l'École,

> nous ne voyons par notre esprit que les objets qui sont présents à notre âme: ce qu'ils [*sc.* les philosophes de l'École] n'ont pas entendu d'une *présence objective*, selon laquelle une chose n'est objectivement dans notre esprit que parce que notre esprit la connaît; de sorte que ce n'est qu'exprimer la même chose diversement que de dire qu'une chose est objectivement dans notre esprit (et par conséquent *lui est présente*), et qu'elle est connue de notre esprit. Ce n'est pas ainsi qu'ils ont pris ce mot de *présence*; mais ils l'ont entendu d'une présence préalable à la perception de l'objet[2].

Pour Arnauld, l'idée ne tient pas lieu de la chose réelle qu'elle représente en son absence, mais elle la représente en la donnant à connaître.

1. Arnauld, *VFI*, chap. IV, p. 61. Pour une défense d'Arnauld contre une lecture « représentationaliste » de sa théorie de la nature des idées, voir S. Nadler, *Arnauld and the Cartesian Philosophy of Ideas*, Manchester University Press, 1989.

2. Arnauld, *VFI*, chap. IV, p. 35.

C'est de cette façon qu'elle est présente objectivement à l'esprit qui la connaît. C'est ainsi, qu'il démarque la présence objective dans le cartésianisme de l'équivocité de la présence prise entre l'existence de la chose et la présence objective à l'esprit. Et s'il ne reconnaît pas, dans la distinction entre connaissance intuitive et abstractive, le principe permettant d'isoler l'être objectif, c'est qu'il ne considère pas que l'objet soit la *cause* de la perception, même au titre d'une cause concourante, comme chez Duns Scot.

Ce que critique Arnauld c'est la thèse d'une présence « préalable » de l'objet, cause de la perception de l'esprit. Il n'existe pas de relation de causalité naturelle entre l'objet et la perception, parce que la perception est perception de l'esprit et parce que les corps ne peuvent rien communiquer d'autre que des mouvements. Nos idées ne sont pas des images qui sont engendrées par le mouvement corporel des choses sur les organes des sens et sur l'imagination corporelle. L'équivalence arnaldienne, entre perception et idée, montre que nous avons affaire à deux aspects indissociables d'un même vécu. La perception, comme acte ou modification de l'âme, ne peut pas être la cause de l'idée. Elle est d'emblée la perception d'une chose présente à l'esprit. Mais, Arnauld ne verse pas dans une position intellectualiste, pour laquelle l'idée présente à l'esprit, avant la perception, en serait la cause prochaine. Arnauld se montre bien plutôt farouche défenseur de la distinction réelle de l'âme et du corps. Il se refuse à attribuer aux choses corporelles une causalité sur l'esprit. Ce qui explique, qu'à propos de l'union de l'âme et du corps, il a parfois recours à l'occasionalisme[1].

Dans *La Logique ou l'art de penser*, il adopte la thèse de Descartes, selon laquelle les idées se distinguent des images corporelles, et il reprend la définition de l'idée dans l'Exposé géométrique.

> Le mot d'*idée* est du nombre de ceux qui sont si clairs qu'on ne les peut expliquer par d'autres, parce qu'il n'y en a point de plus clairs et de plus simples. Mais tout ce qu'on peut faire pour empêcher qu'on ne s'y trompe, est de marquer la fausse intelligence qu'on pourrait donner à ce mot, en le

1. Sur Arnauld et le recours à une forme d'occasionalisme dans le rapport corps / âme, voir S. Nadler, « Dualism and Occasionalism. Arnauld and the Development of Cartesian Metaphysics », *Revue Internationale de philosophie* 48 (1994), 421-440. En 1680, quand il rédige *L'Examen du Traité de l'Essence des corps*, Arnauld adopte une position occasionnaliste dans la question du rapport du corps à l'âme : « Il est certain [...] que notre corps ne peut agir sur notre âme comme une cause physique. Mais il ne laisse pas d'être vrai qu'il agit incessamment sur elle comme une cause morale. Car être une occasion certaine et infaillible de ce qui se fait en notre âme, c'est en être la cause morale » (IVe partie, *OC*, t. XXXVIII, p. 150; éd. E. Faye, Fayard, 1999, p. 105. On la retrouve, mais moins accentuée dans *VFI*, p. ex., chap. 27.

> restreignant à cette seule façon de concevoir les choses, qui se fait par l'application de notre esprit aux images qui sont peintes dans notre cerveau, et qui s'appellent *imagination*[1].

Il n'est pas possible de réduire l'intellection représentative au Moyen Âge à une forme d'imagination. Et comment voir dans les idées de Malebranche de telles entités matérielles ? Car, quand ce dernier écrit « rien n'est intelligible que ce qui peut affecter les intelligences. Certainement il n'y a que Dieu, que sa substance toujours efficace qui puisse toucher, affecter, éclairer, nourrir nos esprits, ainsi que le dit S. Augustin »[2], il est éloigné des confusions empiristes, que lui impute Arnauld. Celui qui nous affecte et nous donne à penser nous restitue à nous-mêmes, précisément par le décentrement qui nous fait recevoir les idées de Dieu[3].

Certes, ce qu'Arnauld condamne par son interprétation polémique de la gnoséologie médiévale et malebranchiste, c'est que la réalité formelle des idées soit distinguée des perceptions. Après Descartes, Arnauld fustige, à son tour, la réalité des espèces intentionnelles que Malebranche avait aussi critiquées. Avec les espèces intelligibles, les corps, que notre âme peut connaître, ne sont pas présents par eux-mêmes, en raison de la différence entre les modes d'être corporel et spirituel, et ils doivent lui être présents par les images qui les représentent. La thèse incriminée est la suivante : « l'âme ne voit les corps que par des images ou espèces qui les représentent ». La vision en Dieu, et la présentation du savoir scolastique, sont fondées sur des réquisits comparables. Dans ces conceptions, l'âme ne peut pas apercevoir les objets qui lui sont présents, à cause de la différence des modes d'être corporel et spirituel. Les corps ne peuvent donc lui être présents que par certains êtres représentatifs, appelés idées ou espèces, qui tiennent lieu des choses et peuvent être unis à l'âme

Arnauld soutient que l'abstraction thomasienne est trop proche des conséquences matérialistes d'une telle gnoséologie, qu'on trouve par exemple chez Gassendi ou chez Hobbes[4]. L'analogie entre voir et connaître est fausse, parce que c'est l'âme qui voit et non les yeux et parce

1. Arnauld et Nicole, *LAP*, première partie, chap. I, p. 39-40.

2. Malebranche, *RdV*, Xe Eclaircissement, *OC*, III, 150.

3. Voir J.-Ch. Bardout, *Malebranche et la métaphysique*, Paris, P.U.F, 1999; « La Subjectivité hors sujet ? Remarques sur le brouillage malebranchistes de l'égologie », (p. 287-310), dans O. Boulnois (éd.), *Généalogies du sujet*, *op. cit.* Et concernant la polémique entre Arnauld et Malebranche, voir D. Moreau, *Deux cartésiens. La polémique entre Antoine Arnauld et Nicolas Malebranche*, Paris, Vrin, 1999; voir aussi *Malebranche. Une philosophie de l'expérience*, Paris, Vrin, 2004.

4. Voir, *VFI*, chap. IV, p. 62-63.

que la vision corporelle ne peut pas assurer la présence de l'objet. Cette vision se fait à distance, plutôt que par contact. L'objet doit bien plutôt être dit absent si la distance par rapport à l'organe de la vue est la condition de la vision. La présence de l'objet est interprétée, dans l'École, en termes d'existence et de cause des perceptions. Arnauld s'étonne alors que Malebranche épouse de tels principes scolastiques, puisque, selon le cartésianisme, que Malebranche fait sien sur ce point,

> il sait bien que nos yeux ne voient rien de tel, ni notre âme par nos yeux. Il sait que quand on se voit dans un miroir c'est soi-même que l'on voit, et non point son image. Il sait bien que ces petits êtres voltigeant par l'air, et dont il devrait être tout rempli, que l'École appelle des *espèces intentionnelles*, ne sont que des chimères. Et enfin il sait bien que, quoique les objets que nous regardons forment des images assez parfaites dans le fond de nos yeux, il est certain néanmoins que nos yeux ne voient point ces petites images peintes dans la rétine, et que ce n'est point en cela qu'elles servent à la vision, mais d'une autre manière, que M. Descartes a expliqué dans sa *Dioptrique*[1].

Certes, la présence objective fait que l'idée est idée *de* quelque chose, sans que l'existence de la chose corporelle soit la cause de la perception sensible, puisque c'est l'âme qui voit et non le corps. Mais ce type de présentation de la gnoséologie scolastique et de la philosophie de Malebranche est néanmoins très injuste, parce qu'on ne les aborde que sous l'aspect simplificateur de la polémique.

Nous allons dans un second temps proposer certains éléments du débat entre Arnauld et Malebranche, au sujet de l'idée et de la perception. Notre objectif est de reconstruire un champ de références, qui assigne à Descartes une place déterminée au cœur de l'interrogation sur la visée objective des idées. C'est à partir de cette position des enjeux, que nous aborderons le statut de l'idée, dans l'examen des deux principes de la métaphysique de Descartes : l'*ego* et Dieu.

Dans la *Recherche de la vérité*, on trouve, à quelques lignes de distance, des définitions sensiblement différentes de la nature des idées. Dans la première que nous avons vue citée par Arnauld, l'oratorien explique que « l'objet immédiat de notre esprit, lorsqu'il voit le soleil, [par exemple], n'est pas le soleil, mais quelque chose qui est intimement unie à elle, et c'est ce que j'appelle *idée*. Ainsi par ce mot *idée*, je n'entends pas ici autre chose que ce qui est l'objet immédiat, ou le plus proche de l'esprit quand il

1. *Ibid.*, p. 63-64.

aperçoit quelque objet, [c'est-à-dire ce qui touche et modifie l'esprit de la perception qu'il a d'un objet] ». Pour que l'esprit aperçoive un objet, il faut nécessairement qu'il soit présent. L'idée est l'objet immédiat de l'esprit, qui est *immédiatement* aperçu par lui. L'objet désigne ce qui est devant l'esprit : les objets hors de nous (le soleil par exemple, qui n'est pas un objet immédiat) ; l'objet intimement uni à notre âme, l'objet *immédiat* de l'esprit, *i. e.* l'idée.

En mettant en valeur l'*immédiateté* de l'accès à l'idée, autrement dit, l'intimité de l'union l'âme aux idées, qui sont l'objet le plus proche d'elle, on voit que les idées sont envisagées sous la figure des perceptions ou à des modifications de l'âme. Elles apparaissent sous la figure des manières d'être de l'esprit, sans qu'on ne doive préjuger qu'il y a au-dehors quelque chose de semblable à l'idée. Il arrive, en effet, qu'on aperçoive des choses qui ne sont pas, ou qui n'ont jamais été, comme une montagne d'or. Dans cette première définition, l'idée apparaît à l'esprit comme son objet immédiat, c'est une perception, une donnée psychique. Mais elle est en outre représentative et réelle. La réalité de l'idée est manifeste, parce que l'idée d'un carré, par exemple, diffère de l'idée du nombre, et a des propriétés que chacun peut vérifier, de sorte qu'elle ne peut être autre qu'on la voit.

Dans la seconde définition, Malebranche distingue les perceptions de l'âme des idées représentatives d'une façon plus radicale que dans la précédente.

> Toutes les choses que l'âme aperçoit sont de deux sortes : ou elles sont dans l'âme, ou elles sont hors de l'âme. Celles qui sont dans l'âme sont ses propres pensées, c'est-à-dire toutes ses différentes modifications, car par ces mots, *pensée, manière de penser, ou modification de l'âme*, j'entends généralement toutes les choses qui ne peuvent être dans l'âme sans qu'elle les aperçoive par le sentiment intérieur qu'elle a d'elle-même [...]. Or, notre âme n'a pas besoin d'idée pour apercevoir toutes ces choses de la manière dont elle les aperçoit, parce qu'elles sont au-dedans de l'âme, ou plutôt parce qu'elles ne sont que l'âme même, d'une telle ou telle façon [...]. Mais pour les choses qui sont hors de l'âme, nous ne pouvons les apercevoir que par le moyen des idées, supposé que ces choses ne puissent pas lui être intimement unies [1].

Malebranche distingue les idées qui permettent d'apercevoir les choses hors de l'âme des perceptions, ou des modifications, de l'âme qui ne sont pas représentatives, mais affectives ou psychiques. Au sens strict, une idée représente quelque chose à l'âme et l'on voit les idées en Dieu. Mais au sens

1. Malebranche, *RdV*, Livre III, 2, chap. I, *OC*, I, 415.

large, une idée est tout ce que l'âme aperçoit : les perceptions ou modifications de l'âme elle-même, mais aussi les idées au sens strict et Dieu auquel l'âme est unie. Cependant, il y a un critère solide de la distinction entre les idées et les modifications de l'âme : l'âme ne voit pas ses propres modifications en Dieu. Notre âme n'étant pas distinguée d'elle-même, mais intimement présente à elle-même, elle sent ses propres modifications, sans avoir besoin de les voir en dehors d'elle. Il convient de distinguer clairement l'idée proprement dite, sise et vue en Dieu, de la perception ou modification qui affecte la substance de l'âme et ne constitue alors que le versant psychique de l'événement cognitif, dépourvu de toute portée objective.

Il y a quatre manières de connaître : la première consiste à connaître les choses par elles-mêmes; la deuxième, de les connaître par leurs idées, c'est-à-dire par quelque chose qui soit différent d'elles; la troisième, de les connaître par sentiment intérieur, ou par *conscience*, comme l'écrit Malebranche, en utilisant ce terme français dans son nouvel usage, *i. e.* pour désigner un certain mode de connaissance de soi, alors qu'il n'avait auparavant qu'une signification morale. Enfin, la connaissance par conjecture est la quatrième manière de connaître.

> On connaît les choses par elles-mêmes et sans idées, lorsqu'elles sont intelligibles par elles-mêmes et sans idées, c'est-à-dire lorsqu'elles peuvent agir sur l'esprit, et par là se découvrir à lui. [...] On connaît les choses par leurs idées, lorsqu'elles ne sont point intelligibles par elles-mêmes, soit parce qu'elles sont corporelles, soit parce qu'elles ne peuvent affecter l'esprit ou se découvrir à lui. On connaît par conscience toutes les choses qui ne sont point distinguées de soi. Enfin on connaît par conjecture les choses qui sont différentes de soi, et de celles que l'on connaît en elles-mêmes et par des idées, comme lorsqu'on pense que certaines choses sont semblables à quelques autres que l'on connaît [1].

Il n'y a que Dieu que l'on connaisse par lui-même, d'une vue immédiate et directe. Il est le seul qui puisse agir dans l'esprit et se découvrir à lui, car il l'éclaire, par sa propre substance. Dans cette vie, ce n'est donc que par l'union à Dieu que nous connaissons les choses hors de nous. Les êtres particuliers sont en effet représentés par son être infini qui les renferme dans sa substance efficace. Comment concevoir que quelque chose de créé ou de fini puisse dès lors représenter l'infini – l'être, sans restriction, immense et universel ? En conséquence, Dieu ne saurait être aperçu par une idée. Il faut, dit-il, prendre garde que « Dieu ou l'infini n'est pas visible par

1. Malebranche, *RdV*, III, II, VII, § 1, *OC*, I,448-449 ; éd. J.Ch. Bardout, p. 436-437.

une idée qui le représente. L'infini est à lui-même son idée. Il n'a point d'archétype. Il peut être connu, mais il ne peut être fait [...] Car tout ce qui est fini se peut voir dans l'infini qui en renferme les idées intelligibles. Mais l'infini ne peut se voir qu'en lui-même. Car rien de fini ne peut représenter l'infini »[1]. Même si la connaissance que nous pouvons avoir de Dieu en ce monde.

Toutes les choses du monde, dont l'esprit a quelque connaissance, sont donc les corps ou les esprits ainsi que leurs propriétés. Il n'y a pas de doute que nous connaissions les corps et leurs propriétés par leurs idées. C'est en Dieu par leurs idées que nous les voyons, avec leurs propriétés, et la connaissance que nous avons en est très parfaite. « L'idée que nous avons de l'étendue suffit pour nous faire connaître toutes les propriétés dont l'étendue est capable, et [...] nous ne pouvons désirer d'avoir une idée [plus distincte et plus féconde] de l'étendue, des figures et des mouvements que celle que Dieu nous en donne »[2]. Si nous ne connaissons notre âme et ses modifications que par un sentiment intérieur obscur, la connaissance de la nature de l'esprit en général est possible, mais elle est indirecte[3]. Un des moyens de la connaître est, par exemple, de se servir de la comparaison avec les corps.

> La matière ou l'étendue renferme en elle deux propriétés ou deux facultés. La première faculté est celle de recevoir différentes figures, et la seconde est la capacité d'être mue. De même l'esprit de l'homme renferme deux facultés : la première, qui est l'*entendement*, est celle de recevoir plusieurs *idées*, c'est-à-dire d'apercevoir plusieurs choses ; la seconde, qui est la *volonté*, est celle de recevoir plusieurs *inclinations* ou de vouloir plusieurs choses[4].

Ce qui est radicalement posé, dans la comparaison, c'est la réceptivité de l'entendement : il reçoit les idées des objets, il aperçoit toutes les modifications dont l'âme est capable, et le sens et l'imagination sont, au même titre, des fonctions de l'entendement[5].

L'analogie entre le corps et l'âme permet de déterminer la nature de l'âme selon la dualité de la substance et des modifications dont ce sujet est le support, mais on en reste à une compréhension formelle de la relation de dépendance entre la substance de l'âme et ses propriétés. Et l'on ne parvient

1. *EMR*, II, § V, *OC*, XII-XIII, p. 53.
2. *RdV*, Livre III, II, chap. VII, § III.
3. Voir, *Les Méditations Chrétiennes*, IX, § 22 ; *EMR*, V, § V, *OC*, XII-XIII, 115 ; voir aussi *RdV*, Xe *Eclaircissement*, *OC*, III, 150.
4. *RdV*, Livre I, chap. I, § I, *OC*, I, 41 ; éd. J.Ch. Bardout, vol. I, p. 125.
5. *Ibid.*.

pas à penser la substantialité de notre âme, sinon par négation des propriétés qui appartiennent à la substance étendue. Malebranche remet en cause l'affirmation de Descartes, selon laquelle l'âme est plus aisée à connaître que le corps[1] et il nie aussi l'évidence principielle du *cogito*, comme connaissance non de l'existence de la pensée seulement, mais de sa nature. La vision en Dieu a en effet pour conséquence la « déchéance du *cogito* »[2].

S'il est facile de connaître l'existence de son âme, il n'est pas facile d'en connaître l'essence ou la nature[3]. Car nous ne voyons pas notre âme en Dieu; nous ne pouvons ni nous penser ni nous connaître, seulement nous sentir. La pensée de soi ne nous donne pas de certitude quant à l'essence ou la nature de notre âme. Le sentiment intérieur nous désigne comme pure existence affectée par un Autre, et il ne nous fait accéder ni à l'essence du senti ou à l'essence des modifications de notre âme, ni à celle du sentant, c'est-à-dire à la substantialité effective de notre âme. La relation de l'âme à elle-même n'est pas une connaissance par idée, mais par sentiment intérieur, et l'obscurité du sentiment signifie que le soi ainsi connu échappe à la science des objets. Quelle que soit son essence métaphysique en Dieu, étant soustraite à notre actuelle vision en Dieu, l'âme n'est donc vraisemblablement pour elle-même ni un objet ni une chose, puisqu'elle n'accède pas à cette idée ou à sa propre essence. « Mais comme nous ne voyons point en Dieu l'idée de notre âme, nous sentons bien que nous sommes, et ce qui se passe actuellement en nous. Mais il nous est impossible de découvrir clairement ce que nous sommes, ni aucune des modifications dont nous sommes capables »[4]. Seule l'épreuve d'un sentiment, l'expérience de cette couleur, ou de cette douleur, révèle à l'âme sa propre existence, en lui témoignant qu'elle est capable d'une telle modification. « Elle sent véritablement sa douleur, mais elle ne la connaît pas; elle ne sait point comment sa substance doit être modifiée pour en souffrir, et pour souffrir une douleur plutôt qu'une autre. Il y a bien de la différence entre se sentir et se connaître »[5].

La connaissance par idée est bien une connaissance des choses par l'intermédiaire de la réalité des idées; ce trait expliquant l'importance de la philosophie de Malebranche pour l'irréalisme (ou l'idéalisme) de

1. *RdV*, XIe *Eclaircissement*, *OC*, III, 170-171.

2. Expression de M. Gueroult, *Malebranche*, t. I, Paris, Aubier-Montaigne, 1955, chap. 2, reprise par F. Alquié, *Le Cartésianisme de Malebranche*, Paris, Vrin, 1974, p. 91.

3. *RdV*, III, II, VII, § IV, *OC*, I, 451-452 ; éd. J.Ch. Bardout, p. 466-667.

4. *RdV*, Xe *Eclaircissement*, *OC*, III, 151.

5. *RdV*, IV, XI, § III, *OC*, II, 97.

Berkeley. Mais la différence ontologique que Malebranche met entre la perception de l'âme et l'idée représentative en Dieu a pour conséquence de déterminer ce qui peut ou non être objet de nos idées et relever d'une visée intentionnelle. On voit que, par rapport à Descartes, le champ des choses connaissables par idée s'est considérablement restreint [1]. Pour ce dernier, nous nous percevons nous-même par une idée qui ne pose pas de difficulté majeure : « *ex his autem meis ideas* [...] *illam quæ me ipsum mihi exhibet, de qua nulla difficultas esse potest* – entre mes idées, celle qui me représente à moi-même, de laquelle il ne peut y avoir ici aucune difficulté » [2]. En outre, même si la puissance infinie de Dieu est incompréhensible, comme le souligne explicitement Descartes, dès les *Lettres à Mersenne* de 1630, néanmoins l'idée de Dieu « étant fort claire et fort distincte – *maxime clara et distincta* –, et contenant en soi plus de réalité objective qu'aucune autre, il n'y en a point qui soit de soi plus vraie » [3]. La pensée de Malebranche soustrait le soi et Dieu à toute visée objective et elle nous reconduit alors vers Descartes et vers les questions que nous posons à ses textes. Qu'est-ce qui est au juste représenté clairement et distinctement dans l'idée de moi-même, selon Descartes ? Le rapport à soi relève-t-il de la représentation ou du sentir ? Et que représente en outre la réalité objective de l'idée de Dieu ? En quoi est-elle la plus claire et la plus distincte des idées, si la toute-puissance divine est incompréhensible ?

Arnauld oppose à Malebranche l'identité, selon lui cartésienne, de la perception et de l'idée. Nous allons nous arrêter sur la lecture qu'il donne des définitions de l'Exposé géométrique des *Secondes Réponses*, avant d'en proposer une analyse. Car en parcourant ces aspects saillants de la Querelle des idées, nous reconstruisons en effet un champ de références qui place Descartes au cœur des débats, de telle manière que la question de savoir s'il faut ou non distinguer la perception de l'idée, et si pour sa part Descartes les a ou non distinguées dans sa métaphysique ou dans sa théorie de l'idée, prend plus de relief et offre des critères plus assurés de décision.

Arnauld soutient que les idées n'ont pas de réalité formelle hors de l'esprit et que l'idée est à peu près la même chose que la perception de l'esprit. Et c'est ainsi qu'il entend la signification de « représenter » ou « être objectivement dans l'esprit ».

> J'ai dit que je prenais pour la même chose *la perception* et l'*Idée*. Il faut néanmoins remarquer que cette chose, quoique unique, a deux rapports :

1. Descartes, *Principes de la philosophie*, I, 54, IX-2, 48, VII.
2. *Meditatio Tertia*, AT, VII, 42-43 ; IX, 34.
3. *Méditation Troisième*, AT, IX, 36 ; VII, 468-10.

> l'un à l'âme qu'elle modifie ; l'autre à la chose aperçue, en tant qu'elle est objectivement dans l'âme ; et que le mot de *perception* marque plus directement le premier rapport, et celui d'*idée* le dernier. Ce ne sont point deux entités différentes, mais une même modification de notre âme, qui enferme essentiellement ces deux rapports [1].

Ces passages manifestent la proximité d'Arnauld et de la conception de l'intentionnalité qui se dégage de l'adaptation de la conceptualité scotiste au lexique nominaliste.

Le chapitre V des *Vraies et des Fausses Idées* pose donc l'identité, ou la coextensivité, des notions d'idées et de perception, il ne s'agit que de deux aspects indissociables d'un seul et même phénomène : la modalité représentative des idées ou perception. Ainsi, la définition III affirme-t-elle : « je prends aussi pour la même chose *l'idée* d'un objet et la perception d'un objet. [...] Ces idées sont, ou des attributs, ou des modifications, de notre âme » [2]. La présence objective n'est autre que la connaissance objective. « Un objet est présent à notre esprit, quand notre esprit l'aperçoit et le connaît. Je laisse encore à examiner s'il y a une autre présence de l'objet préalable à la connaissance, et qui soit nécessaire afin qu'il soit en état d'être connu ». Contre Malebranche, il faut soutenir que « ce que j'entends par les *êtres représentatifs*, en tant que je les combats comme des entités superflues, ne sont que ceux que l'on s'imagine être réellement distingués des idées prises pour des perceptions. [...] Je n'ai garde de combattre toutes sortes d'êtres ou de modalités *représentatives* ; puisque je soutiens qu'il est clair, à quiconque fait réflexion sur ce qui se passe dans son esprit, que toutes nos perceptions sont des modalités essentiellement *représentatives* ». Arnauld entend rester fidèle à Descartes dans l'orientation résolument directe de son réalisme, or Descartes souligne qu'« il faut en revenir à la règle ci-devant posée, c'est-à-dire, que nous ne pouvons avoir aucune connaissance des choses, que par les idées que nous en concevons » [3]. Selon Arnauld, on peut considérer la perception comme la visée d'un objet extérieur, ou comme visée elle-même réflexivement par l'âme.

La définition arnaldienne de l'idée repose ainsi sur celle de l'*Abrégé géométrique* des *Secondes Réponses*, qu'Arnauld cite dans le chapitre VI des *Vraies et des Fausses Idées*, en latin et en français, en l'accompagnant de la définition cartésienne de la réalité objective de l'idée. Dans cette définition, la perception immédiate de l'idée est la condition de l'identification

1. Arnauld, *VFI*, chap. V, Déf. 6, p. 67.
2. *Ibid.*, p. 44.
3. Descartes, *Lettre à Gibieuf*, 19 janvier 1642, AT, III, 476.

de la pensée. L'idée est reconnue comme idée de quelque chose et donne corrélativement telle ou telle forme à la pensée – entendement seul pour les choses spirituelles, entendement seul ou aidé de l'imagination pour les matérielles, sensation pour les choses qui relèvent de l'union. Pour restituer aux idées la consistance qu'elles ont perdue du fait de leur identification radicale avec les perceptions de l'âme, Arnauld entreprend de réconcilier la théorie « cartésienne » des idées avec « ces façons de parler » communes qui prétendent, comme le fait Malebranche, que nous ne voyons pas immédiatement les choses et que leur idée est l'objet immédiat de notre pensée. Il affirme donc que toute pensée est réfléchissante d'elle-même et que l'idée se présente comme l'objet propre de la réflexion. La réalité objective n'apparaît qu'à la réflexion et n'a pas de consistance hors de la pensée réfléchissante. Arnauld distingue ainsi la perception directe et la perception réfléchie.

La question est alors de savoir si la perception réfléchie fait de l'idée un objet qui s'interpose entre l'esprit et les objets hors de nous.

> Notre *pensée ou perception* est essentiellement réfléchissante sur elle-même : ou ce qui se dit plus heureusement en latin, *est sui conscia.* Car je ne pense point que je ne sache que je pense. Outre cette réflexion qu'on peut appeler *virtuelle*, [...] il y en a une autre plus *expresse*, par laquelle nous examinons notre perception par une autre perception [...]. Toute perception étant essentiellement représentative de quelque chose, et selon cela s'appelant *idée*, elle ne peut être essentiellement réfléchissante sur elle-même, que son objet immédiat ne soit cette *idée*, c'est-à-dire *la réalité objective* de la chose que mon esprit est dit apercevoir : de sorte que, si je pense au soleil, la réalité objective du soleil, qui est présente à mon esprit, est l'objet immédiat de cette perception ; et le soleil possible ou existant, qui est hors de mon esprit, en est l'objet médiat, pour parler ainsi [1].

Comment l'idée – précédemment identifiée à la perception – peut-elle être l'objet de la perception ? C'est la « vue réfléchie » qui est une faculté de notre esprit qui l'explique. La perception consciente de l'idée est une réflexion virtuelle, car l'esprit peut toujours prendre cette perception, ou idée, comme objet d'une réflexion expresse. Penser, ce n'est pas réfléchir, c'est percevoir quelque chose, autrement dit avoir l'idée de quelque chose, mais on peut aussi examiner réflexivement ses perceptions ou idées, et en ce sens l'idée est consciente et c'est ce que la notion de réalité objective apporte à la philosophie de la connaissance ou à la théorie de l'idée.

1. *VFI*, chap. VI, p. 72-73.

Arnauld fournit, avec l'exemple du philosophe Thalès, qui doit payer un drachme chacun des vingt ouvriers, une illustration de la faculté réfléchissante de l'esprit et de ce qu'il entend par abstraction. La perception directe est première. « Je ne suppose aucun *être représentatif*, mais seulement que ce Philosophe a eu d'abord les deux perceptions directes de 20 hommes et de 20 drachmes, sans se mettre en peine d'où il les a eues »[1]. Mais à partir de cette première perception, Thalès opère une première réflexion, sur « ce qu'il y a de commun dans ces deux perceptions ou idées », et c'est de cette manière qu'il saisit l'idée abstraite de 20[2]. Par une deuxième réflexion, il considère l'idée abstraite de 20 « avec plus d'attention par une vue réfléchie, qui est une des plus admirables facultés de notre esprit ». Et il dégage les propriétés de ce nombre (qu'il est divisible en deux, qu'il est pair, qu'il y a en lui telle ou telle mesure, autrement dit en combien de nombres égaux il peut être entièrement divisé, etc.), autrement dit, par une réflexion expresse, il voit les propriétés des choses dans leurs idées. « On n'a besoin pour cela que de comprendre que notre pensée a le pouvoir de réfléchir sur ses pensées; et lorsqu'il a une fois la perception d'un objet de le considérer avec plus d'attention »[3]. C'est de cette manière que les sciences les plus abstraites (la métaphysique, la géométrie, l'arithmétique, l'algèbre) sont engendrées. En concevant clairement et distinctement les objets les plus simples dans les définitions, puis, par simple réflexion, les rapports les plus faciles à connaître entre ces objets simples, qui forment le contenu des axiomes, on déduit par réflexion sur ces premières connaissances des chaînes de conclusions évidentes et indubitables. Et c'est de cette manière qu'Arnauld assume la preuve de la règle générale de vérité dans les *Méditations métaphysiques* de Descartes, selon laquelle « *tout ce qui est contenu dans la vraie idée d'une chose (c'est-à-dire, dans la perception claire que nous en avons) en peut être affirmé avec vérité* »[4].

La perception de l'esprit est, au sens ordinaire du terme, directe. Mais on peut dire néanmoins des idées, ou perceptions, qu'elles sont les moyens de percevoir les objets externes[5], mais non au sens où il existerait un milieu

1. Concernant l'abstraction, voir Arnauld, *LAP*, I, chap. VI, p. 57-59.

2. « Considérant ce qu'il y a de commun dans ces deux *perceptions* ou *idées*, qui est que dans l'une ou dans l'autre il y a 20, il en retranche ce qu'elles ont de particulier, et il en fait une idée abstraite du nombre de 20 qu'il peut ensuite appliquer à vingt chevaux, à vingt maisons, à vingt stades » (p. 56).

3. Page 59.

4. *Ibid.*

5. *VFI*, chap. XIII, p. 115 *sq*. A la fin du chapitre VI, p. 79, Arnauld analyse l'équivoque du terme « immédiatement » dans « voir immédiatement, ou médiatement » : « Je demeure d'accord que nous ne les voyons point *immédiatement* [*sc.* le soleil, un carré, un nombre

intermédiaire entre nos perceptions et l'objet, car les idées ne sont pas ce que nous percevons, mais les perceptions par lesquelles nous percevons les choses physiques. Arnauld reprend le lexique de Thomas d'Aquin pour l'appliquer aux idées ; elles sont bien *id quo intelligitur.*

> S. Thomas ne prend pas le mot d'*idée* si généralement que je l'ai pris pour toute *perception*, qui comme telle est proprement *id quo intelligitur* (quoi qu'elle soit aussi *id quod intelligitur* par la réflexion virtuelle qui lui est essentielle) mais qu'il le restreint à la perception, qui par une réflexion *expresse* sur notre connaissance est devenue plus particulièrement *id quod intelligitur.* Et c'est ce qui revient à ce que j'ai dit dans le chapitre VI pour expliquer ce que c'était proprement que de voir les propriétés des choses dans leurs idées. [...] Mais on voit en tout cela ni trace ni vestige de ces *êtres représentatifs*, qui précèdent toutes les perceptions, et que l'on s'imagine qui sont nécessaires à notre esprit afin qu'il en puisse avoir [1].

Une lecture incorrecte du texte consisterait à faire de la réflexion virtuelle le support d'une forme de réalisme indirect. Or la conscience immédiate accompagne tout acte de perception comme moyen de percevoir l'objet extérieur, autrement dit, la perception directe ou la conscience de percevoir, ou encore la réflexion virtuelle, ne transforme pas l'idée en un objet immédiat de la pensée. Percevoir, c'est percevoir les choses extérieures. Cependant, et c'est une affaire de détermination du sens de « voir », et en un certain sens de « voir », lorsque je réfléchis sur mes perceptions, ou bien sur les idées que j'ai eues auparavant, l'idée *peut* être l'objet immédiat de la pensée (*id quod intelligitur*). Mais cela ne veut pas dire qu'elle le soit nécessairement ni toujours. C'est de cette façon qu'on doit expliquer que les perceptions sont représentatives des objets. Car

> si on y prend bien garde, ces mots [*représenter, représentatif, représentation*] ne conviennent proprement et premièrement qu'aux *perceptions* de l'esprit, qui sont *les représentations formelles de leurs objets*, et ce n'est que par rapport à nos *perceptions* que les autres choses, comme les

cubique] ; parce qu'il est plus clair que le jour que nous ne les pouvons voir, apercevoir, connaître, que par les perceptions que nous en avons [...]. Que si par ne pas les connaître *immédiatement* on entend ne les pouvoir connaître que par des *êtres représentatifs* distingués des perceptions, je prétends que selon ce sens ce n'est pas seulement *médiatement*, mais aussi *immédiatement* que nous pouvons connaître les choses matérielles ».

1. *VFI*, p. 115. *Cf.* aussi Thomas d'Aquin, *QdV*, Qu. *X*, trad. K.-S. Ong-Van-Cung, voir Postface, p. 225.

tableaux, les images, les mots, les caractères de l'écriture, sont dits *représenter*, ou sont appelés *représentatifs* [1].

Le sens premier de la représentation ou de la présence objective est la connaissance directe ou la perception de la chose. L'idée peut aussi devenir un objet, et faire l'objet d'une représentation, comme, dans un tableau ou dans un schéma, ou encore dans le langage et l'écriture où se réfléchit la pensée, mais c'est en un sens secondaire de « représenter » qui repose sur le sens premier.

> En retrouvant son statut d'objet de pensée (dans la réflexion), l'idée cesse d'être définie et individualisée par l'actualité d'une certaine pensée, pour reprendre la dimension d'une certaine "réalité objective" à examiner. Cette "réalité objective" n'"enferme" pas seulement certaines relations, propriétés ou conditions à découvrir : la découverte de ces relations suppose que cette réalité soit d'emblée appréhendée de la manière qui lui convient [2].

C'est par le « détour » de la réflexion qu'Arnauld retrouve la fonction de la réalité objective de l'idée chez Descartes. Si l'idée est moins une forme actuelle de la pensée, qu'une forme à examiner, c'est que le contenu des idées est fait de ces pensées, ou notions, qui arrêtent l'esprit sur quelque chose de plus particulier ou sur un de ses aspects, ou encore sur quelque chose de plus précis ou de plus distingué dans l'idée que nous avons d'une chose. Arnauld maintient donc la dimension directe de la visée intentionnelle de l'idée représentative, mais l'intentionnalité s'enrichit d'un rapport à soi, par lequel le sujet est en mesure de réfléchir sur ses idées, ou sur certains de leurs aspects plus particuliers ou bien sur celles qu'il a eu. Le sujet de la pensée, c'est l'esprit visant les choses, mais entendu dans l'immanence du rapport à soi et à ses pensées. Et au lieu que ce rapport à soi

1. *Défense de M. Arnauld, Docteur de Sorbonne, Contre la Réponse au Livre des vraies et des fausses idées*, t. 38, p. 584.

2. D. Kambouchner, « Des Vraies et des Fausses Ténèbres. La Connaissance de l'âme d'après la controverse avec Malebranche », en particulier l'Appendice « Remarque sur la définition arnaldienne de l'idée » (p. 178-190), dans *Antoine Arnauld. Philosophie du langage et de la perception*, éd. J.-Cl. Pariente, Paris, Vrin, 1995, p. 187 ; et p. 189 : « notre perception des choses doit être dite médiate dans la simple mesure où elle implique un retour réflexif et discursif sur nos idées, autrement dit sur elle-même. L'idée représente ici une médiation *entre l'esprit et lui-même*, autrement dit l'élément commun aux divers degrés de la perception, ou encore, *cela même qui se développe dans la réflexion* ». Voir en outre « Le Corps sans milieu : Descartes à la lumière d'Arnauld » dans K.-S. Ong-Van-Cung, (éd.), *La voie des idées. Le statut de la représentation (XVIIe-XXe siècles), op. cit.* ; et à propos de la différence entre perception et idée chez Descartes, « Remarques sur la définition cartésienne de la clarté et de la distinction » dans *Les Facultés de l'âme à l'âge classique*, C. Jaquet et T. Pavlovits (dir.), Paris, Publications de la Sorbonne, 2006, (p. 159-173).

s'interpose entre l'esprit et les choses, il est plutôt ce qui permet de les comprendre à la fois immédiatement dans la perception qu'il en a et dans la diachronie de l'histoire d'un esprit, qui comprend mieux ce qu'il perçoit, dès lors qu'il peut revenir sur ses erreurs passées.

En faisant place à une certaine intermédiarité de l'idée dans notre rapport aux choses, on voit aussi comment Arnauld fait un pas vers Malebranche sans pourtant bouger d'un pouce. Et l'on peut observer le même voyage immobile au cœur de sa pensée, auquel la Querelle des idées a pu donner lieu chez Malebranche. En effet,

> la perception que j'ai de l'étendue intelligible m'appartient à moi : c'est une modification de mon esprit. C'est moi qui aperçois cette étendue. Mais cette étendue que j'aperçois n'est point une modification de mon esprit. Car je sens bien que ce n'est point moi-même que je vois, lorsque je pense à des espaces infinis, à un cercle, à un carré, à un cube. [...] La perception que j'ai de l'étendue ne peut être sans moi. C'est donc une modification de mon esprit. Mais l'étendue que je vois subsiste sans moi [1].

Malebranche rapproche la perception et l'idée par le mode sous lequel ce qui est connu apparaît. Il maintient néanmoins la distinction ontologique entre idée représentative et perception de l'âme, qui est l'essentiel de son propos, cependant l'objet connu est toujours pris en vue sous la figure d'un être perçu, qui de ce fait est relatif à un percevant. La perception, comprise comme présence à l'esprit, définit les conditions sous lesquelles le connu se montre à l'esprit en l'affectant. Si la chose, en tant qu'elle existe dans le monde, se fait objet de l'entendement au moyen de l'idée qui la représente, l'idée doit néanmoins être éprouvée ou sentie, et devenir une modalité de l'âme. Dans une lettre posthume à Arnauld, Malebranche souligne le caractère affectif de toute appréhension d'objet, car

> l'âme est une substance qui pense, c'est une intelligence qui aperçoit ; mais elle n'aperçoit que ce qui la touche, que ce qui l'affecte ; et elle n'est pas ce qui l'affecte, elle n'est pas à elle-même formellement sa lumière [...] Rien ne peut l'affecter, la toucher, que les idées divines, que la substance lumineuse et efficace de la Divinité [...] rien ne peut agir en elle que ce qui est au-dessus d'elle, et rien n'est supérieur à l'âme que Dieu [2].

Descartes a-t-il conçu les idées comme des actes de réflexion et en quel sens du terme ? La réflexion signifie, chez Descartes, le retour sur des pensées passées et non pas la nécessité pour toute pensée d'être une pensée

1. Malebranche, *EMR*, I, § IX, *OC*, XII-XIII, 45.
2. *Lettre à Arnauld* du 19 mars 1699, *OC*, IX, 921.

de la pensée, clause que Descartes a reconnue commu une absurdité. Le prochain paragraphe est destiné à l'établir plus en détail. L'acte réfléchi de la pensée a chez lui une importance qui est liée à la pensée consciente. Descartes distingue nettement la conscience et la réflexion; et il soutient que la réflexion n'est pas une condition nécessaire de la pensée. Celui qui croit que pour penser, il doit envisager sa pensée et la considérer ressemble au maçon qui croit qu'un homme expérimenté dans l'architecture doit, par un acte réfléchi, considérer qu'il en a l'expérience avant que de pouvoir être architecte. On ne commencerait jamais à penser ou à s'exercer comme architecte. Et bien qu'il n'y a pas d'architecte qui n'a considéré qu'il savait l'art de bâtir, cette considération n'est pas nécessaire pour être architecte. Certes, penser n'est pas réfléchir. Mais il se peut que nous ayons à réfléchir sur certaines de nos pensées, ou sur la perception que nous avons de certaines nos idées, quand nous nous exerçons à philosopher, *a fortiori* quand nous écrivons par ordre nos pensées et « que, par un acte réfléchi, elle [une certaine substance qui pense] pense qu'elle pense, ou qu'elle ait la conscience de sa pensée[1]. Et l'on peut soutenir, en effet, que la possibilité de réfléchir sur nos représentations est une des forces de la *cogitatio*, ou de la pensée consciente. Elle nous confère la capacité ou la liberté de changer nos pensées, de comprendre nos pensées plus anciennes, ou certains jugements anciens que nous avons faits, qui peuvent parfois constituer une sorte d'écran opaque dans le rapport que nous entretenons avec les choses, les personnes et en général le monde. « Avoir conscience, certes, c'est penser et réfléchir sur sa pensée, mais il est faux que cette réflexion soit impossible tant que persiste la première pensée puisque [...] l'âme est capable de penser à plusieurs choses à la fois et de persévérer dans sa pensée, capable donc toutes les fois qu'il lui plaît de réfléchir à ses pensées et par là d'avoir conscience de sa pensée »[2]. La pensée n'est pas nécessairement une réflexion, mais le retour réflexif sur ses pensées enrichit la pensée, en lui

1. *Septimæ Responsiones*, AT, VII, 559, l. 6-7 : « ut actu reflexo cogitet se cogitare, sive habeat cogitationis suæ conscientiam ». Je donne la traduction de M. et J.-M. Beyssade, Paris, GF-Flammarion, 1992; (p. 519). Voir la trad. de Clerselier, FA, II, 1070 : « ... que, par un acte réfléchi sur sa pensée, elle pense qu'elle pense, ou qu'elle ait une connaissance intérieure de sa pensée... ».

2. *L'Entretien avec Burman*, AT, V, 149, texte 5. Voir *La Philosophie première de Descartes*, *op. cit.*, J.-M. Beyssade écrit : « En tant que consciente, toute pensée implique une idée, ou mieux une intellection, par laquelle j'ai conscience de cette pensée. En tant qu'elle vise un objet, toute pensée implique une idée, au moins confuse, par laquelle je me représente cet objet. [...] Toute pensée est consciente : ce caractère, qui définit la pensée comme telle, appartient à la sensation et à l'imagination aussi bien qu'à la volition. Toute pensée est ainsi doublée par une idée, qui en est comme la forme » (p. 204).

donnant de se comprendre elle-même, et peut-être même de construire une démarche de la pensée.

Les *Méditations métaphysiques* sont écrites en suivant la démarche de la pensée méditative. En faisant retour réflexivement sur les pensées précédentes, le sujet est transformé et cultivé par le cheminement de la méditation[1]. Descartes revient sur ce qu'il pensait auparavant, par exemple, quand il croyait que les sens fournissent la connaissance des corps. Ainsi, dans la *Méditation Sixième*, il revient sur le fait que certaines choses lui semblaient enseignées par la nature, comme il le disait en la *Méditation Troisième.* Il remarque qu'il a bien fallu abandonner certaines de ces pensées dans le cours des méditations et qu'il convient de donner à cet « enseignement » de la nature son statut véritable. Car il croyait beaucoup de choses que la nature paraissait lui enseigner, quand il doutait que la nature du moi pensant est distincte de la nature corporelle et qu'il pensait que peut-être il était un souffle, et entretenait ainsi des représentations fausses de soi.

Donnons un exemple illustrant la composition des *Méditations* comme un parcours réfléchi, ou « critique », de la pensée. Dans la *Méditation Quatrième*, Descartes décrit la démonstration du *cogito* dans la *Méditation Seconde*, à partir de la détermination des deux principales facultés de l'*ego* – l'entendement et la volonté. Dans la *Méditation Troisième*, la cause principale de l'erreur consiste à attribuer aux choses extérieures ce qui est seulement dans la pensée, en croyant que le jugement leur est conforme. Dans l'erreur, l'esprit affirme que les idées qu'il a représentent quelque chose et sont conformes aux choses hors de nous, alors qu'il n'a affaire qu'à un simple mode de pensée[2]. La différence entre l'idée et la perception est aussi mince possible, mais elle mérite tout de même d'être notée, puisqu'elle marque la différence entre la fonction proprement représentative de l'idée, qui la définit comme idée *de* quelque chose, et le caractère psychique du mode de pensée, qui est une perception dont le rapport à la

1. C'est un point que note Foucault dans « Mon corps, ce papier, ce feu », *Dits et Ecrits*, I, éd. D. Defert et F. Ewald, avec la collaboration de J. Lagrange, Paris, Gallimard, 2001. « Une "méditation" [...] produit, comme autant d'événements discursifs, des énoncés nouveaux qui emportent avec eux une série de modifications du sujet énonçant [...] Dans la méditation, le sujet est sans cesse altéré par son propre mouvement; son discours suscite des effets à l'intérieur desquels il est pris ; il l'expose à des risques, le fait passer par des épreuves ou des tentations, produit en lui des états, et lui confère un statut ou une qualification dont il n'était point détenteur au moment initial. Bref, la méditation implique un sujet mobile ou modifiable par l'effet même des événements discursifs qui se produisent » (p. 1125).

2. AT, IX, 29 ; VII, 37, l. 20-29.

chose est seulement présumé et n'est pas affirmé ou bien n'a peut-être même pas à l'être.

Dans la *Méditation Quatrième*, l'erreur du jugement est expliquée à partir de la disproportion entre la finitude de l'entendement et le caractère infini de la volonté qui peut toujours vouloir affirmer ou nier plus que ce que l'entendement lui représente clairement comme vrai.

> Par exemple, examinant ces jours passés si quelque chose existait dans le monde, et connaissant que, de cela seul que j'examinais cette question, il suivait très évidemment que j'existais moi-même, je ne pouvais pas m'empêcher de juger qu'une chose que je concevais si clairement était vraie, non que je m'y trouvasse forcé par aucune cause extérieure, mais seulement parce que, d'une grande clarté qui était en mon entendement, a suivi une grande inclination en ma volonté ; et je me suis porté à croire avec d'autant plus de liberté, que je me suis trouvé avec moins d'indifférence [1].

Le lexique de la *Méditation Quatrième* est utilisé pour décrire le *cogito*. Le sujet comprend son propre parcours autrement; par un effet de boucle récursive, il comprend le sens de l'apport des nouvelles notions de la *Méditation Quatrième* : l'identité de la volonté et de la liberté, l'indifférence comme expérience[2] du manque de raisons suffisamment certaines, pour se déterminer, et enfin la liberté comme éclairée par l'entendement, comme concept plein ou entier de la liberté humaine.

Dans la *Méditation Seconde*, le *cogito* ne semble pas faire appel à la volonté, mais seulement à l'entendement, bien que le texte latin laisse entendre l'importance de la volonté statuant après qu'on ait bien pensé les différents aspects de la question. On a la mention « *Imo certe ego eram, si quid mihi persuasi* », la persuasion impliquant que la volonté est engagé dans la preuve de mon existence. La traduction ajoute « si j'ai pensé quelque chose », et peut donner l'impression que penser, c'est juger. Néanmoins, c'est à la conception que le *cogito* paraît devoir son évidence dans la traduction française ; la conclusion étant celle d'un raisonnement ou d'une déduction. Mais le latin porte *statuere*, et plus précisément le gérondif *statuendum*, il faut établir ou poser, où l'action de la volonté est fondatrice. « De sorte qu'après y avoir bien pensé, et avoir soigneusement examiné toutes choses, enfin il faut conclure – *statuendum sit hoc pronuntiatum* –, et tenir pour constant que cette proposition : *Je suis, j'existe*, est nécessairement vraie toutes les fois que je le prononce, ou que

1. Le Duc de Luynes traduit *experior* par « je sens », AT, IX-1, 46-47 ; VII, 58-59.
2. *Meditatio Quarta*, AT, VII, 58, l. 6 ; IX, 46.

je la conçois en mon esprit – Ego sum, ego existo, *quoties a me profertur, vel mente concipitur, necessario esse vero* »[1].

Si le lecteur fait retour sur ces textes à partir de ce qu'il aura appris ou compris au sujet de l'idée du moi dans la *Méditation Quatrième*, l'action de la volonté apparaîtra plus distinctement. L'évidence du *cogito* relève dans l'ensemble de la conception ou de la perception de l'entendement. C'est de cette manière que la *Méditation Troisième* commente le *cogito*, en liant alors son évidence principielle à la forte vraisemblance de la règle générale[2], avant qu'elle ne soit prouvée après la preuve de l'existence de Dieu et de ce qu'on doit tenir, en conséquence, pour un acquis de la *Troisième Méditation*, à savoir qu'il n'est pas trompeur. Le latin, encore une fois, marque plus nettement la place de la volonté dans le *cogito*, que la traduction française ne le fait :

> Je suis certain que je suis une chose qui pense; mais ne sais-je donc pas ce qui est requis pour me rendre certain de quelque chose? Dans cette première connaissance, il ne se rencontre rien qu'une claire et distincte perception de ce que je connais – *nihil aliud est, quam clara quædam et distincta perceptio ejus quod affirmo*; laquelle de vrai ne serait pas suffisante pour m'assurer qu'elle est vraie, s'il pouvait jamais arriver qu'une chose que je concevrais ainsi clairement et distinctement – *ita clare et distincte perciperem* – se trouvât fausse. Et partant il me semble que je puis établir pour règle générale, que toutes les choses que nous concevons fort clairement et fort distinctement, sont toutes vraies – *videor pro regula generali posse statuere, illud omne esse verum, quod valde clare et distincte percipio*[3].

La *Méditation Quatrième* propose donc une description du *cogito* qui fixe la place de l'entendement et de la volonté dans l'affirmation très évidente de mon existence. À une grande clarté dans l'entendement correspond une grande inclination de la volonté – *ex magna luce in intellectu magna consequuta est propensio in voluntate*. Et le retour sur le *cogito* est un exemple qui illustre le concept plénier de la liberté humaine comme liberté éclairée, autrement dit comme spontanéité : *tanto magis et libere illud creddidi, quanto minus fui ad ipsum indifferens*. La démarche des *Méditations* est bien celle d'une pensée faisant retour sur elle-même, examinant ses idées ou certains de ses aspects, mesurant ses affirmations aux perceptions de l'entendement.

1. *Méditation Seconde*, AT, IX-1, 19; VII, 25, l. 5-13.
2. Descartes écrivant, en effet, « *videor pro regula generali posse statuere* – il me semble que je puis établir pour règle générale ».
3. *Méditation Troisième*, AT, IX-1, 27.

Nous en concluons que nous devons certes considérer l'esprit, ou l'*ego* du *cogito*, constitué par la passivité de l'entendement qui reçoit ses idées et aussi par l'action de la volonté[1]. Et néanmoins le rapport de l'esprit à la vérité est actif, car il n'est plein que dans la spontanéité de l'inclination de la volonté qui s'ordonne au vrai que lui représente l'entendement, et il s'accomplit donc dans le jugement, autrement dit, dans une démarche réfléchie qui examine réflexivement ses idées. Et l'on remarque, pour aller dans le même sens, que Descartes parle moins souvent d'idée claire ou / et distincte que de perception claire ou / et distincte dans l'idée que nous avons de quelque chose; ce pourquoi, bien que nous admettions que la présentation arnaldienne de la notion cartésienne d'idée soit juste, il faut néanmoins maintenir, plus que ne le fait Arnauld, la distinction entre perception et idée. L'examen des idées, selon leur réalité formelle et objective, consiste en effet dans l'examen réflexif, respectivement, du mode de connaissance, et de son éventuelle adaptation ou non au mode de présentation ontologique de la chose, et du contenu qui est au juste représenté par l'idée.

Nous pouvons envisager le caractère réflexif, non seulement de la démarche de la pensée, comme nous venons de le faire, mais de l'idée, dans le cartésianisme, et cela à propos des principes de la métaphysique de Descartes : l'*ego* et Dieu. Mais il apparaît déjà que l'intentionnalité de type cartésien est supportée par la fonction représentative de l'idée, qui fait d'elle nécessairement une idée *de* quelque chose, et aussi par la démarche de la pensée réflexive qui en est le fondement, autrement dit, par le jugement comme examen de vérifie l'objet de nos idées. Ainsi, par la réflexion, l'intentionnalité cartésienne s'approfondit et s'enrichit par le rapport à soi et à ses propres pensées, rapport à soi qu'on peut nommer sujet, sans qu'on ait à postuler qu'il fait écran à la saisie véritable des choses.

Il est bien vrai que c'est l'idée qui est consciente ou connaissante, chez Descartes, plus peut-être que ne le serait, par définition, la pensée, selon Descartes, ou plutôt (*vel potius*), c'est la démarche d'une pensée qui fait retour sur ses pensées précédentes et le contenu de ses jugements, qui est consciente, parce qu'elle fait l'expérience de soi, s'invente ou se découvre, dans le rapport à ses objets.

1. C'est en effet une constante dans les textes de la maturité de Descartes, voir *Lettre à Mesland*, 2 mai 1644; les *Principes de la philosophie*, I, 32; *Passions de l'âme (PdA)*, I, § 19.

L'IDÉE DE MOI-MÊME ET L'IDÉE DE L'INFINI CHEZ DESCARTES

Comme nous l'avons souligné, dans les deux premiers paragraphes du présent chapitre, l'*ego* assume une fonction transcendantale et métaphysique dans la connaissance. Par métaphysique, nous devons entendre la première partie de la (vraie) philosophie, qui contient les principes de la connaissance; « l'explication des principaux attributs de Dieu, de l'immatérialité de nos âmes, et de toutes les notions claires et simples qui sont en nous »[1]. C'est précisément parce que la métaphysique a pour but d'exposer les premières causes, ou principes de la connaissance, que Descartes, en désignant à Mersenne le texte des *Meditationes*, l'appelle ma *Métaphysique*, ou « ce peu de métaphysique que je vous envoie [qui] contient tous les principes de ma physique »[2]. Ces principes sont si clairs et évidents que l'esprit humain ne peut pas douter de leur vérité lorsqu'il les examine et « s'applique avec attention à les considérer » : ils sont découverts dans l'ordre selon lequel nous connaissons les choses, ils font connaître toutes les autres choses, sans dépendre de leur connaissance, parce qu'ils peuvent être connus sans elle, la réciproque n'étant pas vraie, et enfin la suite des déductions qu'on fait à partir d'eux est manifeste.

En reprenant des développements bien connus de la *Lettre-préface à l'édition française des Principes*, je voudrais souligner que la réflexion métaphysique est certes une analyse transcendantale des conditions de la connaissance, mais qu'elle est aussi plus que cela. Le rapport aux principes évoqués, qui ne sont pas abstraits ou seulement logiques, mais sont des choses vraies et existantes[3], est en effet l'objet d'une expérience, ou d'un sentir pur, qui a des effets dans le rapport à soi de *l'ego*, et c'est la raison pour laquelle un tel rapport aux principes excède toute description où les principes seraient envisagés seulement comme des *fonctions* transcendantales. Il faut assumer ce qui fait la spécificité historique et philosophique des objets que nous étudions et la désigner au lecteur. Parce que la métaphysique classique enveloppe le rapport à soi de la pensée, qui enveloppe un rapport expérientiel aux principes de la connaissance, c'est la manière

1. Descartes, *Lettre-Préface de l'Edition française des* Principes de la philosophie, AT, IX-2, 14, l. 10-12.

2. *Lettre à Mersenne*, 11 novembre 1640, AT, III, 233, l. 24-26.

3. Voir la *Lettre à Clerselier*, juin ou juillet 1646, AT, IV, 444 : « Le mot de principe se peut prendre en divers sens, et que c'est autre chose de chercher une notion commune, qui soit si claire et si générale qu'elle puisse servir de principe pour prouver l'existence de tous les Êtres, les *Entia*, qu'on connaîtra par après; et autre chose de chercher un Être, l'existence duquel nous soit plus connue que celle d'aucun autre, en sorte qu'elle nous puisse servir de principe pour les connaître ».

dont nous décrivons cette expérience qui est proprement métaphysique et à laquelle nous devons être attentifs.

Et, pour venir ainsi au *cogito*, qui est le premier principe de la philosophie cartésienne, on soulignera que si la pensée suppose une chose pensante, il convient d'entendre par là que l'unité de la pensée se connaît dans la diversité de ses formes ou modes. La forme de la pensée, ou la réalité formelle de l'idée, nous fait prendre connaissance immédiatement de ces pensées, et elle nous assure que nous avons bien en nous l'idée de la chose à laquelle nous pensons, quand nous examinons la réalité objective de l'idée. Une telle corrélation fait signe vers l'*ego*, comme sa condition de possibilité, à titre de principe de l'unité de la pensée. La nature de l'*ego* est, en ce sens, transcendantale *et* substantielle, ou relève de la *res cogitans*, si l'on préfère, puisque l'affirmation *ego autem substantia* n'apparaît qu'en la *Meditatio Tertia*. Lorsque Descartes évoque l'idée qui nous exhibe à nous-même, qui ne paraît pas poser de difficulté, il désigne l'*ego* dans sa structure fonctionnelle – entendement et volonté – et dans l'unité connaissante de ses différents modes. Les deux aspects de la réalité de l'idée sont, comme on l'a dit, corrélatifs; ce que l'*ego* connaît des choses vraies, c'est la manière dont il les pense et dont elles sont connues. Si nous isolons un des deux termes de la corrélation, il devient obscur. Que dire de la réalité formelle de l'idée, du mode de pensée, séparément, comment rendre compte de son fonctionnement ou de la façon dont il engendre la réalité objective de l'idée? C'est quelque chose qui ne nous est pas donné à connaître. Mais c'est de cette manière que nous connaissons par idée. Et évidemment, on ne peut non plus rien dire de la façon dont l'idée se rapporte à son objet, si on n'envisage pas ce qui est perçu clairement et distinctement dans l'idée que nous avons des choses.

Ce qui est clairement perçu dans le *cogito*, ce dont l'*ego* fait l'expérience, c'est du lien nécessaire de la pensée et de l'existence, ou encore de l'existence de la pensée comme d'une vraie chose, qui fait du *cogito* le modèle de l'évidence [1]. Du côté de l'existence, on soulignera alors la dimension de l'expérience comme pur sentir, que Descartes évoque dans la *Lettre à Silhon*, de Mars ou Avril, 1648, dans ces termes : « cette connaissance n'est point un ouvrage de votre raisonnement, ni une instruction que vos maîtres vous aient donnée; votre esprit la voit, la sent, la manie » [2]. Nous voulons insister sur le caractère expérientiel de l'intuition propre au *cogito*. L'*intuitus*, tel que le définit les *Regulæ*, relève de l'expérience,

1. *Discours de la méthode*, Quatrième partie, AT, VI, 33.
2. *Lettre à Silhon*, Mars ou Avril 1648, AT, V, 138, l. 3-6.

car « nous faisons l'expérience [...] de tout ce qui parvient à notre entendement, soit du dehors, soit de la contemplation réflexive qu'il a de lui-même – *Experimur* [...] *quaecumque ad intellectum nostrum, vel aliunde perveniunt, vel ex sui ipsius contemplatione reflexa* »[1]. Et la formule, il la voit, il la sent, etc. à propos de cette première notion de *cogito*, est glosée à partir de ce que Descartes écrit à Mersenne, dans les *Secondes Réponses*, « lorsque quelqu'un dit : *Je pense, donc je suis, ou j'existe*, il ne conclut pas son existence de sa pensée comme par la force de quelque syllogisme, mais comme une chose connue de soi ; il la voit par une simple inspection de l'esprit – *sed tanquam rem per se notam simplici mentis intuitu agnoscit* » ; « elle lui est enseignée de ce qu'il sent en lui qu'il ne se peut pas faire qu'il pense, s'il n'existe – *atqui profecto ipsam potius discit, ex eo quod apud se experiatur, fieri non posse ut cogitet, nisi existat* »[2]. La traduction française de Clerselier, dans la première citation, glose la formule plus concise en latin, mais elle rencontre les termes précis qui seront ceux de la *Lettre à Silhon.*

Le *cogito* est la connaissance de l'existence de la pensée par elle-même. C'est une intuition, un pur sentir, ou une expérience, qui est claire et distincte, parce qu'elle fait connaître une vraie chose, *i. e.* une chose existante. Il n'y a donc rien de plus dans l'idée du moi que la connaissance de la fonction transcendantale et substantielle de l'*ego* dans la connaissance. Mais aussi claire que soit une telle expérience de la pensée qui, une fois encore, délivre la connaissance d'une chose vraie et vraiment existante, elle est néanmoins enveloppée par le halo de l'implicite qui entoure toujours la pensée. Ainsi ce qui est connu clairement, dans une expérience indubitable de la pensée, n'est pas pour autant une vérité transparente.

La pensée « je pense, donc je suis » est une première notion saisie intuitivement, mais pourtant c'est une conclusion. La proposition, « tout ce qui pense existe », sur laquelle cette première pensée repose, n'a pas besoin d'être expresse, ni d'être connue explicitement. Elle est présente sur le mode de l'implicite, ni actuelle ni virtuelle, puisqu'elle n'a pas besoin d'être rappelée ou d'être rendue actuelle. Le paradoxe, qui est apparent, réside en ce que le *cogito* est la conclusion de « tout ce qui pense est », de sorte que la notion générale devrait se présenter en premier pour que la seconde en puisse être déduite. Mais il faut distinguer deux présentations

1. *Règle* XII, AT, X, 422, l. 25-423, l. 1 ; FA, I, 149.
2. *Secondes Réponses*, AT, IX, 110-111 ; en latin, VII,

de ce qu'on appelle le *cogito*: le *cogito* comme expérience intuitive et le *cogito* examiné réflexivement.

Il faut en effet distinguer le cogito 1) comme expérience de pensée, qui est une intuition; 2) en tant qu'il est exposé ou examiné réflexivement, ou bien encore raconté comme dans le *Discours de la méthode*, et mis sous la forme d'un raisonnement, mais après coup et pour en vérifier l'évidence, éventuellement même pour répondre à un objecteur. Or il est clair que le *cogito* signifie que la pensée suppose une chose qui pense et que Descartes définit la substance comme une chose qui existe. Le *cogito* comme découverte du principe de la pensée ne suppose pas l'identité de l'*ego* et de la substance, loin de là, puisque c'est seulement relativement que l'*ego* est dit substance, *i. e.* par rapport à la seule substance, au sens propre du terme, à savoir Dieu (*Principes*, I, 51). C'est pourquoi, c'est en *Méditation Troisième* que l'identification de l'*ego* et de la substance apparaît, pour prouver l'existence de Dieu et non pour caractériser l'*ego*, qui est connu pleinement et sans reste dès la *Méditation Seconde*, où l'on n'utilise pas le mot de substance.

Si l'on veut exposer ce qui fait la validité de la formule, il faut bien dire qu'on ne peut pas penser et ne pas être, autrement dit que la pensée suppose une chose pensante. Et néanmoins la thèse cartésienne est que le *cogito* n'est pas un retour réflexif de la pensée sur elle-même ou sur sa propre substance, mais son affirmation comme chose vraie et véritablement existante. Descartes distingue bien en effet la pensée et la réflexion.

On peut donner une présentation du *cogito* dans la mise en forme d'un raisonnement qui déplie l'implicite et le rend explicite. Mais le « je pense, donc je suis » n'est pas seulement tiré d'une notion commune, il est une expérience, en laquelle la notion générale peut être appréhendée. « Où j'ai dit *que nous ne pouvons rien savoir certainement, si nous ne connaissons premièrement que Dieu existe*, j'ai dit, en terme exprès, que je ne parlais que de la science de ces conclusions, *dont la mémoire nous peut revenir en l'esprit, lorsque nous ne pensons plus aux raisons d'où nous les avons tirées* »[1].

Le *cogito* est démontré avant la preuve de l'existence de Dieu et n'a pas besoin d'elle pour être connu de soi, *i. e.* pour être reconnu, par une simple inspection de l'esprit, comme « une première notion » saisie intuitivement. « Et lorsque quelqu'un dit : *Je pense, donc je suis, ou j'existe*, il ne conclut

1. AT, IX, 110; en latin VII, 140, l. 14-16 : « *scientia earum conclusionum, quarum memoria potest recurrere, cum non amplius attendimus ad ratione ex quibus ipsas deduximus* ».

pas son existence de sa pensée comme par la force de quelque syllogisme, mais comme une chose connue de soi ; il la voit par une simple inspection de l'esprit »[1]. Le *cogito* ne découle pas de la preuve de l'existence de Dieu, bien que nous ne puissions rien connaître si nous n'avons pas premièrement connaissance de Dieu, et ainsi, de même, le *cogito* ne constitue pas la conclusion d'un syllogisme qui n'est d'ailleurs qu'une mise en forme des arguments, pour Descartes, et nullement la pensée se développant par analyse, selon la vraie voie par laquelle une chose est méthodiquement inventée[2]. Le *cogito* est *per se notum*, c'est une notion première et premièrement connue par l'intuition comme une vraie chose. C'est un premier principe, dont la connaissance « n'a pas coutume d'être appelée science par les dialecticiens »[3]. Mais si la première proposition qui se présente à celui qui conduit ses pensées par ordre ne mérite pas encore le nom de science, elle est néanmoins la première des vérités que démontre la métaphysique de Descartes.

Elle n'est pas conclue par la force d'un syllogisme, pour la raison que cette conclusion n'est pas de celles « dont la mémoire nous peut revenir en l'esprit, lorsque nous ne pensons plus aux raisons d'où nous les avons tirées »[4]. En effet, la mémoire, en tant que souvenir de la conclusion dont on ne se rappelle plus les raisons, ne nous persuade pas comme le fait l'évidence actuelle du *cogito*, et il faut souligner que « pour ce qui est des choses purement intellectuelles, à proprement parler, on n'en a aucun ressouvenir; et la première fois qu'elles se présentent à l'esprit, on les pense aussi bien que la seconde »[5]. Certes le *cogito* est une conclusion, mais pour autant nous ne pensons pas explicitement aux notions simples et générales, par lesquelles elle est déduite, sans que nous les ayons oubliées et nous en ayons un souvenir vague en nous rappelant seulement de la conclusion, car dans l'expérience du « je pense, donc je suis », ces notions sont considérées en particulier, sans qu'on leur prête une attention dans leur généralité. Le *cogito* n'est pas le souvenir d'une conclusion, mais c'est un

1. *Ibid.*, en latin, VII, 140, l. 20-23 : « *Neque etiam cum quis dicit : ego cogito, ergo sum sive existo, existentiam ex cogitatione per syllogismum deducit, sed tanquam rem per se notam simplici mentis intuitu agnoscit* ».

2. AT, IX, 121.

3. *Ibid.*, 110.

4. AT, IX, 110.

5. *Lettre à l'Hyperaspistes*, Août 1641, n° 2, AT, III, 425 : « De rebus vero pure intellectualibus, nulla proprie recordatio est; sed prima vice qua occurrunt, æque bene cogitantur ac secunda », trad. FA, II, 363.

sentir de la pensée, une intuition, et une première notion, et en effet « la mémoire intellectuelle porte sur l'universel plus que sur le singulier » [1].

Nos analyses ont montré ce qui dans l'idée du moi est clair et distinct. Il s'agit certes de la fonction transcendantale de l'*ego* comme principe de la connaissance, c'est-à-dire comme chose pensante. C'est donc en ce sens que nous avons la connaissance de l'essence du moi humain. Cependant le rapport à soi de l'*ego* n'est pas transparent, mais traversé par l'implicite de la pensée. Nous n'avons en outre pas de notion de nous-même, qui soit plus particulière que celle-là, quand nous considérons, de cette façon transcendantale, l'âme séparément du corps, et nous n'en avons pas non plus de plus développée que celle qui, en nous faisant connaître notre existence, nous fait aussi connaître les choses vraies et véritablement existantes. Ainsi, les principes de la connaissance sont, au sens fort du terme, des choses existantes. On ne peut ainsi pas tirer le *cogito* du seul principe de non-contradiction sans l'expérience ou le rapport à soi [2].

> On peut dire que *impossibile est idem simul et non esse* est un principe, et qu'il peut généralement servir, non pas proprement à faire connaître l'existence d'aucune chose, mais seulement à faire que, lorsqu'on la connaît, on en confirme la vérité par un tel raisonnement. Il est impossible que ce qui est ne soit pas; or je connais que telle chose est; donc je connais qu'il est impossible qu'elle ne soit pas. Ce qui est de bien peu d'importance, et ne nous rend pas plus savants. En l'autre sens, le premier principe est que notre âme existe, à cause qu'il n'y a rien dont l'existence nous soit plus notoire. [...] Et la façon dont on réduit les autres propositions à celle-ci : *impossibile est idem simul esse et non esse*, est superflue et de nul usage; au lieu que c'est avec une très grande utilité qu'on commence à s'assurer de l'existence de Dieu, et ensuite de celle de toutes les créatures, par la considération de sa propre existence [3].

Tournons-nous donc à présent vers l'idée de Dieu et répondons à la question de savoir ce qui, dans l'idée de Dieu, est, selon Descartes, clair et distinct et qui fait d'elle la plus vraie de toutes nos idées. C'est de nouveau la fonction transcendantale de l'idée de Dieu qui touche à cette clarté

1. *L'Entretien avec Burman*, texte 5, p. 30; AT, V, 150: « haec memoria intellectualis magis est universalium quam singularium ».

2. A la différence de la scolastique peut-être, voir Jacob Schmutz, « L'existence de l'*ego* comme premier principe avant Descartes » dans O. Boulnois, *Généalogies du sujet*, *op. cit.*; A. de Libera, « Sujet insigne et *Ich-Satz*. Deux lectures heideggeriennes de Descartes », *Les Études philosophiques*, 2009.

3. *Lettre à Clerselier*, juin ou juillet 1646, AT, IV, 444-445.

et distinction[1]. Je reprends ainsi les éléments concernant la fonction transcendantale de Dieu dans la connaissance humaine, de manière succincte, dans l'horizon de ce qui est utile à notre propos sur l'intentionnalité des idées, en contexte cartésien.

La *Méditation Troisième* se présente comme un examen réflexif des idées ou des pensées des choses qui se présentent à nous, et dans lequel il s'agit de savoir ce que je conçois, ou plutôt ce que j'ai conçu comme clair et distinct dans les idées que j'ai eues auparavant. « Or qu'est ce que je concevais distinctement en elles [*sc.* ces choses que j'apercevais par les sens, que j'ai reçues comme très certaines et manifestes, et que j'ai ensuite reconnues comme douteuses] ? Certes rien autre chose sinon que les idées ou les pensées de ces choses se présentaient à mon esprit »[2]. La méditation métaphysique a pour objectif fixé à l'avance d'examiner s'il y a un Dieu et s'il peut être trompeur.

Notons que cette *opinion* d'un Dieu trompeur, Descartes la caractérise comme une « *præconcepta de summa potentia opinio* »[3]. Autrement dit, c'est d'une manière heuristique que Descartes se sert de ce préconcept, ou de cette opinion d'un ancien temps[4], qui identifie, par préjugé ou par superstition, la toute-puissance divine à l'hypothèse d'un Dieu trompeur. Son but est de se débarrasser de ce préjugé « sitôt que l'occasion s'en présentera », pour avoir une connaissance vraie et positive de Dieu. La réalisation de cet objectif est commandée par l'exigence de l'ordre, qui requiert que l'on conduise ses pensées des notions premières vers celles qui en doivent être déduites, et qui suppose en outre que nous divisions nos pensées en un certains genres. « Il faut ici que je divise toutes mes pensées

1. Sur cette question, la lecture que Jean-Luc Marion a proposée de la création des vérités éternelles, comme fondement de ce qui est connaissable par l'esprit fini, nous paraît définitive par maints aspects. Voir, en particulier, *Sur la théologie blanche de Descartes*, *op. cit.* ; *Sur le Prisme métaphysique de Descartes*, Paris, P.U.F., 1986 ; « La *causa sui – Responsiones* I et IV » dans *Questions cartésiennes II. Sur l'*ego *et sur Dieu.* Sans adhérer, peut-être, à l'idée d'une sur-rationalité divine, il y a en effet une analogie et non une univocité, ni non plus une complète équivocité, du savoir humain fini et de la connaissance du Dieu tout-puissant, créateur des vérités éternelles, qui est au principe de la rationalité humaine. Et il ne fait pas de doute que, chez Descartes, la rationalité humaine est finie ou suspendue au Dieu tout-puissant, qui est aussi la source des vérités, mais en lequel il ne faudtait néanmoins pas disjoindre la nécessité et l'indifférence, ainsi que l'indique Descartes, dans l'*Entretien avec Burman*, AT, V, 166, texte 38, p. 98-100.

2. AT, IX-1, 28 ; en latin, AT, VII, 35, l. 20-22.

3. AT, VII, 36, l. 8-9.

4. AT, VII, 21, l. 1-3.

en certains genres – *ut prius omnes meas cogitationes in certa genera distribuam* »[1].

Descartes envisage plusieurs distributions et il est à la recherche de celle qui lui permettra de prouver l'existence de Dieu. La première distribution est celle qui distingue entre le sens propre de l'idée et d'autres pensées qui peuvent avoir pour forme une certaine idée peut-être, mais ont surtout en outre une autre forme (comme c'est le cas des volontés, des affections, et des jugements). Une autre distribution consiste à les distinguer en innées, adventices ou inventées par l'*ego*. Mais celle qui sera la plus opératoire pour prouver l'existence de Dieu passe par la mise en relief de la distinction entre réalité formelle et réalité objective de l'idée. Elle implique l'utilisation de deux axiomes ou notions communes – il y a des degrés de perfection objective (idée de substance – idée de mode) qui sont parallèles aux degrés de réalité (substance – mode)[2]; de toute chose existante on peut se demander la cause pour laquelle elle existe –, dont la combinaison conduit à l'application du principe de causalité à la réalité objective de nos idées.
Descartes fait appel à ces notions que, dit-il, l'habitude de penser lui a rendue familières et évidentes, à savoir « que nos idées ne pouvant recevoir leurs formes ni leur être que de quelques objets extérieurs, ou de nous-même, ne peuvent représenter aucune réalité ou perfection, qui ne soit en ces objets, ou bien en nous »[3]. L'examen réfléchi de nos idées suppose un rapport intentionnel de l'idée aux choses dont elle est l'idée, qui est causal et exemplaire.

J'utilise le terme d'exemplaire, qui n'est pas destiné à remettre en cause la promotion de l'efficience dans la théorie cartésienne de la causalité[4], mais à cerner plutôt un second usage du terme de « patron » chez Descartes. Car, « il faut à la fin parvenir à une première idée, dont la cause soit comme un patron ou un original – *cujus causa sit archetypi* –, dans lequel toute la réalité ou perfection soit contenue formellement et en effet, qui se

1. AT, IX, 29; VII, 36-37.

2. C'est dans cette série complexe de raisons que le fameux *ego autem substanta* apparaît, autrement dit, pour signifier que nous avons la notion simple de substance, ou de chose existante, dont nous avons l'expérience à partir de notre propre existence, comme nous avons celle des modes, lesquels dépendent de la substance et non l'inverse. AT, VII, 44, l. 18-21; 45, l. 7; IX, 35. Dans l'analyse on va des effets à la cause qui les explique, et des notions en particulier aux générales qui sont appréhendées au sein de l'expérience intellectuelle du particulier.

3. Descartes, *Lettre au P. Vatier*, 22 février 1638, AT, I, 560-561.

4. Voir, V. Carraud, *Causa sive ratio. La raison de la cause de Suarez à Leibniz*, *op. cit.*, chap. II.

rencontre seulement objectivement ou par représentation dans ces idées – *in quo omnis realitas formaliter contineatur, quae est in idea tantum objective*»[1]. Parmi les idées principales, qui peuvent prétendre au titre de première idée, on doit écarter l'idée de moi-même et l'idée des choses corporelles, car l'*ego* peut en être la cause, autrement dit, elles peuvent s'expliquer par l'*ego*, qui, comme *chose* pensante, a l'idée de lui-même et aussi des choses extérieures.

Il ne reste que l'idée de Dieu, dont la réalité objective est telle, que l'*ego* n'en peut être la cause, puisqu'il ne la comprend ni formellement ni éminemment. Et si l'idée de Dieu est la plus claire et la plus distincte de toutes, et la plus vraie aussi donc, on se demandera ce qu'une telle idée représente? Car l'infini n'est pas représenté comme négation du fini, puisque ce par quoi il diffère du fini est «réel et positif»[2], et c'est donc précisément de cela – ce réel et ce positif – dont l'idée *de* Dieu est l'idée. Et la question se pose donc toujours, car comment l'esprit fini peut-il appréhender ce réel et ce positif de la substance infinie? Cette question est d'autant plus légitime que les *Lettres à Mersenne* de 1630 ont souligné que la toute-puissance de Dieu ou encore l'infini ne peuvent pas être compris par notre âme finie. Descartes distingue, dans celle du 27 mai 1630, comprendre de savoir, embrasser ou toucher de la pensée. On admettra que toucher n'est pas voir. Qu'est-ce donc qui est vu dans l'idée de Dieu? Dieu est-il un objet ou bien plutôt un non-objet de la pensée, étant incompréhensible?

L'idée de Dieu nous donne l'intellection de Dieu, selon sa fonction transcendantale dans la connaissance humaine, comme ensemble des conditions noétiques de la possibilité de l'idée en général. Elle est cette première idée de la perfection pleine et entière de l'existence nécessaire qui est le patron de toutes les autres idées, que nous pouvons avoir comme idée *de* quelque chose, dont l'existence est seulement possible ou contingente. C'est bien en ce sens qu'elle est *summe vera*; elle est l'idée de la chose ou substance qui est souverainement vraie ou existante. Elle est la plus vraie, parce qu'étant l'idée de (Dieu) parfait, elle est l'idée de Dieu source de toute vérité, puisque la volonté de tromper témoigne de malice et de faiblesse. Et ainsi, la connaissance de la souveraine perfection, ou de la réalité par excellence, est aussi la connaissance du premier des attributs de Dieu: «il est très véritable et la source de toute lumière – *summe verax, et dator omnis luminis* –, de sorte qu'il n'est pas possible qu'il nous trompe,

1. Descartes, *Méditation Troisième*, AT, IX-1, 33; VII, 42, l. 6-11.
2. *Lettre à l'Hyperaspistes*, Août 1641, n° 6, AT, III, 427, l. 4; trad. FA, II, 365

c'est-à-dire soit directement la cause des erreurs dont nous sommes sujets – *adeo ut plane repugnet ut nos fallat, sive ut proprie ac positive sit causa errorum* –, et que nous expérimentons en nous-mêmes »[1]. Le texte latin souligne que Dieu ne peut être proprement et positivement la cause de nos erreurs, parce que ce qui est positif et propre à Dieu est la réalité ou la perfection. C'est donc en ce sens que l'idée de Dieu est l'idée du *tout* de la réalité et la première idée qui conditionne la vérité de toutes les idées comme idée *de* quelque chose de réel et de positif. Mais de cela nous ne sommes assurés que pour autant que nous usons bien de nos facultés – entendement et volonté; ce que les articles 32 à 38 de la première partie des *Principia* établissent, comme le fait la *Méditation Quatrième* après la *Troisième*, autrement dit, après qu'ait été établi que Dieu n'est pas trompeur mais au contraire très véritable.

Ce n'est pas seulement que l'idée de Dieu soit exemplaire de toutes nos autres idées, qui est représenté dans cette idée transcendantale de Dieu, c'est en outre l'idée de Dieu comme cause, dans l'étendue maximale, qui est la sienne, comme *efficiens et totalis causa*[2], *i. e.* comme créateur de toutes choses, et aussi des essences et des vérités; « *ex hoc ipso quod aliquid velit, ideo cognoscit, et ideo tantum talis res est vera* – de cela même qu'il veut quelque chose, il connaît par là cette chose, et par là seulement une telle chose est vraie »[3]. Et la notion de cause totale et efficiente, ou de cause créatrice, est précisément ce que représente l'idée de Dieu selon Descartes.

Que l'efficience assure l'intelligibilité de la cause, c'est ce que nous comprenons, en soulignant que « la *potentia* est incompréhensible, mais se laisse concevoir, par analogie, comme *sui causa*, et cela suffit à notre intelligibilité en l'absence de toute cause pour Dieu »[4]. La preuve de l'existence de Dieu ne soumet pas Dieu à la cause efficiente, mais à l'universalité de la demande de la cause – au sens d'un axiome ou d'une notion commune. La puissance inépuisable de Dieu, qui est incompréhensible, se laisse interpréter selon l'analogie de la cause efficiente : *causa sive ratio.* On peut voir à l'œuvre, au cœur de ces développements bien connus des

1. *Principes de la philosophie*, I, 29, AT, IX-2, 37; VIII, 16.

2. *Lettre à Mersenne*, 27 mai 1630, AT, I, 152.

3. *Lettre à Mersenne*, 6 mai 1630, AT, I, 149.

4. V. Carraud, *Causa sive ratio*, *op. cit.*, p. 292. Je n'accorde pas à la thèse de la création des vérités éternelles une importance telle qu'elle conduit à voir en Dieu à la fois le principe de raison, qui conditionne la connaissance humaine, et un principe qui se cacherait dans l'incompréhensibilité de sa toute-puissance ou dans l'inintelligible. J'ai plus de confiance en la signification métaphysique de l'ordinaire et de ses règles, ou encore de l'ordre qui y préside.

Premières et Quatrièmes Réponses, les puissantes résonances de la thèse de la création des vérités éternelles, même si elle n'est pas explicitement mentionnée à cet endroit. On peut lui reconnaître une grande importance, dans la mesure où, si Dieu n'a pas un rapport à soi causal ou créateur, il l'a à l'égard de la pensée finie, de droit et de fait, en particulier, parce qu'à ce moment du texte, l'*ego* fini s'efforce de prouver l'existence de Dieu à partir de l'idée de parfait ou d'infini, autrement dit, à partir de l'idée de la puissance infinie et inépuisable.

Mais il faut néanmoins en revenir à l'affirmation de la *Méditation Troisième*, où l'idée de Dieu est dite fort claire et fort distincte, *summe vera*, et donc toujours tenir l'affirmation cartésienne qu'en toute idée claire et distincte quelque chose de positif et de réel est connu. Et en effet, « l'infini, en tant qu'infini, n'est point à la vérité compris, mais [...] néanmoins il est entendu; car, entendre clairement et distinctement qu'une chose soit telle qu'on ne puisse y rencontrer de limites, c'est clairement entendre qu'elle est infinie »[1]. Mais il faut souligner à nouveau que l'idée que nous avons de Dieu n'est pas adéquate, elle est une connaissance qui est suffisante pour le connaître comme une chose réelle et positive. Car, comme l'article 54 des *Principia*, I, le souligne, « nous pouvons avoir une idée claire et distincte d'une substance pensante, incréée et indépendante, pourvu que nous ne supposions pas qu'elle exhibe adéquatement tout ce qui est en Dieu – *habere possumus ideam claram et distinctam substantiæ cogitandis increatæ et independentis, id est Deo : modo ne illam adæquate omnia quæ in Deo sunt exhibere supponamus*. Nous pouvons en effet connaître les substances à partir de leur attribut principal, notre connaissance ne sera pas adéquate, ou entièrement parfaite, mais suffisament distincte pour nous faire connaître la chose complète dont il est question[2].

En conséquence, quelque chose de l'inépuisable puissance de Dieu est bien connu comme une chose réelle et positive. Nous nous sommes efforcée de l'indiquer dans la fonction transcendantale de Dieu, et le rôle qu'il joue en faveur de la compréhension de l'idée comme idée *de* quelque chose. Nous allons développer ce point en reconduisant le lecteur vers

1. Voir *Premières Réponses*, AT, IX-1, 89-90.

2. Voir, *Quatrièmes Réponses*, AT, IX-1, 172, VII, 221, l. 6-14. Comme le soulignent les *Premières Réponses*, il y a une différence entre la raison formelle de l'infinité et celle de la chose infinie, « car, quand à l'infinité, encore que nous la concevions être très positive, nous ne l'entendons néanmoins que d'une façon négative, savoir est, de ce que nous ne remarquons en la chose aucune limitation. Et quant à la chose qui est infinie, nous la concevons à la vérité positivement, mais non pas selon toute son étendue, c'est-à-dire que nous ne comprenons pas tout ce qui est intelligible en elle » (IX-1, 90).

l'expérience intellectuelle, ou le sentir enveloppé dans la perception vraie que nous pouvons avoir de l'idée de Dieu, comme puissance inépuisable. En peu de mots, il s'agit de l'expérience de soi comme esprit fini, car la finitude à l'âge classique se laisse appréhender dans l'horizon indépassable de l'infini; raison pour laquelle peut-être il est difficile de parler au sens précis du terme d'une finitude (radicale).

> Et je ne me dois pas imaginer que je ne conçois pas l'infini par une véritable idée – *Nec putare debeo me non percipere infinitum per veram ideam* –, mais seulement par la négation de ce qui est fini [...] : puisqu'au contraire je vois manifestement qu'il se rencontre plus de réalité dans la substance infinie que dans la substance finie, et partant que j'ai en quelque façon premièrement en moi la notion de l'infini, que du fini, – *ac proinde priorem quodammodo in me esse perceptionem infiniti quam finiti* – c'est-à-dire de Dieu que de moi-même [1].

Cette perception intellectuelle de l'infini est reçue, c'est une idée innée; elle est, comme l'idée de moi-même, née et produite avec moi dès lors que j'ai été créé. De quelle expérience est-il question ici ? De la manière dont je m'appréhende moi-même, dès lors que l'idée de moi-même enveloppe implicitement l'idée d'un être infini dont je dépends [2].

Comment décrire l'expérience de la dépendance de la pensée finie [3] ? Il faut noter d'abord que le retour sur soi, à partir du rapport premier que nous

1. *Méditation Troisième*, AT, IX-1, 36; VII, 45, l. 24-29.

2. L'implicite caractérise l'idée de Dieu aussi bien que celle de moi-même; « je ne doute point qu'un chacun n'ait en soit l'idée de Dieu, du moins implicite, c'est-à-dire qu'il n'ait en soi la disposition pour la concevoir explicitement » (*Lettre à l'Hyperaspistes*, août 1641, n °9, FA, II, 369; AT, III, l. 16-17). Voir aussi *Entretien avec Burman*, texte 13, p. 44 : Explicitement en effet, nous pouvons connaître notre imperfection avant la perfection de Dieu, puisque nous pouvons tourner notre attention vers nous avant de la tourner vers Dieu, et conclure que nous sommes finis avant de conclure qu'il est infini. Mais, implicitement, la connaissance de Dieu et de ses perfections doit toujours précéder la connaissance de nous-mêmes et de nos imperfections : en effet, dans la réalité des choses, la perfection infinie de Dieu est antérieure à notre imperfection, puisque notre imperfection est un défaut ou une négation de la perfection divine, et que tout défaut ou négation présuppose la chose de laquelle le défaut déchoit, que la négation nie »; AT, V, 135.

3. *Méditation Troisième*, AT, IX-1, 41, VII, 51, l. 18-29 : « De cela seul que Dieu m'a créé, il est fort croyable qu'il m'a en quelque façon produit à son image et semblance, et que je conçois cette ressemblance (dans laquelle l'idée de Dieu se trouve contenue) par la même faculté par laquelle je me conçois moi-même – *illamque similitudinem, in qua Dei idea continetur, a me percipi per eandem facultatem, per quam ego ipse a me percipior* –; c'est-à-dire que, lorsque je fais réflexion sur moi – *in meipsum mentis aciem converto* –, non seulement je connais que je suis une chose imparfaite, incomplète, et dépendante d'autrui, qui tend et qui aspire sans cesse à quelque chose de meilleur et de plus grand que je ne suis – *intelligo me esse rem incompletam et ab alio dependentem, remque ad majora sive meliora*

avons à l'idée d'infini, corrige la formule *ego autem substantia* de la *Meditatio Tertia*; car la chose complète est ce qui définit la substance[1]. L'incomplétude de *l'ego* se remarque dans la finitude temporelle de la pensée créée, ou encore conservée; « tout le temps de ma vie peut être divisé en une infinité de partie, chacune desquelles ne dépend en aucune façon des autres; et ainsi, de ce qu'un peu auparavant j'ai été, il ne s'ensuit pas que je doive maintenant l'être, si ce n'est qu'en ce moment quelque cause me produise et me crée, pour ainsi dire, derechef, c'est-à-dire me conserve »[2].

Si la pensée, ou la chose qui pense, ne dure qu'autant qu'elle pense, ou est conservée ainsi comme pensante, en conséquence la vérité que garantit le Dieu, qui est source des vérités, est celle d'une pensée qui dure, pour autant que dans la durée, elle pense, selon l'ordre, et en proportionnant les facultés qui sont les siennes – l'entendement et la volonté. L'expérience du rapport à soi est métaphysique, parce qu'il est enveloppé, de manière implicite, dans l'idée de la puissance si grande et si inépuisable de Dieu, autrement dit, le rapport à soi de *l'ego* est un rapport *temporel* à la vérité.

> Descartes avait cherché à penser, non seulement la facile opposition du temps et de l'éternité, mais leur difficile coexistence : sans nier l'originalité de Dieu et qu'il ne faut pas le concevoir à la manière des choses créées, il maintiendra qu'il se conserve lui-même, ou plutôt (*vel potius*) qu'il n'a pas besoin d'être conservé par qui que ce soit. [...] L'éternité est conçue comme présent ou présence perpétuels, comme simultanéité à soi d'une durée permanente[3].

La puissance infinie de Dieu garantit que l'esprit connaît quelque chose de réel et de positif, qui est objectivement présent dans les idées qu'il perçoit. Cette garantie s'exerce dans la continuité de la pensée finie, dans le rapport attentif de l'esprit à ses objets, quand il les examine, et cela se nomme aussi, dans le cartésianisme, la démarche ordonnée de la pensée ou la science des conclusions, la voie de l'analyse ou de l'invention[4].

indefinite aspirantem –, mais je connais aussi, en même temps, que celui duquel je dépends, possède en soi toutes ces grandes choses auxquelles j'aspire, et dont je trouve en moi les idées, non pas inféfiniment et seulement en puissance, mais qu'il en jouit en effet, actuellement et infiniment, et ainsi qu'il est Dieu ».

1. Voir, par exemple, *Quatrièmes Réponses*, AT, IX-1, 172-173. Voir la définition de la substance, *Principia*, I, 51.

2. *Méditation Troisième*, AT, IX-1, 39; VII, 48, l. 29-49, l. 5.

3. J.-M. Beyssade, *La Philosophie première de Descartes*, *op. cit.*, p. 303.

4. C'est ce que je me suis efforcée de prouver par certaines analyses, concernant la *causa sui*, dans K.-S. Ong-Van-Cung, *Descartes et l'ambivalence de la création*, Paris, Vrin, 2000

Dans ce chapitre, on a vu qu'en contexte cartésien, les limites de l'intentionnalité sont exactement circonscrites par le champ de ce qui est connaissable par idée. Et, au lieu que l'idée soit une re-présentation subjective des choses, l'idée est nécessairement l'idée *de* quelque chose, parce que la notion d'idée est réflexive. C'est en examinant nos idées que nous pouvons connaître la chose positive et réelle qui est objectivement présente dans l'idée. Un tel résultat n'est atteint que pour autant qu'on admette que l'intentionnalité cartésienne ne se meut pas dans l'horizon de l'objet en général, mais des genres de choses et des idées principales que nous pouvons avoir. C'est à partir de là qu'il devient possible de dire ce qui, dans l'idée du moi et dans l'idée de Dieu, est clairement et distinctement perçu. Parce que l'idée est une notion réflexive, on note que l'intentionnalité de l'idée enveloppe le rapport à soi de l'*ego* et qu'elle ne peut donc pas être une visée transcendante, ou encore transparente, de l'extériorité. L'analyse de l'intentionnalité de l'idée permet d'assigner aux principes de la connaissance leur réalité métaphysique et d'inscrire le rapport à soi, ou l'expérience, au cœur de la métaphysique. On voit enfin qu'une telle intentionnalité ne se conçoit plus à partir de la connaissance des choses sensibles par espèces intentionnelles. Et l'intentionnalité de l'idée est sans espèces, de quelque type qu'elles soient. C'est ce point que nous allons développer au chapitre suivant, à propos de l'intentionnalité dans la perception qui implique l'union de l'âme et du corps.

et que j'ai reprises d'une manière plus neutre d'un point de vue métaphysique dans la *Préface* à la traduction légèrement révisée des *Regulæ* de Jacques Brunschwig, *op. cit.*, p. 7-62.

CHAPITRE VII

INTENTIONNALITÉ ET PERCEPTION

Entre la théorie de la sensation du Moyen Âge et celle de Descartes, si le refus de la ressemblance constitue bien un seuil, la signification de la dernière ne consiste pas à promouvoir comme telle l'immatérialité de l'esprit et la transcendance de l'esprit sur le corps. Chez Thomas d'Aquin, la théorie des espèces intentionnelles a bien pour but d'illustrer l'immatérialité de l'esprit dans la connaissance des choses corporelles. Une telle connaissance y est conçue comme une assimilation, où l'abstraction est un processus de dématérialisation, qui permet à l'intellect de se saisir des concepts universels. Au contraire la thèse cartésienne, selon laquelle c'est l'âme qui sent et non le corps, marque l'importance et la relativité de la sensation, dès lors qu'elle repose sur la conformation contingente de nos organes des sens.

Certes au début de la *Dioptrique* (1637), Descartes insiste sur la noblesse de la vision par rapport aux autres sens, mais pour des raisons différentes de celles qui sont envisagées par Thomas d'Aquin, ainsi « toute la conduite de notre vie dépend de nos sens entre lesquels celui de la vue étant le plus universel et le plus noble, il n'y a point de doute que les inventions qui servent à augmenter sa puissance ne soient des plus utiles qui puissent être »[1]. Le lieu commun de la noblesse, et de l'universalité de la vue, lui sert plutôt à valoriser l'invention des lunettes d'approche[2]

1. Descartes, *Dioptrique* (désormais *Dioptr.*), I, AT, VI, 81.

2. *Lettre-Préface de l'édition française des Principes de philosophie*, AT, IX-2, 15 : « Par la *Dioptrique*, j'eus dessein de faire voir qu'on pouvait aller assez avant en la philosophie pour arriver par son moyen jusques à la connaissance des arts qui sont utiles à la vie, à cause

– télescopes et microscopes –, tout en stigmatisant le caractère non méthodique dont cette invention a été l'objet.

> Mais, à la honte de nos sciences, cette invention si utile et si admirable, n'a premièrement été trouvée que par l'expérience et la fortune. [...] Bien qu'il y ait eu depuis quantité de bons esprits, qui ont fort cultivé cette matière, et ont trouvé à son occasion plusieurs choses en l'Optique, qui valent mieux que ce que nous en avaient laissé les anciens, toutefois, à cause que les inventions un peu malaisées n'arrivent pas à leur dernier degré de perfection du premier coup, il est encore demeuré assez de difficultés en celle-ci, pour me donner sujet d'en écrire [1].

Descartes rapporte comment Jacques Metius s'avisa « par bonheur » de regarder à travers deux lentilles, l'une à bords minces et l'autre à bords épais, qu'il avait placées à chaque extrémité d'un tube. C'est « sur ce patron », autrement dit, c'est sur le modèle des découvertes qui se font au petit bonheur la chance que ces inventions ont été faites, de telle sorte qu'on n'a pas déduit précisément la figure que ces verres doivent avoir pour porter cette invention à son degré ultime de perfection. Le but de la *Dioptrique* est d'expliquer comment on aurait dû inventer méthodiquement la lunette et comment on est en mesure perfectionner cette invention dès qu'on mécanise la vision naturelle[2]. La supériorité de l'esprit sur le corps relève donc de la théorie de la connaissance plutôt que de la métaphysique ou de la théologie. La *Dioptrique* illustre la manière dont l'entendement peut s'exercer à découvrir ou à inventer de façon ordonnée une solution à une question posée et déterminée autant que possible, au lieu de renoncer à l'effort intellectuel, en se contentant de recevoir les inventions du hasard de l'histoire, de l'expérience, ou encore du pittoresque dont elles font l'objet.

Descartes suit l'ordre de la déduction. Il suppose, dans le *Discours premier*, ce qui est ordinairement admis en optique à propos de la lumière), et formule ensuite, dans le *Discours second*, les lois de la réfraction qui lui

que l'invention des lunettes d'approche, que j'y expliquais, est l'une des plus difficiles qui aient jamais été cherchées ».

1. Descartes, *Dioptr.*, I, AT, VI, 81-82.

2. Voir D. Dubarle, « L'esprit de la physique cartésienne », *Revue des sciences philosophiques et théologiques*, 1937, (p. 213-243). Ainsi, « L'instrument est rattaché à la sphère physique de l'homme de façon si peu artificielle que Descartes fait toute la théorie du perfectionnement de la vision en considérant l'œil plus l'instrument comme *un seul* système optique. Cette idée [...] est la clé de la pleine signification physique de l'optique géométrique » (p. 221). À propos de l'invention méthodique de la lunette dans la *Dioptrique* de 1637, voir aussi Ph. Hamou, *La Mutation du visible*, Essai sur la portée épistémologique des instruments au XVIIe siècle, Lille, Presses du Septentrion, 1999, vol. 1, chap. VIII.

permettent, par la mécanisation de la vision, de considérer les yeux comme des « lunettes naturelles », suivant l'expression de Malebranche, et d'appliquer ces résultats au perfectionnement des lunettes (*Discours septième* au *Discours neuvième*). « C'est pourquoi je commencerai par l'explication de la lumière et de ses rayons ; puis, ayant fait une brève description des parties de l'œil, je dirai particulièrement en quelle sorte se fait la vision ; et ensuite, ayant remarqué toutes les choses qui sont capables de la rendre plus parfaite, j'enseignerai comment elles y peuvent être ajoutées par les inventions que je décrirai »[1].

La solution ingénieuse tient en peu de mots. On ne peut discerner les parties des corps que l'on regarde que si elles diffèrent de couleur, mais la vision distincte de ces couleurs ne dépend pas uniquement de ce que tous les rayons qui viennent de chaque point de l'objet se rassemblent en autant de points au fond de l'œil. Une image perçue ne peut en effet pas avoir plus d'éléments qu'il y a de filets nerveux dans l'espace occupé par l'image rétinienne. Les excitations multiples, qui affectent une terminaison nerveuse, ne peuvent être distinguées, quand la vision se fait de trop loin. Par exemple, une prairie peinte d'une infinité de couleurs diverses paraîtra de loin blanche, ou bleue. « Et généralement, tous les corps se voient moins distinctement de loin que de près ; et enfin, plus on peut faire que l'image d'un même objet occupe d'espace au fond de l'œil, plus il peut être vu distinctement ».

Si l'œil est un dioptre, il est possible d'amender l'image rétinienne en modifiant la trajectoire des rayons lumineux qui y arrivent, en les réfractant par un autre dioptre, de telle façon que les rayons qui viennent de l'objet se croisent le plus loin qu'il est possible de l'œil[2]. Descartes fournit cette résolution en montrant que les lentilles hyperboliques sont supérieures aux verres de forme sphérique employés de son temps, non en ce qu'elles rendent l'image plus ressemblante aux choses extérieures, mais parce qu'elles accroissent les dimensions de l'image rétinienne et grossissent l'image de l'objet pour en rendre la perception plus distincte. Elles produisent une image plus conforme aux conditions organiques qui sont

1. *Ibid.*, p. 83.

2. *Dioptr.*, VIII, AT, VI, 155 : « Il ne reste plus qu'un moyen pour augmenter la grandeur des images, qui est de faire que les rayons qui viennent de divers points de l'objet, se croisent le plus loin qu'il se pourra du fond de l'œil ; mais il est bien, sans comparaison, le plus important et le plus considérable de tous. Car c'est l'unique qui puisse servir pour les objets inaccessible, aussi bien que pour les accessibles, et dont l'effet n'a point de bornes : en sorte qu'on peut, en s'en servant, augmenter les images de plus en plus jusqu'à une grandeur indéfinie ».

les nôtres, en nous permettant de prendre une vue de choses trop petites, ou à une distance trop lointaine, pour l'usage naturel de nos organes. C'est par cet artifice, dont l'invention est fondée sur une compréhension mécanique de l'effet de la lumière sur nos organes, qu'il est possible d'agir sur l'image rétinienne, qu'on ne voit pourtant pas et de perfectionner ainsi la lunette.

S'il y a bien une supériorité de l'esprit sur le corps, selon Descartes, la thèse n'est pas tant liée à une métaphysique qu'à une théorie de la connaissance, où l'esprit procède, par analyse, des questions simples aux complexes. Il s'agit de rendre compte des phénomènes à partir des facultés ou des modes de la pensée, qui sont, de droit, destinés à les saisir. Et les lunettes ne doivent pas se laisser découvrir ni inventer par hasard, mais par une déduction qui est une mise en ordre des données de la question et qui dépend de l'entendement à titre premier.

Le statut explicatif du dualisme

Qui voit dans l'optique cartésienne ? Qui est le sujet voyant ou sentant ? Est-ce que c'est l'âme ? Est-ce que c'est le corps ? Est-ce que c'est l'union de l'âme et du corps ? Et dans quelle mesure, chez Descartes, la sensation est-elle ou non une connaissance sensible ?

Dans le *Discours Premier* de la *Dioptrique*, Descartes soutient la thèse selon laquelle nos sens nous servent plutôt à l'usage de la vie qu'à la connaissance des corps, et il compare la vue au toucher, considéré d'ordinaire comme le moins spirituel des sens. En inscrivant son optique dans une théorie générale des sens, Descartes montre donc que le rôle du corps dans la sensation exclut qu'elle puisse être une véritable connaissance des corps extérieurs et que le corps soit (un sujet) sentant. En effet, par la vision, considérée du seul point de vue de la causalité mécanique, nous n'avons pas affaire directement aux choses, mais aux effets naturels des choses sur nos organes. Si les corps extérieurs transmettent aux sens des mouvements, ces derniers sont, comme tels, incompréhensibles au regard de l'âme. L'information sensorielle, ou cérébrale, est incapable de se traduire en représentation. Ces mouvements ont été institués de nature pour signifier à l'âme les propriétés des objets extérieurs.

Il est important de souligner que Descartes ne donne pas une *explication* causale de la vision, mais fournit un auxiliaire pour se représenter la manière dont le mécanisme de la sensation, et en particulier de la vision, donne à l'esprit l'*occasion* de penser les corps. La théorie de l'institution naturelle est représentée, ou encore modélisée, dans la théorie de la sensation. Mais, néanmoins en contribuant à penser un sujet de la sensation,

Descartes ne le pense jamais sans corps et jamais non plus sans s'interroger sur ce qui du corps est ou non requis dans la connaissance.

La théorie cartésienne de la perception sensible rend caduque l'ontologie scolastique des formes et des espèces, et la thèse selon laquelle les perceptions sensibles sont des ressemblances, ou encore des similitudes, représentant les propriétés des choses extérieures. Elle souligne ainsi le lien causal existant entre la chose extérieure et les sens, mais le lien entre la chose et l'idée qui la représente n'est pas causal. L'institution de la nature est l'ultime réponse de Descartes à la question de savoir comment les traces cérébrales peuvent être reliées aux idées [1].

Loin de fournir une justification épistémologique, qui nous autorise à nous fier aux sens et à l'imagination corporelle dans la connaissance des corps, la physiologie cartésienne montre le peu qu'on peut connaître, si on prétend s'en tenir à la seule perception sensible. Sa physiologie constitue une fin de non-recevoir à la croyance que les sens offrent une connaissance des choses matérielles. Cependant, si nous en usons conformément à leur disposition, et au lieu de les considérer comme des ressemblances qui nous instruisent sur les propriétés véritables des choses, si nous pensons qu'ils nous informent sur la manière dont les choses nous affectent et sur leur utilité vitale, alors, bien que les sensations soient confuses au regard de l'entendement, elles ne constituent pas un voile nous isolant des choses. Dire que le sujet a affaire aux effets naturels, qu'ont les choses sur les organes, cela ne signifie pas qu'ils soient les objets propres de la sensation [2].

1. Voir *L'Homme*, AT, XI, 143-144; *Meditatio Sexta*, AT, VII, 80-88; *PdA*, AT, XI, 354-369.

2. Voir J. A. Schuster, « Descartes' *Mathesis Universalis* : 1619-1628 », dans *Descartes : Philosophy, Mathematics and Physics*, Brighton, Harvester Press, 1980. Schuster argumente en faveur d'un réalisme direct de Descartes : « all that is delivered [...] are patterns of disturbance impinging on sense organs and ultimately derived from objects in the outside world. What those objects are really like, what their complete natures or "forms" are, cannot be shown with certainty, for we know them only in respect of their geometrical-mechanical patterns of effect upon us [...] On the other hand, in sensation we are in touch with some directly registered aspects of the external corporeal world and not with a "spiritual" object [...] It may seem that on this basis we know desperately little of the corporeal world for certain, but the little we can know – along with the machinery of imagination – will prove sufficient to ground universal mathematics » (p. 63-64). Mais la thèse d'un réalisme direct de la sensation, ni celle d'un réalisme indirect à la façon de Locke, ne parviennent à caractériser la théorie cartésienne des idées sensibles. Dans un cas, parce que la nature véritable des choses n'est pas connue par la sensation ; l'âme est seulement avertie des impacts causaux sur les organes des sens, et elle les attribue d'emblée aux choses extérieures. Quant à appliquer le réalisme indirect de Locke, centré autour de la différence entre les qualités premières spatiales et ressemblantes et les qualités secondes sensibles subjectives, il échoue dans la mesure où

Alors, qui donc est le sujet de la sensation, si ce n'est pas le corps? Est-ce l'âme ou est-ce l'union de l'âme et du corps? Pour répondre à la question, il faut souligner qu'on trouve dans la théorie cartésienne de la sensation un double mouvement, qui est difficile à penser, parce qu'il est intimement lié à un effort dont l'esprit humain n'est guère capable; *i. e.*, « concevoir bien distinctement et en même temps, la distinction d'entre l'âme et le corps, et leur union; à cause qu'il faut, pour cela, les concevoir comme une seule chose, et ensemble les concevoir comme deux, ce qui se contrarie »[1]. Descartes inscrit la vision dans l'espace des raisons géométriques, et précisément dans le cadre d'une géométrie « qui se propose pour questions l'explication des phénomènes de la nature »[2]. Nous avons ainsi affaire à une physiologie de la vision qui met sur un même plan l'extérieur – la lumière, les corps illuminés, les yeux – et l'intérieur du cerveau. D'une extrémité à l'autre le mode de communication est le même : un mouvement continu de matière qui frappe les sens et se communique jusqu'au cerveau par l'intermédiaire des filets du nerf optique. Mais cette physiologie de la vision n'est pas l'explication de l'expérience humaine du voir, elle suppose une subjectivité voyante : un spectateur pour qui le sens fasse sens, qui lise les mouvements physiques comme des signes, ou comme le code d'un message qu'il est en mesure de comprendre. C'est l'âme qui sent et non le corps; nous voyons les objets extérieurs, leur situation, leur distance, etc., par un certain jugement qui se sert des organes, comme par une géométrie naturelle[3].

Descartes n'a pas expliqué la connaissance à partir d'une théorie causale de la sensation. Il a fourni, comme Pierre Guenancia l'a dit, plutôt une manière de se représenter comment l'esprit voit qu'une explication causale de la vision. Les comparaisons dont il se sert (le bâton d'aveugle, les tailles-douces, la plume dans la *Règle* XII) fonctionnent comme des schématisations. Elles signalent une propriété du phénomène considéré, mais n'en sont pas les ressemblances objectives. Ce sont des auxiliaires qui servent à la représentation plutôt que des caractères objectifs du phénomène en question. Le bâton d'aveugle, la corde sur laquelle on tire pour agiter une cloche, ou le modèle de la plume ont tous une même fonction :

Descartes réfute l'explication de la sensation en terme de ressemblance. Et les traces cérébrales ne sont pas plus les objets de la sensation. Sur cette question, voir L. Alanen, *Descartes's Concept of Mind*, Harvard University Press,Cambridge Mass.,London, 2003, dans le chap. 5, *Sensory Perceptions, Beliefs, and Material Falsity,* p. 139-147.

1. *Lettre à Elisabeth*, 28 juin 1643, AT, III, 693.

2. *Lettre* 27 juillet 1638, AT, II, 268.

3. *Dioptr.*, VI, AT, VI, 137; *L'Homme*, AT, XI, 160.

expliquer le transfert à distance du mouvement, d'une figure, d'une image, ou encore des idées corporelles, dont parlent les *Règles pour la direction de l'esprit* et *L'Homme*, par un intermédiaire matériel.

L'institution de la nature, qui associe aux mouvements corporels des sensations et des sentiments, empêche que nous ayons affaire à une explication causale de la sensation. Et néanmoins la place du corps dans la sensation est mise en exergue, la médiation des images corporelles est poursuivie, de l'image rétinienne jusqu'à l'image qui se forme dans le cerveau.

Le statut épistémologique du dualisme cartésien tient à cet usage de la représentation, qui est au sens fort représentation de l'irreprésentable, puisque l'âme ne se laisse pas saisir par l'imagination, mais par l'entendement[1]. Il y a deux niveaux de représentation que l'on ne peut pas représenter ensemble : le niveau de la mécanisation de la vision, représentable au sens de concevable par l'entendement aidé de l'imagination, et celui de l'acte de voir qui relève de l'âme, représentable seulement quand on l'intellige clairement. Or rendre compte de la sensation chez Descartes, c'est rendre compte de ces deux aspects à la fois, ou si l'on veut, c'est expliquer la nature du sujet sentant, et c'est la question que la *Dioptrique* permet de poser. Et si une telle mise en œuvre de la représentation témoigne d'un effort de la pensée, dont l'esprit n'est guère capable – *i. e.* penser à la fois la distinction réelle, *et* l'union, de l'âme et du corps –, nous sommes néanmoins tenus de le produire, dès que nous réfléchissons sur la manière dont nous pensons les corps.

Si l'union de l'âme et du corps constitue pour Descartes la troisième notion primitive[2], reléguée au domaine de l'expérience ordinaire, où « c'est en usant seulement de la vie et des conversations ordinaires [...] qu'on apprend à concevoir l'union de l'âme et du corps »[3], une telle

1. Dans « La Géométrisation du regard : Réflexions sur la *Dioptrique* de Descartes », *op. cit.*, M. Fichant commente la figure reproduite dans la *Dioptrique*, où l'on voit l'œil, en coupe réduit à ce qui est susceptible de géométrisation, et en bas, sur un fond noirci, le visage de profil d'un homme âgé qui voit l'image TSR au fond de la rétine. La figure échappe à la représentation de l'œil de l'esprit voyant l'œil de chair, etc. « La figure indique une autre ligne de fuite : non plus celle qui renvoie indéfiniment l'œil vu à l'œil voyant et lui-même encore vu de l'observateur observé, mais celle qui s'ouvre sur cette subjectivité qui s'incarne ici en voyance » (p. 57). Elle est une représentation de cet irreprésentable-là ; cette figure montre en effet deux plans de la représentation dont on ne peut pas prendre une vue unique : la figure géométrisée de l'œil et l'âme qui voit, mais comme le spectateur comprend le sens de la figure, l'âme se connaît de penser qu'elle y voit.

2. *Lettres à Elisabeth*, 21 mai 1643, 28 juin 1643, AT, III, 665 et 691.

3. *Lettre à Elisabeth*, 28 juin 1643, AT, III, 692

affirmation ne constitue cependant pas un échec dans le projet cartésien d'édifier « une parfaite connaissance de toutes les choses que l'homme peut savoir »[1] ; ce n'en est un que si on est à la poursuite d'un type d'explication physique qui entend réduire l'ensemble des phénomènes aux seules lois de la mécaniques. Mais si on est plus réservé à l'endroit des prétentions de la science physique, la théorie des notions primitives définit une sagesse humaine qui amène à reconnaître les limites tant de la métaphysique que des sciences physiques dans la prétention à rendre compte de la totalité de l'expérience humaine. Cette théorie de Descartes assigne un rôle et une valeur propres à un domaine de l'expérience que ces disciplines ne contrôlent pas.

Dans un contexte cartésien, il est difficile de souscrire à la définition naturaliste de l'intentionnalité clairement énoncée dans le projet de naturalisation[2]. Et d'ailleurs il n'est pas du tout assuré que les sciences de la nature puissent rendre compte de la complexité du phénomène humain de la pensée. Mais une philosophie de l'esprit et du langage qui prétendrait s'affranchir de l'enracinement dans le corps, et de la contribution des sciences de la nature à la conception du vivant, est tout aussi illusoire. Le dualisme, si l'on veut caractériser ainsi le cartésianisme, est moins ontologique – *i. e.* son objet n'est pas l'ontologie – qu'épistémologique. C'est la reconnaissance qu'un seuil de complexité a été franchi quand on aborde la nature de la pensée du sujet vivant que nous sommes.

La distinction des notions primitives n'oppose donc pas la raison à l'expérience, mais intègre cette dernière sous la juridiction de la première. C'est elle qui conduit à distinguer des domaines de la connaissance, et les facultés par lesquelles les objets doivent être considérés selon leur manière d'être : l'âme pour la métaphysique, les corps pour les mathématiques, et l'union de l'âme et du corps pour l'expérience de la vie. Chaque faculté, ou chaque mode de la pensée, rencontre, en fonction de la façon dont chaque genre de choses se donnent à appréhender, ses propres critères de la clarté ou de la distinction[3].

Avec Descartes, comme on le verra, il est possible de dépasser les limites de l'intentionnalité, notion d'apparence intellectualiste, posant face à face un sujet, ou une conscience désincarnée, et le monde des corps, ou du champ social, où ces corps, dits « naturels », prennent place dans des

1. *Lettre-Préface de l'édition française des Principes*, AT, IX-2, 2.

2. Voir par exemple la définition proposée par J. Proust dans « Espace et représentation », *Archives de philosophie*, 1995.

3. *Lettre à Elisabeth*, 28 juin 1643, AT, III, 692.

champs historiquement constitués : champ de la perception et de l'usage commun, des *épistémè*, les divers champs de la connaissance scientifique et des savoirs vrais comme le dit Foucault, etc. Nous inscrivons l'intentionnalité dans une histoire du sujet corporel ou affectif, pour laquelle l'âge classique est central, en particulier des auteurs comme Descartes et Arnauld ou Spinoza. Nous voulons rendre manifeste l'inflexion de l'histoire de la subjectivité à l'âge classique, sous la figure de ce sujet affectif, dont la vie est tissée de traits intentionnels immanents et qui, chez Descartes, trace et invente ses propres cheminements de pensée et de vie. Poser la question du sujet de la sensation va consister à répondre à la question de savoir comment on peut caractériser l'intentionnalité de la sensation dans le contexte cartésien. Dans les pages qui suivent, je souligne deux aspects de la théorie cartésienne de la vision et de la sensation dans la *Dioptrique.* Je mets en relief l'inscription corporelle de la sensation, dans l'élément des réseaux de la causalité mécanique et des effets des mouvements corporels sur le psychisme, autrement dit, nous nous situons aux deux niveaux : le premier degré du sens, domaine simple-ment mécanique de la sensation, et le deuxième degré de la certitude du sens, où l'âme est attentive aux effets corporels et sensibles qui l'affectent[1]. Et j'insiste alors sur la nature de la perception comme acte de l'esprit. Il y a une intentionnalité de l'idée sensible au niveau des jugements perceptifs, mais il faut souligner qu'une telle intentionnalité est d'emblée située corporellement.

La vision et les images

C'est dans la *Dioptrique* que s'opère le changement de paradigme de la théorie de la vision – non plus la ressemblance, mais une forme de dissemblance dont la notion de signe va être porteuse –, et cette mutation de la vision est notoirement acquise en prenant les traits d'une critique de la similitude d'apparence lapidaire, où la théorie médiévale et scolastique des espèces intentionnelles se trouve schématisée sous la forme de la ressemblance matérielle, à l'instar des simulacres démocritéens. À la lecture de Descartes et de ses successeurs[2], on voit que la théorie des espèces

1. Sur les trois degrés du sens, voir *Réponses aux Sixièmes Objections*, n° 9, AT-IX, 236-238.

2. *Dioptr.*, Discours Premier, AT, VI, 85. Malebranche est le plus disert à ce sujet : « La plus commune opinion est celle des Péripatéticiens qui prétendent, que les objets de dehors envoient des espèces qui leur ressemblent, et que ces espèces sont portées par les sens extérieurs jusqu'au sens commun : ils appellent ces espèces *impresses*, parce que les objets les impriment dans les sens extérieurs. Ces espèces impresses étant matérielles et sensibles,

intentionnelles a perdu sa pertinence. Elle n'est plus qu'un motif d'ironie : « il n'est pas besoin de supposer qu'il passe quelque chose de matériel depuis les objets jusques à nos yeux, pour nous faire voir les couleurs et la lumière, ni même qu'il y ait rien en ces objets, qui soit semblable aux idées ou aux sentiments que nous en avons [...]. Et par ce moyen votre esprit sera délivré de toutes ces petites images voltigeantes par l'air, nommées des *espèces intentionnelles*, qui travaillent tant l'imagination des philosophes »[1].

Ces traits d'ironie sont le symptôme d'un changement de paradigme cognitif, dans lequel le rapport de la métaphysique et de la philosophie aux connaissances scientifiques a changé. Certes, au Moyen Âge tardif, surtout au XIVe siècle, les questions de philosophie naturelle sont plus centrales par rapport au XIIIe siècle. Ainsi, les *Commentaires des Sentences* ont pour Prologue la question de savoir en quoi la théologie est une science, mais progressivement, ce qui se met en place dans la position de cette question, au XIVe siècle, c'est la définition de la science. Par ailleurs, après les condamnations de 1270, où certaines thèses, comme « Dieu ne peut pas créer l'infini », etc., deviennent le support de recherches scientifiques. Les médiévaux s'interrogent sur l'infinité de l'Univers ou les mondes possibles, dans le cadre de la philosophie naturelle. Les questions de théologie, savoir par exemple si on peut devenir plus charitables, donnent lieu à une réflexion sur la quantification de la qualité. Chez Guillaume d'Ockham, la transsubstantiation sert à penser la quantité des corps en termes d'extension, dans l'horizon de la lecture des Analytiques, en procédant à un exament logique des catégories aristotéliciennes. Mais, en dépit d'un tel changement dans l'importance de la philosophie naturelle, au Moyen Âge, on continue de réfléchir sur la signification de la science à partir de paradigmes issus de la théologie.

Or à partir du XVIIe siècle, et sans doute un peu déjà avant, dans la continuité précisément de cette évolution médiévale de l'importance des questions de philosophie naturelle, le rapport de la philosophie et des

sont rendues intelligibles par *l'intellect agent* ou *agissant*, et sont propres pour être reçues par *l'intellect patient.* Ces espèces ainsi spiritualisées sont appelées des impresses : et c'est par elles que *l'intellect patient* connaît toutes les choses matérielles » (*Recherche de la vérité*, III, II, II). Il les critique au motif de leur matérialité ; étant nécessairement étendues, et impénétrables, il est invraisemblable qu'on puisse recevoir en même temps les espèces de choses très voisines, ou celle de la lune et du soleil dont la grandeur excède nos capacités. Leibniz pointe leur absurdité, « les accidents ne sauraient se détacher, ni se promener hors des substances, comme faisaient autrefois les espèces sensibles des scolastiques » (*Monadologie*, § 7).

1. *Dioptr.*, I, AT, VI, 85.

connaissances scientifiques devient plus étroit qu'auparavant. Ainsi, l'Université n'enferme plus l'exercice de la philosophie dans ses limites. Les philosophes sont des scientifiques. Descartes développe sa philosophie, à partir d'intérêts liés à l'étude des mathématiques, de l'optique ou de la médecine. Et plutôt que d'accepter un poste à l'Université, Spinoza préfère le polissage des lentilles optiques et la technique. Certes la théologie scripturaire et la théologie rationnelle ne sont pas sorties du champ du savoir, et elles peuvent même avoir un usage philosophique, caractéristique du XVIIe siècle, et avoir une importance cruciale chez Pascal, Malebranche ou encore Leibniz. La position des différents auteurs de l'époque se situe dans le rapport aux savoirs positifs, sciences mathématiques ou physiques, sciences juridiques, et ainsi la théologie n'est plus conçue comme la reine des sciences, comme dans l'Université médiévale, et elle n'est pas toujours l'objet central des préoccupations, bien qu'elle reste un enjeu important pour nombre d'auteurs classiques.

Avec la critique des espèces intentionnelles, on a affaire à un changement de paradigme dans la théorie de la vision, et d'une mutation profonde du rôle qu'il faut accorder aux images corporelles et aux sens dans la connaissance. En effet, en 1607, Galilée tourne vers le ciel un instrument, dont il n'est pas l'inventeur, qui est formé de deux lentilles, l'une concave et l'autre convexe, et il invente l'usage des lunettes comme instrument scientifique d'investigation. C'est à Kepler qu'il revient d'avoir thématisé mathématiquement les propriétés de la lunette dans sa *Dioptrique* (1611). Mais Descartes fait un pas de plus par rapport à ce dernier, en intégrant son Optique à la philosophie naturelle. Kepler s'est en effet arrêté à l'image rétinienne et il considère que ce qui a lieu dans le milieu opaque des organes intérieurs est du ressort des « Physiciens », c'est-à-dire des naturalistes et des médecins ; ainsi, « les opticiens n'engagent pas leurs troupes au-delà de cette paroi opaque qui constitue dans l'œil le premier obstacle »[1]. En effet, « que peut-on dire, au nom des lois de l'Optique, de ce passage occulte qui, puisqu'il se trouve au milieu des parties opaques et par là même obscures, et qu'il est réglé par les esprits, lesquels diffèrent en tous genres des humeurs et autres choses transparentes, s'est déjà soustrait aux lois optiques »[2].

1. Kepler, *Paralipomènes à Vitellion* (1604), trad., notes, par C. Chevalley, Paris, Vrin, 1980, p. 317. Voir les travaux de G. Simon cités précédemment au chapitre II, et l'article de M. Fichant, p. 38-39.

2. *Dioptr.*, les esprits, sont ici les « esprits visuels » qui ont pour siège la rétine et le nerf, et contribuent à transformer la peinture qui est au fond de la rétine en perception.

Avec Descartes, ce qui remet en question la validité épistémologique de la ressemblance dans l'explication de la connaissance, c'est que le voyant ne peut pas s'affranchir de sa condition corporelle. En conséquence, le sujet ne peut pas connaître la vérité des choses grâce à la sensation, mais il peut du moins user des sensations et s'orienter pratiquement dans la vie. Et bien qu'il y ait incontestablement à la superficie du corps, mais aussi jusqu'à l'intérieur du cerveau, des images des corps visibles qui leur ressemblent, par exemple l'image rétinienne, et bien d'autres images réelles qui se transfèrent jusqu'au cerveau, et qui peuvent même se communiquer du corps de la mère au corps de l'enfant sous la figure de *marques d'envie* [1], ces images réelles et matérielles ne fournissent pas les éléments d'une explication causale de la sensation. L'importation dans le cerveau d'images qui portent la ressemblance physique des choses visibles ne constitue pas un réquisit de la vision, « c'est l'âme qui voit, et non pas l'œil, et elle ne voit immédiatement que par l'entremise du cerveau » [2].

Gérard Simon voit dans la distinction entre *imago* et *pictura*, l'indice d'un obstacle que Kepler n'a pas dépassé et qui l'a empêché d'objectiver l'image [3]. Car du point de vue de l'optique, le dioptre se définit comme étant

1. *Dioptr.*, Discours Cinquième, AT, VI, 129, à propos de la peinture 789 : « Au reste, les images des objets ne se forment pas seulement ainsi au fond de l'œil, mais elles passent encore au-delà jusques au cerveau. [...] Et que, la lumière n'étant autre chose qu'un mouvement, ou une action qui tend à causer quelque mouvement [...] Et de là je pourrais encore la transporter (*i. e.* la peinture 789) jusques à une certaine petite glande, qui se trouve environ le milieu de ces concavités, et est proprement le siège du sens commun. Même je pourrais, encore plus outre, vous montrer comment quelquefois elle peut passer de là par les artères d'une femme enceinte, jusques à quelques membres déterminé de l'enfant qu'elle porte en ses entrailles, et y former ces marques d'envie, qui causent tant d'admiration à tous les Doctes ».

2. *Dioptr.*, Discours Sixième, AT, VI, 142.

3. Voir G. Simon *Structures de pensée et objets du savoir chez Kepler*, *op. cit.* et Kepler, *Les Fondements de l'optique moderne. Paralipomènes à Vitellion* (1604), p. 78, les éclaircissement de C. Chevalley : « L'image est l'image en tant qu'elle est une "œuvre de la vision", par référence donc à la psyché [...] Kepler parle de l'image produite par les miroirs, des images "suspendues en l'air" des machines optiques, de l'image dans l'œil (mais aussi de l'image dans la Trinité, de l'image du monde corporel, et de la surface d'une sphère comme image de son centre : dans ces trois cas "*imago*" prend un sens symbolique très fort). La "*pictura*" est non plus cet 'être de raison" (*ens rationalis*) qu'était l'*imago* mais la figure de l'objet qui apparaît réellement ("*vere*") sur un écran, c'est-à-dire un quelque chose d'objectif, indépendant de la vision de chaque homme. L'étude de la formation de l'image rétinienne repose sur l'assimilation de celle-ci à une peinture sur un écran » : et p. 180 et 352 les définitions de Kepler : « Ainsi l'image par elle-même n'est presque rien, et il faut plutôt l'appeler imagination. C'est une chose composée de l'espèce réelle de la couleur ou de la lumière, et de quantités intentionnelles. [...] L'image est ainsi l'œuvre de la vision » (notez que la lumière est une espèce immatérielle qui émane d'une source sous forme de flux et ce flux se communique aux corps par une conjonction des dimensions, ainsi « l'image comporte principa-

un dispositif produisant un effet qu'on appelle une *image*; or, cette image réelle n'a pas besoin d'être vue pour être image, elle résulte de la construction du système optique et repose sur le stigmatisme, c'est-à-dire dans le fait que le faisceau issu d'un point lumineux donne à la sortie du système optique un faisceau convergent en un point, ou semblant provenir d'un point. Kepler reste encore tributaire du statut de l'image pensée comme ressemblance, avec le statut ontologique qui l'accompagne : elle est un être de raison, un mixte confus de réalité physique et d'intentionnalité mentale, elle n'est par elle même « rien ou presque rien », et elle enveloppe toujours une erreur de nos facultés perceptives. La peinture – c'est le terme qu'emploie Kepler pour désigner l'image rétinienne – a pour sa part une réalité objective; elle désigne les figures localisables des choses extérieures recueillies sur un écran selon le dispositif de la chambre obscure. Descartes entérine l'emploi du mot de peinture pour désigner l'image rétinienne et pour sa part il critique avec le mot d'image les espèces intentionnelles, qu'il appelle des « images voltigeantes ». Et ainsi, il faut prendre garde à « ne pas supposer que, pour sentir, l'âme ait besoin de contempler quelques images qui soient envoyées par les objets jusques au cerveau, ainsi que le font communément nos philosophes »[1].

En congédiant la théorie des espèces intentionnelles, ce qui est réfuté c'est la prétention de la notion de similitude à rendre compte de la sensation et de son rôle dans la connaissance. Cette critique signe une rupture totale avec l'idéal de ressemblance « réaliste » pour caractériser la sensation. La cible des critiques de Descartes est la thèse selon laquelle la notion de similitude fournirait un modèle d'explication de la sensation qui en fait la ressemblance des choses sensibles. Le réalisme des Anciens, et celui des médiévaux, et peu importe pour le moment que, selon les doctrines, il soit direct ou plutôt indirect, est le cœur de leur conception de l'intentionnalité. Mais chez Descartes, bien que ce soient les objets que nous percevons, les sentiments, et les sensations n'ont pas comme tels de propriété intentionnelle. Même si les sensations sont des idées, des idées sensibles, et ont un minimum de réalité objective, ou de représentativité, cela suffit à les constituer comme des images *visant* quelque objet. La part qui revient au corps

lement quatre caractères, qui sont la couleur, la position ou la plage, la distance et la quantité, chacun de ces caractères devant, pour être compris, être expliqué par référence à l'instrument de la vision »); et p. 352 : « Alors que jusqu'à maintenant l'Image était un Être de raison, appelons désormais peintures les figures des objets qui apparaissent réellement sur un papier ou sur un autre écran » (la « *figura* » est l'image dessinée par un rayon, ou un faisceau lumineux, elle a une connotation géométrique forte).

1. *Ibid.*, AT, VI, 112.

dans leur formation rend ces idées inévitablement confuses au regard de l'esprit et, comme l'indique l'analyse de l'idée matériellement fausse dans la *Troisième Méditation*[1], rien ne nous permet de dire que ce qu'elles semblent représenter soit véritablement quelque chose hors de nous, comme nous avons tendance à le croire spontanément. À la différence de l'idée de l'étendue, et de celles de ses modes, les sentiments ne sont pas, par nature, intentionnels; ils « ne nous représentent rien qui existe hors de notre pensée »[2].

Que le mode d'existence des espèces intentionnelles paraisse fantomatique au regard des Modernes, ayant à la fois un mode d'être physique *et* immatériel, et qu'il soit donc réfuté dans le cartésianisme, c'est un point qui se manifeste dans la représentation que Descartes donne de la vision sur le modèle du toucher de l'aveugle. Descartes soutient que toute la nature de la lumière est d'être un mouvement, et la thèse se trouve exemplifiée par l'image du bâton d'aveugle, où rien de matériel ne traverse le bâton. Il réfute avant tout peut-être une certaine forme de réalisme naïf. Il y a un paradoxe, à la limite de la provocation, à prétendre rendre compte de la vision en la comparant au toucher d'aveugle. La cécité est une privation de la vue, et le bâton d'aveugle un substitut, ou une prothèse, de la vision naturelle. Le toucher de l'aveugle ne peut pas parvenir à illustrer l'aspect concret et immédiat de la vision naturelle. Le paradigme de la vision comme toucher d'aveugle pourrait laisser supposer que Descartes, en reconstruisant la vision, en aurait raté la nature en quelque sorte immédiate et intuitive. Si le toucher sert de modèle pour la vision, c'est parce que les aveugles effectuent ordinairement une lecture tactile des signes de ce qui se donne à la vision, et que cette lecture est devenue chez eux, par la force de l'habitude, naturelle, ainsi, avec Descartes, la vision naturelle est curieusement devenue vicariante par nature.

Descartes révèle de cette manière la présence d'une illusion, dont la théorie des espèces intentionnelles est l'illustration. Elle se trame à même la vision, en nous faisant croire que cette dernière ressemble naturellement à ce qui est vu, et en nous suggérant que la vision est intentionnelle, qu'elle est vision de la chose sensible elle-même. En réalité, il faut comprendre qu'au cœur de *notre* vision, un artifice naturel opère, qui n'est pas plus

1. *Méditations métaphysiques*, AT, IX, 34-35. Sur l'idée matériellement fausse et la privation, je me permets de renvoyer mes analyses dans l'Introduction « Idées, sensations et signes », de K.-S. Ong-Van-Cung (éd.), *La voie des idées. Le statut de la représentation (XVIIe-XXe siècles)*, *op. cit.*, en particulier, p. 11-24.

2. *Principes de la philosophie*, art. 71, AT, IX-2, 58.

avantageux par rapport à l'usage de la vie que la *vision* de l'aveugle. Elle aussi est une perception qui se fait à l'occasion des mouvements. Et elle est devenue, par habitude, par éducation ou par rééducation, indicatrice du réel. Or, à la différence de la vision naturelle, la vision de l'aveugle ne prétend pas pour sa part être une image ressemblante du réel hors de nous. Descartes aurait, je pense, souscrit au jugement de Bergson, pour qui on se fait une fausse idée de la nature et de l'objet de la perception, en les considérant simplement sous l'optique de la connaissance objective, car on n'y voit alors qu'un enseignement s'adressant à un pur esprit, d'un intérêt tout spéculatif, là où au contraire la perception s'enracine dans la conscience que chacun a de son corps et dans l'intérêt vital ou pratique de la conscience incarnée [1].

L'optique cartésienne est donc un formidable outil pour démontrer la relativité de nos sens et le risque d'erreur de jugement, si nous prétendons juger par les sens. Conformément à la pensée de Descartes, Malebranche soutient que « nos propres yeux ne sont en effet que des lunettes naturelles, que leurs humeurs font le même effet que les verres des lentilles; et que selon la situation qu'elles gardent entre elles, et selon la figure du cristallin et son éloignement de la rétine, nous voyons les objets différemment, de sorte qu'on ne peut assurer qu'il y ait deux hommes qui voient précisément de la même grandeur » [2]. Il en tire la conséquence que l'optique apprend avant tout la manière de tromper les yeux [3].

Il faut cependant souligner que l'intentionnalité de la perception n'est pas battue en brèche dans la conception cartésienne de la sensation. Descartes utilise le lexique de l'intentionnalité, mais en s'appuyant sur une nouvelle base épistémologique. Il propose de se représenter la vision d'une façon qui se démarque du lexique et des théories de l'École. Même s'il demeure une forme de ressemblance, c'est en un en sens nouveau, car au statut ontologique ambigu des espèces intentionnelles et à celui aussi ambigu des deux mouvements contraires de la vision, des choses vers les yeux et des yeux, que nous avons vu s'élaborer dans la théorie perspectiviste, il substitue la causalité transitive et mécanique du mouvement. Dans la *Dioptrique*, la tension, ou la direction vers l'objet, est représentée par le bâton d'aveugle. Ainsi, « comme notre aveugle peut sentir les corps qui sont autour de lui, non seulement par l'action de ces corps, lorsqu'ils se meuvent contre son bâton, mais aussi par celle de sa main, lorsqu'ils ne

1. Bergson, *Matière et mémoire*, Paris, P.U.F., 1939, p. 152-153.
2. Malebranche, *Recherche de la Vérité*, I, VI, p. 58.
3. *RdV*, VII.

font que lui résister; ainsi faut-il avouer que les objets de la vue peuvent être sentis, non seulement par le moyen de l'action qui, étant en eux, *tend* vers les yeux, mais aussi par le moyen de celle qui, étant dans les yeux, *tend* vers eux »[1].

Descartes se prononce contre la thèse du rayon visuel émis par l'œil, dont la tradition remonte à Platon, Euclide et Ptolémée, et à l'école stoïcienne, et qui est soutenue notamment par Galien. Pour Descartes, l'homme ne voit pas dans les ténèbres de la nuit, à la différence peut-être d'autres espèces animales, tels les chats. Cette théorie est privée de toute vraisemblance. Eu égard à la conformation organique de nos organes des sens, pour être vus de nous, les objets doivent être lumineux ou être illuminés. Parce que Descartes traite de la lumière comme un processus physique, relevant du mouvement local, et non de l'altération et de l'actualisation, comme dans le péripatétisme, on peut toujours considérer les effets de la lumière physique indépendamment de l'acte de vision susceptible de les recevoir et de les enregistrer. L'action des corps sur les yeux n'est que le mouvement de la lumière se propageant de manière rectiligne, par un rayonnement orbiculaire de l'astre lumineux, qui est représenté par une comparaison avec la cuve percée de trous, et par la réflexion des corps, métaphorisée par le rebond à angle égal d'une balle de jeu de paume projetée au sol, et enfin par la réfraction, schématisée par la pénétration de la balle projetée dans l'eau[2].

La lumière n'est donc, dans les corps lumineux, qu'

> un certain mouvement, ou une action fort prompte et fort vive, qui passe vers nos yeux, par l'entremise de l'air et des autres corps transparents, en même façon que le mouvement ou la résistance des corps, que rencontre cet aveugle, passe vers sa main, par l'entremise de son bâton. Ce qui vous empêchera d'abord de trouver étrange, que cette lumière puisse étendre ses rayons en un instant, depuis le soleil jusqu'à nous : car vous savez que l'action, dont on meut l'un des bouts d'un bâton, doit ainsi passer en un instant jusques à l'autre, et qu'elle y devrait passer en même sorte, encore qu'il y aurait plus de distance qu'il n'y en a, depuis la terre jusques aux cieux[3].

La lumière est une tendance au mouvement, transmise instantanément dans le plein éthéré qui nous sépare des corps visibles de la même manière

1. *Dioptr.*, I, AT, VI, 86.
2. Concernant les propriétés de la lumière illustrées par l'image de la cuve percée dans le *Discours Premier*, voir *Le Monde*, chap. XIV de cet ouvrage, AT, XI, 98 *sq.*
3. *Dioptr.*, I, AT, VI, 84.

que se transmet mécaniquement la pression exercée sur le bâton de l'aveugle d'une extrémité à l'autre, de la main qui les ausculte aux corps environnants, et de ces mêmes corps à la main de l'aveugle qui les rencontre dans son orientation dans l'espace environné de corps.

Descartes explique dans *Le Monde ou Traité de la lumière*, ce qu'il faut entendre par cette « tendance » au mouvement des parties de la matière, dont sont composés les cieux et les astres.

> Lorsque je dis qu'un corps tend vers quelque côté, je ne veux pas pour cela qu'on s'imagine qu'il ait en soi une pensée ou une volonté qui l'y porte, mais seulement qu'il est disposé à se mouvoir vers là, soit que véritablement il s'y meuve, soit plutôt que quelque autre corps l'en empêche; et c'est principalement en ce dernier sens que je me sers du mot de tendre, à cause qu'il semble signifier quelque effort, et que tout effort présuppose de la résistance. Or autant qu'il se trouve souvent diverses causes qui agissent ensemble contre un même corps, empêche l'effet l'une de l'autre, on peut, selon diverses considérations, dire qu'un même corps tends vers divers côtés en même temps [1].

Cette tendance a des effets de pression sur nos yeux, à l'origine de la vision. « Il faut savoir que les hommes de ce nouveau Monde seront de telle nature que, lorsque leurs yeux seront poussés en cette façon [par le Soleil et toute la matière du Ciel interposée], ils en auront un sentiment tout semblable à celui que nous avons de la Lumière ».

Existe-t-il chez l'homme une « action qui, étant dans les yeux, tend vers les objets de la vue » ? Descartes peut-il soutenir une théorie réceptionniste ou intromissiste de la vision, qui explique la vision par la réception d'une forme ou d'une image du corps visible, suivant la théorie qu'on trouve dans l'Antiquité et, bien qu'en des sens différents, dans la théorie des simulacres d'Epicure et la théorie aristotélicienne de la sensation, dont il y a au Moyen Âge divers prolongements ? Certes, non parce que l'intentionnalité de la perception repose précisément, chez Descartes, sur la façon dont la notion d'image est réorientée vers la notion de signe et la ressemblance vers celle de mouvement.

L'œil est comparé à la chambre obscure. Nous avons affaire à une première image réelle : l'image rétinienne, que Kepler et Descartes nomment « peinture ». Arrêtons-nous sur le modèle de la chambre obscure qui permet d'asseoir la réalité de l'image rétinienne. Il s'agit d'un phénomène, déjà aperçu par les Anciens et qui est envisagé dans l'optique dès la

1. Dans *Le Monde*, au chap. XIII, *De la lumière*.

Renaissance, mais qui a été rendu célèbre par les analyses de Kepler qui précisément compare l'œil à une chambre obscure. Ainsi, pour éviter d'avoir à regarder directement le soleil ou une éclipse, on fait se projeter l'image inversée du phénomène sur un écran, ou sur un tissu blanc tendu, dans la chambre obscure, où la lumière pénètre seulement par un orifice[1].

Descartes mentionne cette expérience : on découpe, l'œil d'un homme récemment décédé, ou à défaut celui d'un bœuf, d'une certaine façon pour que cette humeur qui se trouve en lui ne s'écoule pas toute. On recouvre l'organe ainsi découpé d'un corps très délié pour qu'on puisse voir au travers (papier fin ou blanc d'œuf). On place l'œil dans le trou d'une une fenêtre fait exprès, et on peut alors voir cette image rétinienne, projetée sur un papier, ou sur le blanc d'une coquille d'œuf. L'image a une ressemblance « assez parfaite » avec les choses extérieure, qu'elle reproduit en perspective : « vous y verrez, non peut-être sans admiration et plaisir, une peinture, qui représentera fort naïvement en perspective tous les objets qui seront au dehors vers VXY (*i. e.* vers l'endroit éclairé par le soleil où sont divers objets), au moins si vous faites en sorte que cet œil retienne sa figure naturelle, proportionnée à la distance de ces objets ».

Certes, le terme de peinture indique que la ressemblance constitue la perfection de l'image. Descartes souligne la perfection de l'image rétinienne ; elle est causée par un certain mouvement des petites parties de la matière subtile, qui est proportionné à nos organes des sens, et qui nous fait avoir le sentiment des couleurs[2]. Mais, il en dévoile aussi les principales imperfections : elle est plane, saturée de transformations, de convergences, de raccourcis, d'occultations liées à la projection perspective ; elle n'est même pas nette en toutes ses parties et souvent confuse à la périphérie. Et « pour les autres défauts de cette peinture, ils consistent en ce que ses parties sont renversées, c'est-à-dire en position toute contraire à celle des objets ; et en ce qu'elles sont apetissées et raccourcies les unes plus, les autres moins, à raison de la diverse distance et situation des choses qu'elles représentent, quasi en même façon que dans un tableau en perspective »[3].

Or, ces imperfections ne nous empêchent nullement de voir clairement les choses que nous voyons, et elles ne constituent pas un inconvénient dans l'usage vital que nous faisons de nos sens : l'inversion de l'image rétinienne, par exemple, ne nous empêche pas de voir les objets, et nous n'avons pas à la redresser pour voir les choses à l'endroit ! L'image

1. *Dioptr.*, V, AT, VI, 114-115.
2. Sur ce point, voir *Dioptr.*, I, AT, VI, 85.
3. *Dioptr.*, V, AT, VI, 121-124.

rétinienne, et en général les images corporelles, ne sont pas vues; elles ne constituent ni l'objet vu, *i. e.* le terme de la vision, ni quelque objet visuel intermédiaire qui serait le réquisit nécessaire de la vision des choses; elles sont les simples effets de la lumière sur nos organes. Nous ne les voyons pas sauf à inventer des dispositifs expérimentaux. Et en tous cas, nous ne voyons pas les images qui se forment dans notre corps, et surtout pas les choses par leur moyen, car il faudrait d'autres yeux à l'intérieur du cerveau pour les voir, et derechef d'autres *ad infinitum*; ce qui est absurde[1].

Descartes est bien éloigné de la croyance selon laquelle il y aurait des yeux de l'âme, et donc à la forme contemporaine du sophisme de l'homoncule, où c'est le cerveau qui est dit voir, vouloir, etc., comme s'il était un petit homme dans l'homme.

À la différence de l'image, la peinture n'a donc pas à être ressemblante aux objets. Elle est ainsi comparée à un tableau en perspective, autrement dit, à une représentation qui n'est pas naturaliste, dont la dissemblance permet, par un code d'institution, de représenter les choses. Ce sont les fameuses tailles-douces[2].

La causalité par ressemblance et assimilation ne peut donc pas rendre compte de la formation de ces images par les corps ni de la manière dont elles peuvent être reçues par les sens extérieurs jusqu'au cerveau. La causalité analogique n'explique pas la transmission réelle ou mécanique des images. Si on veut conserver le vocabulaire des images, alors la causalité doit être conçue d'une façon réelle et transitive. Ce qu'elle transmet d'une extrémité à l'autre, dans un *continuum* d'effets, relève moins de la ressemblance que de ces modes de l'étendue, figure et mouvement. C'est là ce que sous-tend l'usage du mot de peinture, quand il prend le relais d'image: «par le mot de peinture, je n'entends autre chose que les divers mouvements des parties du cerveau […]; comme aussi les peintures du fond de l'œil, des miroirs, etc., ne sont autre chose que de tels mouvements»[3].

Les images des objets sont transportées au cerveau. Les filaments du nerf optique, affectés par le mouvement lumineux, propagent l'image jusqu'à «une certaine petite glande», que Descartes nomme, dans le langage péripatéticien, «le siège du sens commun»[4]. Dans le milieu opaque de l'organisme, la ressemblance n'est donc plus visible. Et Descartes n'éprouve pas de difficulté à parler d'image, puisquer dans

1. *Dioptr.*, VI, AT, VI, 130.
2. *Dioptr.*, IV, AT, VI, 113.
3. *Lettre à Mersenne*, 16 octobre 1639, AT, II, 591.
4. *Dioptr.*, V, AT, VI, 129.

ce *continuum* de mouvement, elle consiste en une certaine configuration de mouvements ou de traces cérébrales. Il n'y a pas besoin de poser dans l'être une entité matérielle, qui se spiritualiserait au fur et à mesure de son parcours, car le seul mouvement suffit à la transmission de l'image, ou de la figure, ou encore de l'idée corporelle. La ressemblance ne rend donc pas compte de la représentativité des images, mais c'est leur fonction représentative qui permet à l'âme de sentir les propriétés des objets. « Il faut que nous pensions tout le même des images qui se forment en notre cerveau, et que nous remarquions qu'il est seulement question de savoir comment elles peuvent donner moyen à l'âme de sentir toutes les diverses qualités des objets auxquels elles se rapportent, et non point comment elles ont en soi leur ressemblance »[1]. Ce qui définit l'image, ce n'est plus sa nature de ressemblance ou de forme, mais c'est plutôt sa fonction représentative, autrement dit, c'est la façon dont ces images donnent moyen à l'âme de se représenter les corps et leurs qualités, en se réfractant dans les yeux, en s'imprimant sur les organes des sens et dans le cerveau, bref en étant de simples effets de la figure et du mouvement des particules lumineuses réfléchies sur les corps.

La causalité mécanique remplace définitivement la causalité analogique, et le mouvement prend le relais de la ressemblance dans l'explication de la nature des images[2]. Ces images relèvent d'ailleurs plutôt du mouvement que de la figure, à moins peut-être d'élargir le terme de figure à ce qui donne occasion à l'âme de percevoir toutes les qualités des objets. La figure ne désigne pas seulement les choses, qui représentent la position des lignes et des superficies des objets. Descartes précise ainsi que la figure ne doit pas être prise au sens de la figure géométrique des corps, mais au sens de ce qui peut donner occasion à l'âme de sentir « le mouvement, la grandeur, la distance, les couleurs, les sons, les odeurs, et les autres qualités; et même celles qui lui pourront faire sentir le chatouillement, la

1. *Dioptr.*, IV, AT, VI, 113-114.

2. Dans les *Sixièmes Réponses*, au point n° 9, Descartes n'explique plus la perception en ayant recours à l'image, ni même prioritairement à la figure, mais au seul mouvement, AT, IX, 236-237. Le changement de figure est de situation résulte du mouvement des particules contre l'organe corporel. Dans l'article 197 des *Principes de la philosophie*, IV, « les seuls mouvements qui se font dans les corps » suffisent à donner à notre âme toutes sortes de sentiments. Et Descartes passe de cette affirmation immédiatement à l'analogie des signes du langage, en faisant l'économie du vocabulaire de l'image. Il reprend cependant l'analogie avec la plume qu'on trouve dans la *Règle*, XII, ce qui indique suffisamment qu'un minimum de similitude est encore préservé, qui assure le passage de la théorie de l'image à la théorie du signe.

douleur, la faim, la soif, la joie la tristesse, et autres telles passions »[1]. La figure est désormais saisissable par tous les sens extérieurs, mais aussi par les sentiments et les affects. Elle ne se caractérise pas par la ressemblance, même si c'est en un sens une ressemblance transposée, défigurée ou déformée, qui sert à la figuration. Cette figure est nommée une idée, au sens des idées matérielles, quand elle s'imprime sur la petite glande H, où est le siège du sens commun et de l'imagination.

La question de savoir comment l'image acquiert son statut d'image, et comment elle représente les objets, revient à se demander comment elle donne occasion à l'âme de sentir les objets. Elle ne peut pas être résolue en posant naïvement une ressemblance, qui serait au principe du réalisme de la perception. Mais nous ne pouvons pas non plus rendre raison de l'institution de la nature, qui fait que les mouvements corporels sont compris comme des signes. Nous avons affaire à un fait qui ne demande pas d'explication. « Nous devons considérer qu'il y a plusieurs autres choses que des images qui peuvent exciter notre pensée; comme par exemple, les signes et les paroles, qui ne ressemblent en aucune façon aux choses qu'elles signifient ». Le *Discours Quatrième* de la *Dioptrique*, dont les apports seront toujours reconnus au long de l'œuvre de Descartes, ne peut pas aller au-delà du fait. Si l'âme est en mesure de déchiffrer les mouvements imprimés dans le cerveau et sur la petite glande, sous la forme des idées matérielles, et de les traduire en certaines idées dont la clarté et la distinction soit parlante pour l'esprit, c'est que Dieu lui a donné une telle capacité à leur assigner leur sens. Et, c'est parce que les organes corporels ont été disposés de manière que les mouvements engendrent des traces, qui peuvent faire sens aux yeux de l'âme. L'association régulièrement signifiante des mouvements et des sensations est relève de la facticité : nous en usons ordinairement sans pouvoir l'expliquer.

Est-ce à dire que l'intentionnalité de la perception sensible soit mystérieuse et repose tout entière sur une conception métaphysique de la création divine ? La distinction réelle de l'âme et du corps est un acquis de la métaphysique, mais l'union de l'âme et du corps est un fait. Vouloir rendre raison des fins que Dieu a en créant l'homme, cela passe notre portée selon Descartes. Il est donc possible de rendre compte de de l'institution de la nature d'une façon plus satisfaisante pour un type d'esprit comme le nôtre, et qui soit plus conforme aux croyances ordinaires de nos contemporains, à savoir que la perception humaine suppose un sujet. Or l'insistance sur la transcendance de la toute-puissance divine, dans l'union de l'âme, a un

1. *L'Homme*, AT, XI, 176.

caractère théologique. Et les textes que nous envisageons n'évoquent même pas la dimension métaphysique de l'*ego* et de Dieu comme conditions de la connaissance. Si l'intentionnalité est difficile à penser, c'est qu'il faut s'attacher à la notion qui permet de la penser: l'âme, à la fois distinguée du corps, et unie à lui. Il y a, en ce sens, une opacité du sensible, un chiasme du sensible : penser à la fois la distinction de l'âme et du corps et son union; ce qui en un sens se contredit. Mais nous sommes astreints à un tel effort, dès que nous réfléchissons sur la façon dont l'homme perçoit *et* pense les corps. Nous pensons la distinction réelle de l'âme et du corps selon la métaphysique, car elle est la preuve à laquelle les autres preuves aboutissent. Mais, nous vivons l'union de l'âme et du corps. Comprendre la perception, c'est lier ces deux directions de l'âme, c'est en effet cerner le rôle de l'âme seule, dans l'union de l'âme et du corps.

L'institution de la nature ne contribue pas à rendre mystérieuse l'intentionnalité de la perception. C'est vrai, il est difficile de penser ensemble la distinction réelle de l'âme et du corps et leur union, parce que cela se contrarie, et parce que la fonction de l'une et de l'autre n'est pas la même. La première est métaphysique, autrement dit sa fonction est épistémologique. La seconde est une notion primitive, un fait premier, qui renvoie à la vie du sujet, à l'expérience de soi dans le mode. Mais, ce qui est difficile à comprendre, c'est seulement l'usage qu'on peut faire de l'abstraction dans et en vue de l'exercice concret de la vie. Cependant, sans l'abstraction, sans la distinction réelle de l'âme et du corps, on confond les différents usages des modes de la pensée. Or, ils sont proportionnés au mode de présence des objets de nos pensées, *i. e.*, les corps, notre corps, l'âme, la volonté, les décisions concernant l'engagement envers autrui, ou encore l'homme entier, le sujet corporel vivant, avec ses sensations, ses émotions et la valeur qu'il accorde aux choses et aux personnes, avec lesquelles il se lie d'amitié, d'amour. L'intentionnalité est difficile à penser parce que l'abstraction, est une sorte d'arrachement à la façon ordinaire de vivre et de penser, mais elle doit prendre néanmoins sa signification dans la vie ordinaire des sujets.

La façon dont Jean-Luc Marion insiste sur l'institution de la nature et l'arbitraire du « code », en vue d'accentuer l'importance du thème de la toute-puissance divine et la métaphysique de la création, l'analogie ou la non-univocité de la raison humaine et de la raison divine, met d'une certaine façon le doigt sur la difficulté anthropologique du statut du sujet incarné. Or il s'agit d'une difficulté qui est liée à la condition vitale de l'être humain, et à une question qui relève en dernier ressort de la philosophie, ou de la métaphysique, de la connaissance et de l'existence. Et l'opacité, ou l'incompréhensibilité, métaphysique du sens n'est en effet pas une opacité de l'existence sensible. L'union de l'âme et du corps est connue par elle-même, pour Descartes, c'est un fait. De même qu'on se perçoit clairement mouvoir son corps, on éprouve aussi divers sentiments et passions. Et nous obscurcissons l'expérience de l'union dès que nous voulons expliquer ces faits par des raisons [1]; en effet, l'union de l'âme et du corps est une notion primitive.

Cette opacité n'est pas non plus celle de l'esprit, puisqu'il appartient à l'âme de déchiffrer les mouvements corporels. Cette capacité de déchiffrement repose sur le fait que l'âme et le corps sont substantiellement unis; alors, « c'est l'âme qui sent et non le corps » [2], « c'est l'âme qui voit et non pas l'œil » [3]. Car, du point de vue de la distinction de l'âme et du corps, voir c'est penser voir, et le corps ne saurait être le sujet de la perception. Mais, du point de vue de leur union, « l'âme est dans le cerveau » [4]; l'âme est localisée et elle est corporelle. Attribuer, en effet, à l'âme la matière et l'extension, c'est la concevoir unie au corps et l'âme peut donc être dite corporelle, en tant qu'elle est propre à s'unir au corps [5]. Et en ce sens, le corps peut être le sujet de la perception.

1. La compréhension dissolvante de Gueroult, qui place le sensible chez Descartes dans un *no man's land* intellectualiste, tend à opposer les termes que je me suis efforcée de penser ensemble, dans une sorte de synthèse disjonctive, comme la transcendance d'un *ego* qui serait capable de voir et de dire à la fois, « Je suis insaisissable dans l'immanence… », où la distinction réelle de l'âme et du corps est encore leur union, et une union peut-être plus profonde. Voir par exemple ce passage de M. Gueroult qui soumet le sensible cartésien à une lumière un peu trop brutale, qui détruit l'ambivalence, ou le chiasme, du sensible : « Le sensible apparaît, selon Gueroult, comme un entre-deux exclu de partout, qui n'a sa place ni dans l'âme, ni dans le corps en tant que tels, bien qu'en même temps il se rapporte nécessairement aux deux : à l'âme, par la faculté de penser qu'il implique, bien qu'il répugne à son essence par son contenu; au corps, comme ce sans quoi son existence ne nous serait jamais donnée, quoi qu'il répugne en soi à la nature de celui-ci » (*Descartes selon l'ordre des raisons*, I, Paris, Aubier-Montaigne, 1968, p. 150).

2. *Dioptr.*, IV, AT, VI, 109.

3. *Dioptr.*, VI, AT, VI, 141.

4. *Dioptr.*, IV, AT, VI, 109.

5. *Lettre à Elisabeth*, 28 juin 1643 et *Lettre à Arnauld*, 29 juillet 1648, respectivement AT, III, 693-694 : « Bien qu'on veuille concevoir l'âme comme matérielle (ce qui est proprement concevoir son union avec le corps), on ne laisse pas de connaître, par après, qu'elle en est séparable. […] Ceux qui ne philosophent jamais, et qui ne se servent que de leurs sens, ne doutent point que l'âme ne meuve le corps, et que le corps n'agisse sur l'âme; mais ils considèrent l'un et l'autre comme une seule chose, c'est-à-dire, ils conçoivent leur union; car concevoir l'union qui est entre deux choses, c'est les concevoir comme une seule »; AT, V, 223 (FA, III, 864-865 : « si par corporel nous entendons ce qui appartient au corps, encore qu'il soit d'une autre nature, l'âme peut aussi être dite corporelle, en tant qu'elle est propre à s'unir au corps ».)

L'intentionnalité cartésienne de la perception n'est donc pensable que située corporellement. La sensation ne se réduit pas à un acte de l'entendement pur (*intellectus*). Elle est à part entière un acte de l'esprit (*mens*)[1]. Si l'esprit constitue le vecteur de l'intentionnalité, un acte de l'esprit, comme la sensation, est toujours situé corporellement, à cause « des formes ou images que l'âme raisonnable considèrera immédiatement, lorsque étant unie à cette machine, elle imaginera ou sentira quelque objet »[2].

En suivant l'analyse cartésienne de la vision, de l'explication de la lumière jusqu'à la formation des images sur le cerveau, j'ai mis en relief le rôle que Descartes accorde aux images (images rétiniennes et images cérébrales) dans l'explication de la sensation. La physiologie de la sensation requiert une explication mécanique de la production des images. Et l'explication par la figure passe progressivement le relais celle par le mouvement, la causalité mécanique remplaçant la causalité par ressemblance et analogie. La notion de ressemblance ou de similitude qui structure l'explication scolastique de la sensation est donc battue en brèche. En effet, l'image rétinienne, tout imparfaite qu'elle est, n'empêche pas que la vision se produise. Mais il y a plus, les images, rétiniennes et *a fortiori* cérébrales, ne sont pas vues. Elles ne constituent donc pas un intermédiaire cérébral, dans l'acte subjectif de voir. L'analyse cartésienne de la vision ne se boucle pas sur une explication mécaniquement causale; elle relève de l'institution de la nature, où les mouvements donnent seulement *occasion* à l'âme de sentir. Bien qu'elle ne soit pas intégralement mécanique, cette représentation de la connexion des traces cérébrales et des idées sensibles ne rend pas l'intentionnalité mystérieuse; elle nous conduit à nous représenter un niveau mécanique de la sensation, tout en saisissant la sensation comme acte de l'esprit. Nous avons une inclination à croire que les sensations sont causées par les corps. C'est un fait que les sensations visent les objets, en l'occurrence les corps, et ce fait repose sur le mode de pensée qui se rapporte à la façon dont les corps affectent nos sens. L'intentionnalité de la perception relève de la facticité; on ne saurait l'expliquer. La « modalisation » de l'esprit, *i. e.*, la façon dont le mode de pensée se rapporte à une chose se tient aux marges de la conscience qui vise la chose par l'idée qu'elle en a. Elle est la présence simple de l'esprit qui accompagne les jugements que nous formons à l'occasion de ce qui se présente à nos sens.

1. Pierre Guenancia explique la nature de cet acte de l'esprit dans son analyse du morceau de cire, voir *L'Intelligence du sensible, Essai sur le dualisme cartésien*, Paris, Gallimard, 1998.

2. *L'Homme*, AT, XI, 177.

On n'en peut rien dire de plus, parce que tout ce qu'on cherche au-delà du fait ne peut pas être expliqué et n'en a pas besoin.

LA PERCEPTION ET LE JUGEMENT

Quand Descartes analyse, dans les *Sixièmes Réponses*, les trois degrés du sens, il évoque la *Dioptrique*, et écrit que « lorsque je vois un bâton, il ne faut pas s'imaginer qu'il sorte de lui de petites images voltigeantes par l'air, appelées vulgairement des espèces intentionnelles, qui passent jusques à mon œil »[1]. La désinvolture de la critique cartésienne des espèces intentionnelles est peut-être la contrepartie inévitable de la relève de la théorie péripatéticienne de la sensation qui inaugure la compréhension moderne de la sensation. Je voudrais décrire la théorie cartésienne de la sensation qui s'élabore à partir de la critique des espèces intentionnelles et considérer les différents niveaux de complexité de l'intentionnalité de la sensation chez Descartes. L'intentionnalité de la sensation peut être reconstruite selon deux aspects. L'un relève des premier et deuxième degrés de la certitude du sens, et l'autre, que je n'ai pas encore abordé, appartient au troisième degré.

J'ai principalement traité du premier aspect, et j'ai évoqué une intentionnalité, située corporellement, où l'immanence de la conscience dans les mouvements corporels illustre l'union de l'âme et du corps, bien que ce soit l'âme qui sente et non le corps et que ces mouvements aient été institués pour nous représenter les propriétés des corps extérieurs. Car si ce n'était pas l'âme qui sent, les sensations témoigneraient de la complexion de notre corps plutôt que des corps extérieurs, et elles seraient privées de toute objectivité et donc de toute intentionnalité. Or, à la différence des sentiments de faim et de soif qui n'ont pas d'intentionnalité, *i.e.* ne visent pas quelque chose hors du sujet, les sensations, sans qu'elles nous fassent connaître la nature véritable des corps, ne sont pas dépourvues de valeur cognitive, car elles témoignent de la façon dont les corps nous affectent, et elles nous invitent spontanément à croire que les corps extérieurs sont ordinairement les causes de leur présence.

Il faut conjoindre les deux premiers degrés du sens pour pouvoir parler d'intentionnalité chez l'homme. En effet, la croyance en l'existence des choses extérieures, comme cause des sensations, « la très grande inclination à croire qu'elles me sont envoyées, ou qu'elles partent des choses corporelles », résulte de l'institution de la nature. Une telle croyance

1. *Sixièmes Réponses*, AT, IX, 236-237.

enveloppe la conscience de l'affection mécanique, appelé deuxième degré du sens. Elle est intentionnelle, car elle est une inclination naturelle à croire que le corps extérieur est cause des sensations. Je serais même tentée de redescendre jusqu'au premier degré du sens, le simple effet mécanique des corps, et d'y voir le degré zéro de l'intentionnalité, en considérant dans les images corporelles les codages nerveux du réel, et peut-être l'amorce d'une croyance ou de l'instinct animal, mais je reconnais volontiers que chez Descartes, le mécanique n'est pas l'instinctif, et il est douteux que le niveau mécanique implique une relation à l'objet. À ce niveau, nous n'avons affaire qu'à une relation de causalité mécanique et nullement à une visée.

Au premier degré du sens, seuls le mouvement mécanique et la production des images organiques et cérébrales ont lieu. À ce niveau physiologique, en effet, « on ne doit considérer autre chose que ce que les objets extérieurs causent immédiatement dans l'organe corporel ; ce qui ne peut être autre chose que le mouvement des particules de cet organe, et le changement de figure et de situation qui provient de ce mouvement »[1]. Néanmoins, se demander s'il y a une forme minimale d'intentionnalité au premier degré du sens a une importance pour notre questionnement, lorsqu'on envisage, par exemple, la place de l'animal chez Descartes, et l'éventuelle existence d'une intentionnalité animale dans le contexte de sa philosophie. Car, ce mouvement mécanique nous est commun avec les bêtes[2]. Je suis assez encline à penser qu'il est intentionnel, au sens minimal où la causalité mécanique engendre des images dans le cerveau, qui sont les images *des* choses corporelles. Il y a, en outre, la dimension affective et pratique de la sensation, et des passions, qui est « intentionnelle », et, selon Descartes, les bêtes les « éprouvent » de façon mécanique seulement. Mais à ce niveau-là, on ne peut néanmoins pas parler de référence, puisque la relation n'est pas sémantique, mais causale. Dans le cartésianisme, on ne peut pas penser qu'il y ait place pour une forme de conscience chez l'animal, ni *a fortiori* pour la réflexion[3]. Il est donc douteux qu'il y ait, à ce premier degré du sens, une forme d'intentionnalité, fût-elle minimale.

Et finalement la meilleure façon d'éviter les questionnements hasardeux, pour lesquels nous n'avons pas de réponse, est de proposer la

1. *Sixièmes Réponses*, n° 9, AT, IX, 236.

2. *Ibid.*, 237.

3. Pour Descartes, c'est le plus grand préjugé de l'enfance que d'attribuer la pensée aux bêtes, et nous le faisons souvent par simple raisonnement analogique, autrement dit par une fausse conception de l'imagination qui attribue aux bêtes l'union de l'âme et du corps au motif que nos sensations, sentiments, et passions la supposent, voir la *Lettre à Morus*, 5 février 1649.

précision suivante : si les trois degrés du sens sont bien trois degrés du sens de complexité croissante, ils ne sont néanmoins pas successifs. Nous n'allons pas du premier, de l'affection mécanique, au deuxième, *i. e.*, la conscience de l'affection mécanique, au troisième, les jugements qui portent sur les sensations[1]. Leur complexité est relative à l'analyse cartésienne qui va du simple au complexe. Le simple, c'est le premier degré du sens, ou le niveau mécanique de la sensation. Sa simplicité vient de ce qu'il enveloppe des descriptions de la notion primitive du corps, pour lesquelles nous disposons de la notion de l'extension, de la figure et du mouvement. Le deuxième degré de la certitude du sens est plus complexe, puisqu'il relève de la description de l'esprit, dans l'union de l'âme et du corps. Il renvoie aux affections, qui résultent immédiatement en l'*esprit* de ce qu'il est uni à l'organe corporel, mû et disposé par ses objets.

Le troisième degré du sens est un autre niveau de complexité. On pourrait dire qu'il est simple, vu qu'il relève de l'esprit seulement, le jugement impliquant, selon Descartes, les facultés pures de l'esprit : l'entendement et la volonté[2]. Le jugement, en tant qu'il dépend de la volonté et de l'entendement, a une forme propositionnelle. Or, le deuxième degré du sens n'inclut pas les jugements et il n'est pas de forme propositionnelle. Dans la vision d'un bâton, ce deuxième degré « s'étend seulement à la perception de la couleur et de la lumière qui est réfléchie de ce bâton, et qui provient de ce que l'esprit est si conjoint avec le cerveau, qu'il se ressent même et est comme touché par les mouvements qui se font en lui ; et c'est ce qu'il faudrait rapporter au sens, si nous voulons le distinguer exactement de l'entendement »[3]. Mais la complexité vient de ce que le deuxième et le troisième degré du sens ne sont pas hermétiques ou séparés de lui.

Si nous appréhendons la description des trois degrés du sens à partir de la distinction réelle de l'âme et du corps, le troisième degré doit être isolé des deux premiers. Le premier dépend du corps, et le deuxième de l'union de l'âme et du corps. Seul le troisième relève de l'entendement et de la volonté. Mais en distinguant ainsi les degrés du sens, nous suivons un fil chronologique un peu superficiel, que le texte paraît peut-être induire, et qui est d'ailleurs plutôt plus marqué dans la traduction française de

1. On trouve un exemple de ce type d'approche suivant la progressivité des trois degrés du sentiment dans les travaux de Zeno Vendler, « Descartes on Sensation », *Canadian Journal of Philosophy* (1971) ; *Res Cogitans*, Cornell University, 1972. Voir la critique qu'en propose Lilli Alanen, *Descartes's Concept of Mind*, *op. cit.*, p. 90-93.

2. Voir par exemple la *Lettre à Regius*, décembre 1641, AT, III, 454-455 ; *Les Principes de la philosophie*, I, art. 32 ; *PdA*, I, art. 17-18.

3. *Sixième Réponse*, n°9, AT, IX, 237.

Clerselier que dans le latin. En effet, « de ce premier suit le second (*ex ipso vero sequitur secundus*) » : « premier » dans la traduction souligne l'opposition avec le « second ». Dans le latin le *sequitur* suit plutôt la complexité de la description du sentir, quand on y introduit les faits de conscience. De même, dans le passage « que de ce sentiment de la couleur, dont je sens l'impression, je vienne à juger que ce bâton hors de moi est coloré, et que de l'étendue de cette couleur, de sa terminaison et de la relation de sa situation avec les parties de mon cerveau, je détermine quelque chose touchant la grandeur, la figure et la distance de ce même bâton, quoi qu'on ait accoutumé de l'attribuer au sens, et que pour ce sujet je l'aie rapporté à un troisième degré du sentiment, c'est néanmoins une chose manifeste que cela ne dépend que de l'entendement » (*quod isto coloris sensu, quo afficior, judicem baculum, extra me positum, esse coloratum etc.*) », le français marque une progressivité, un ordre de procédure, là où le latin dit seulement que le jugement *formule* une proposition, qui rapporte une affection consciente à un objet extérieur qui en est la cause. La complexité des sensations provient de ce qu'elles viennent ensemble et sont perçues en contexte, sur le fond d'une multiplicité de sensations, mais aussi … de croyances et d'opinions.

Les jugements portent sur les choses qui nous affectent et non sur l'acte de sentir, leur intentionnalité est donc manifeste. Mais Descartes souligne l'importance de la coutume, de la répétition ou de la sédimentation inconsciente des habitudes, dans les jugements, « que nous avons coutume de faire depuis notre jeunesse »[1]. En effet, « il y a seulement en cela de la différence, que nous attribuons à l'entendement les jugements nouveaux et non accoutumés que nous faisons touchant les choses qui se présentent, et que nous attribuons aux sens ceux que nous avons été accoutumés de faire dès notre enfance touchant les choses sensibles, à l'occasion des impressions qu'elles font dans les organes de nos sens »[2]. Si la différence entre le deuxième et le troisième degré de la certitude du sens est diachronique, comme l'explique Pierre Guenancia, elle ne réside cependant pas dans la forme de la progressivité qui mènerait des pures sensations, antéprédicatives et non-intentionnelles, équivalents à des *sense data* dans les théories empiristes, aux jugements ou aux attitudes propositionnelles de l'autre.

La diachronie est bien plutôt intériorisée ou réfléchie[3]. Elle est le fruit tardif de la réflexion, qui vient par après, quand le jugement est volontaire-

1. *Sixième Réponse*, n°9, AT, IX, 236.

2. *Ibid.*, p. 237.

3. C'est un aspect que Pierre Guenancia met bien en valeur dans *L'Intelligence du sensible* : « La différence que le langage courant établit entre la perception sensible et

ment assumé, qu'il est reconnu comme « nouveau », et que, dans l'histoire d'un esprit, il remet à leur place certains préjugés de l'enfance. Les jugements sont bien souvent des réponses immédiates de l'esprit aux affections, occasionnées par les impressions qualitatives des choses sur la sensibilité. Ils relèvent encore du sentiment, et les actes intellectuels de jugement, dans ce troisième degré, incluent aussi des associations habituelles d'idées, où les croyances spontanées ne sont pas le fruit de jugements explicites ou réfléchis, impliquant l'assentiment volontaire. Au lieu de poser une dichotomie franche entre le deuxième et le troisième degré du sens, Descartes reconnaît plutôt l'existence d'états d'esprit intermédiaires entre les sensations ou croyances et les jugements. Il ne conçoit pas le sentir, comme un événement ponctuel de la conscience, mais comme un événement contextuel, qui prend place dans une histoire du sujet, impliquant les suites, plus ou moins conscientes, de la façon dont nous sommes affectés par les choses.

Le premier niveau de complexité de l'intentionnalité suppose qu'il y ait conjonction des deux premiers degrés du sens. En effet, selon Descartes, il n'y a pas de pure vision chez l'homme, autrement dit, pas de vision sans intelligence de ce qu'on voit, et sans compréhension, sauf dans le cas d'une vision qui se ferait sans conscience de voir, c'est-à-dire sans un esprit humain. Avec les bêtes, on a l'exemple d'un voir purement corporel, dont on peut se demander ce qu'il voit. Le genre de sensibilité que Descartes accorde aux animaux ne dépend en effet que de la disposition des organes corporels. « Je ne leur refuse pas même le sentiment autant qu'il dépend des organes du corps »[1].

Descartes soutiendrait-il l'existence de ce qu'on appelle, de nos jours, un contenu conceptuel de l'expérience ? Ce serait alors ce qui distinguerait la perception humaine et la perception animale. Mais ces termes actuels, empruntés McDowell, posent un problème quand on veut les appliquer à Descartes, car le syntagme « contenu conceptuel » ne convient pas, si on

l'intellection pure procède, dans la pensée cartésienne "en acte", d'une différence beaucoup plus imperceptible et beaucoup plus fondamentale entre deux temporalités qui alternent au lieu de se fondre dans la continuité indivisée de la durée. Le sensible serait alors ce qui, à tout moment, se présente comme ayant été présent, mais d'une façon nécessairement implicite : en termes cartésiens, obscure et confuse. La connaissance intellectuelle aussi, en un sens, a toujours été présente en mon esprit puisque je ne la tire pas d'ailleurs, mais justement pas en tant que telle ; en termes cartésiens, comme une perception claire et distincte. C'est sa présence actuelle et sentie comme telle par l'esprit qui en fait une idée du pur entendement » (p. 35).

1. *Lettre à Morus*, 5 février 1649, AT, V, 278.

prétend décrire grâce à lui les « constituants » du jugement. Car, concernant cette notion de « contenu », on a dit que pour Descartes l'homme ne sent pas par l'intermédiaire des images corporelles qui, bien qu'elles ne soient pas conceptuelles, ne sont déjà pas des *contenus* de l'expérience. On ne peut pas dire que les impressions sensibles soient, chez Descartes, l'équivalent des *sense data* chez les modernes, car nous ne reconstruisons pas l'objet extérieur à partir de la série des impressions. Pierre Guenancia a insisté, à raison, sur le fait que l'idée de la chose était apportée par l'esprit, chez Descartes, et que le nom de chose ne résumait pas, sous une étiquette ou un nom, une rhapsodie de données sensibles[1].

Et la nature simple commune de l'unité, présentée dans la *Règle* XII, ou encore le nom de substance qui est attribué à l'âme et au corps de façon univoque, selon l'article 52 de la Première partie des *Principes*, n'est pas non plus une représentation intermédiaire, ou un « contenu conceptuel », qui viendrait s'immiscer entre le sujet et la chose visée. Elle est certes un instrument, ou si on veut une règle *a priori* immanente à l'exercice de la pensée, et qui ne devrait pas s'appliquer de manière transcendante au donné empirique, mais être conçue plutôt comme la façon dont l'esprit appréhende les choses. La nature simple de l'unité, ou encore l'idée de substance, sont innées, au sens où elles ne s'appliquent pas à un donné empirique, mais s'exercent dans l'immanence de la pensée attentive à ses objets. La différence entre le sens et l'entendement n'est plus qu'une différence d'âge; « lorsque nous disons que la certitude de l'entendement est plus grande que celle des sens, nos paroles ne signifient autre chose, sinon que les jugements que nous faisons dans un âge plus avancé, à cause de quelques nouvelles observations, sont plus certains que ceux que nous avons formés dès notre enfance; sans y avoir fait de réflexion »[2]. Il n'y a ni de pure sensation ni quelque chose d'équivalent à des données sensibles; ces dernières ne sont à vrai dire saisies qu'à l'arrière-plan de la pensée, et si on réfléchit, puisque ce sont les corps qui sont perçus et non les sensations.

Le premier degré du sens est le degré zéro de l'intentionnalité, c'est si l'on veut son plus bas degré, car les animaux n'ont pas d'idées représentatives et leur expérience est constituée par des contenus non-conceptuels. Ainsi, un auteur contemporain, comme Gareth Evans, considère que certaines caractéristiques de nos expériences sont communes avec les états perceptifs d'animaux suffisamment proches, comme les autres mammifères, et il soutient l'existence de contenus non-conceptuels, faute desquels

1. P. Guenancia, *L'intelligence du sensible*, *op. cit.*, p. 97.
2. *Sixièmes Réponses*, n° 9, AT, IX, 237.

on serait en effet obligé d'attribuer aux animaux la possession de concepts. Mais Descartes rapproche, pour sa part, la vision des bêtes de la nôtre, en disant qu'elles perçoivent comme nous, quand nous ne pensons pas à ce que nous voyons. « Mon opinion n'est pas que les bêtes voient comme nous lorsque nous sentons que nous voyons (*dum sentimus nos videre*), mais seulement qu'elles voient comme nous lorsque notre esprit est appliqué ailleurs »[1]. Et cette affirmation ne contredit pas l'idée que le sentir animal soit déterminé par un comportement instinctuel et qu'il ait une marge d'apprentissage subordonnée à un tel comportement.

Un point notoirement litigieux, est celui du statut des bêtes dans la philosophie cartésienne. Ce qui est difficile à accepter pour un lecteur contemporain, ce n'est pas seulement le sens à accorder à la théorie des animaux-machines[2] ni sa cruauté supposée[3]. Ce qui paraît plus difficile à comprendre pour un lecteur contemporain, c'est que Descartes attribue aux animaux la sensation et l'affectivité, en leur déniant néanmoins l'âme rationnelle, et donc l'union de l'âme et du corps, qui est pourtant seule en mesure de donner un sens à ce que, dans le cartésianisme, on nomme « sentir » ou « avoir des passions ». En effet, « encore, que [les bêtes] n'aient point de raison, ni peut-être aussi aucune pensée, tous les mouvements des esprits et de la glande qui excitent en nous les passions ne laissent pas d'être en elles et d'y servir à entretenir et fortifier non pas comme en nous les passions, mais les mouvements des nerfs et des muscles qui ont coutume de les accompagner »[4]. Il y a, selon Descartes, un autre sens où l'on peut dire que les bêtes sentent la réalité extérieure et ressentent des passions, et c'est un sens qui diffère de l'usage que nous faisons, quand nous disons que nous sentons, ou bien que nous ressentons certaines passions. S'agit-il d'une équivocité des termes ou d'un point aveugle dans sa théorie ? Que peut-on dire d'un tel sentir ? Les biographes rapportent que Descartes possédait un chien, qu'il nommait « Monsieur Grat ». Donc, pour Descartes aussi,

1. *Lettre à Plempius*, 3 octobre 1637, AT, I, 413 ; FA, I, 786.

2. Voir la discussion intéressante de cette théorie dans Jacques Bouveresse, « La Mécanique, la physiologie et l'âme », *Descartes, Leibniz, Kant*, Marseille, Agone, 2006.

3. Descartes nie aux bêtes la pensée, au sens de la réflexion, mais non la sensation ni l'affectivité, voir la *Lettre à Morus*, 5 février 1649, AT, V, 278; FA, III, 887 : « Je passe, pour abréger, les autres raisons qui ôtent la pensée aux bêtes. Il faut pourtant remarquer que je parle de la pensée, non de la vie, ou du sentiment; car je n'ôte la vie à aucun animal, ne la faisant consister que dans la chaleur du cœur. Je ne leur refuse pas même le sentiment autant qu'il dépend des organes du corps. Ainsi mon opinion n'est pas si cruelle aux animaux, qu'elle est favorable aux hommes, je dis à ceux qui ne sont point attachés aux rêveries de Pythagore, puisqu'elle les garantit du soupçon même de crime quand ils mangent ou tuent les animaux ».

4. *PdA*, I, art. 50, AT, XI, 369-370.

certaines espèces ne sont pas si éloignées de l'homme, et les comportements des unes et des autres se ressemblent, puisqu'il n'a pas eu l'idée d'appeler une horloge, à laquelle il compare néanmoins les bêtes, « Madame Clic-Clac »[1].

Non seulement pour Descartes les bêtes sentent, mais elles ont aussi « peut-être » des pensées[2], qui sans être rationnelles sont affectives. Les bêtes ont des pensées, en rapport avec les capacités de leur cerveau. Que les sensations mécaniques engendrent des mouvements instinctuels de défense, ou de fuite, manifeste que la sensation se situe en deçà de la connaissance intellectuelle, dans la sphère pratique des mouvements qui répondent à la perception des choses. Cette réponse est, chez l'animal, moins complexe que chez l'homme; elle est simplement mécanique ou impactée. Chez l'homme, la réponse est vitale aussi, mais elle est subjective, et à l'exception des réflexes certaines réponses, par exemple la tendance à fuir, s'ouvrent sur des pensées de soi plus concertées, qui promeuvent l'unité d'une réponse à la fois vitale et morale, comme, par exemple, le courage d'affronter ses peurs dans certaines circonstances. Une telle institution morale suppose d'être capable de réflexion sur ses actes et ses pensées ou ses affections, et sur la façon dont on doit véritablement les comprendre et les nommer, autrement dit, qu'on soit capable d'user des signes du langage. C'est pourquoi pour Descartes, les bêtes sont dépourvues de raison[3].

1. C'est ainsi que, commentant les idées envisagées par Morus, p. ex. l'ivresse physique de la vie, les anges corporels, ou l'ombre de l'essence divine, Descartes écrit : « à l'égard de que vous ajoutez que le corps vous semble jouir d'une vie, mais stupide et pleine d'ivresse, etc., je regarde cela comme de fort belles paroles; mais permettez-moi une fois pour toutes, avec cette liberté dont vous m'avez permis d'user à votre égard, de vous dire que rien ne nous éloigne plus du chemin de la vérité que d'établir certaines choses, comme véritables, qu'aucune raison positive, mais notre volonté seule nous persuade », *Lettre à Morus*, Août 1649, AT, V, 405, FA, III, 934.

2. Descartes avoue même qu'il n'est pas possible de prouver que les bêtes ne pensent pas; « quoique je regarde comme une chose démontrée qu'on ne saurait prouver qu'il y ait des pensées dans les bêtes, je ne ne crois pas qu'on puisse démontrer que le contraire ne soit pas, parce que l'esprit humain ne peut pénétrer dans leur cœur pour savoir ce qui s'y passe », *Lettre à Morus*, 5 février 1649, AT, V, 276-277, FA, III, 885.

3. Voir la *Lettre à Morus*, 5 février 1649, AT, V, 278, trad. FA, III, 886 : « la principale raison, selon moi, qui peut nous persuader que les bêtes sont privées de raison, est que, bien que parmi celles d'une même espèce les unes soient plus parfaites que les autres, comme dans les hommes, ce qui se remarque particulièrement dans les chevaux et dans les chiens, dont les uns ont plus de dispositions que les autres à retenir ce qu'on leur apprend, et bien qu'elles nous fassent toutes connaître clairement leurs mouvements naturels de colère, de crainte, de faim, et d'autres semblables, ou par la voix, ou par d'autres mouvements du corps, on n'a point cependant encore observé qu'aucun animal fût parvenu à ce degré de perfection d'user d'un

En effet, comme Descartes ne définit pas *stricto sensu* toute la pensée par la pensée représentative, on peut dire que les bêtes pensent, si on entend par là qu'elles ont des sensations, des sentiments, et des passions. Mais elles sont privées du langage, et de son pouvoir d'invention, précisément, parce qu'elles sont privées de la raison et de réflexion. « La parole est l'unique signe et la seule marque assurée de la pensée cachée et renfermée dans le corps ; or tous les hommes les plus stupides et les plus insensés, ceux même qui sont privés des organes de la langue et de la parole, se servent de signes, au lieu que les bêtes ne font rien de semblable, ce que l'on peut prendre pour la véritable différence entre l'homme et la bête »[1]. Le langage est au cœur de l'intentionnalité humaine, parce que relevant de la pensée, il est *à propos des choses qui se présentent à nous* et il ne se réduit pas, comme les expressions des bêtes, à une réponse naturelle aux impacts mécaniques du milieu, à des mouvements pratiques de survie. L'expression « les paroles, ou autres signes faits à propos des sujets qui se présentent, sans se rapporter à aucune passion »[2] souligne la dimension à la fois réaliste et mentale du rapport à l'objet, impliquée dans les jugements.

Le langage est le lieu d'un partage entre les interlocuteurs, et c'est à ce titre qu'il est porteur d'intentionnalité ; c'est, par exemple, dans les objections et les réponses, et aussi dans les conversations ordinaires, que s'exerce notre esprit réaliste et que le langage s'accroche au réel. L'intentionnalité réside dans la capacité à répondre au sens de ce qui se dit, dans la faillite ou le succès de ce dire, bref dans le fait « de répondre au sens de tout ce qui se dira en sa présence, ainsi que les hommes les plus hébétés peuvent faire »[3]. Le discours est la réponse humaine à l'impact des choses et des paroles d'autrui sur notre sensibilité, c'est la réponse aux émotions qui affectent notre « intelligence du sensible ». C'est une réponse qui, bien que spontanée, n'est pas descriptible en termes d'*output*. Nous sommes pris dans l'échange de la parole et parler c'est toujours répondre. C'est ce que nous faisons, en nous adressant aux autres hommes, à ceux qui nous parlent, et à ceux avec qui nous menons des conversations régulières au fil du temps, et aussi à ceux qui sont morts et nous ont laissé quelque chose à penser ou à achever, et encore à ceux qui sollicitent notre intelligence, et finalement aux autres aussi d'ailleurs.

véritable langage, c'est-à-dire qui nous marquât par la voix, ou par d'autres signes, quelque chose qui pût se rapporter plutôt à la seule pensée qu'à un mouvement naturel ».

1. *Lettre à Morus*, 5 février 1649. FA, III, 886 ; AT, V, 278.

2. *Lettre au Marquis de Newcastle*, 23 novembre 1646, AT, IV, 574.

3. *Discours de la méthode*, V, AT, VI, 57.

Jacques Bouveresse souligne qu'il y a quelques inconnues dans les confins de la conception cartésienne des animaux, qui nous fournit des éléments pour réfléchir sur notre propre animalité. Mais doit-on s'accorder avec son jugement, quand il écrit que

> si nous ne sommes pas cartésiens sur la question des animaux, c'est parce que nous pensons que la différence qui existe entre eux et nous résulte essentiellement de la différence qu'il y a entre leur cerveau et le nôtre et que, par conséquent, Descartes n'a pas été, tout compte fait, spécialement injuste envers les animaux, mais plutôt injuste envers les possibilités du cerveau animal en général, dont le cerveau humain n'est que la forme la plus perfectionnée que l'évolution biologique ait produite [1] ?

Si nous sommes convaincus de nos jours par la théorie de l'évolution, il est à peu près inévitable que nous supposions que les animaux dotés d'un système nerveux central possèdent des degrés inférieurs de conscience, autrement dit un sentiment vital de soi.

Mais ce constat paraît bien aller dans le sens de Descartes, qui affirme que les bêtes voient ou sentent comme nous, lorsque notre esprit est appliqué ailleurs.

> Bien que les images des objets extérieurs se peignent sur notre rétine, et peut-être aussi que leurs impressions, faites sur les nerfs optiques, déterminent nos membres à divers mouvements, nous ne sentons toutefois rien de tout cela, et nous ne nous mouvons point alors autrement que des automates, en qui personne ne dira que la chaleur naturelle ne soit pas suffisante pour exciter tous les mouvements qui s'y font [2].

Les perceptions des bêtes, leur mémoire et leur imagination corporelle, leur affectivité, comme leur douleur s'expliquent par la physiologie. Mais, physiologie ou non, les bêtes ne sont pas capables de langage ou de réflexion, autrement dit, d'institution.

Je ne pense pas solliciter excessivement les textes de Descartes, en considérant que l'instinct peut bien finalement être le degré le plus bas de l'intentionnalité; c'est la tension naturelle vers la conservation de soi. Autrement dit, dans la conservation de la quantité de mouvement intérieur du sang dans les organes, et dans la conservation de la chaleur autour du cœur, corrélée au mouvement extérieur des membres dans l'espace, nous aurions affaire à une amorce, ou encore à un modèle certes rudimentaire, d'un soi vivant et affectif. La question d'une intentionnalité animale se

1. J. Bouveresse, *Descartes, Leibniz, Kant*, *op. cit.*, p. 283.
2. *Lettre à Plempius*, 3 octobre 1637, AT, I, 413-414 ; FA, I, 786.

traiterait de façon plus satisfaisante, si on concevait l'intentionnalité de manière plus pratique que théorique. On pourrait envisager alors l'action, comme un échange d'énergie, et d'information, du vivant avec son milieu.

Mais, chez l'homme, les sentiments (douleur, chatouillement, faim, soif, couleurs, sons, saveurs, odeurs, chaud, froid, etc.) sont liés au deuxième degré du sens[1]. L'intentionnalité humaine suppose donc la distinction réelle *et* l'union de l'âme et du corps. Le « réalisme » de la sensation s'explique du fait que l'âme « se ressent » dans la façon dont les objets extérieurs *causent*, dans l'organe corporel, un « mouvement des particules de cet organe, et le changement de figure et de situation qui provient de ce mouvement »[2]. L'âme, qui est réellement distincte du corps, éprouve, dans l'immanence du rapport à soi, les sensations, *i. e.* le renvoi aux objets extérieurs comme une croyance, dont le contenu n'est pas encore sémantique. Elle est une sorte d'équivalent de ce qu'est chez l'animal l'instinct, mais chez l'homme c'est bien plutôt « une très grande inclination à croire »[3] que les sensations sont envoyées, ou partent, des choses corporelles. En décrivant l'intentionnalité de la sensation, à la troisième personne, et non à la première personne, c'est-à-dire à partir de l'unité du sujet, au-delà de la distinction des facultés – sens et entendement –, on dira, comme les sciences cognitives, que la causalité et la référence aux objets sont deux directions du phénomène mental de l'intentionnalité, bien qu'on perde une grande partie de ce qui fait l'intérêt philosophique d'une explication de l'esprit.

Je voudrais reprendre à présent la lecture de la *Dioptrique*, en abordant le second aspect de l'intentionnalité que je souhaitais évoquer, et qui correspond précisément au troisième degré de certitude du sens. « Et même j'ai fait voir, dans la *Dioptrique*, que la grandeur, la distance et la figure ne s'aperçoivent que par le raisonnement, en les déduisant les unes des autres ». Bien que l'intentionnalité repose, à ce niveau, sur l'entendement, l'affirmation que percevoir c'est juger n'est réductible ni à une forme d'intellectualisme ni à une conception idéaliste de la perception. L'inten-

1. Voir *Méditation Troisième*, AT, IX, 34 : « Quant aux autres choses, comme la lumière, les couleurs, les sons, les odeurs, les saveurs, la chaleur, le froid, et les autres qualités qui tombent sous l'attouchement, elles se rencontrent dans ma pensée avec tant d'obscurité et de confusion, que j'ignore même si elles sont véritables, ou fausses et seulement apparentes, c'est-à-dire si les idées que je conçois de ces qualités, sont en effet les idées de quelques choses réelles, ou bien si elles ne me représentent que des êtres chimériques, qui ne peuvent exister ». Voir aussi *Méditation Sixième*, AT, IX, 64.

2. *Réponses aux Sixièmes Objections*, n° 9, AT-IX-1, p. 236.

3. *Méditation Sixième*, AT, IX, 63.

tionnalité requiert un sujet incarné, là même où le jugement doit être rapporté à l'entendement. En effet, dans le *Discours Sixième* de la *Dioptrique*, Descartes explore la façon dont les images corporelles fonctionnent comme des signes, et la façon dont le jugement perceptif s'en sert pour évaluer les propriétés des objets perçus. Les sensations, ou les signes perceptifs, fonctionnent-ils alors comme des sortes d'intermédiaires dans la perception ? Le jugement nous met-il en rapport avec les choses, en étant un intermédiaire entre le sujet et l'objet perçu ?

Descartes fournit la liste des six principales qualités des objets, la lumière, la couleur, la situation, la distance, la figure ou la grandeur. Il distingue alors, à la différence de Kepler, la lumière et la couleur ajoute la figure. Et il explique ainsi que nous les percevions par un raisonnement et non par la saisie de quelque similitude. Ce n'est pas par une ressemblance que nous percevons les diverses qualités des objets, mais à l'*occasion* des mouvements, institués pour nous donner l'idée de ces qualités. L'intentionnalité des jugements perceptifs ne relève pas des images corporelles, ni des effets causés par la lumière sur nos sens ; elle est inscrite dans la familiarité et le commerce ordinaire de l'esprit et du corps, bref dans leur union. Dans le rapport de l'homme au monde, avoir une âme, c'est savoir par usage et habitude, comment s'appuyer sur son propre corps et compter avec lui.

Ainsi, la lumière et la couleur, qui appartiennent proprement au sens de la vue, sont perçues par l'effet direct de la force des mouvements qui sont reçus et transmis par le nerf optique. « Il faut penser que notre âme est de telle nature, que la force des mouvements, qui se trouvent dans les endroits du cerveau d'où viennent les petits filets des nerfs optiques, lui fait avoir le sentiment de la lumière; et la façon de ces mouvements, celui de la couleur » [1]. Ces deux qualités ne relèvent pas du jugement, mais je les mentionne, parce que le statut ontologique de la couleur y est explicite. Il est souvent apparu aux successeurs de Descartes qu'il serait contre-intuitif de dire que les corps ne sont pas colorés, et que la couleur est seulement un phénomène mental. Les successeurs de Descartes ont exprimé une forme d'étonnement mêlé de doute devant ce qui leur apparaissait manifestement faux ; à savoir, qu'en toute rigueur, c'est l'âme, et non le corps, qui voit les couleurs et que, lorsqu'elle voit un objet coloré, c'est plutôt l'âme et non l'objet qui est coloré [2]. Mais la *Dioptrique*, VI, affirme que la couleur est

1. *Dioptr.*, VI, AT, VI, 131.

2. Ce type de controverses a animé les milieux cartésiens, mais leur position ne paraît pas vraiment sujette à variations, voir, par exemple, comment Arnauld conclut le petit apologue

une qualité du corps. En effet si la causalité mécanique n'est pas analogique, les impacts mécaniques de la lumière ne ressemblent pas à leur codage nerveux. On a ainsi pu affirmer que Descartes avait formulé la première hypothèse du codage nerveux[1]. Et l'analogie linguistique est la représentation qu'il invoque régulièrement à ce sujet[2].

Les autres qualités des corps se perçoivent par le jugement[3]. La situation et la distance des objets sont vues sans aucune image. La première suppose la sensibilité posturale comme condition de la perception de l'espace, car la situation est relative à notre corps et n'est que le côté vers lequel chaque partie de l'objet est posée *par rapport* à lui. La connaissance que nous avons de la situation des corps alentour ne dépend pas seulement de la direction du rayon lumineux que les corps renvoient vers l'œil, mais elle est saisie par une interprétation spontanée qu'on peut donner de leur situation par rapport à la position de nos membres, par l'institution de nature. « Cette situation, se changeant tant soit peu, à chaque fois que se change celle des membres où ces nerfs sont insérés, est instituée de la Nature pour faire, non seulement que l'âme connaisse en quel endroit est chaque partie du corps qu'elle anime, au respect de toutes les autres; mais aussi qu'elle puisse transférer de là son attention à tous les lieux contenus dans les lignes droites qu'on peut imaginer être tirées de l'extrémité de chacune de ces parties, et prolongées à l'infini ». L'interprétation de la distance est liée à la conscience de l'attitude de nos membres, et à la façon dont notre corps s'insère dans le monde qui l'entoure. La perspective n'est donc pas celle d'un *ego* en survol, mais elle relève d'une insertion pratique dans le monde des objets, d'un entrelacs de vision et de mouvement, selon la belle expression de Merleau-Ponty. Le jugement perceptif n'est pas une

qu'il rapporte : « Deux cartésiens se promenant ensemble : savez-vous, dit l'un pourquoi la neige est blanche, que les charbons sont noirs, et que les charognes sont si puantes ? Voilà de sottes questions répondit l'autre ; Car la neige n'est point blanche, ni les charbons noirs, ni les charognes puantes, mais c'est vostre ame qui est blanche, quand vous regardez la neige, qui est noire quand vous regardez des charbons, et qui est puante quand vous estes proche d'une charogne. Je suppose qu'ils estoient d'accord pour le fond de la doctrine : mais je me demande qui parlait le mieux ; et je soutiens que c'estoit le premier, et que la censure du dernier n'estoit pas raisonnable », dans *Des Vraies et des Fausses Idées*, *op. cit.*, Réponse à la raison VI, p. 184.

1. Voir Warren S. McCulloch, « A Historical Introduction to the Postulational Foundations of Experimental Epistemology », dans *Embodiments of Mind*, The MIT Press, Cambridge, 1965, p. 363.

2. Outre la *Dioptr.*, IV, et l'article 197 des *Principes de la philosophie*, IV, le premier chapitre du *Monde* est la référence centrale à propos de l'analogie linguistique entre mouvements et sentiments, AT, XI, 4.

3. *Sixièmes Réponses*, n° 9, AT, IX, 237.

activité mentale, pour laquelle il faudrait que le sujet s'abstraie des données corporelles et sensibles, au contraire, l'évaluation de la situation des corps suppose une activité de l'imagination qui s'appuie sur le sentiment de soi dans l'espace. On tourne la tête d'un côté, et ce mouvement est l'occasion de fixer la situation de certains corps par rapport au nôtre, de les voir, dans une visée d'utilité, se rapprocher ou s'éloigner à notre gauche ou à notre droite.

> La vision de la distance ne dépend, non plus que de celle de la situation, d'aucunes images envoyées des objets, mais, premièrement, de la figure du corps de l'œil; car, comme nous avons dit, cette figure doit être un peu autre, pour nous faire voir ce qui est proche de nos yeux, que pour nous faire voir ce qui en est plus éloigné, et à mesure que nous la changeons pour la proportionner à la distance des objets, nous changeons aussi certaine partie de notre cerveau, d'une façon qui est instituée de la Nature pour faire apercevoir à notre âme cette distance [1].

L'évaluation de la distance est une mise au point qui n'est pas faite consciemment. La figure de l'œil est proportionnée à l'objet, selon des rapports de variation de la distinction ou de la confusion de la figure, et de la force ou de la faiblesse de la luminosité. Ce sont ces ajustements perceptifs ou moteurs qui nous permettent de juger de la distance, par une institution de la nature. La dimension inconsciente du jugement, qui est plutôt une forme d'imagination ou d'anticipation de la perception, travaille au cœur de la représentation des objets, qui est alors susceptible d'erreurs. Descartes est donc loin de la forme d'abstraction intellectualiste, qu'on lui reproche, dans la thèse de la perception comme jugement. La perception n'a pas besoin du jugement pour éclairer l'opacité du sensible ni pour le remplacer par une forme abstraite de clarté intellectuelle. Car, nous voyons au contraire la distance, sans y faire réflexion. Et, de même que la main anticipe le volume, la grosseur ou la figure, d'un objet qu'on va saisir, la figure des yeux se rapporte à la distance des corps et les épouse du regard.

Merleau-Ponty cerne dans l'union de l'âme et du corps de Descartes la figure d'un sujet corporel, bien que l'ouverture au monde soit absente de la *Dioptrique*.

> C'est à ce savoir de position ou de situation que Descartes doit ce qu'il en dit, ou ce qu'il dit quelquefois de la présence du corps "contre l'âme", ou de celle du monde extérieur "au bout" de nos mains. Ici le corps n'est plus

1. *Dioptr.*, VI, AT, VI, 137.

> moyen de la vision et du toucher, mais leur dépositaire. La vision reprend son pouvoir fondamental de manifester, de montrer plus qu'elle-même [1].

La géométrie naturelle est tout le contraire d'une compréhension de l'espace en survol. Elle est inconsciente; elle est, si on peut dire, un trésor inconscient de pensées corporelles. Nous connaissons la distance des objets par le rapport que les yeux ont entre eux, et par une sorte de triangulation de la vision binoculaire, comme l'aveugle qui connaît l'intervalle entre ses deux mains, et juge de la distance avec les bâtons AE, CE. La grandeur des angles ACE fait connaître où doit être situé le point E. C'est de cette façon que, dans la *Dioptrique* et dans *L'Homme*, Descartes introduit la notion de géométrie naturelle, grâce à l'exemple du toucher avec des bâtons[2]. L'exemple met en place l'analogie, « *comme par* une géométrie naturelle », et la nécessité d'en examiner le bien-fondé. Tout se passe comme si l'âme raisonnait à partir des données corporelles, mais il est clair qu'elle ne résout pas mathématiquement le problème, et ne calcule pas la solution à partir de la connaissance de la distance entre ses yeux et les angles de la vision binoculaire. Il s'agit plutôt d'une sorte de jugement naturel ou d'un raisonnement instinctif. Descartes fait droit à des pensées et à des raisonnements inconscients, à des pensées en quelque sorte sans pensée, où on pourrait envisager, dans le contexte cartésien du dualisme, quelque chose *comme* des « pensées corporelles ».

La perception se produit « par une action de la pensée, qui, n'étant qu'une imagination toute simple, ne laisse pas d'envelopper en soi un raisonnement »[3]. La réponse que Descartes à la question de la nature de la géométrie naturelle nous place dans un espace intermédiaire entre l'imagination et le jugement. Ces jugements sont si spontanés ou si peu conscients, qu'ils s'oublient comme relevant de l'entendement, *a fortiori* s'ils sont faux. Ainsi s'explique la référence dans les *Sixièmes Réponses* au passage de la *Dioptrique*, où Descartes dit que la perception de la grandeur, de la distance et de la figure, relève d'un raisonnement et non de l'enregistrement passif des sens. On attribue spontanément aux sens les jugements perceptifs à cause de la passivité de l'habitude, qui contribue à installer en

1. Merleau-Ponty, *L'Œil et l'esprit*, Paris, Gallimard, 1964, p. 58-59.

2. Descartes, *L'Homme*, AT, XI, 160 : « Remarquez aussi, que si les deux mains *f* et *g*, tiennent chacune un bâton, *i* et *h*, dont elles touchent l'objet K : encore que l'âme ignore d'ailleurs la longueur de ces bâtons, toutefois, parce qu'elle saura la distance qui est entre les deux points *f* et *g*, et la grandeur des angles *fgh*, et *gfi*, elle pourra connaître, comme par une géométrie naturelle, où est l'objet K ».

3. *Dioptr.*, VI, AT, VI, 138.

nous des croyances. L'accoutumance à une forme quasi-instinctive de jugement nous fait oublier la spontanéité qui s'exerce comme dans les sens.

On a dit que Descartes distingue dans les *Sixièmes Réponses* l'entendement et les sens selon la diachronie ; autrement dit, l'unité historique de l'esprit l'emporte sur la différence des facultés entre elles. Les jugements nouveaux sont exercés consciemment et sont attribués à « l'entendement », et ceux qu'on s'est accoutumé à faire depuis l'enfance, à l'occasion des impressions que les choses sensibles font sur les organes de nos sens, sont mis au compte des « sens », et ils se survivent inconsciemment dans l'histoire du sujet. « La raison [en] est que la coutume nous fait raisonner et juger si promptement de ces choses-là (ou plutôt nous fait ressouvenir des jugements que nous en avons faits autrefois), que nous ne distinguons point cette façon de juger d'avec la simple appréhension ou perception de nos sens »[1]. Le troisième degré *du* sens ne relève plus tout à fait du sens, mais de l'entendement, ou plutôt du jugement, bien que ces jugements s'exercent implicitement dans la perception ordinaire, sans que nous y fassions réflexion. Mais le jugement perceptif n'est pas apparenté à un acte intellectuel, au sens où on l'entend ordinairement, si bien que Descartes peut écrire que « *les yeux* [...] voyant les objets les *jugent* être aux points G, H, I, K, L, M »[2]. C'est donc le sujet, le sujet corporel qui est au cœur de la pensée de voir et de toucher, laquelle n'est pas une pensée intellectuelle ou théorique, mais est néanmoins authentiquement un acte de l'esprit. Le développement du sujet est le véritable secret de l'union de l'âme et du corps[3]. Le sujet corporel exerce son corps, il pâtit et il agit avec lui, il se discipline, en cultivant son industrie dans le domaine vital des appétits, où le plaisir et la douleur sanctionnent son adresse. Et il éprouve la force de son âme dans le domaine moral des actions libres, qui reposent sur la maîtrise ou la discipline des passions, propres à son intelligence sensible ou affective, où la joie et la tristesse, la générosité et l'estime de soi, instituent et servent à cultiver cette force de l'âme. Un tel développement de soi dépasse les limites figées d'une théorie des facultés. Il repose sur l'unité de esprit qui se connaît, s'exerce et se forme, dans le rapport à soi, *i. e.*, dans le rapport réflexif de soi aux choses ou aux personnes.

1. *Sixièmes Réponses*, n° 9, AT, IX, 237.

2. *Dioptr.*, VI, AT, VI, 142-143. Nous soulignons.

3. Voir *Sixièmes Réponses*, n° 10, AT, IX, 239 *sq.*, où Descartes explique les erreurs scolastiques, en racontant une histoire du sujet qui est amené à se déprendre d'elles et donc aussi de soi, du mensonge ou des erreurs du passé.

La critique des espèces intentionnelles de la scolastique s'inscrit dans le cadre d'une critique générale des préjugés des sens ou de l'enfance. Car, c'est le terme de préjugé, qui revient sous la plume de Descartes, pour désigner les jugements dont on a oublié qu'ils furent de véritables *actes* de jugements enveloppant l'usage proportionné et conscient de la volonté à l'entendement. Descartes identifie la source des préjugés qui nous font tenir les sens pour vrais à l'enfance, autrement dit, à la manière dont le monde se donne de façon irréfléchie. On reste fixé aux préjugés de l'enfance, parce que ce qu'ils disent est, semble-t-il, enseigné par la nature – *videor doctus a natura*[1]. Ainsi, « quand je dis qu'il me semble que cela m'est enseigné par la nature, j'entends seulement par ce mot nature une certaine inclination qui me porte à croire cette chose – *intelligo tantum spontaneo quodam impetu me ferri ad hoc credendum* –, et non pas une lumière naturelle qui me fasse connaître qu'elle est vraie »[2]. Notons que, dans le texte latin, ce n'est pas le mot de « nature » qui est défini, mais le fait qu'il me *semble* que cela m'est enseigné par la nature. L'inclination à croire en l'enseignement de la nature, que Merleau-Ponty nomme foi perceptive, est une impulsion, un mouvement spontané et naturel de l'esprit à croire aux données sensibles. C'est l'instinct qui est en nous en tant que nous sommes aussi des animaux, que la *Lettre à Mersenne* du 16 octobre 1639, désigne comme une impulsion de la nature à la conservation de notre corps, à la recherche du plaisir et à la fuite devant la douleur, plaisir et douleur servant d'indicateurs dans la conservation de soi.

Le préjugé n'est donc pas lié à un contenu de pensée particulier, mais à nos habitudes de pensée qui sont enracinées dans une croyance, enfouie au cœur de l'animalité humaine, et dans des soubassements plus intimes qui sont plus ancrés en nous que le vain attachement à une façon de juger précipitée ou prévenue. Bref, avec Descartes, c'est un peu comme si le préjugé, c'était l'être-au-monde. On a une confiance instinctive dans les sens, dont Descartes dit qu'elle est indifférente à la vérité ou à la fausseté, et qu'elle diffère en cela de la lumière naturelle de notre raison (*naturali rationis lumine*[3]), qui est pour sa part un instinct purement intellectuel, que nous possédons en tant que nous sommes des êtres humains. La vérité d'entendement paraît s'opposer aux croyances de la foi perceptive ; la croyance perceptive se laissant oublier par la conscience, pour mieux reparaître sous le masque de la perception sensorielle. Chez Descartes,

1. *Meditatio Tertia*, AT, VII, 38.
2. *Méditation Troisième*, AT, IX, 30 ; en latin, VII, 38.
3. *Regula I*, AT, X, 361.

l'exigence de vérité est « critique ». La raison est dans une position critique ; elle examine nos impulsions qui sont des actes de croyance. La raison est certes toujours en droit de nous persuader ce qui vaut ou non la peine d'être suivi, mais la critique est critique d'une pratique instituée, et c'est la raison qui, en examinant les facultés de l'esprit dans le rapport aux choses, se manifeste comme l'examen réfléchi ou critique de la nature comme institution. Autrement dit, chez Descartes, bien que notre nature soit vitale, l'autorité de la nature ne s'étend pas jusqu'à déterminer le domaine de la vérité. Il n'appartient donc pas à la vitalité de nous conduire à juger de ce qui est vrai ou faux.

C'est certes *naturellement* que les préjugés des sens échappent à la vigilance de la lumière naturelle, bercée par les rêveries de l'enfance. Car on ne quitte pas facilement l'enfant qu'on a été.

> Lorsque j'eus la première fois conclu, en suite des raisons qui sont contenues dans mes *Méditations*, que l'esprit humain est réellement distingué du corps, et qu'il est même plus aisé à connaître que lui, [...] je me sentais à la vérité obligé d'y acquiescer, parce que je ne remarquais rien en elle qui ne fût bien suivi, et qui ne fût tiré de principes très évidents, suivant les règles de la logique. Toutefois je confesse que je ne fus pas pour cela pleinement persuadé [1].

La théorie scolastique de la perception est entièrement bâtie sur les illusions du monde de l'enfance. Or ce qui rend possible la séparation avec l'enfance, c'est de montrer sur quoi se fonde la représentation scolastique de l'unité du corps et de l'esprit, réputée obscure par Descartes. Il faut que s'opère un renversement de la manière de voir ou de sentir, et que la compréhension de la vérité soit la réalisation des erreurs du passé. Et cela suppose alors qu'on puisse en retracer l'histoire.

Au-delà de la critique de l'histoire chez Descartes, on trouve une pratique du récit de soi, *i. e.*, qui reconstruit les erreurs qui furent les nôtres, et où le souvenir éclairé et éclairant est un instrument de la recherche de la vérité. Le temps n'est pas perdu si on réalise ce qui s'est passé. Les immenses palais le la mémoire de nos erreurs, dont les représentations sont disponibles, transforment la remémoration d'une histoire en un instrument de vérité. Il suffit de donner à la vie passée une ampleur de paysage, autrement dit, de retracer des chemins, et de se replacer à la croisée des chemins, envisagés rétrospectivement grâce à la construction d'un récit, alors la réalité, comme le sujet, se forment dans cette remémoration.

1. *Sixièmes Réponses*, n° 10, AT, IX, 238-239.

Descartes se propose ainsi de fournir un récit à valeur explicative, parce que ce qui dans l'enfance fait défaut, c'est précisément la mémoire comme une compréhension du passé. Il ne s'agit pas seulement de désigner la cause de nos erreurs passées, la croyance erronée à la vérité des sens, mais de proposer une reconstruction temporelle de nos erreurs qui les donnerait à comprendre et à voir. Le retour réfléchi sur le passé thérapeutique, il se déroule sur le mode du « mais quand plus tard … » et le récit nous délivre de nos erreurs passées, en nous délivrant de nos doutes, par une explication suivie de la façon dont nos erreurs se sont formées. Descartes ne propose pas de substituer la rigueur de la vérité métaphysique à l'inclination de croire aux enseignements de la nature, autrement dit à la foi perceptive, aux croyances de l'enfance dont chacun reste persuadé à part soi. Car la vérité de la métaphysique n'a pas de valeur persuasive pour l'enfant au fond de nous. La métaphysique ne suffit pas. L'adulte, à la lumière de la compréhension du passé, prend plutôt la main de l'enfant qu'il fut, pour le guider vers lui-même. Il lui raconte une histoire, sa propre histoire : « je dirai ingénument de quelle façon il est arrivé que je me sois moi-même entièrement délivré de mes doutes ».

Le récit s'ordonne en trois temps. Le doute survit à la présentation de la distinction réelle de l'âme et du corps, en dépit de l'évidence métaphysique. La description des préjugés de l'enfance, et l'exemple de scolastique la pesanteur, fournissent ensuite les éléments de la thérapie de la mémoire dans le récit. Et enfin, l'explication des erreurs du passé engendre une compréhension véritable qui accompagne la vérité métaphysique : « mais après que j'eus suffisamment considéré toutes ces choses, etc. »[1].

La considération théorique, selon laquelle les choses corporelles se distinguent réellement des choses pensantes, est donc solidaire d'une dimension pratique. Car, lorsque l'enfant vit dans le mélange de l'âme et du corps et les confond, il se sert mal des organes de son corps, il est une conscience corporelle sujette aux affections, qui n'a pas de perception claire de son propre corps. Ainsi,

> je trouvai que la principale raison était que, dès ma jeunesse, j'avais fait plusieurs jugements touchant les choses naturelles (comme celles qui devaient beaucoup contribuer à *la conservation de ma vie, en laquelle je ne faisais que d'entrer*), et que j'avais toujours *retenu* depuis les mêmes opinions que j'avais *autrefois* formées de ces choses-là. Et d'autant que *mon esprit ne se servait pas bien en ce bas âge des organes du corps, et qu'y étant trop attaché il ne pensait rien sans eux, aussi n'apercevait-il que*

1. *Sixièmes Réponses*, n° 10, AT, IX, 241.

> *confusément toutes choses.* Et bien qu'il eût connaissance de sa propre nature, et qu'il n'eût pas moins en soi l'idée de la pensée que celle de l'étendue, néanmoins, par ce qu'il ne concevait rien de purement intellectuel, qu'il n'imaginât aussi en même temps quelque chose de corporel, il prenait l'un et l'autre pour une même chose, et rapportait au corps toutes les notions qu'il avait des choses intellectuelles [1].

Le corps de l'enfant n'est pas à ce stade un véritable « Je peux ». Il l'est, sous la figure de l'exultation et de l'effort. Ses mouvements restent vulnérables, ils oscillent entre l'impuissance et la maladresse. Ses gestes sont très imprécis. Ses positions et sa démarche sont toujours dans l'horizon de l'effondrement. Mais n'ayant pas d'autre point d'appui que ce corps chancelant, il est son totem, il est doté du pouvoir magique. L'enfant confère un esprit à toute chose; il développe une théorie naïve où tout est comme lui, corps animé affectif, énergie affective totale. La scolastique est la version érudite de la théorie enfantine : la substance corporelle est, dans la scolastique, une *anima* corporelle, une forme substantielle ou une qualité réelle.

La distinction réelle de l'âme et du corps, exposée dans la *Méditation Sixième* [2], montre que la saisie claire et distincte de l'esprit, immatériel et indivisible, et de l'autre du corps, matériel et divisible, conduit à la conclusion que l'âme et le corps sont distincts comme deux choses, ou deux substances, réellement distinctes, la pensée et l'étendue. Car, ce que nous concevons clairement et distinctement comme deux choses, Dieu peut les créer telles. Dans le deuxième temps du récit, Descartes met sur le même plan l'usage pratique des sens et la connaissance métaphysique de la distinction réelle de l'âme et du corps que nous venons de rappeler brièvement. On a un point d'appui concret sur lequel inscrire la vérité métaphysique de la distinction réelle de l'âme et du corps.

L'accaparement de l'enfant, préoccupé par la conservation de la vie dans laquelle il vient tout juste d'entrer, contribue à la fragilité de ses commencements. Mais l'ouverture au monde suppose un apprentissage du mouvement et un montage de mécanismes, d'habitudes, autrement dit, nous sommes installés au monde sur le mode de la confusion et la clarté de la perception est une conquête. Sur le sol originaire de la confusion, l'expérience vitale va consister à se constituer un équilibre au-delà de la fragilité, à installer des représentations spatiales des choses un tant soit peu claires ou stables, qui conditionnent l'orientation et la maîtrise de l'espace,

1. *Ibid.*, 239-240, je souligne.
2. *Méditation Sixième*, AT, IX-1, 62.

par lesquelles on peut dire qu'on *a* un monde, en y étant installés et en l'habitant. L'enfance – cette bienheureuse époque de la vie où l'on ne connaît pas la distinction réelle de l'âme et du corps, et son inflexible vérité métaphysique – est comparée aux erreurs de la scolastique, par une reprise critique du lexique des qualités réelles. L'enfance est un mélange de vérité et d'illusion, dont la pesanteur est l'exemple emblématique.

Ainsi, l'image de la pesanteur joue à plusieurs niveaux : comme exemple de théorie obscure issue des préjugés de l'enfance et comme métaphore de l'union de l'âme et du corps. C'est dans la *Lettre à Elisabeth* du 21 mai et du 28 juin 1643 et dans la *Lettre à Arnauld* du 29 juillet 1648, n° 4, qu'on trouve l'explication de la comparaison de l'union de l'âme et du corps avec la pesanteur. Dans ces *Lettres*, Descartes nous reconduit à l'attitude naturelle de l'enfance, à partir de la vérité philosophique de la *mens* ou de la distinction réelle de l'âme et du corps, à partir du souvenir que la démonstration en a bien été donnée en métaphysique. En somme, « arracher jusqu'à sa propre enfance est, comme l'écrit Foucault, une tâche de la pratique de soi », mais pour pouvoir s'accomplir, cet effort d'abstraction doit accompagner le mouvement inverse, celui de l'enfance retrouvée ou remémorée, sinon entièrement comprise, du moins en « état de compréhension », comme on peut parler d'un état de tension.

Dans le texte des *Sixièmes Réponses*, il s'agit d'expliquer la genèse de la théorie scolastique des qualités réelles, à partir de la connaissance sensible dans la scolastique, qui est conçue comme une exploration des corps extérieurs par le corps propre. Cette opinion, qui s'en tient au *videri*, à l'*anima* corporelle, prétend, tout comme l'enfant, que ce sont les yeux qui voient et que ce sont les sens en général qui explorent les corps extérieurs. L'union de l'âme et du corps est vécue sur un mode confus de mélange. Il n'y a rien d'autre, dans le monde, que des corps, qu'on interprète à partir du mélange de l'âme et du corps qu'on est soi-même, et on attribue des qualités spirituelles aux corps. Concevoir la pesanteur comme une *qualité réelle* est exemplaire de ce type de confusion.

Ainsi, dans la représentation scolastique des choses, « lorsque je concevais » la pesanteur comme une qualité des « corps massifs et grossiers », je ne faisais que rapporter une propriété à la substance. En ajoutant à qualité le terme « réelle », j'attribuais à la pesanteur le caractère substantiel. Considérer la substance de cette façon n'est pas en soi problématique. Descartes prend d'ailleurs l'exemple de l'habit qu'il a déjà utilisé pour présenter la substance[1]; considéré en lui-même, un habit est une substance, mais par rapport à un homme habillé plutôt comme une qualité. S'exprimer ainsi ne pose aucun problème, puisqu'on ne connaît pas la nature d'une substance « immédiatement par elle-même »[2], mais comme le sujet de quelque acte et qu'on nomme de divers noms « ces substances que nous connaissons être les sujets de plusieurs actes ou accidents entièrement différents ». Ainsi être habillé est pour un homme un accident et l'habit, considéré par rapport à l'homme habillé, est une qualité plutôt qu'une substance.

C'est plutôt l'affirmation suivante qui fait problème : « bien que l'esprit soit une substance, il peut néanmoins être dit une qualité, eu égard au corps auquel il est uni »[3]. Descartes retraduit la définition de l'âme comme une qualité du corps, contraire à la distinction réelle de l'âme et du corps. L'étendue, la figure et le mouvement sont considérés comme attributs du corps, mais conformément aux représentations de l'enfance, car les couleurs, les odeurs, les saveurs, etc., lui sont aussi attribuées. Pour un cartésien, la pesanteur devrait s'expliquer par l'étendue, qui est la véritable essence des corps, mais non pour la conscience infantile ou pour la scolastique. Comme la pesanteur varie du plus au moins, selon le corps considéré, une telle forme le pénètre aussi plus ou moins; «je ne lui attribuais pas néanmoins la même sorte d'étendue qui constitue la nature du corps, car cette étendue est telle qu'elle exclut toute impénétrabilité des parties »[4]. La pesanteur paraît consister en une qualité variable, selon la massivité des corps (celle du métal étant dix fois celle du bois), alors qu'en fait l'étendue ne varie pas d'un corps à un autre de cette façon; l'étendue d'un pied de bois est égale à celle d'un pied d'or. C'est ainsi qu'on a distingué la pesanteur de l'étendue attribuée au corps.

On explique la pesanteur par la qualité réelle, *i. e.* par la tendance à se mouvoir vers le centre de la terre *comme* l'âme, forme substantielle, meut consciemment le corps vers un endroit où elle veut aller. Cette forme d'animisme de l'*anima* corporelle est une croyance partagée à la fois par la conscience naïve de l'enfant et la conscience érudite des scolastiques. Ainsi, « ce qui fait mieux paraître que cette idée de la pesanteur avait été tirée en partie de celle que j'avais de mon esprit, est que je pensais que la

1. Voir sur les vêtements de la substance, la *Méditation Seconde*, AT, IX-1, 32, l. 24-28; *Méditation Troisième*, *AT*, *IX*, 35 et *Sixièmes Réponses*, AT, IX, 235.

2. *Troisièmes Réponses*, AT, IX, 136-137.

3. *Sixièmes Réponses*, AT, IX, 240.

4. *Ibid.*

pesanteur portait les corps vers le centre de la terre, comme si elle eût eu en soi quelque connaissance de ce centre : car certainement il n'est pas possible que cela se fasse sans connaissance, et partout où il y a connaissance, il faut qu'il y ait de l'esprit »[1]. Mais l'âme n'en est pas une propriété du corps, parmi d'autres comme la pesanteur. On ne peut pas attribuer la qualité réelle de pesanteur au corps *comme* dans le mélange de l'âme et du corps, car l'âme devient une qualité réelle du corps, une forme substantielle, et le principe explicatif de la nature du composé.

À l'époque, on était tellement offusqués par le préjugé égocentrique qu'il nous faisait voir toute chose comme pareille à nous, et l'on a donc estimé que les corps avaient une tendance à se mouvoir vers le centre de la Terre. On pensait, dans le cadre de cette théorie naïve, voir les choses par nos yeux. Si maintenant on garde à l'esprit les raisons claires et distinctes, prouvant la distinction réelle du corps et de l'âme, on *voit* qu'avec la notion de qualité réelle, on a projeté sur les choses alentour une certaine représentation de l'union de l'âme et du corps qui, sans être erronée, est pourtant confuse. Certes, « je ne conçois point encore aujourd'hui que l'esprit soit autrement étendu dans le corps, lorsque je le conçois être tout, et tout entier en chaque partie ». Il n'y a en effet pas de meilleure manière de se représenter l'union de l'âme et du corps, sinon par leur mélange, où la première est tout entière en chaque partie du corps, et ce n'est pas autrement que *Les Passions de l'âme* définiront l'union de l'âme et du corps[2].

L'examen cartésien du lexique des qualités réelles, et des erreurs sur lesquelles il repose, met en scène ce fait que la compréhension de nous-mêmes est historique. Descartes fournit, avec la pesanteur, une image ambivalente de l'union de l'âme et du corps, qui exemplifie les erreurs scolastiques et nous fait saisir l'absurdité de certaines conceptions infantiles du monde. Le récit permet de prendre une distance par rapport à cet âge de la vie et aux erreurs passées. Car, comme Descartes l'écrit à Elisabeth et à Arnauld, on n'a pas d'autre manière de concevoir l'union de l'âme et du corps que leur mélange[3]. Il n'y a pas de meilleure image de l'union de l'âme

1. *Sixièmes Réponses*, AT, IX, 240-241.

2. Voir l'art. 30 de la première partie des *PdA*.

3. Voir la *Lettre à Elisabeth*, 21 mai 1643, AT, III, 667-668. Voir la *Lettre à Elisabeth*, 28 juin 1643, AT, III, 694 : « je me suis servi ci-devant de la comparaison de la pesanteur et des autres qualités que nous imaginons communément être unies à quelques corps, ainsi que la pensée est unie au nôtre ; et je ne me suis pas soucié que cette comparaison clochât en cela que ces qualités ne sont pas réelles, […] à cause que j'ai cru que votre Altesse était déjà entièrement persuadée que l'âme est une substance distincte du corps ». Et voir encore le point n° 4 de la *Lettre à Arnaud* du 29 juillet 1648, AT, V, 222 l. 26 à 223 l. 2 : « pour moi qui me

et du corps que la pesanteur des scolastiques, non parce que le corps matériel alourdit l'âme, mais parce que la pesanteur comme la grâce accompagnent la démarche, dans un rythme lié à la durée, à l'absence de précipitation, et à la maîtrise habituelle et cultivée du corps. C'est pourquoi la pesanteur est la meilleure image de l'union substantielle de l'âme et du corps. La beauté y est enraciné dans les ressources expressives du corps propre.

La différence entre l'enfance et l'enfance retrouvée réside en ce que, dans la première, nous n'avons pas d'idée claire de la distinction réelle de l'âme et du corps, alors que, dans la seconde, nous nous en souvenons comme d'une conclusion métaphysique, qui ne nous empêche pourtant pas de nous percevoir dans l'immanence vitale ou ordinaire de l'union de l'âme et du corps. C'est le chiasme de la distinction réelle et de l'union de l'âme et du corps, qui est représenté par la comparaison de l'union et de la pesanteur, que je me suis efforcée de démêler, en lisant le point n° 10 de ces *Sixièmes Réponses*. Le rapport à soi est un rapport à son corps et ainsi à sa propre histoire. Il est aussi un exact dosage de mémoire et d'oubli de soi. C'est de ce sujet « historique », dont la vie est tissée de traits intentionnels, qu'on peut dire qu'il est « plus » que l'*ego*. Il est plus concret que l'*ego*, et de lui on peut dire que ses gestes sont déliés, sa vie possède toutes les dimensions de la vie humaine, en étant aussi articulée que la vie de la pensée.

Nous avons voulu décrire les deux niveaux de l'intentionnalité humaine de la perception, l'enracinement de la conscience dans ses sensations et le jugement perceptif, en faisant appel pour l'un et l'autre à la notion de sujet corporel. Il importait de montrer comment ces deux niveaux de complexité de l'intentionnalité se distinguent, en soulignant qu'ils restent contemporains l'un de l'autre. Descartes rejette la vue, selon laquelle le pur intellect et les sens corporels sont des facultés séparées. Les sensations sont des modes de la pensée qui enveloppent un acte intellectuel dans la définition de leur « concept formel ». L'acte de sentir, les états émotionnels et les passions, sont des modes de la pensée, à ce titre ils sont non-physiques. Intellect et volonté relèvent de la pure pensée, ils dépendent de l'esprit seul ; l'imagination, la mémoire, les sensations et les passions requièrent d'avoir des organes corporels.

persuade qu'il n'y a point de telle qualité dans la nature, et par conséquent qu'il ne peut y avoir d'elle aucune vraie idée dans l'entendement, j'estime qu'ils se servent de l'idée qu'ils ont en eux-même de la substance incorporelle pour se représenter cette pesanteur ; en sorte qu'il ne nous est pas plus difficile de concevoir comment l'âme meut le corps, qu'à eux de concevoir comment une telle qualité fait aller la pierre en bas » (*Ibid.*, 222,).

Un premier niveau de complexité de l'intentionnalité s'appuie sur l'union de l'âme et du corps. Il implique l'existence d'un soi corporel, *i. e.*, d'une conscience qui éprouve les modifications mécaniques affectant l'organe des sens, et qui est en quelque sorte informée par des croyances implicites et flottantes. Un deuxième niveau de complexité est celui du jugement. Il faut distinguer le deuxième et le troisième degré du sens, car le dernier relève seul de l'entendement. Mais, la différence entre le sens et l'entendement reste une simple différence de temporalité, entre des anciens jugements qui sont attribués aux sens et les nouveaux qui sont attribués à l'entendement. Ainsi au-delà de la distinction du sens et de l'entendement, Descartes désigne l'unité de l'esprit. Les jugements ne s'interposent pas entre la conscience et le réel, en formant un voile d'abstraction, qui isolerait le sujet ou le protègerait du fait brut de l'existence des choses, des corps ou de son propre corps, et donc du fait d'être et d'avoir un corps qui nous rend plus vulnérables, car toujours susceptibles d'être affectés. La transcendance de l'*ego* ne se comprend qu'à l'aune de sa réinscription dans l'immanence du monde alentour, à l'aune d'une intelligence sensible et perceptive, proportionnée à l'usage de la vie. Ma tentative pour penser l'intentionnalité : ne plus privilégier l'image de la flèche de l'intentionnalité, ou plutôt la conserver en la réinscrivant dans le monde alentour, dans l'immanence du réglage intérieur de la proximité et de la distance à notre environnement – règlement de soi ou rapport à soi qui nous rend attentifs à la vie des autres et capables de prendre part aux conversations ordinaires.

CHAPITRE VIII

LA MÉMOIRE ET LE RAPPORT À SOI

On ne peut donc pas décrire l'intentionnalité en contexte cartésien comme visée unidimensionnelle[1], ou horizontale, de l'extériorité, et il convient d'approfondir la dimension intérieure du rapport à soi dans le rapport aux choses. Je voudrais me pencher sur la place de la mémoire dans le rapport réflexif à soi.

Il ne fait pas de doute que la perception, que nous avons envisagée au chapitre précédent, implique la mémoire dans une double dimension, celle, en général, de la reconnaissance des objets et, en outre, une telle intentionnalité reposant, comme on l'a dit, sur le jugement, celle du retour réflexif sur ses jugements perceptifs passés. On peut dire que l'intentionnalité de la perception, qui repose sur l'union de l'âme et du corps, est mémorielle. En effet, par le biais de la référence, la question cartésienne de la mémoire s'inscrit dans l'histoire de la problématique du mode de renvoi à ce qui n'est pas, ou du mode de présence de l'absent. Descartes suit en effet la première image de la mémoire, qu'on trouve dans notre tradition philosophique, c'est en effet celle du bloc de cire[2].

Loin de nous laisser au présent, les espèces sont l'*occasion* de ré-ouvrir le passé, cependant, bien qu'elles appartiennent à la mémoire, les vestiges, les traces et les espèces, corporelles ou intellectuelles, sont vécues au présent. Ainsi, comme on l'a vu au chapitre précédent, les jugements faits

1. D. Kambouchner, « Liberté et structure de l'âme », dans *Descartes et la philosophie morale*, *op. cit.*, p. 24-75 ; en particulier, p. 69.

2. Voir Platon, *Thééthète,* 163 b, 191 d, 194 a-195 c-d ; *Philèbe,* 39 a. Voir aussi Aristote, *De Anima,* II, 12, *De la Mémoire et de la réminiscence,* 450 b 10-15 ; 450 b 20-451 a.

dans l'enfance se présentent à l'esprit plus tard comme des données des sens ou des notions communes.

Mais l'intentionnalité cartésienne doit-elle être dite mémorielle ? Il est possible de l'affirmer, en attribuant à Descartes les deux sens de la mémoire, comme rétention de la pensée dans sa durée et comme représentation du passé dans la réflexion expresse sur l'objet de ses idées et sur ses jugements, sur les raisons et les conclusions que nous avons déduites. Car alors, la visée objective de *l'ego* est, en tant que réflexive, mémorielle. Mais il faut aussi étendre ces questions, qui ne relèvent plus seulement de l'*ego*, car, au stade actuel de nos analyses, ce n'est plus le rôle de l'entendement dans la connaissance qui nous intéresse en propre, mais nous envisageons les choses qui concernent l'union de l'âme et du corps : l'âme et ses affection et en général l'objet de la volonté dans la visée morale.

En traitant de la mémoire, dans ce chapitre, j'ai pour objectif de répondre à une double question. La première question s'inscrit, en effet, dans le fil de l'archéologie de l'intentionnalité, et son objet est de savoir ce qu'il en est des espèces dans le cartésianisme. Il s'agit alors de suivre le destin des espèces intentionnelles dans le cartésianisme, car, c'est dans la différence et dans la complémentarité de la mémoire corporelle et de la mémoire intellectuelle, qu'il est possible de suivre la transformation cartésienne des espèces intentionnelles en traces cérébrales. Je mets en valeur la notion de trace comme renvoi présent à ce qui n'est plus, parce que la notion d'espèces pose des questions liées au problème de la référence, qu'elle est centrale pour le problème de l'intentionnalité. Mais elle n'épuise pas la totalité de la signification de l'intentionnalité, en contexte cartésien, puisque les traces cérébrales et autres images n'expliquent ni la perception des choses extérieures ni la mémoire des choses passées.

Je voudrais poser, en outre, la question de savoir si la mémoire peut, dans le cartésianisme, se rapporter au passé comme tel, ou si la représentation du passé en est plutôt la reconstruction intellectualisée qui prétend en tenir lieu. Dans quelle mesure la mémoire permet-elle de représenter, ou de faire connaître, le sujet (à) lui-même ? Or ces deux questions sont intimement liées, parce que la question de la représentation de soi, dans le cartésianisme, est moins celle de la représentation de quelque chose qui serait un objet plus ou moins identifié, qu'on appelle le soi ou le moi, mais plutôt celle de l'institution affective et morale de soi.

Autrement dit, en ouvrant la question en direction des choses qui concernent l'union de l'âme et du corps, le soi est moins représenté comme un objet que visé dans une institution affective et morale de soi. Il est moins une chose donnée à percevoir dans l'idée du moi, ou dans l'*ego*, que celui, l'homme entier ou la personne, qui se manifeste dans une genèse affective qui doit beaucoup à la mémoire corporelle et aux habitudes affectives, et dans une institution morale qui s'enracine concrètement dans cette genèse affective. La visée morale de la maîtrise des passions consiste, en effet, pour l'essentiel, en un changement de nos habitudes affectives. C'est un dressage ou une industrie qui s'inscrivent dans un gouvernement de soi, plutôt qu'une forme de volontarisme abstrait de la raison surplombant la vie affective. Le soi s'inscrit dans la visée morale d'une institution ou d'une pratique de soi, pour utiliser le terme de Foucault. L'institution morale repose ainsi sur le rapport à soi et, pour Descartes, sur l'éducation de soi, grâce au retour sur ses erreurs passées, à l'exercice cultivé de la raison, et la méditation réitérée, qui stimulent la fermeté de la résolution[1].

On trouve des raisons de douter que la représentation du passé nous y fasse véritablement accéder, comme aussi à nous-même, sinon sous la figure d'une reconstruction empreinte de mauvaise foi; cela en raison d'une critique sérieuse qui est couramment adressée au cartésianisme par la phénoménologie, selon laquelle la mémoire est identifiée à un vécu imageant qui représente et reconstruit le passé, sans pouvoir y donner accès. On trouve une illustration de cette critique, dans *La Mémoire, l'histoire et l'oubli*. Selon Ricœur, en effet, le mode de présence, caractérisant la représentation du passé, relève de l'image à l'âge classique. Ainsi, « une longue tradition philosophique, qui conjoint de façon surprenante l'influence de l'empirisme de langue anglaise et le grand rationalisme de facture cartésienne, fait de la mémoire une province de l'imagination, laquelle était déjà depuis longtemps traitée avec suspicion, comme on le voit chez Montaigne et Pascal »[2].

Descartes compare l'esprit à un bloc de cire et il identifie dans la *Règle* XII, la mémoire corporelle avec l'imagination : « la mémoire de son côté, du moins celle qui est corporelle et ressemble au pouvoir qu'ont les animaux de se souvenir, n'est rien qui soit distinct de l'imagination »[3]. Et en outre, l'insistance de Descartes à prétendre pouvoir se passer presque totalement des aides de la mémoire et de l'imagination, dans la connaissance, est bien connue. Au début de la *Règle* VII, il propose de prêter aux « faiblesses de la mémoire » le secours d'un mouvement continu et absolument ininterrompu de la pensée, et d'embrasser par une énumération, à la

1. Voir art. cit., K.-S. Ong-van-Cung, « Intériorité et institution du sujet chez Descartes ».

2. P. Ricœur, *La Mémoire, l'histoire, l'oubli*, Paris, Seuil, 2000, dans la première partie : De la Mémoire et de la réminiscence ; 1. Mémoire et imagination, Note d'orientation, p. 5.

3. AT, X, 416, « *memoria vero, illa saltem quae corporea est et similis recordatio in brutorum, nihil sit ab imaginatione distinctum* ».

fois suffisante et ordonnée, la totalité des termes d'un long enchaînement de conséquences, « jusqu'à ce que j'aie appris à passer si rapidement de la première proportion à la dernière que je ne laisse presque plus aucun rôle à la mémoire – *ut fere nullas memoriae partes relinquendo* »[1].

On trouve en outre encore, chez Descartes, la loi d'association des idées qui paraît caractériser le fonctionnement de la mémoire à l'âge classique.

> Ce qui montre comment la souvenance d'une chose peut être excitée par celle d'une autre, qui a été autrefois imprimée en même temps qu'elle en a la mémoire. Comme, si je vois deux yeux avec un nez, je m'imagine aussitôt un front et une bouche, et toutes les autres parties d'un visage, pour ce que je n'ai pas accoutumé de les voir l'une sans l'autre ; et voyant du feu, je me ressouviens de la chaleur, pour ce que je l'ai sentie autrefois en le voyant[2].

La loi d'association des idées règle la succession mécanique des souvenirs grâce à une habitude purement matérielle. La contiguïté des impressions dans le cerveau établit en effet une liaison entre elles[3]. Ainsi, avec la mémoire corporelle et le registre des traces cérébrales, par lequel cette mémoire se confond avec l'imagination reproductive, la spécificité de ce qui définit la mémoire, à savoir la capacité de porter sur le passé, n'est-elle pas en définitive perdue ?

On voit quel est le motif secret de la critique phénoménologique de la mémoire comme représentation du passé dans l'identification de la mémoire et de l'imagination corporelle, où le ressouvenir repose sur l'existence matérielle des traces cérébrales. Elles ne donneraient accès

1. AT, X, 388.
2. *L'Homme*, AT, XI, 179.
3. Cependant, Denis Kambouchner souligne que l'explication physiologique, fournie par Descartes, en vue de rendre compte de l'association des images manifeste le fait que la sucession des impressions ne commande pas de manière privilégiée ces associations. « À la différence de Hobbes, Descartes ne semble insister nulle part sur l'importance d'une association des idées ou des impressions *dans leur succession* – succession qui pourrait être reproduite de manière plus ou moins spontanée à la faveur d'un certain cours intra-cérébral des esprits animaux. Et pour cette abstention, l'on peut avancer une explication de nature physiologique. [...] Tous les plis de la mémoire seront ainsi disposés de manière quasi uniforme dans la « substance du cerveau », à égale distance de cette « superficie intérieure », et sans qu'il y ait entre eux de grandes différences d'accessibilité. Et donc, par rapport à la contiguïté topographique des plis, qui peut faire que certaines impressions se réveillent par accident (*L'Homme*, AT XI, 184), la corrélation *liée à la succession* ne disposera d'aucun privilège ». Voir D. Kambouchner « Descartes et le problème de l'imagination empirique », *De la phantasia à l'imagination*, D. Lories et L. Rizzerio (dir.) Louvain-Namur-Paris, Peeters, 2003, p. 137-150.

qu'au présent et au passé seulement par une re-présentation ou par une reconstruction après-coup. Sartre le souligne dans *L'Être et le néant*[1].

Et Merleau-Ponty, dans le *Cours du Lundi*, fournit aussi des raisons similaires pour rompre avec la représentation dans le problème de la mémoire.

> Le problème de la mémoire est au point mort tant qu'on hésite entre la mémoire comme conservation et la mémoire comme construction. On pourra toujours montrer que la conscience ne trouve dans ses "représentations" que ce qu'elle y a mis, que la mémoire est donc construction – et que pourtant il faut une autre mémoire derrière celle-là, qui mesure la valeur des productions de la première, un passé donné gratuitement et en raison inverse de notre mémoire volontaire. L'immanence de la transcendance du passé, l'activité et la passivité de la mémoire ne peuvent être réconciliées que si l'on renonce à poser le problème en termes de représentation[2].

L'alternative de la construction et de la conservation, ainsi que la pensée représentative de la mémoire, sont mal fondées, selon Merleau-Ponty, car la mémoire n'est pas le contraire de l'oubli et la vraie mémoire se trouve à l'intersection de la mémoire et de l'oubli, à l'instant, « où revient le souvenir oublié et gardé par l'oubli ». Merleau-Ponty voudrait penser la mémoire à partir du corps, en quelque sorte lovée dans la spatialité et la mobilité du corps comme « Je peux ». Et c'est donc le corps, qui est sur le point de se souvenir, et de faire surgir de ses positions, dans l'espace, certains fragments épars d'un monde disparu. C'est lui qui peut rouvrir un accès au passé, « si pour commencer le présent n'était pas "représentation" (*Vorstelllung*), mais une certaine position unique de l'index de l'être au monde, si nos rapports avec lui, quand il glisse au passé, comme nos rapports avec l'entourage spatial, étaient attribués à un schéma postural qui détient et désigne une série de positions et de possibilités temporelles, si le corps était ce qui répond chaque fois à la question : "Où suis-je et quelle heure est-il ?" ».

À l'encontre de la critique phénoménologique, nous souhaitons montrer que Descartes s'est prononcé sur la nature de la mémoire et sur l'être du passé et du sujet, en fournissant aux espèces un nouveau statut dans la mémoire. Mais avant de proposer nos analyses de détail, nous reconnaissons que les analyses de Descartes sur la mémoire tiennent peu de

1. J.-P. Sartre, *L'Être et le néant*, Paris, Tel-Gallimard, 1976, chap. II, p. 143.

2. Merleau-Ponty, *Résumés de Cours, Collège de France, 1952-1960,* Paris, Gallimard, 1968, Cours du Lundi, p. 66-73, p. 72 pour la citation.

place dans son œuvre. On les trouve dans des passages des *Règles pour la direction de l'esprit* ou du traité de *L'Homme*, dans certaines *Lettres* à Arnauld, Mersenne, Meyssonier, Gibieuf ou Chanut, et dans un passage de *L'Entretien avec Burman.* L'explication n'est en fait pas exhaustive, en particulier à propos de l'indépendance de la mémoire intellectuelle par rapport à la mémoire corporelle, dont Descartes dit que c'est d'elle que nous nous servons le plus, bien qu'il en traite d'une façon elliptique, à la différence de la mémoire corporelle, sur laquelle il est plus disert et à propos de laquelle il offre beaucoup d'analyses. Il convient de poser ces questions aux textes de Descartes, en gardant à l'esprit à la fois la minceur, l'aspect fragmentaire ou éclaté, du *corpus* cartésien sur la mémoire; nous admettons volontiers qu'elle constitue pour l'interprète une énigme. On mesure alors les non-dits, les manques, les trous, d'une question, dont on admettra pourtant que l'importance est néanmoins considérable chez Descartes.

C'est en distinguant deux aspects de la mémoire chez Descartes – la mémoire comme habitude ou mémoire corporelle et la mémoire comme reconnaissance ou mémoire intellectuelle –, un peu à la façon dont Bergson, dans le chapitre II de *Matière et mémoire*, distingue dans l'expérience d'une leçon apprise par cœur la mémoire habitude et le souvenir « pur » –, que je voudrais montrer que la problématique cartésienne permet d'envisager que la mémoire porte sur le passé. Comme on le sait, la mémoire habitude est, chez Bergson, agie et elle est sans reconnaissance explicite. Chez Descartes, l'importance de cette mémoire est aussi liée à la place de la mémoire corporelle dans nos actions ordinaires, autrement dit, dans ces actions que nous répétons régulièrement, parfois de manière mécanique et parfois en les exerçant avec plus de conscience, quoiqu'elles reposent sur un soubassement mécanique, comme dans le cas du joueur de luth qui a, comme le dit Descartes, sa mémoire au bout de ses doigts. La mémoire corporelle peut impliquer le complément de la mémoire intellectuelle, par exemple dans le cas des signes du langage, ou dans les souvenirs réfléchis, à l'âge adulte, des premières pensées que nous avons eues enfants ou tout-petits. Comprendre le sens de ces premières pensées relève de la réflexion de l'adulte, autrement dit, de l'âme seule, ou à part soi, au sein de l'union de l'âme et du corps.

LES TRACES ET LES PLIS : LA MÉMOIRE CORPORELLE COMME HABITUDE

Descartes distingue deux sortes de mémoire, la mémoire corporelle et la mémoire intellectuelle, de manière constante dans ses œuvres et sa

Correspondance[1]. Il y a en l'homme, explique-t-il, une mémoire qui n'est pas corporelle, ni semblable à celle des bêtes, et certaines pensées ou certaines choses purement intelligibles, dont on ne peut pas se souvenir au moyen de la mémoire corporelle. « Outre cette mémoire, qui dépend du corps, j'en reconnais une autre, du tout intellectuelle, qui ne dépend que de l'âme seule »[2]. « La mémoire intellectuelle a ses espèces à part qui ne dépendent nullement de ces plis [du cerveau] dont je ne juge pas que le nombre doive être fort grand »[3].

Éclairons ce que Descartes entend sous le terme d'espèces de la mémoire corporelle – les traces cérébrales et plis de la mémoire –, pour les distinguer de celles de la mémoire intellectuelle, que nous envisagerons au § 2, et dont Descartes considère que c'est d'elles dont nous nous servons le plus, bien qu'il donne peu d'exemples de cet usage de la mémoire intellectuelle séparé de la mémoire corporelle[4].

Comme on l'a dit, la mémoire est identifiée dans les *Regulæ* à l'imagination reproductrice. Descartes poursuit le fil de la métaphore canonique, depuis Platon et Aristote, du bloc de cire.

> Il faut donc se représenter, en premier lieu, que si c'est par une action (plus précisément, par un mouvement local) que nous appliquons nos sens externes aux objets, il reste qu'en tant que parties du corps, comme la cire qui reçoit du cachet sa configuration [...] Il faut se représenter [...] que le sens commun fonctionne à son tour comme un cachet, destiné à imprimer ces figures ou idées, qui sous une forme pure et sans corps lui parviennent des sens externes, le lieu où il les imprime comme en une cire étant la fantaisie, ou imagination; et que cette fantaisie est une véritable partie du corps, qui a une grandeur suffisante pour que ses diverses régions puissent se couvrir de plusieurs figures distinctes les unes des autres, et pour qu'habituellement elles les retiennent un certain temps; elle s'identifie alors avec ce qu'on appelle la mémoire[5].

1. Il écrit assez tardivement: « Je confesse avec vous qu'il y a en nous deux sortes de mémoires » (*Lettre à Arnauld*, 4 juin (ou 16 juillet) 1648, AT, V, 192, trad. FA, III, 854); sa position n'a pas varié depuis les *Règles*.

2. *Lettre à Mersenne*, 1er avril 1640, AT, III, 48.

3. *Lettre à Mersenne*, 11 juin 1640, AT, III, 84-85.

4. *Lettre à Mersenne*, 6 août 1640, AT, III, 143 : « Outre la mémoire corporelle, dont les impressions peuvent être expliquées par les plis du cerveau, je juge qu'il y a encore en notre entendement une autre sorte de mémoire (qui ne dépend point des organes du corps et), qui est tout à fait spirituelle, et ne se trouve point dans les bêtes; et c'est d'elle principalement que nous nous servons ».

5. *Règle* XII, AT, X, 414, «*puras et sine corpore*», traduction modifiée par rapport à FA, qui donne « pure et incorporelle ». Je reprends l'édition de la traduction de Jacques

Envisageons le destin des espèces intentionnelles dans le cartésianisme en montrant la transformation qu'il leur fait subir, en particulier en réduisant le sens commun à la glande pinéale, siège de l'union de l'âme et du corps, dans la philosophie de la maturité. Dans les *Regulæ*, la mémoire corporelle est *un certain lieu* du cerveau où viennent se peindre les images apportées du dehors par les sens externes, par l'intermédiaire du sens commun : ce lieu est celui du siège de l'imagination corporelle. Il importe en effet qu'une image ne s'efface pas aussitôt qu'elle est produite et que sa trace se maintienne quelque temps après que l'action du sens commun a cessé, et la mémoire corporelle s'identifie donc à l'imagination reproductive. Dans un premier moment, mon objet sera celui de la définition et de la localisation des espèces mémorielles, et dans un deuxième temps j'envisagerai la quasi autonomie de la mémoire corporelle par rapport à la mémoire intellectuelle.

Arrêtons-nous sur la notion de sens commun, dont l'invention remonte à Aristote, qui s'en sert pour signifier un « senti » commun à plusieurs sens [1] et rendre compte de l'unité du système sensoriel. Dans le *Traité de l'Âme*, Aristote assigne au sens commun trois fonctions principales. En premier lieu, il saisit les sensibles qui ne sont pas propres à un sens, comme la couleur pour la vue, le son pour l'ouïe, l'odeur pour l'odorat, etc., mais sont nommés « communs » : le mouvement, le repos, le nombre, la figure, la grandeur. En outre il est la condition de la sensation de sentir. Et enfin, il saisit un objet sous la forme de la synthèse perceptive qui met en relation les différentes informations des sens [2]. Et dans *De la Mémoire et de la réminiscence*, la mémoire relève de la sensation commune, parce que le temps est un sensible commun et que, dérivant de la sensation antérieure,

Brunschwig dans le Livre de poche. Cette modification a pour raison les arguments donnés par l'étude de J.-M. Beyssade, « Le Sens commun dans la *Règle* XII : le corporel et l'incorporel ». La *Règle* XII explique, grâce à l'image du cachet et de la cire, que les corps extérieurs impriment leurs figures dans les sens externes, et que ces idées corporelles sont transportées, sans transport réel des sens externes au sens commun. Les espèces sont de telles figures. Autrement dit, les idées sont corporelles, au moment des *Règles*, mais si toute figure est corporelle, elle n'est pas néanmoins un corps, ni une partie du corps, mais un mode du corps : sa limite. Le transit des idées corporelles se fait sans corps réel, comme le transit des signes tracés par la plume à l'autre extrémité de la plume.

1. Voir Jacques Brunschwig, « Les multiples chemins aristotéliciens de la sensation commune », *Revue de métaphysique et de morale*, 1991, (p. 455-474) et « En quel sens le sens commun est-il commun ? », dans *Corps et âme. Sur le* De Anima *d'Aristote*, G. Romeyer-Dherber et C. Viano (éd.), 1996, (p. 127-147).

2. Aristote, *DA*, III, 1-2; voir plus précisément les pages 425 a 14 b 11, 425 b 12-25, 426 b 8- 427 a 14.

elle est une opération de l'imagination (*phantasia*)[1]. Car « l'image est une affection de la sensation commune »[2].

On doit à la philosophie médiévale, et en premier lieu à Avicenne, la promotion du sens commun au rang de sens interne nécessaire à la théorie de l'abstraction. Thomas d'Aquin explique, dans un article de la *Somme théologique*, que

> pour percevoir les qualités sensibles il y a le sens propre et le sens commun. [...] Pour obtenir ou conserver ces qualités, il y a la "fantaisie" ou imagination, qui sont une même chose. L'imagination est en effet comme un trésor des formes reçues par les sens. Pour percevoir les représentations qui ne sont pas reçues par les sens, il y a l'estimative. Pour les conserver, il y a la mémoire, qui en est comme le trésor. En voici un signe : les animaux commencent à avoir des souvenirs à partir d'une connaissance de ce genre, par exemple que ceci leur est nuisible ou leur convient. La raison de passé, que perçoit la mémoire, doit être comptée parmi ces représentations. [...] Il n'est donc pas besoin de distinguer plus de quatre facultés internes dans l'âme sensitive : le sens commun et l'imagination, l'estimative et la mémoire[3].

Comme Etienne Gilson le suggère, et comme Jacques Brunschwig qui le suit à ce propos[4], Descartes se rallie dans les *Règles* à la position des *Conimbricenses*, le manuel en usage à la Flèche. Il retient la dualité des sens internes : le sens commun et la fantaisie, ou l'imagination. Ces deux sens sont à cette époque localisés dans deux parties différentes du cerveau.

1. *MR*, 451 a 15 *sq.* : « Nous avons dit ce que c'est que la mémoire et le fait de se souvenir, à savoir le fait de disposer d'une image comme copie de ce dont elle est image, et à laquelle de nos parties cette disposition appartient, à savoir à la faculté sensible première, par laquelle nous sentons aussi le temps ».

2. *Ibid.*, 450 a 13. Peu avant Aristote affirme, à la différence de Descartes, « que la mémoire, même des intelligibles, n'existe pas sans image », qui explique que le péripatétisme ait donné à la formule « jamais l'âme ne pense sans image » (*DA*, III, 7, 431 a 15) sa pleine expression en construisant une noétique abstractive, où l'intelligible est dégagé à partir des images.

3. Thomas d'Aquin, *STh*, Ia, qu. 78, art. 4. Dans la solution, le Docteur Angélique souligne que « le sens interne n'est pas appelé "commun" par attribution universelle, comme s'il était un genre, mais comme la racine et le principe communs à tous les sens externes ».

4. Voir E. Gilson, *Index scolastico-cartésien*, p. 267 ; et la note de J. Brunschwig, FA, I, 139. Sur ce point voir aussi « La Mémoire corporelle et la mémoire intellectuelle dans la philosophie de Descartes », P. Landormy, 1902. Je remercie Xavier Kieft de m'avoir procuré cet article à la fois précis et topique sur ces questions. De X. Kieft lui-même, on peut consulter « Mémoire corporelle et mémoire intellectuelle et unité de l'individu selon Descartes », *Revue Philosophique de Louvain*, 2006.

Cette question est abandonnée ensuite dans *L'Homme*, et le siège de imagination et le sens commun est désormais localisé dans un seul corps : la petite glande H[1]. Au moment des *Regulæ*, Descartes ne parle d'ailleurs guère du sens commun, si ce n'est sous forme d'un renvoi à une tradition philosophique antérieure. Il évoque une « partie du corps *qu'on appelle* sens commun »[2], ou « le sens commun, *ainsi qu'ils l'appellent*, c'est-à-dire [...] la puissance imaginative »[3]. Et dans la formulation de la philosophie de la maturité, l'expression de « sens commun » disparaît[4]. En effet, avec la distinction réelle de l'âme et du corps, Descartes n'a plus besoin du sens commun qui sert, dans une théorie abstractive de la connaissance, au transfert de sensations matérielles qui sont en voie de d'unification et de généralisation grâce au rôle des images dans la connaissance, qui aboutit à la dématérialisation et aux concepts saisis par l'intellect. Ce qui reste du sens commun chez Descartes, ce n'est plus qu'un organe centralisateur, sur lequel se peignent, comme le dit le traité de *L'Homme*, les images, ou les idées corporelles, ou encore les figures – dont Descartes souligne qu'elles n'ont pas à être ressemblantes aux objets –, et elles ont pour fonction de causer « les mouvements de tous les membres »[5]. Le cerveau, avec en son centre la glande pinéale, est un organe sensori-moteur. Il ne conserve pas les idées comme un trésor de formes ressemblantes, et ces idées là, ces formes, sont en réalité les figures pures et sans corps de la *Règle* XII. Et en tant qu'elles sont matérielles, au sens où elles relèvent du corps (étendue, figure, mouvement), elles signifient leur cause qui est un corps et elles impriment aussi des mouvements aux divers membres du corps.

Le modèle de la plume, qui fait suite à celui du cachet et de la cire dans la *Règle* XII, représente le transfert à distance de la figure et du mouvement par un intermédiaire matériel. La figure est en effet un mode du corps.

1. Descartes, *L'Homme*, AT, XI, 176-177. Voir l'article cité « Le sens commun dans la *Règle* XII », p. 75.

2. *Règle* XII, AT, X, 414.

3. *Méditation Seconde*, AT, IX, 25 ; en latin VII, 32 (« *sensu communi, ut vocant, id est potentia imaginatrice* ») qui est opposée aux sens extérieurs, et à l'entendement.

4. *PdA*, I, art. 32 ; AT, XI, 352-353.

5. *L'Homme*, AT, XI, 174. Voir un peu plus loin (p. 181) : « les esprits, sortant ainsi plus particulièrement de quelques endroits de la superficie de cette glande que des autres, peuvent avoir la force de tourner les petits tuyaux de la superficie intérieure du cerveau dans lesquels ils se vont rendre vers les endroits d'où ils sortent, s'ils ne les y trouvent déjà tout tournés ; et par ce moyen, de faire mouvoir les membres auxquels se rapportent ces endroits de la superficie de la glande H. Et notez que l'idée de ce mouvement des membres ne consiste qu'en la façon dont ces esprits sortent pour lors de cette glande, et ainsi que c'est son idée qui le cause ».

Ainsi, du bout de la plume que je tiens, et avec laquelle je trace les caractères, un transfert de mouvement et de figure s'opère. L'autre extrémité de la plume décrit la même figure[1]. Et ainsi quand Descartes reprend à son compte le terme d'espèces, on doit entendre que cette idée pure et sans corps, cette figure, s'imprime sur le sens et se communique au sens commun, autrement dit, à la glande pinéale, qui est l'organe centralisateur et le siège de l'âme. Le sens commun (la glande pinéale) ne constitue pas une étape dans un processus d'abstraction censé mener au concept, et en raison de la distinction réelle de l'âme et du corps, la petite glande sert principalement d'aiguillage. La glande meut affectivement l'âme, en se mouvant sous l'action des esprits animaux, qui causent et entretiennent les passions. Elle a en outre une importante fonction sensori-motrice dans les mouvements passionnels, par exemple dans la fuite ou dans la hardiesse qui nous fait tenir front, qui sont des mouvements résultant de la peur ou bien qui l'expriment. En général, dans tous les mouvements qui se font *sans l'entremise de l'âme*, mais aussi dans les mouvements volontaires, où l'âme en appliquant sa résolution aux mouvements ou aux attitudes du corps, pousse la glande dans la direction opposée à celle vers laquelle la poussent les esprits animaux.

Descartes utilise, à propos des espèces de la mémoire corporelle, la métaphore du pli et identifie ainsi la mémoire corporelle à l'habitude. Ainsi « pour les espèces qui se conservent dans la mémoire, je n'imagine point qu'elles soient autre chose que comme les plis qui se conservent en ce papier, après qu'il a été une fois plié »[2]. Le pli fonctionne comme un signe. Les espèces sont imprimées dans le sens et la mémoire, selon l'image du cachet et de la cire, et il y a ainsi moins de plis que de choses dont on se

1. Citons ce passage de l'article de J.-M. Beyssade sur le sens commun : « nul corps voltigeant le long du nerf optique, de l'œil au cerveau, du sens externe au sens commun. [...] Il n'y a pas de transit réel, *realis*, parce qu'il n'y a pas de *res* ou *ens*, de vrai corps qui transite. Le transit n'est pas pour autant incorporel, idéal ou intentionnel. Nous restons dans la réalité formelle des corps. Mais un mode n'est pas un corps : il n'a que l'identité modale, qui s'oppose ici à la réalité substantielle de la chose, de l'*ens*. Le sens externe est un vrai corps, il peut donc recevoir une figure, comme le sens commun à l'autre bout et tous les corps intermédiaires, les diverses partie du nerf sensitif. La figure véhiculée est, en chaque lieu de son parcours instantané, la figure-d'un-corps. Mais aucun corps ne se déplace : l'œil reste là où il est, et chaque partie du nerf, et le sens commun », (p. 83).

2. *Lettre à Meyssonnier*, 29 janvier 1640, AT, III, 20. On trouve la même image du pli dans la *Lettre à Mesland*, 2 mai 1644, AT, IV, 114-115 : « les vestiges du cerveau le rendent propre à mouvoir l'âme, en la même façon qu'il l'avait mue auparavant, et ainsi à la faire souvenir de quelque chose ; tout de même que les plis qui sont dans un morceau de papier, ou dans un linge, font qu'il est plus propre à être plié derechef comme il a été auparavant, que s'il n'avait jamais été ainsi plié ».

souvient. Le pli fonctionne donc comme un signe à la fois de sa cause et des nombreuses impressions causées par des choses semblables. En outre il renvoie aux différents mouvements, et à leur déclenchement par habitude. Les plis du cerveau sont en effet autant de tracés, d'empreintes, causés par le mouvement des esprits animaux, qui tracent des sortes de sillons et qui instituent et entretiennent des habitudes, bref, comme le souligne Pierre Guenancia, ces plis sont ceux dont on dit, ordinairement, qu'on les a pris. Plutôt que la ressemblance des objets dont ils sont les traces, ils sont des mouvements, et des réactions motrices, de l'ordre de l'habitude. Avec travers de la métaphore des plis, Descartes travaille en réalité à la localisation de la mémoire par rapport au sens commun, autrement dit, à la glande pinéale.

Quand une image, une figure, c'est-à-dire une forme matérielle, a été une fois gravée dans le cerveau, l'inertie naturelle du corps suffit à l'y conserver indéfiniment, tant qu'aucune cause ne survient pour la détruire. La propriété qu'ont les fibres du cerveau de retenir les images des choses est la conséquence du principe d'inertie. Elle est présentée dans *L'Homme*, le traité où Descartes fournit l'exposé le plus systématique de la nature de la mémoire corporelle [1]. Et

> je crois qu'elles [ces idées corporelles ou espèces mémorielles] sont principalement reçues en toute la substance du cerveau, bien que je ne nie pas qu'elles ne puissent être aussi en quelque façon en cette glande, surtout en ceux qui ont l'esprit le plus hébété : car pour les esprits fort bons et fort subtils, je crois qu'ils la doivent avoir toute libre à eux et fort mobiles; comme nous voyons aussi que dans les hommes elle est plus petite que dans les bêtes, tout au rebours des autres parties du cerveau [2].

Descartes explique que la mémoire corporelle est localisée hors de la glande pinéale, dans toute la substance du cerveau, car la glande pinéale reçoit, coordonne et redistribue sous forme de mouvement, les impressions sensorielles; elle a donc besoin d'être libre et non d'être un organe de conservation des traces cérébrales [3].

En effet, la glande pinéale est une sorte d'aiguillage. Elle est l'organe qui transforme les impressions, et les mouvements reçus, en mouvements

1. AT, XI, 171 : « Pensez aussi que les principales qualités de ces petits filets sont de pouvoir assez facilement être pliés en toutes sortes de façons, par la seule force des esprits qui les touchent, et, quasi comme s'ils étaient faits de plomb ou de cire, de retenir toujours les derniers plis qu'ils ont reçus, jusqu'à ce qu'on leur en imprime de contraires ».

2. *Lettre à Meyssonnier*, 29 janvier 1640, AT, III, 20.

3. *Ibid.*, p. 19, Descartes explique, de la même manière qu'il le fera dans le *Traité des passions*, que la glande est le siège de l'âme.

produits dans et par les membres du corps et elle fonctionne comme un organe sensori-moteur. En tant que siège de l'âme, la glande est aussi ce « lieu », où l'âme considère les figures, les espèces corporelles imprimées, et traduit ainsi les mouvements impressionnels des corps extérieurs, communiqués au cerveau par les nerfs en significations, dont la teneur est fixée par institution de la nature, et aussi en idées représentatives compréhensibles par l'esprit. La petite glande a besoin d'être le moins encombrée possible pour centraliser les impressions et imprimer des mouvements au corps ; elle a besoin d'être « toute libre à eux et fort mobile ». Elle n'est donc pas le lieu de la conservation des espèces mémorielles. Une fois les impressions parvenues au sens commun, elles se conservent dans le cerveau tout entier, voire à même le corps par l'inscription des mouvements dans les réseaux nerveux. Si ce n'était pas le cas, la grande quantité des impressions reçues précédemment empêcherait l'âme d'en recevoir de nouvelles.

Les esprits « subtils » sont ceux qui retiennent vite. Ils sont capables de se rappeler facilement. Leur mémoire est localisée dans tout le cerveau, ou dans tout le corps. Plus la mémoire corporelle, cette mémoire habitude, se dissémine à l'ensemble des mécanismes qu'elle retient et accompagne, mieux elle s'exerce. Nous accomplissons les gestes nécessaires aux actions dont le corps a la mémoire, comme marcher, apprendre une leçon par cœur, jouer d'un instrument de musique, etc., dans la mesure où nous y pensons le moins possible. Quand l'habitude est enfouie dans le corps qui la conserve implicitement, nos gestes et nos mouvements habituels s'effectuent en quelque façon sans nous et avec nous, autrement dit, sans que la conscience intervienne, mais avec l'assurance vitale que procurent les habitudes sédimentées corporellement. Ainsi, « je crois aussi que quelques espèces qui servent à la mémoire peuvent être en diverses autres parties du corps, comme l'habitude d'un joueur de luth n'est pas seulement dans sa tête, mais aussi en partie dans les muscles de ses mains »[1]. En effet, le cerveau n'est pas seul à prendre des plis, nos muscles, nos tendons, nos os, et toutes les parties de notre corps sont façonnés par nos actions, et par la répétition que nous leur imprimons, de sorte que certains mouvements, grâce à l'habitude habitude et à un exercice et une pratique renouvelés, deviennent aisés, presque mécaniques, au point que la moindre occasion peut les faire naître. C'est de cette façon que les doigts du joueur de luth ont le souvenir de certains doigté qu'ils ont appris. La mémoire est répandue dans le corps tout entier et non seulement dans les traces cérébrales.

1. *Ibid.*, p. 20.

Quant aux esprits hébétés et aux animaux, les espèces mémorielles encombrent chez eux la glande pinéale. « Pour les espèces qui servent à la mémoire, je ne nie absolument pas qu'elles ne puissent être en partie dans la glande nommée *conarium*, principalement dans les bêtes brutes, et en ceux qui ont l'esprit grossier »[1]. Autrement dit, ces esprits retiennent peu de choses, ils sont sujets au retour d'impressions semblables, qui se répètent plus ou moins invariablement. En outre d'autres impressions leur sont associées et reviennent hanter leur esprit, en produisant des mouvements – les mêmes amorces de mouvements (que peut-être plus tard on nommera tics, ou tocs). Leurs habitudes sont en nombre restreint. Ce sont des actions rétrécies, extrêmement mornes et répétitives, adaptées à un monde étroit, flottant et très pauvre. De telles habitudes ne sont pas susceptibles de plasticité.

Mais les autres esprits, ceux que Descartes nomme subtils, sont capables d'invention, dans la mesure même où ils sont capables de mémoire.

> Ils n'auraient pas, ce me semble, tant de facilité qu'ils ont à imaginer une infinité de choses qu'ils n'ont jamais vue, si leur âme n'était jointe à quelque partie du cerveau, qui fût fort propre à recevoir toutes sortes de nouvelles impressions, et par conséquent fort malpropre à les conserver. Or est-il qu'il n'y a que cette glande seule, à laquelle l'âme puisse être ainsi jointe ; car il n'y a qu'elle seule, en toute la tête, qui ne soit point double. Mais je crois que c'est tout le reste du cerveau qui sert le plus à la mémoire, principalement ses parties intérieures, et même aussi que tous les nerfs et les muscles y peuvent servir ; en sorte que, par exemple, un joueur de luth a une partie de sa mémoire en ses mains ; car la facilité de plier et de disposer ses doigts en diverses façons, qu'il a acquise par habitude, aide à le faire souvenir des passages pour l'exécution desquels il les doit ainsi disposer[2].

Ce qui caractérise la mémoire habitude relève de la répétition plus que de la différence. Ses plis sont des signes, ou des signifiants, qui se rapportent aux choses, ou à des séquences de mouvements qui se ressemblent[3].

1. *Lettre à Mersenne*, 1er avril 1640, AT, III, 47.
2. *Ibid.* p. 48.
3. C'est un point que Pierre Guenancia met bien en valeur dans son analyse de la mémoire chez Descartes dans *L'Intelligence du sensible*, p. 173-190. « Les souvenirs dépendant de la mémoire corporelle ne sont pas uniques, comme le souvenir que l'on garde d'une personne, d'un événement, d'une pensée, d'un moment. Ils portent sur le semblable et non sur le singulier : la rencontre d'une chose semblable à celle qui a occasionné un pli dans le cerveau y fera à nouveau le même pli. [...] Un bel exemple de pli nous est donné par Descartes lui-même

Il ne s'agit plus d'ailleurs de la mémoire corporelle seulement, mais du secours que qu'elle peut fournir à la mémoire intellectuelle. En effet les mouvements de nos mains, quand on est doué pour jouer d'un instrument de musique, se déterminent d'eux-mêmes les uns les autres. On retrouve ainsi, en l'exécutant ou en le chantant, tel motif musical que la mémoire intellectuelle toute seule serait bien impuissante à rappeler. On voit l'aide que la mémoire intellectuelle peut recevoir de la mémoire corporelle. Mais cela ne va pas en un sens unique, car la mémoire intellectuelle supplémente la mémoire corporelle avec ce qui lui manque : la compréhension. La mémoire corporelle a pour fonction essentielle de contribuer à la sédimentation de nos habitudes mécaniques dans la durée incorporée de leur apprentissage. Elle n'est pas seulement localisable dans tout le cerveau, mais s'étend, comme on a dit, à l'ensemble du corps, et sans doute au-delà de lui, dans ces choses qui nous font souvenir d'autres choses et que Descartes nomme la mémoire locale.

La mémoire locale signifie en effet que la matière de nos souvenirs n'est pas même enfermée dans notre corps, mais qu'elle réside en tous les objets extérieurs que nous avons rencontrés.

> Ce que vous croirez aisément, s'il vous plaît de considérer que tout ce qu'on nomme mémoire locale est hors de nous ; en sorte que, lorsque nous avons lu quelque livre, toutes les espèces qui peuvent servir à nous faire souvenir de ce qui est dedans, ne sont pas en notre cerveau, mais il y en a plusieurs dans le papier de l'exemplaire que nous avons lu. Et il n'importe pas que ces espèces n'aient point de ressemblance avec les choses dont elles nous font souvenir ; car souvent celles qui sont dans le cerveau n'en ont pas davantage, comme j'ai dit au quatrième Discours de ma *Dioptrique*. Mais, outre cette mémoire, qui dépend du corps, j'en reconnais encore une autre, du tout intellectuelle, qui ne dépend que de l'âme seule [1].

La *Dioptrique*, IV, montre qu'aucune représentation des choses ne nous est donnée par le sens commun, mais quelques signes seulement, quelques indications fort courtes, d'où nous conjecturons les véritables figures

quand il évoque l'amour qu'il éprouvait étant enfant pour une jeune fille qui louchait un peu. Mais cet événement si personnel affecte aussi le cerveau et y laisse une marque – un pli – qui fait que tout événement semblable au premier activera à nouveau ce pli, sans que l'âme, c'est-à-dire la personne, se doute qu'une complicité seulement corporelle unit ces événements dont elle n'aperçoit pas le caractère de série. Le pli a la nature de l'image qui a la nature du signe, signe naturel ou signe d'institution. Il n'est pas surprenant que Descartes soit amené à dire du pli ce qu'il disait de l'image dans la *Dioptrique* (discours IV) » (p. 178-179).

1. *Lettre à Mersenne*, 1er avril 1640, AT, III, 48.

et toutes les qualités des choses. La perception est un jugement de l'esprit, et non une juxtaposition mécanique d'impressions. Il en est ainsi de la mémoire; ce ne sont pas les images exactes des faits passés qui se conservent dans notre cerveau, mais des traces de mouvements qui se sont produits, dans le contact de nos sens et des objets extérieurs, mouvements qui n'ont aucune ressemblance avec la nature de ces objets[1].

La critique de la ressemblance déploie donc ses conséquences aussi à propos des espèces de la mémoire corporelle, ces plis de la mémoire habitude, qui sont moins des images cérébrales ressemblant à des objets passés et plutôt des sortes de déclencheurs fonctionnels d'actions et de représentations. Les espèces mémorielles sont des traces causées par le mouvement des esprits animaux; ce qu'elles permettent de retenir ce sont des mouvements habituels plus que des images ressemblantes des choses. Concluons sur ce qui est en jeu dans l'analyse cartésienne de la mémoire corporelle, à savoir la localisation des espèces mémorielles, l'autonomie relative de la mémoire corporelle par rapport aux idées de l'entendement, ainsi que le rôle sensori-moteur et affectif des images. Aucune idée représentative, saisie par l'âme raisonnable, n'est en fait nécessaire au fonctionnement de la mémoire corporelle, qui est cause des mouvements. Les espèces ne s'inscrivent pas dans un procès de dématérialisation, ni d'abstraction universalisante, qui conduirait des images cérébrales à des idées.

Observons alors la quasi-autonomie de la mémoire corporelle chez Descartes, son rôle sensori-moteur et dans l'institution affective de soi. En effet, si les traces des sensations passées sont des signes, aussi sommaires soient-ils, un pli peut suffire à rappeler un souvenir ou plutôt un groupe de souvenirs. Il n'est pas besoin d'une infinité de plis dans le cerveau qui correspondent à la complexité et au détail des représentations (intellectuelles) que nous pouvons avoir de notre passé. Ainsi la réapparition de ces impressions dans le sens commun, centre de la sensibilité corporelle, est seule cause immédiate des sentiments de l'âme. La glande pinéale, lieu des impressions présentes, se distingue de la mémoire, lieu des impressions passées. Mais l'imagination implique pour sa part le souvenir du passé, *i. e.* des éléments empruntés au passé, et la présence de ces souvenirs. Elle peut donc parfois être identifiée à la mémoire et parfois au sens commun, selon qu'on la considère en puissance ou plutôt en acte. Et puisqu'elle suppose

1. Dans une veine cartésienne, Proust souligne la présence locale de la mémoire corporelle dans les objets et l'aide involontaire qu'elle fournit à l'évocation du passé.

deux conditions organiques, ou deux fonctions corporelles, il serait plus judicieux de la localiser dans les deux organes à la fois : dans la partie du cerveau qui retient les souvenirs et dans la glande pinéale où les souvenirs redeviennent agissants[1].

Si on se penche sur l'imagination, que Denis Kambouchner appelle « empirique »[2], c'est non seulement parce qu'elle implique la mémoire corporelle, mais parce qu'elle en use en outre dans la vie ordinaire, en configurant nos habitudes au présent et même souvent pour l'avenir. En séparant la mémoire du sens commun, Descartes envisage la distinction psychologique de l'inconscient et du conscient. Parmi les souvenirs qui sont également retenus dans la mémoire, certains ne manifestent plus leur existence, tandis que d'autres parfois se revivent et ont, pour certains, une influence sur l'organisme qui est analogue à celle des choses qu'ils représentent. On expérimente en effet la manière dont « la souvenance d'une chose peut être excitée par celle d'une autre, qui a été autrefois imprimée en même temps qu'elle en la mémoire. Comme, si je vois deux yeux avec un nez, je m'imagine aussitôt un front et une bouche, et toutes les autres parties d'un visage, pour ce que je n'ai pas accoutumé de les voir l'une sans l'autre ; et voyant du feu, je me ressouviens de la chaleur, pour ce que je l'ai sentie autrefois en le voyant ». La loi d'association des idées règle la succession mécanique des souvenirs, grâce à une habitude purement matérielle. La contiguïté des impressions dans le cerveau établit une liaison entre elles[3].

Descartes explique qu'il y a deux sortes de liaisons : naturelle ou acquise[4]. Autrement dit, il y a des liaisons entre les parties du cerveau qui

1. *L'Homme*, AT, XI, 177-178.

2. Voir Denis Kambouchner, « Descartes et le problème de l'imagination empirique ». « Entre une activité impliquant une "particulière contention d'esprit" et un régime d'absolue passivité, n'y aurait-il pas eu place pour un usage ordinaire de l'imagination, indissociable de la vie pratique, et ne consistant ni en simple rêverie ni en un certain effort de figuration, mais en réflexion sur – ou peut-être interne à – un certain courant d'images mentales ? Si l'on réserve la dénomination d'"imagination empirique" à cette activité imaginative qui se rapporte aux choses que l'on a déjà rencontrées dans l'univers sensible ou dont on pense qu'on les y rencontrera, le fonctionnement de cette imagination et sa place dans la "conduite de la vie" n'est-il pas chose sur quoi Descartes sera resté d'une d'une remarquable discrétion ? ».

3. Dans l'article cité Denis Kambouchner souligne que « tout se passe comme si, dans le cerveau cartésien, les choses (ou plutôt leurs traces) devaient être classées par catégories et corrélations de nature plutôt que dans l'ordre de leur représentation à l'esprit : c'est ainsi que, d'après l'art. 72 des *Passions de l'âme*, les choses nouvellement rencontrées devront être enregistrées en des lieux nouveaux du cerveau, d'une manière qui semble adaptée à une économie de l'entendement ou de l'imagination elle-même plutôt qu'à la temporalité empirique ».

4. *L'Homme*, AT, XI, 192.

sont l'effet de leur disposition originelle. Et il y en a qui sont formées peu à peu par l'action des objets extérieurs, ou par la volonté de l'âme. Il y a ainsi trois manières pour la mémoire d'être mise en jeu.

Un objet extérieur produit en nous une impression déjà éprouvée, et son image portée par les esprits jusqu'au cerveau y rencontre la trace de l'image analogue autrefois perçue. Le mouvement des esprits se continue en se transformant selon les plis du cerveau, et l'effet de ce mouvement sur le sens commun est l'imagination d'une série de faits disparus. Ou bien, c'est l'âme qui, par sa volonté libre, dispose le sens commun de manière à lui représenter un souvenir qu'elle recherche. Et ce souvenir peut en évoquer d'autres mécaniquement[1]. Ou bien, troisièmement, l'apparition d'une première image est fortuite, elle ne dépend que de l'état général de l'organisme et non de la présence d'un objet extérieur ou de la volonté de l'âme[2]. Alors, des images nous apparaissent et elles ne sont produites ni par l'action des objets extérieurs, ni par la volonté[3].

L'article 36 des *Passions de l'âme*, au sujet de la peur, explique ainsi comment la perception d'un certain animal est *immédiatement* perçue *comme* effroyable et engage spontanément un mouvement de fuite, ou un arrêt de tout mouvement pour faire front et se grandir face à l'animal. La communication du mouvement de la fuite ou l'action de faire front ne reposent pas sur une activité de représentation, mais plutôt sur un certain tempérament. Ces actions se font sans l'entremise de l'âme. Elles constituent le soubassement habituel de nos actions intentionnelles et le fondement de leur qualité morale.

> Si cette figure est fort étrange et fort effroyable, c'est-à-dire si elle a beaucoup de rapport avec les choses qui ont été auparavant au corps, cela excite en l'âme la passion de la crainte et ensuite celle de la hardiesse, ou

1. *PdA*, I, art. 42, AT, XI, 360 : « Ainsi, lorsque l'âme veut se souvenir de quelque chose, cette volonté fait que la glande, se penchant successivement vers divers côtés, pousse les esprits vers divers endroits du cerveau, jusques à ce qu'ils rencontrent celui où sont les traces que l'objet dont on veut se souvenir y a laissées ; car ces traces ne sont autre chose sinon que les pores du cerveau, par où les esprits ont auparavant pris leurs cours à cause de la présence de cet objet, ont acquis par cela une plus grande facilité que les autres à être ouverts derechef en même façon par les esprits qui viennent vers eux ; en sorte que ces esprits rencontrant ces pores entrent dedans plus facilement que dans les autres, au moyen de quoi ils excitent un mouvement particulier en la glande, lequel représente à l'âme le même objet et lui fait connaître qu'il est celui duquel elle voulait se souvenir ».

2. *L'Homme*, AT, XI, 180-184.

3. Qu'il arrive que nous agissions sans réfléchir, et plus encore sans l'entremise de l'esprit, Descartes le souligne à plusieurs reprises, et aussi dans les *Quatrièmes Réponses*, AT, IX, 178.

> bien celle de la peur et de l'épouvante, selon le divers tempérament du corps ou la force de l'âme, et selon qu'on s'est auparavant garanti par la défense ou par la fuite contre les choses nuisibles auxquelles l'impression présente a du rapport [1].

Denis Kambouchner explique ainsi qu'il est inutile de recourir aux analyses fournies dans les articles 42 et 43, dont il n'est pas fait mention dans cet article, autrement dit, il n'est pas nécessaire d'expliquer la fuite ou la hardiesse par l'activité de la volonté, qui fait pencher la glande d'un côté ou d'un autre, et pousse les esprit dans les endroits où se trouvent les traces des objets dont on veut se souvenir. On contribuerait alors à compliquer le schéma fourni par l'article 36, et à donner une lecture intellectualiste des passions. La passion est ici « produite par le corps seul ».

L'impression qui est formée dans la glande n'est pas une image fidèle de l'objet, mais c'est un signe, un « monogramme » – pour reprendre à Jean-Marie Beyssade l'application du terme kantien qui caractérise le schème aux idées, ou aux images, corporelles cartésiennes. Il renvoie à « un trait commun et un seul », qui en l'occurrence n'est absolument pas une représentation, ni une image mentale, se référant aux objets, ni un quelconque contenu, mais plutôt un déclencheur d'actions ou bien l'occasion pour l'esprit de susciter certaines de ses représentations. Les espèces, les plis, les traces, ont un rôle fonctionnel qui en résume la nature. Il est inutile de supposer que, pour se rapporter à un objet présent, qui nous a affecté d'une certaine manière dans le passé, et a induit un certain type d'actions ou de réactions liées à un tempérament du corps, et à une disposition du cerveau, nous ayons besoin de représentations pour agir ou d'un processus de reproduction volontaire d'une image des objets passés, qui est associée par l'esprit à l'objet présent. Il suffit que le tempérament, autrement dit, la disposition du cerveau, commande l'action et inscrit en lui des types de réactions passionnelles. Nous avons donc affaire en quelque sorte à la genèse corporelle d'un sujet affectif.

Descartes explique ainsi la vie affective et passionnelle le plus complètement possible sans faire intervenir l'action de l'esprit. Notre passé revit en nous, non seulement quand la réalité présente le rappelle, ou quand la volonté libre l'évoque, mais aussi quand notre organisme se trouve disposé actuellement à le revivre. En effet, l'état général de notre organisme est caractérisé par les modifications des esprits animaux. Le cœur est, chez Descartes, le siège de la vie affective dans l'homme ; il distille en effet l'afflux du sang et il imprime ainsi un certain degré de mouvement aux

1. *PdA*, art. 36, AT, XI, 356.

esprits animaux. Il assure donc aux passions de l'âme, à chaque moment, un certain régime physiologique d'exercice. Et c'est donc de l'action des esprits animaux, suivant le rythme ou le mouvement ordinairement imprimé par le cœur, que naissent certains souvenirs fortuits, sans rapport immédiat avec la réalité extérieure ni avec la volonté de l'âme. Descartes rend ainsi compte de manière physiologique de la *mémoire affective* et de l'analogie de nos passions présentes avec les passions passées.

L'action du corps permet donc d'expliquer la plus grande partie des phénomènes de mémoire. Chez les animaux, les souvenirs se fixent, se conservent, et renaissent sans qu'il y ait lieu de supposer autre chose dans ces corps sans âme que les propriétés de la matière étendue. Chez l'homme, la mémoire est quelquefois purement corporelle : nous ignorons quels muscles précis nous remuons pour marcher, et nous marchons néanmoins. En un sens, il est bien vrai, comme le dit Spinoza, que nous ne savons pas tout ce qu'un corps humain est capable de faire. Je dis « en un sens », car précisément Descartes s'efforce d'expliquer corporellement la genèse affective d'un sujet. Il faut conserver le neutre « un » sujet, non seulement parce qu'il n'est pas sujet en tant qu'il pense, mais parce qu'il n'est pas encore personnel ; la personnalité s'exprimant précisément dans la façon dont *le* sujet assume certains aspects de sa vie affective et prétend transformer certains autres aspects, avec un plus ou moins grand succès, comme l'explique Descartes à Chanut, à propos de son goût pour les filles qui louchent[1]. C'est le cerveau, et non une pensée, qui dirige les mouvements affectifs. Le corps joue un rôle prépondérant dans la constitution de cette mémoire affective, au point qu'on peut même se demander si la théorie de la mémoire corporelle ne rend pas inutile l'hypothèse d'une mémoire intellectuelle.

Certes non, car se souvenir volontairement du passé, c'est reconstruire à nouveau le passé à l'aide de quelques indices fournis par la mémoire corporelle. Ces traces restantes ne sont pas non plus semblables aux objets, dont elles évoquent la représentation dans la mémoire intellectuelle. En effet, les événements de notre vie ne laissent pas tous des traces suffisantes pour réveiller des souvenirs intellectuels. Seuls quelques plis demeurent, que d'ailleurs les impressions viennent entretenir constamment.

> Au reste, c'est abus de croire que nous nous souvenons le mieux de ce que nous avons fait en jeunesse, car nous avons fait alors une infinité de choses dont nous ne nous souvenons plus ; et pour celles dont nous nous souvenons, ce n'est pas seulement à cause des impressions que nous en avons

1. *Lettre à Chanut*, 6 juin 1647, AT, V, 57.

> reçues en jeunesse, mais principalement à cause que nous les avons répétées depuis et en avons renouvelé les impressions, en nous en ressouvenant à divers temps [1].

C'est là ce qui fournit une justification de l'existence de la mémoire intellectuelle et cela demande que nous expliquions son rôle. En effet,

> touchant les plis de la mémoire, lesquels je ne crois point devoir être en fort grand nombre pour servir à toutes nos souvenances, à cause qu'un même pli se rapporte à toutes les choses qui se ressemblent, et qu'outre la mémoire corporelle, dont les impressions peuvent être expliquées par ces plis du cerveau, *je juge qu'il y a en notre entendement une autre sorte de mémoire (qui ne dépend point des organes de notre corps et), qui est tout à fait spirituelle, et ne se trouve point dans les bêtes; et que c'est d'elle principalement que nous nous servons* [2].

En insistant sur la dimension corporelle de la mémoire habitude, on a souligné que, pour autant qu'on soit fondé à soutenir que la corrélation du sujet et de l'objet, *i. e.* l'intentionnalité, en contexte cartésien, s'enracine dans la mémoire, et qu'une telle intentionnalité est affectivement et corporellement située. Et, en effet, dans la genèse ou dans l'institution « corporelle » des passions, l'analogie entre une chose présente et passée, est une condition de la reconnaissance, par l'esprit, de ce qui cause telle affection, et permet de voir ce qu'il faudrait éventuellement changer, pour changer s'il le faut nos affections. Mais ce qui est remarquable, c'est que l'appréhension des choses qui se rapportent à l'union de l'âme et du corps, qu'elles soient présentes ou passées, s'explique grâce aux seules fonctions physiologiques que par les idées de l'entendement. Abordons l'autre versant de la mémoire.

LES ESPÈCES DE LA MÉMOIRE INTELLECTUELLE OU LA MÉMOIRE COMME RECONNAISSANCE

Quelle est la nature des espèces de la mémoire intellectuelle ? Comment Descartes est amené à poser qu'il y a en l'homme aussi une mémoire

1. *Lettre à Mersenne* du 6 août 1640, AT, III, 143-144. Nous soulignons.

2. *Ibid.*, p. 143. Sur le nombre peu important des plis de la mémoire corporelle, voir encore la *Lettre à Mersenne* du 11 juin 1640, AT, III, 84-85 : « Il n'y a point de doute que les plis de la mémoire s'empêchent les uns les autres, et qu'on ne peut pas avoir une infinité de tels plis dans le cerveau; mais on ne laisse pas d'y en avoir plusieurs; et la mémoire intellectuelle a ses espèces à part, qui ne dépendent nullement de ces plis, dont je ne juge pas que le nombre doive être fort grand ».

intellectuelle? C'est dans le contexte de la réflexion sur la nature de la substance pensante, qui par définition pense toujours, que l'existence de mémoire intellectuelle est rendue manifeste. Descartes est amené à s'expliquer, à la demande de ses correspondants, sur le fait que les enfants devraient, par exemple penser dans le ventre de leur mère, bien que nous n'en ayons pas la preuve, ni l'expérience, puisque nous n'avons pas de souvenir de cette époque de notre vie[1]. Et en effet, pour qu'il y ait un ressouvenir, il faut des traces cérébrales suffisamment nettes – ce dont le cerveau enfantin est incapable –, et il faut être en mesure de reconnaître ces traces. La reconnaissance est confiée précisément à la mémoire intellectuelle, autrement dit, à un acte intellectuel de réflexion ou de compréhension qui relie un passé, événement ou chose, à l'histoire du sujet. Grâce à la notion de mémoire intellectuelle. Descartes fournit à l'ipséité sa dimension historique. Suivons le chemin qui mène de la substance pensante à la mémoire intellectuelle et à ses espèces, et à la dimension historique et affective de soi.

Descartes est d'abord interrogé par Arnauld, dans les *Quatrièmes objections*, à propos des tout-petits, dont la faculté de penser paraît assoupie, et à propos des fous, chez qui cette faculté paraît « tout à fait éteinte et perdue ». De tels exemples inclinent le lecteur de Descartes à considérer que la démonstration cartésienne de la distinction réelle de l'âme et du corps, dans la *Méditation Sixième*, prouve trop : en effet, si toutes les conditions corporelles ne permettent pas de penser, « cette vertu de penser semble être attachée aux organes corporels »[2] et ne pas dépendre de l'âme seule. Mais si, chez les enfants, cette vertu est assoupie, elle est chez les fous plutôt « troublée » (*perturbata*), de sorte que si elle est incontestablement attachée aux organes corporels, elle peut néanmoins « être sans eux » (*ab iis existere*). Bien que la faculté de penser puisse être empêchée par les organes, elle n'est pas produite par eux. En effet, nous n'avons pas la moindre preuve que la causalité mécanique opère sur la pensée, de façon qu'elle soit « produite » (*produci*) par elle. Il faut recon-

1. Voir l'argumentaire développé dans la *Lettre à Gibieuf*, 19 janvier 1642, AT, III, 478-479 : « Et je ne vois ici aucune difficulté, sinon qu'on juge superflu de croire qu'elle pense, lorsqu'il ne nous en demeure aucun souvenir par après. Mais si on considère que nous avons toutes les nuits mille pensées, et même en veillant que nous en avons eu mille depuis une heure dont il ne nous reste plus aucune trace en la mémoire, et dont nous ne voyons pas mieux l'utilité, que de celles que nous pouvons avoir eues avant que de naître, on aura bien moins de peine à se le persuader qu'à juger qu'une substance dont la nature est de penser puisse exister, et toutefois ne penser point ».

2. AT, IX, 159.

naître le dualisme des substances, mais éprouver l'union substantielle de l'âme et du corps, ou encore l'étroite liaison de l'esprit et du corps (*arctam illam mentis cum corpore conjunctionem*), que nous expérimentons tous les jours « sans une profonde méditation ». En outre, selon la *Méditation Seconde*, « l'esprit n'est pas distingué du corps par une seule fiction ou abstraction de l'entendement, mais qu'il est connu comme une chose distincte, parce qu'il est tel en effet » [1]. L'âme pense toujours, puisque la pensée définit l'âme, mais cela ne signifie pas qu'elle ait toujours des idées représentatives, et que nous soyons en mesure de toujours reconnaître immédiatement la forme consciente de notre pensée. Ainsi, chez les enfants, les conditions organiques de l'exercice de la pensée ne sont pas réunies : la matière de leur cerveau est trop molle, et les traces des pensées trop peu nettes, pour qu'ils se souviennent de leurs pensées et puissent les retenir, *a fortiori* y réfléchir. Leur pensée ne se grave pas fortement dans leur mémoire, et elle ne s'exerce pas suffisamment continûment ou avec attention, pour pouvoir être retenue, en raison de l'état infantile de l'union de l'âme et du corps et du fait que leur âme est trop dépendante des conditions organiques. Mais, il faut néanmoins assurer que les enfants pensent dans le ventre de leurs mères.

> Et ce n'est pas aussi sans raison que j'ai assuré que l'âme humaine, quelque part qu'elle soit, pense toujours, même dans le ventre de nos mères. Car quelle raison plus certaine ou plus évidente pourrait-on souhaiter que celle dont je me suis servi, puisque j'ai prouvé que sa nature ou son essence consistait en ce qu'elle pense, comme l'essence du corps consiste en ce qu'il est étendu; car il n'est pas possible de priver aucune chose de sa propre essence ; [...] Ce n'est pas que je me persuade que l'esprit d'un petit enfant médite dans le ventre de sa mère sur les choses métaphysiques : au contraire, s'il m'est permis de conjecturer d'une chose que l'on ne connaît pas bien, puisque nous expérimentons tous les jours que notre esprit est tellement uni au corps que presque toujours il souffre de lui, et quoiqu'un esprit agissant dans un corps adulte et sain jouisse de quelque liberté de penser à d'autres choses qu'à celles que les sens lui offrent, cependant l'expérience nous apprend qu'il n'y a pas une pareille liberté dans les malades, dans ceux qui dorment, ni dans les enfants [2].

L'esprit d'un enfant, nouvellement uni à un corps, est plus occupé à sentir, ou « à apercevoir confusément les idées » de la douleur, du

1. AT, IX, 177 ; en latin, VII, 228-229.
2. *Lettre à* ***, Août 1641, n° 2, AT, III, 423-424, trad. FA, II, 360-361.

chatouillement, du chaud, du froid, etc. qui naissent de l'union ou du mélange de l'esprit avec le corps.

L'enfant dispose de manière implicite les idées, que nous avons tous naturellement en tant que nous sommes pensants et que nous trouvons de manière innée en nous-même. Descartes les énumère : il s'agit de choses purement intellectuelles; de l'idée de Dieu, de l'*ego* et des toutes les notions générales que nous avons premièrement en nous. Par Dieu, il faut entendre un être souverainement parfait, autrement dit, un principe de la rationalité du réel; que notre monde soit ordonné à des lois générales qui le sous-tendent et où les choses qui arrivent de façon ordinaire ou réglée. Comme on l'a dit, Dieu est source des vérités chez Descartes. Grâce à la preuve de l'existence de Dieu source des vérités, Dieu justifie, de manière métaphysique, que la règle générale, formulée au début de la *Méditation Troisième*[1], et nommée, dans la *Méditation Cinquième*, règle de vérité, fonctionne comme une norme dans la connaissance humaine et dans la recherche de la vérité[2]. Le bon usage des facultés de l'esprit garantit l'accès à la vérité. Les sujets connaissants, et vivants, ne sont donc pas dysfonctionnant par nature ou tels qu'ils se trompent toujours.

C'est une telle règle, que les Messieurs de Port-Royal considèrent comme le principe des idées claires et distinctes, qui assure l'esprit de la possession de la vérité[3]. Il s'agit d'un Dieu qui est bon, autrement dit, du principe qui nous assure de l'existence d'une forme de rationalité pratique du réel, en dépit de dysfonctionnements locaux, tels la douleur ressentie dans un membre fantôme ou le cas de l'hydropique. Cet être, ou ce principe, confère ainsi aux idées confuses de la sensation une rationalité dans l'ordre de la pratique.

Ensuite, parmi les autres idées que l'esprit a naturellement du fait qu'il pense, il y a l'idée de soi-même comme d'une chose pensante, les notions, ou natures, simples et les notions communes.

L'esprit, distingué du corps, est capable d'avoir des pensées de cette nature, mais quand il est immergé dans l'union de l'âme et du corps, il est « touché par les vestiges qui sont imprimés en lui [dans le corps], ou même [ne laisse pas] d'en imprimer en lui de nouveaux »[4]. Descartes fournit, de

1. « Et partant il me semble que déjà je puis établir pour règle générale, que toutes les choses que nous concevons fort clairement et fort distinctement, sont toutes vraies » (AT, IX, 27, l. 27-30).

2. « cette règle par laquelle je m'assure de la vérité » (AT, IX, 56, l. 14-15)

3. Voir l'expression « règle d'évidence » dans *LAP*, p. 324 de l'édition Clair et Girbal.

4. *Ibid.*, p. 424 : « *Nam, quod mens, realiter a corpore distincta, nihilominus ei conjuncta sit, et a vestigiis in eo impressis afficiatur, aut nova in ipsum imprimat* », trad. FA, II, 362.

cette façon, une analyse de ce qu'il faut entendre par *corporel*. Ces vestiges sont dits corporels, non parce qu'ils affectent le corps, mais parce qu'ils affectent l'esprit joint au corps. C'est cet esprit qui peut être dite corporel. Si par *corporel*, on entend non plus la causalité, mais cette fois l'appartenance substantielle, alors la substance corporelle, étendue en longueur, largeur et profondeur, est corporelle, et elle est réellement distincte de l'âme, et l'esprit, en ce cas, ne doit pas être dit corporel, ni non plus être envisagé comme tel. Il y a ainsi trois manières de penser *à* quelque chose (*de re cogitat*) :

> quand l'esprit étant uni au corps pense à quelque chose de corporel, certaines particules du cerveau sont remuées de leur place, quelquefois par les objets extérieurs qui agissent contre les organes des sens, et quelquefois par les esprits animaux qui montent du cœur au cerveau ; mais quelque fois aussi par l'esprit même, à savoir lorsque de lui-même et par sa propre liberté il se porte à quelque pensée – *sed interdum etiam ab ipsa mente, cum scilicet ad aliquam cogitationem a propria tantum libertate impellitur* [1].

On retrouve ainsi les trois façons, dont la mémoire corporelle est mise en jeu dans la perception, dans l'institution corporelle des passions et du mouvement des membres, que j'ai analysée au paragraphe précédent. Et c'est en ce point que Descartes distingue l'exercice de la mémoire corporelle, qui repose sur le mouvement des particules du cerveau, qui tracent les vestiges ou espèces, dont dépend le ressouvenir (*recordatio*), autrement dit, l'exercice de la mémoire intellectuelle.

Descartes réinscrit la question des pensées de l'enfant à l'intérieur du problème de la mémoire. Si nous ne sommes pas persuadés que l'enfant pense dans le ventre de la mère, c'est parce que nous ne nous souvenons pas de nos pensées de cette époque, et que nous ne pouvons pas comparer nos pensées adultes avec celles que nous avons eues dans le ventre de notre mère. Les vestiges corporels sont plus ou moins mal gravés dans la matière trop molle du cerveau enfantin. Mais même si ces vestiges étaient mieux conservés, il faudrait encore un acte de l'entendement qui compare nos pensées – les premières que nous aurions eues dans le ventre de nos mères sur un même sujet et celles, ultérieures, que nous avons étant adultes. Il faudrait que l'esprit reconnaisse ses premières pensées, comme celles que nous avons nouvellement eues quand nous étions enfants. Or c'est un tel acte de réflexion, dont on n'a pas l'usage étant enfant, et qui n'a pas eu lieu dans le ventre de nos mères.

1. *Ibid.*, p. 424, trad. p. 363.

Même si l'âme pense toujours, et si en droit elle pourrait penser à des choses purement intellectuelles, en fait la matière du cerveau enfantin, jointe à l'absence de réflexion à ce moment de la vie, excluent que nous ayons autre chose, à cette époque de notre vie, que des sensations confuses.

> Je confesse avec vous, écrit-il encore à Arnauld en 1648, qu'il y a en nous deux sortes de mémoires ; mais je me persuade que l'âme d'un enfant n'a jamais eu de conceptions pures, mais seulement des sensations confuses, et encore que ces sensations confuses laissent quelques vestiges dans le cerveau, qui y demeurent durant tout le reste de la vie, ces vestiges néanmoins ne suffisent pas pour connaître que les sensations qui nous arrivent étant adultes sont semblables à celles que nous avons eues dans le ventre de nos mères, ni par conséquent pour nous en faire ressouvenir (*recordemur*), à cause que cela dépend de quelque réflexion de l'entendement, ou de la mémoire intellectuelle, – *quia hoc pendet a quadam reflexione intellectus sine memoria intellectualis* –, dont on n'a pas l'usage quand on est au ventre de sa mère [1].

L'enfant n'a pas la capacité de détacher sa pensée des choses, ou des sensations, qui l'accaparent, pour avoir conscience de ses sensations comme *siennes*, et l'idée, ou une représentation, de soi-même dans l'immanence des sensations.

La *recordatio* suppose la *conjonction* de la mémoire corporelle et de la mémoire intellectuelle. Les idées que nous avons évoquées précédemment, celles que nous trouvons naturellement en nous, qui sont des « choses purement intellectuelles », ne donnent pas lieu à une *recordatio*, mais à une saisie intellective qui est aussi parfaite la première fois que la chose se présente qu'elle l'est la deuxième, la troisième, ou la nième fois. Et il y a ainsi une distinction entre la mémoire intellectuelle et l'intellect. Si la mémoire intellectuelle est une réflexion de l'intellect, la saisie claire et distincte d'une chose purement intellectuelle n'est pas un ressouvenir. Ainsi, avoir une claire et distincte intellection de quelque chose n'est pas un ressouvenir. Quand il est question de la mémoire intellectuelle, il est aussi toujours question de la mémoire corporelle, et de l'aide que l'une et l'autre mémoires s'apportent mutuellement. Et, lorsque Descartes envisage, une fois à notre connaissance, la mémoire intellectuelle sans la mémoire corporelle, précisément quand il confie à Huyghens ses espérances au sujet de la vie future après la mort, la mémoire intellectuelle n'est pas identifiée à l'intellect, mais à une mémoire intellectuelle et affective de

1. *Lettre à Arnauld*, 4 juin 1648, AT, V, 192-193, trad. FA, III, p. 854-855, la lettre y étant datée du 4 juin (16 juillet) 1648.

notre vie passée, « une souvenance du passé », grâce à laquelle nous pouvons espérer trouver non seulement tous ceux qui ont quitté cette vie, mais peut-être ceux que nous avons aimés durant notre vie passée. « Je ne puis concevoir autre chose de ceux qui meurent, sinon qu'ils passent à une vie plus douce et plus tranquille que la nôtre, et que nous les irons trouver quelque jour, même avec souvenance du passé ; car je reconnais en nous une mémoire intellectuelle, qui est assurément indépendante du corps »[1].

Certes, la mémoire intellectuelle s'introduit dans les choses qui sont purement intellectuelles et dont il n'y a aucun ressouvenir, dès lors que nous pensons avec les signes du langage. Saisir une idée, c'est comprendre les mots qui la signifient. Descartes introduit une clause de réserve, un « si ce n'est », qui offre une place centrale aux signes du langage, à l'habitude et à la mémoire corporelle, à la mémoire habitude, puisque ces idées purement intellectuelles « ont coutume d'être jointes et comme attachées à certains noms qui, étant corporels, font que nous nous ressouvenons (*recordamur*) aussi d'elles ». Et c'est de cette manière que Descartes argumente contre Gassendi que nous avons une idée de Dieu puisque nous comprenons les significations auxquelles renvoie le mot « Dieu »[2].

Mais la faculté d'entendre ce que les mots signifient est confiée à la mémoire intellectuelle, à un acte de l'intellect, comme un passage de l'*Entretien avec Burman*, que nous avons déjà cité au chapitre VII, l'atteste. Lorsque nous entendons que le mot R-O-I signifie le pouvoir souverain, nous le consignons dans notre mémoire, autrement dit, nous retenons l'association habituelle du mot et de sa signification ; ce qui explique qu'une grande partie de la mémoire des mots est corporelle, c'est la mémoire d'un geste, d'une articulation, d'une graphie, ou d'une séquence mécaniquement tapée sur un clavier d'ordinateur. Lorsque nous récupérons par après la signification de ces mots, c'est par la mémoire intellectuelle, pour la raison qu'il n'y a aucune affinité, ou aucune ressemblance, entre les signes et leur signification, d'où elle pourrait être tirée. C'est donc grâce à la mémoire intellectuelle que l'on se souvient (*memini*) que telles lettres désignent tels sens[3].

1. *Lettre à Huygens*, 13 octobre 1642, AT, III, 580.

2. Voir la *Lettre à M. Clerselier sur les Instances de M. Gassendi*, AT, IX, 209-210 : « On ne saurait nier d'avoir quelque idée de Dieu, si ce n'est qu'on dise qu'on n'entend pas ce que signifient ces mots : *la chose la plus parfaite que nous puissions concevoir* ; car c'est ce que tous les hommes appellent *Dieu.* [...] si on n'a aucune idée, c'est-à-dire aucune perception qui réponde à la signification de ce mot... ».

3. *Entretien avec Burman*, AT, V, 150, texte 5 p. 30 de l'édition Beyssade.

La reconnaissance est en effet le rôle qui est précisément joué par l'intellection dans l'activité de remémoration. Dans la *Lettre à Arnauld*, datée du 29 juillet 1648, au point n° 2, Descartes souligne que ce ne sont pas n'importe quelles traces (*vestigia*) du cerveau qui donnent lieu en nous à un ressouvenir, mais seulement celles que, lors de leur première rencontre, nous avons jugées nouvelles. Et c'est un tel acte de l'esprit qui constitue les vestiges corporels comme l'occasion d'une reconnaissance, autrement dit d'une comparaison entre la présentation de la chose une première fois et sa présentation une seconde fois. Si « de plus [autrement dit, outre la présence matérielle des vestiges corporels] il est requis que nous reconnaissions, lorsqu'elle se présente pour la seconde fois que cela se fait à cause que nous l'avons auparavant aperçu », c'est que la réflexion est requise pour qu'il y ait ressouvenir ; elle rattache la seconde fois à une première qu'elle rapporte à l'unité d'une histoire. C'est le terme de « nouveauté » qui institue cette dimension historique de l'ipséité, par laquelle se souvenir de quelque chose, c'est ou bien se (re)souvenir que ce n'est pas la première fois ou au contraire se souvenir que c'est la première fois et aussi se souvenir de la nouveauté que signifie la première fois. En ce sens, la mémoire intellectuelle porte alors évidemment sur le passé, et une telle mémoire du passé est une mémoire de soi.

Ainsi, quand des vers lus jadis se présentent à l'esprit du poète qui croit les inventer, que se passe t-il au juste ? La métaphore, censée indiquer, chez Descartes, le fait que le passé tranche sur le présent, et qu'il peut être éventuellement reconnu par le sujet, est celle des inégalités, laissées par des traces nettes de pas sur une plaine sablonneuse. Mais si les traces nettes ne suffisent pas au ressouvenir, *a fortiori* celles qui manquent de netteté ne permettent pas qu'il y ait de reconnaissance, soit parce que le cerveau est trop mou pour recevoir des traces précises comme c'est le cas chez les enfants, ou que les vestiges embarrassent la glande pinéale et ne se gravent pas dans toute la matière du cerveau comme chez les esprits grossiers.

> Nous disons qu'il n'y a aucun vestige d'hommes dans une plaine sablonneuse, où nous ne remarquons point la figure d'aucun pied d'homme qui y soit empreinte – *eodem modo quo dicimus, nulla esse hominum vestigia in area, in qua nullius pedis humani figuram inscultam agnoscimus* –, encore que peut-être il s'y rencontre plusieurs inégalités faites par les pieds de

> quelques hommes, lesquelles par conséquent peuvent en un autre sens être appelés vestiges d'hommes [1].

Il n'y a ainsi un ressouvenir (*recordatio*) que s'il y a reconnaissance (*agnoscere*); cette dernière repose sur la capacité de la réflexion intellectuelle à lire les traces et à les comprendre, à renvoyer les vestiges aux réalités ou aux événements qui les ont laissés. La question de la mémoire renvoie donc à l'ipséité et à l'identité personnelle, ou à la mémoire de soi du sujet, pour autant que l'accent est mis sur la réflexion qui rattache la marque, la trace, le vestige, l'espèce, ou encore le signe, à ce dont ils sont les signes.

Les espèces de la mémoire intellectuelle sont donc des conceptions pures qui notent la nouveauté d'une impression, d'une pensée, ou d'un événement, et qui rendent ainsi possible que nous puissions les reconnaître, par après, quand nous les éprouvons, quand nous les pensons ou les évoquons à nouveau. « Il ne peut y avoir aucun vestige corporel de la nouveauté ». Ce que retiennent les espèces de la mémoire corporelle ce sont les traces des choses, ou des événements, les voies de passage des esprits dans les pores du cerveau, et non des pensées que nous avons à l'occasion de la première rencontre de quelque chose.

C'est en même temps que nous sentons, éprouvons ou pensons quelque chose et que nous apercevons le caractère nouveau de cette sensation ou de cette pensée, car les vestiges nécessaires pour le souvenir (*recordatio*) sont précisément ceux que par une conception pure (*intellectio pura*) nous apercevons être nouveaux.

> Pour se ressouvenir, toutes sortes de vestiges que les pensées précédentes ont laissés dans le cerveau ne sont pas propres, mais seulement ceux qui sont tels qu'ils peuvent donner à connaître à l'esprit qu'ils n'ont pas toujours été en nous, mais ont été nouvellement imprimés. Or, afin que l'esprit puisse reconnaître cela, j'estime que lorsqu'ils ont été imprimés la première fois, il a dû se servir d'une conception pure, afin d'apercevoir par ce moyen que la chose qui lui venait alors en l'esprit était nouvelle, c'est-à-dire qu'elle ne lui avait pas auparavant passé par l'esprit [2].

Les impressions qui nous viennent des sens ne portent pas en elles-mêmes le caractère de la nouveauté, mais c'est par une intellection pure, par un jugement, ou une compréhension, de l'esprit que ce caractère lui est

1. *Lettre à Arnauld*, 29 juillet 1648, AT, V, 220; trad. FA, III, 861-862.
2. *Lettre à Arnauld*, 29 juillet 1648, n° 2, AT, V, 220, trad. FA, III, 861.

attaché, pour autant du moins que l'esprit en soit capable, ce qui n'est pas le cas dans l'enfance.

C'est par un acte d'intellection que nous jugeons que nous apercevons quelque chose, qui ne s'est pas présentée auparavant, et c'est ainsi que l'intellect le note. Cette graphie de l'entendement n'est pas seulement la reprise métaphorique de l'engrammatologie. Mais c'est plutôt comme si le souvenir se conservait en lui-même. Cette notation suppose, de façon littérale, un classement des impressions dans le cerveau, où les traces des choses nouvellement perçues se trouvent à un certain endroit du cerveau, ainsi que le souligne l'article 72 des *Passions de l'âme*, où ce classement dans le cerveau paraît répondre aux réquisits de l'entendement, d'une manière qui reste énigmatique et pour laquelle Descartes ne fournit pas de détails supplémentaires. Les espèces de la mémoire intellectuelle sont des pensées réfléchies.

> J'appelle les premières et simples pensées des enfants qui leur arrivent, par exemple, lorsqu'ils sentent de la douleur de ce que quelque vent enfermé dans leurs entrailles les fait étendre, ou du plaisir de ce que le sang dont ils sont nourris est doux et propre à leur entretien; je les appelle, dis-je, des pensées directes et non pas réfléchies: mais lorsqu'un jeune homme sent quelque chose de nouveau, et qu'en même temps il aperçoit qu'il n'a pas senti auparavant la même chose, j'appelle cette seconde perception une réflexion et je ne la rapporte qu'à l'entendement seul – *cum autem adultus aliquid sentit, simulque percipit se prius idem non sensisse, hanc secundam perceptionem* reflexionem *appello, atque ad intellectum solum refero* –, encore qu'elle soit tellement conjointe à la sensation, qu'elles se fassent ensemble, et qu'elles ne semblent pas être distinguées l'une de l'autre [1].

Si l'intentionnalité cartésienne doit reposer sur la mémoire, et sur la dualité et la conjonction de la mémoire intellectuelle et de la mémoire corporelle, c'est parce que le rapport que le sujet entretient avec les choses qu'il sent, qu'il éprouve ou vit, coïncide avec le rapport réflexif qu'il entretient à ses sensations, à ses émotions et à ses pensées. Ainsi loin que la réflexion ne débouche jamais sur le réel, sur lequel portent nos pensées, et que nous soyons enfermés dans le cercle de nos pensées réfléchies, au contraire le rapport avec les choses avec lesquelles nous entretenons une relation – choses corporelles, choses spirituelles, choses qui se rapportent à l'union de l'âme et du corps –, s'enracine dans l'historicité du rapport à soi.

1. *Ibid*, p. 221, trad. p. 862.

C'est d'ailleurs ce que confirme la lecture de la fin de la *Méditation Sixième*, qui porte sur la liaison des événements de notre vie, au moment où il s'agit de dire qu'on est bien sortis du vacillement dans lequel l'argument du rêve nous a plongés. Il apparaît, en conclusion, après tant de chemin parcouru, qu'on a bien raison de rejeter tous les doutes des jours précédents, comme hyperboliques et ridicules, particulièrement l'incertitude si générale touchant la différence du sommeil et de la veille.

> Car à présent j'y rencontre une très notable différence, en ce que notre mémoire ne peut jamais lier et joindre nos songes les uns aux autres et avec toute la suite de notre vie, ainsi qu'elle a coutume de joindre les choses qui nous arrivent étant éveillés [...] lorsque j'aperçois des choses dont je connais distinctement et le lieu d'où elles viennent, et celui où elles sont, et le temps auquel elles m'apparaissent, et que, sans aucune interruption, je puis lier le sentiment que j'en ai, avec la suite du reste de ma vie, je suis entièrement assuré que je les aperçois en veillant, et non point dans le sommeil[1].

L'ordre de la liaison des événements de notre vie résulte d'un acte de réflexion, ou d'une compréhension, qui est seule en mesure de les rapporter à un temps, à un lieu, et surtout à soi-même dans l'historicité d'une vie. Ainsi, la temporalité de la vie humaine ne se ramène pas à une synthèse en quelque sorte passive, où les événements feraient par eux-mêmes boule de neige, car la liaison, l'ordre de la connexion, est plutôt fondée sur une compréhension de ce qui nous arrive, et c'est ce niveau de compréhension qui permet de rapporter ces événements à soi-même. Le rapport à soi est, dans sa dimension historique, la manière dont, en retenant quelque chose qui nous est arrivé, nous retenons en même temps la manière dont nous l'avons perçue, et ce que nous pensions, ou éprouvions à ce moment-là. L'entendement qui s'applique à la liaison des événements ou des pensées, autrement dit, la mémoire intellectuelle, est le nom du rapport à soi, dans sa dimension affective tout autant qu'intellectuelle ou réflexive. Aucune chose intellectuelle n'est ici l'objet propre de l'entendement, et la mémoire intellectuelle porte sur la suite des événements, elle est l'effort pour reconstituer le fil parfois ténu qui relie ensemble les événements de notre vie. La compréhension que nous avons de nous-mêmes et de l'histoire qui nous a constitués, est suspendue à la fragilité de la liaison de nos pensées et des événements de notre vie – liaison rappelée, reconstruite, réélaborée, perlaborée, et qui la plupart du temps nous échappe. Elle est encore affaire d'institution de soi dans la visée morale, autrement dit de ce qui fait qu'à un

1. *Méditation Sixième*, AT, IX, 71, en latin, VII, 89.

moment de notre vie, nous avons éprouvé la nécessité de changer nos habitudes affectives.

C'est que Descartes explique à Chanut, pour répondre à la question des causes qui expliquent que nous aimions une personne plutôt qu'une autre. Outre l'esprit qui nous fait estimer en conscience la valeur de la personne à laquelle on se joint ainsi de volonté, Descartes propose une explication causale qui a trait à la mémoire et à la genèse affective d'un sujet.

> Elle consiste dans la disposition des parties de notre cerveau, soit que cette disposition ait été mise en lui par les objets des sens, soit par quelque autre cause. Car les objets qui touchent nos sens meuvent par l'entremise des nerfs quelques parties de notre cerveau, et y font comme certains plis, qui se défont lorsque l'objet cesse d'agir; mais la partie où ils ont été faits demeure par après disposée à être pliée derechef en la même façon par un autre objet qui ressemble en quelque chose au précédent, encore qu'il ne lui ressemble pas en tout [1].

Cette genèse ou institution affective de la passion amoureuse, il en donne un exemple, en racontant – trait marquant – un événement de sa vie à Chanut, autrement dit, il assigne un sens à un événement passé en en fournissant une compréhension. Et il est bien vrai que comprendre, c'est réaliser, et qu'il n'y a guère de compréhension du passé qui ne s'accompagne de choses nouvelles dans une vie, de changement ou d'instauration de nouvelles habitudes affectives. Le changement a partie liée avec la visée morale.

Ainsi,

> lorsque j'étais enfant, j'aimais une fille de mon âge qui était un peu louche; au moyen de quoi, l'impression qui se faisait par la vue en mon cerveau, quand je regardais ses yeux égarés, se joignait tellement à celle qui s'y faisait aussi pour émouvoir en moi la passion de l'amour, que longtemps après, en voyant des personnes louches, je me sentais plus enclin à les aimer qu'à en aimer d'autres, pour cela seul qu'elles avaient ce défaut; et *je ne savais pas que ce fût pour cela.* Au contraire, *depuis que j'y ai fait réflexion, et que j'ai reconnu que c'était un défaut*, je n'en ai plus été ému [2].

Qu'est-ce qui est un défaut? Le fait de loucher est un défaut dans la symétrie du regard qui a des causes corporelles. Mais le véritable défaut est spirituel et il est du côté de l'aimant; il consisterait précisément à aimer une personne en raison d'un défaut physique ou pire encore en raison d'un

1. *Lettre à Chanut*, 6 juin 1647, AT, V, 56, l. 31-57, l. 11.
2. *Ibid.*, p. 57, l. 11-22, c'est moi qui souligne.

défaut moral. Descartes reste très discret sur la façon dont il a cessé d'être ému, comme si la prise de conscience suffisait à nous désassujettir de nos habitudes affectives. Mais on voit qu'il s'agit plutôt d'une résolution morale, ou de l'institution morale de soi, puisqu'« un homme sage ne se doit pas laisser entièrement aller à cette passion, avant d'avoir considéré le mérite de la personne pour laquelle nous nous sentons émus ». L'exigence morale par rapport à soi-même est une exigence de conscience, qui prescrit que nous réfléchissions aux raisons de nos émotions. Pour les émotions qui nous engagent, telles l'amour ou l'amitié, puisque l'amour nous unit de volonté à une personne, une telle exigence prescrit que nous estimions la personne que nous aimons. Mais Descartes ne fonde pas l'amour seulement sur l'estime ; nous ne pouvons pas aimer tous ceux en qui nous remarquons des mérites égaux, à tout le moins les estimera-t-on également, mais pour l'amour, et les inclinations secrètes qui nous joignent à quelques personnes, elles doivent beaucoup à l'institution affective de soi, à la particularité d'une histoire que nous assumons.

On voit que la visée morale ne s'oriente pas vers son objet – le bien – en général, et la particularité de nos choix, et de nos décisions, n'est pas la marque d'une défaillance, par rapport à l'universel, mais plutôt de l'accomplissement de la résolution ou de la vertu dans une vie qui a ses circonstances particulières. « Lorsque ces inclinations secrètes ont leur cause en l'esprit, et non dans le corps, je crois qu'elles doivent toujours être suivies ; et la marque principale qui les fait connaître, est que celles qui viennent de l'esprit sont réciproques, ce qui n'arrive pas souvent aux autres ». Ce n'est pas que le bien que nous épousons soit toujours particulier, là où le bien, en son concept, devrait être visé dans sa généralité. Au contraire le Souverain Bien doit être pensé comme celui d'un chacun *en particulier.* Car, comme Descartes l'indique à Christine de Suède, le Souverain Bien, rapporté à nous, n'est rien qui ne nous appartienne, et c'est perfection pour nous de l'avoir. Il consiste

> en une ferme volonté de bien faire, et au contentement qu'elle procure. Dont la raison est que je ne remarque aucun autre bien qui me semble si grand, ni qui soit entièrement au pouvoir de chacun. Car, pour les biens du corps, et de la fortune, ils ne dépendent point absolument de nous ; et ceux de l'âme se rapportent tous à deux chefs, qui sont, l'un de connaître, et l'autre de vouloir ce qui est bon ; mais la connaissance est souvent

> au-delà de nos forces; c'est pourquoi il ne reste que notre volonté dont nous puissions disposer [1].

Mais alors, comment la compréhension et la résolution de bien faire peuvent-elles s'imposer, si l'institution affective de soi est corporelle, si elle est constituée par le montage d'un réseau d'habitudes qui se sont progressivement associées et se sont consolidées au cours du temps? La volonté raisonnable peut-elle y suffire? La décision rationnelle change-t-elle nos émotions? C'est plutôt par adresse et par industrie qu'on peut défaire les associations affectives et en instituer de nouvelles, comme le rappelle l'article 50 de la Première partie des *Passions de l'âme*. Certes la force d'âme relève par excellence de la volonté. Et ceux en qui la volonté peut le plus aisément vaincre les passions et arrêter les mouvements du corps qui les accompagnent ont ainsi « les âmes les plus fortes ». Cette prégnance de la « force » de la volonté qui s'éprouve en luttant avec ses propres armes contre les mouvements qui accompagnent les passions, comme par exemple la fuite dans le cas de la peur que la volonté d'être hardi peut arrêter. Les armes sont les jugements fermes et déterminés touchant la connaissance du bien et du mal, selon lesquels cette même volonté a résolu de conduire les actions de sa vie. Mais ce caractère trempé de la résolution et de la force d'âme se mesure en réalité à la modestie de ses actes, qui relèvent essentiellement d'un travail sur soi dans la durée, d'une discipline de nos habitudes et de notre tempérament : une discipline qui nous change en changeant nos habitudes et qui nous conduit en conduisant notre tempérament. Nous sommes au plus près de la problématisation morale de l'union de l'âme et du corps.

C'est elle qui permet à Descartes de rendre compte du rapport des signes et des significations – association de la mémoire habitude et compréhension de l'intellect –, et ainsi de la vie affective et de la force d'âme. La force d'âme consiste, en effet, dans une « archi-écriture », qui inscrit dans les plis de la mémoire de nouvelles habitudes de pensée.

> Encore que chaque mouvement de la glande semble avoir été joint par la nature à chacune de nos pensées dès le commencement de notre vie, on les peut toutefois joindre à d'autres par habitude, ainsi que l'expérience fait voir aux paroles qui excitent des mouvements en la glande, lesquels, selon l'institution de la nature, ne représentent à l'âme que leur son lorsqu'elles sont proférées de la voix, ou la figure de leurs lettres lorsqu'elles sont écrites, et qui, néanmoins, par l'habitude qu'on a acquise en pensant à ce qu'elles signifient lorsqu'on a ouï leur son ou bien qu'on a vu leurs lettres,

1. *Lettre à Christine de Suède*, 20 novembre 1647, AT, V, 82, l. 30-83, l. l. 9.

ont coutume de faire concevoir cette signification plutôt que la figure de leurs lettres ou bien le son de leurs syllabes [1].

Être, ou vivre en, philosophe signifie donc initier de nouvelles habitudes de vie. Nous nous mouvons sur la scène du monde en nous habituant à ressentir nos passions comme des émotions intérieures, c'est-à-dire à détacher nos souffrances de nous comme les émotions intérieures, ou les représentations. C'est dans la morale en effet que l'image de l'association des signes et de la signification, à la fois arbitraire (dualisme) et habituelle (union de l'âme et du corps), s'emploie de la manière la plus utile. Descartes traite dans la morale de l'héroïsme, des romans d'aventure et de la représentation théâtrale, donc de la représentation du moi qui relève de l'émotion intérieure et de la pure affection de soi. La représentation est ce qui est détachable de soi, ce qu'on peut détacher de son propre ressentir afin de le poser devant soi, comme le signe est détachable de la signification qui lui est associée.

L'exemple du théâtre est utilisé pour montrer que les émotions, qu'il nous fait vivre et ressentir, sont en quelque façon détachables du sujet, et qu'il n'y a de représentation sans un tel détachement. Nous rions ou nous pleurons, nous sommes véritablement émus par les passions des héros; nous nous identifions à eux et à leurs émotions dans un pâtir qui est, en sa vérité, un plaisir intellectuel, pris de la représentation, un plaisir de la compréhension et de l'exploration des passions humaines et de la vie affective et psycho-physiologique. Dans l'article 147 des *Passions de l'âme*, consacré à l'étude des émotions intérieures, l'analyse du veuf joyeux est suivie, sans transition, de celle du théâtre.

Par émotion intérieure, ou intellectuelle, il s'agit d'entendre une émotion qui « vient en l'âme par la seule action de l'âme, et [elle est] une agréable émotion excitée en elle-même, par elle-même, en laquelle

1. *PdA*, art. 50, AT, XI, p. 369. On trouve à d'autres reprises l'image de l'association des signes et de la signification. Descartes développe, en effet, une conception du signe hors du contexte de la réflexion sur le langage, dans l'analyse des sensations et des passions, et de l'association des mouvements corporels avec le sens et avec les émotions propres à l'âme. Ce qui vaut comme signifiant, ou comme signifié, peut changer de position suivant les descriptions. Dans le traité du *Monde*, le signe est l'action extérieure qui provoque la lumière et qui renvoie au sentiment, ou encore le signe matériel qui affecte l'ouïe ou la vue suscite le sens, « souvent même sans que nous prenions garde au sens des mots, ni à leurs syllabes ». Et, dans l'expression des émotions, c'est aussi l'action extérieure du visage qui suggère l'interprétation de la passion. Mais dans les *Méditations*, et les *PdA*, la relation entre le signe et le signifié paraît inversé; c'est le sentiment qui devient alors le signifiant. Voir *Le Monde*, chap. I; *Méditation Sixième*, AT, IX, 66 *sq*; La *Lettre à Chanut*, 1er février 1647, AT, IV, 604; La *Lettre à Morus*, du 5 février 1649, AT, V, 278-279.

consiste la jouissance qu'elle a du bien que son entendement lui représente comme sien »[1]. Ce qui la caractérise, c'est donc qu'elle est excitée en elle par elle-même – est une auto-affection de l'âme par elle-même –, à la différence de la passion. Dans l'article 147, c'est l'exemple du veuf joyeux qui est censé nous expliquer ce que sont les émotions intérieures, comment elles ont part à la vertu, et que c'est elles qui ont le plus de pouvoir contre nos passions. Le deuil associe en effet aux larmes que l'attachement pour la défunte et que « l'appareil des funérailles » arrache au veuf joyeux, un certain soulagement, et au moins la conscience qu'il ne souhaiterait pas forcément le retour à la vie de la défunte épouse. Cet exemple est troublant, d'autant qu'il sert à définir le rôle des émotions intérieures dans la vie morale. Il est suivi par celui des roman et du théâtre : « Lorsque nous lisons des aventures étranges dans un livre ou que nous les voyons représenter sur un théâtre, cela excite quelquefois en nous la tristesse, quelquefois la joie, ou l'amour, ou la haine, et généralement toutes les passions, selon la diversité des objets qui s'offrent à notre imagination; mais avec cela nous avons du plaisir de les sentir exciter en nous, et ce plaisir est une joie intellectuelle qui peut aussi bien naître de la tristesse que de toutes les autres passions ».

Nos passions et nos émotions intérieures sont comme l'association des signes et de leur signification. Un tel rapprochement du veuf joyeux et du théâtre ne peut être compris sans supposer que l'affection originaire de l'homme est la joie d'être à soi-même, joie non de se posséder soi-même mais simplement d'exister, joie de l'union de l'âme et du corps, de la facticité lieu de l'affectivité et de l'exposition aux affects. Descartes suggère une pratique de soi, celle du détachement, au sens de la capacité de se déprendre de soi-même, ou de l'esprit de sérieux, et de tout ce qui nous accapare trop pour être important. On peut se rapporter aux événements de notre vie, comme on se rapporte aux représentations théâtrales, être affecté, selon la variété des émotions qui nous affectent, vivre l'aventure représentée, et retirer de la tristesse, ou de l'effroi, une joie dont le motif est le pouvoir d'être affecté et de pouvoir comprendre le sens et la valeur de nos affections. Loin d'être désaffectés, ou désintéressés, nous vivons les aventures, à partir de cette capacité de pouvoir être affectés et de pouvoir réfléchir sur la dimension temporelle, ou historique, de notre affectivité. Et c'est dans une telle affectivité, qui est une forme d'intelligence, que nous éprouvons de l'estime pour les êtres et que nous ressentons la valeur de ceux auxquels nous nous lions, autrement dit, c'est par une forme de détachement, de distance à soi, que nous sommes rendus libres pour entrer

1. *PdA*, art. 91, AT, XI, p. 396.

dans des liens, ou des relations, et nous joindre de volonté à ceux que nous aimons. Ainsi pouvons-nous éprouver nos passions et le monde, comme des représentations[1].

Une dernière occurrence de cette image qui importe à notre propos se trouve dans la *Lettre à Chanut* du 1er février 1648, où il est question de l'amour intellectuelle ou raisonnable, qui est une émotion intérieure, et de l'amour désir, ou amour sensuelle et sensitive, qui est une passion. L'amour raisonnable peut être une véritable amour; on peut vivre dans la présence et parfois dans l'absence de la personne aimée. L'amour n'est pas le besoin physique ni psychique de l'être aimé, où la présence se trouve impérieusement requise, comme massivité rassurante d'un objet entièrement à posséder, car alors aimer un être libre deviendrait problématique. Ainsi dans cet amour, « lorsque notre âme aperçoit quelque bien, *soit présent, soit absent*, qu'elle juge lui être convenable, elle se joint à lui de volonté, c'est-à-dire, elle se considère soi-même avec ce bien-là comme un tout dont il est une partie et elle l'autre ». Elle l'aime déjà, en un sens inconditionnellement, car l'amour intellectuel est la signification même de l'amour. Et certes la présence de l'aimé est la joie de l'aimé, « si elle le possède et qu'elle en soit possédée », et c'est donc une forme de possession ou plutôt d'entre-appartenance des amants qui caractérise un amour heureux. La manière dont l'aimé se joint à l'aimé relève certes de la volonté, mais l'union qui définit l'amour est « réellement et de fait », et c'est une union « en la façon qu'il lui convient d'être jointe ». L'absence de l'être aimé est le mouvement de sa volonté qui accompagne la connaissance qu'elle a d'en être privée, et c'est bien sûr une forme de tristesse. L'amour désir, ou l'amour sensuel, s'inscrit dans l'absence de quelque bien qu'on n'a pas encore, dans le neutre de la non-appartenance et de l'absence, où le mouvement de la volonté qui accompagne ce désir est qu'il lui serait bon de l'acquérir. Mais comme passion toute simple, elle est une attirance physique, déterminée par un certain tempérament du corps et un certain nombre d'histoires personnelles fondamentales pour la genèse du sujet

1. *Lettre à Élisabeth*, janvier 1646, AT, IV, p. 355 : « Or ce qui m'a fait dire, en ce dernier sens, qu'il y a toujours plus de biens que de maux en cette vie, c'est le peu d'état que je crois que nous devons faire de toutes les choses qui sont hors de nous, et qui ne dépendent point de notre libre arbitre, à comparaison de celles qui en dépendent, lesquelles nous pouvons toujours rendre bonnes, lorsque nous en savons bien user; et nous pouvons empêcher, par leur moyen, que tous les maux qui viennent d'ailleurs, tant grands qu'ils puissent être, n'entrent plus avant en notre âme que la tristesse que y excitent les comédiens, quand ils représentent devant nous quelques actions fort funestes; mais j'avoue qu'il faut être fort philosophe, pour arriver jusqu'à ce point ».

affectif bien qu'elles échappent souvent à la conscience du sujet. Des émotions intellectuelles, Descartes dit qu'elles pourraient être en nous, même si nous n'avions pas de corps, à la différence des passions.

Et la même image de l'association des signes et des significations, arbitraire et habituelle, relevant de la distinction réelle de l'âme et du corps et de leur union, répare la fêlure qui distingue radicalement l'émotion de la passion.

> Mais pendant que notre âme est jointe au corps, cette amour raisonnable est ordinairement accompagnée de l'autre, qu'on peut nommer sensuelle ou sensitive et qui [...] n'est autre qu'une pensée confuse excitée en l'âme par quelque mouvement des nerfs, laquelle la dispose à cette autre pensée plus claire en qui consiste l'amour raisonnable. [...] En l'amour on sent je ne sais quelle chaleur autour du cœur, et une grande abondance de sang dans le poumon, qui fait qu'on ouvre même les bras comme pour embrasser quelque chose, et cela rend l'âme incline à se joindre à soi de volonté l'objet qui se présente. Mais la pensée par laquelle l'âme sent cette chaleur, est différente de celle qui la joint à cet objet ; et même il arrive quelquefois que ce sentiment d'amour se trouve en nous, sans que notre volonté se porte à rien aimer, à cause que nous ne rencontrons point d'objet que nous pensions en être digne. Il peut arriver aussi, au contraire, que nous connaissions un bien qui mérite beaucoup, et que nous nous joignions à lui de volonté, sans avoir pour cela aucune passion, à cause que le corps n'y est pas disposé ».

Les pensées ne ressemblent pas aux dispositions du corps et réciproquement, mais certains mouvements sont naturellement joints à certaines pensées et ici il faudrait entendre nature au sens de l'institution, et de l'habitude, de l'association vitale et affective de certaines pensées et de certaines dispositions corporelles ; association qui constitue le soubassement historique de la constitution du sujet affectif.

Lorsque le sujet est pris dans l'*habitus* de la signification, les mots cessent de désigner extérieurement les objets ou les pensées qu'ils visent, ils sont la présence même de cette pensée dans les mots, dans l'immanence de l'association habituelle des mots à leur signification. Le sujet pensant, par la mémoire affective de ses pensées et de ses gestes, est une pensée vivante et sensible, non un simple vêtement jeté sur quelques idées abstraites qu'il voudrait incarner. Ce sujet est le sujet d'une vie ou d'une pensée vivante et temporelle, son corps affectif est tissé historiquement, par l'espacement des signes de l'affectivité. Ce sont ces pensées vivantes, et qui sont devenues sensibles, qui sont compréhensibles.

La représentation du passé

Descartes a envisagé la mémoire non seulement comme imagination reproductrice, mais comme un véritable accès au passé. La mémoire porte chez Descartes sur le passé. Une telle affirmation est manifeste en ce qui concerne le souvenir de nos pensées passées et aussi des événements passés de notre vie. Si on envisage la mémoire et l'oubli au niveau même de la constitution de la vie subjective de l'enfant, autrement dit, de la vie affective du sujet, on voit que la mémoire est doublée d'un oubli aussi profond que l'origine affective du sujet, qui se survit dans la vie adulte et qui est susceptible d'être remémoré. Et si la pensée pense toujours, ce qui est perdu l'est néanmoins pour toujours, quand nous n'en pouvons plus relire les traces. Il est alors « un passé originaire qui n'a jamais été présent », mais qui continue d'agir dans notre vie d'adulte, en expliquant notre vie affective, les plis que nous avons pris, les habitudes affectives par lesquelles nous réagissons à ce qui nous entoure ou nous arrive.

C'est en ce sens que je lis la *Lettre à Arnauld* du 4 juin (ou 16 juillet) 1648. La mémoire intellectuelle a pour fonction de reconnaître la nouveauté comme vécue ou comme pensée, comme nouveauté, comme première fois, « auparavant » qui soudain se comprend, de telle sorte que la compréhension du passé est sa donation elle-même et que la réflexion est la reconnaissance du passé comme *tel*. Le ressouvenir ouvre chez Descartes un autre temps où l'on se rend compte des choses, autrement dit la plupart du temps des erreurs qu'on a commises. Quand la raison nous ouvre les yeux, une erreur dissipée paraît nous donner un sens de plus et ouvrir un autre temps que le passé. Mais en réalité c'est une signification, ou une vérité, du passé que la raison restitue au sujet. C'est une compréhension de soi, une saisie de la fausseté, ou de l'approximation, qui s'exerce dans la relation qu'on entretient à l'endroit des choses, des personnes, et des pensées. La reconstruction du passé est une compréhension qui nous le donne en personne.

Comme l'écrit Merleau-Ponty dans le *Cours du lundi*, la mémoire ne soit pas le contraire de l'oubli. Augustin l'expliquait déjà à propos de la mémoire intellectuelle – en identifiant, l'esprit à la mémoire –, puisque la mémoire se souvient de l'oubli et que l'oubli est encore le souvenir de l'oubli[1]. Et Descartes a mis en œuvre cette vérité dans

1. Augustin, *Les Confessions*, Livre X, chap. XVI, 24 : « Lorsque je nomme l'oubli, je reconnais ce que je nomme ; et comment le reconnaîtrais-je, si je ne m'en souvenais ? Et je ne parle pas du son de ce mot, mais de l'objet dont il est le signe, qu'il me serait impossible de reconnaître si la signification du son m'était échappée. Ainsi, quand il me souvient de la

sa réflexion sur la durée de la pensée, d'une manière qui lui est singulière, et dont on retrouve l'écho par la suite dans la philosophie française, dans la philosophie écrite en français, et pour laquelle la mémoire un objet central de la réflexion.

Et sans doute la phénoménologie pense un oubli plus radical que celui que je présente, un oubli primordial, qui serait comme une immense mémoire originaire, comme le *Léthé*, cet oubli primordial, ou cette réserve, de l'être qui dispense, selon Heidegger, *l'aléthéia*, le dévoilement de l'être. Mais laissons de côté l'aspect ontologique de la question de la mémoire, dont le trait saillant est l'absence de réflexion sur la mémoire corporelle. Penchons-nous plutôt sur la notion merleau-pontienne d'« un passé qui n'a jamais été présent »[1], dont je voudrais dire que ses premiers ébranlements se trouvent dans le traitement cartésien de la mémoire.

Descartes se livre à d'importantes analyses sur les pensées enfantines dans le ventre de la mère, qui constituent la genèse affective du sujet et de la pensée, non seulement parce qu'il montre que nous sommes incapables de nous souvenir de telles pensées qui ne furent jamais présentes, mais parce que dans la *Lettre à Chanut*, du 1er février 1647, les premières pensées affectives de la vie fœtale, et les premières passions, que sont la joie, la tristesse, l'amour et la haine, sont la source à jamais oubliée de la subjectivité affective. La genèse du sujet dans la vie intra-utérine est une reconstruction, une représentation du sujet originairement affectif. C'est si l'on veut une fiction. Et c'est aussi un savoir, celui d'un sujet qui, aussi délié qu'il soit dans l'élément de la pensée, est tissé de traits affectifs historiques.

Dans cette genèse du sujet, la joie est l'affection première. Descartes situe sa naissance dès les premiers commencements de la vie intra-utérine. Il remonte à cette origine de la vie, où la joie accompagne le simple fait d'exister, d'être vivant, de ressentir dans l'élément de l'union de l'âme et du corps : « dès le premier moment que notre âme a été jointe au corps, il est vraisemblable qu'elle a senti de la joie »[2]. La tristesse serait, à ses yeux, pathologique chez le fœtus. Un fœtus qui rechignerait à vivre serait un organisme mal disposé, nativement non-viable, ou rendu tel, par l'agression de l'organisme maternel. Mettre la joie à la racine de la vie affective implique que la naissance ne peut pas changer l'ordre de la constitution

mémoire, c'est par elle-même qu'elle se représente à elle-même; quand il me souvient de l'oubli, oubliance et mémoire viennent aussitôt à moi; mémoire qui me fait souvenir; oubliance, dont je me souviens ».

1. Merleau-Ponty, *Phénoménologie de la perception*, Paris, Gallimard, 1945, p. 289.

2. *Lettre à Chanut*, 1 er février 1647, AT, IV, p. 604.

affective, quelque traumatisante qu'elle soit dans l'effort qu'elle requiert de part et d'autre, et quel que soit le bouleversement qu'elle implique dans le passage à la vie intégralement dépendante du nourrisson. On peut parfois assister à cette béatitude entre faiblesse et souffrances qui caractérise la vie des tout-petits enfants. Mais si la joie est première pour le fœtus, elle l'est durablement.

L'amour est le deuxième affect du fœtus, qui croît immergé dans le liquide amniotique où il puise son alimentation Cet élément de vie est ressenti comme bénéfique. Le sentiment de posséder ce qui contribue à son propre développement se nomme, à ce moment de développement du soi corporel, l'« amour ». Le mouvement corporel qui l'accompagne est une chaleur douce et bienheureuse qui se diffuse des centres vitaux à la périphérie du corps. Mais le fœtus a aussi pu ressentir de la haine, si la mère a absorbé quelque substance qui a appauvri, ou rendu impropre, une telle matière à la consommation. Comment l'altérité s'immisce-t-elle au sein des limites incertaines du corps propre du fœtus ? La vie fœtale est une première forme de l'intériorité, elle est traversée par l'extériorité, sans laquelle il n'y aurait pas de passage d'un affect à l'autre, sans que pour le moment une telle extériorité soit encore vécue comme altérité réelle ou radicale, menaçante ou bénéfique.

La joie intérieure de l'adulte a des soubassements dans la vie intra-utérine ; elle est plus originaire que la passion du même nom qui provient de circonstances extérieures. L'émotion intérieure, ou intellectuelle, « vient en l'âme par la seule action de l'âme, et [elle est] une agréable émotion excitée en elle-même, par elle-même, en laquelle consiste la jouissance qu'elle a du bien que son entendement lui représente comme sien »[1]. Ce qui la caractérise, c'est qu'elle est excitée en elle par elle-même – est une auto-affection de l'âme par elle-même –, à la différence de la passion. Ainsi, comme on le voit, la genèse affective du sujet repose sur une mémoire originaire qui ne fut jamais présente.

Je voudrais conclure ces pages destinées à mettre en relief l'importance de la mémoire dans le mouvement de la pensée – où, comme je l'ai dit, la mémoire n'est jamais conçue sans un oubli qui la double, ni non plus sans donner accès au passé –, en mentionnant deux autres usages de la mémoire et de l'oubli. En deuxième lieu, donc, la mémoire au sens de l'oubli salutaire des raisons métaphysique. Le souvenir des conclusions métaphysiques suffit à la pratique de la vie, il sert en particulier à ne pas éprouver

1. *PdA*, art. 91, AT, XI, p. 396.

dans la vie ordinaire l'union de l'âme et du corps comme une difficulté métaphysique. En troisième lieu, la mémoire au sens disciplinaire, dans l'action, la méditation réitérée comme moyen de pallier la faiblesse l'esprit qui glisse insensiblement dans l'erreur ou la faute.

Le premier usage découle de celui qu'on a précédemment envisagé. On se souvient en effet que qui est difficile à concevoir distinctement, c'est la distinction de l'âme et du corps *et* leur union, car il faut les concevoir à la fois comme deux et comme une seule chose; ce qui se contredit. La distinction réelle de l'âme et du corps est démontrée dans les *Méditations métaphysiques.* Elle appartient au registre métaphysique de l'abstraction, qui apprend au sujet à détacher l'âme des sens – *ad mentem a sensibus abducendam*[1]. Et ainsi, « puisque, dans les *Méditations* que votre Altesse a daigné lire, j'ai tâché de faire concevoir les notions qui appartiennent à l'âme seule, les distinguant de celles qui appartiennent au corps seul, la première chose que je dois expliquer ensuite, est la façon de concevoir celles qui appartiennent à l'union de l'âme avec le corps, sans celles qui appartiennent au corps seul, ou à l'âme seule »[2]. L'union de l'âme et du corps se laisse donc clairement concevoir dans la sensation, le se sentir de l'usage de la vie, plutôt que par l'abstraction philosophique. Ceux qui conçoivent le mieux cette union ne philosophent pas, dit Descartes à Elisabeth le 28 juin 1643, ils considèrent l'âme et le corps comme une seule chose. C'est cela l'union; il n'y a là rien de contradictoire, son registre est vital, humain, et non seulement animal, contemplatif aussi comme est contemplatif l'oubli de soi dans « la relâche des sens et le repos de l'esprit »[3].

Il n'est pas aisé de se placer en même temps sur les deux registres, celui de la métaphysique et celui de la vitalité humaine. C'est pourquoi, dans une parenthèse qui marque l'importance de ce dosage de mémoire et d'oubli, Descartes recommande à Elisabeth de se souvenir des conclusions métaphysiques en laissant dans l'oubli ses démonstrations détaillées. Et

> (supposant que votre altesse avait encore les raisons qui prouvent la distinction de l'âme et du corps fort présentes à son esprit, et ne voulant

1. *Synopsis*, AT, VII, 12
2. *Lettre à Elisabeth*, 21 mai 1643, AT, III, 666.
3. *Lettre à Elisabeth*, 28 juin 1643, AT, III, 693, l. 2; voir aussi la *Lettre à Elisabeth*, de mai ou juin 1645, AT, IV, 220 : « il se faut entièrement délivrer l'esprit de toutes sortes de pensées tristes, et même aussi de toutes sortes de méditations sérieuses touchant les sciences, et ne s'occuper qu'à imiter ceux qui, en regardant la verdeur d'un bois, les couleurs d'une fleur, le vol d'un oiseau, et telles choses qui ne requièrent aucune attention, se persuadent qu'ils ne pensent à rien ».

> point la supplier de s'en défaire, pour se représenter la notion de l'union que chacun éprouve toujours en soi-même sans philosopher ; à savoir, qu'il est une seule personne, qui a ensemble un corps et une pensée, lesquels sont de telle nature que la pensée peut mouvoir le corps, et sentir les accidents qui lui arrivent) [1].

Descartes suppose qu'elle se souvient assez précisément de la démonstration de la distinction réelle de l'âme et du corps, mais il suffirait qu'elle s'en souvienne comme d'une conclusion et oublie *un peu* les raisons dans leur détail. Cet oubli du détail des raisonnements métaphysiques est aussi le souvenir qu'il y a des raisons certaines de distinguer l'âme et le corps. Descartes propose un exact dosage de mémoire et d'oubli de la métaphysique, pour ne pas faire de la distinction réelle de l'âme et du corps une notion pratique vécue, quand ce n'est qu'une proposition métaphysique qui serait contraire, du point de vue pratique, à la vitalité des personnes. Il ne faudrait jamais oublier que la métaphysique n'a pas à être *vécue* ordinairement, mais doit être seulement pensée intellectuellement « fort peu d'heures, par an » … et il ne faut jamais oublier que vivre, éprouver pratiquement et affectivement l'union de l'âme et du corps, est le domaine entier de la vie ordinaire.

Il y a chez Descartes deux pensées tenues ensemble, la métaphysique de l'entendement pur (qu'on retient généralement comme résumant le cartésianisme) et une réflexion sur la vie et sur l'affectivité (où Descartes excède souvent le résumé qu'on fait de lui), en particulier à partir de la correspondance avec Elisabeth. Descartes touche alors à des questions profondes sur la nature de la vie affective et morale qui ne trouvent pas leur place dans la pure métaphysique. Il n'y a rien d'incompréhensible à considérer, comme le dit Descartes, que l'union de l'âme et du corps doive se vivre plutôt que se concevoir par l'entendement. La métaphysique est nécessaire à la connaissance de la pensée. Elle est une partie de la connaissance de soi ; elle nous fait comprendre ce que signifie connaître par idée, et montre de quelle façon les différents objets de la pensée se laissent appréhender ou non par les idées. C'est elle qui, par exemple, nous fait comprendre que la nature du sentir est en réalité une inspection de l'esprit et un jugement. Et, en effet,

> nous disons que nous voyons la même cire, si on nous la présente, et non pas que nous jugeons que c'est la même, de ce qu'elle a même couleur et même figure ; d'où je voudrais presque conclure, que l'on connaît la cire par la vision des yeux, et non par la seule inspection de l'esprit, si par

1. *Lettre à Elisabeth*, 28 juin 1643, AT, III, 693, l. 27-694, l. 6.

> hasard je ne regardais d'une fenêtre des hommes qui passent dans la rue, à la vue desquels je ne manque pas de dire que je vois des hommes, tout de même que je dis que je vois de la cire ; et cependant que vois-je de cette fenêtre, sinon des chapeaux et des manteaux, qui peuvent couvrir des spectres ou des hommes feints qui ne se remuent que par ressorts ? Mais je juge que ce sont de vrais hommes, et ainsi je *comprends*, par la seule puissance de juger qui réside en mon esprit, ce que je croyais voir de mes yeux [1].

Ce qu'on appelle les sens quand on dit percevoir par les sens, ce sont des jugements de l'esprit et non des raisonnements hypothétiques à partir des données des sens. L'acte de sentir consiste à se rapporter *a priori* à (l'unité de) l'objet, ce qui suppose l'unité de l'esprit, et c'est ainsi que le sens s'avère un acte de l'esprit. Dans la perception naïve, quand nous relâchons la bride de l'esprit, selon l'expression de Descartes, l'analyse du morceau de cire restitue par parenthèses nos croyances passées – elle ouvre une scène de remémoration – et trouve l'idée de substance, entendue *a priori* comme nature simple, notion primitive, ou idée innée de chose, et non abstraite de l'expérience sensible. Comprendre dans les *Méditations*, c'est revenir sur ses pas, retracer ses pensées, et ne progresser dans la méditation que par des retours. Comprendre c'est venir à soi, c'être être en mesure de raconter l'histoire de la formation de la pensée, en même temps que se poursuit le fil des raisons selon lequel la pensée s'invente ou se découvre elle-même.

L'approche de la sensation fournie par *Méditation Seconde* ne s'oppose pas à celle de la *Méditation Sixième*, lorsque Descartes met l'accent sur l'utilité vitale de la sensation. La sensation est un rapport pratique au monde qui ne fournit pas de connaissance sur la nature des corps. Descartes a déjà montré que la substance n'est pas connue par les sens, ni par l'imagination, mais par une inspection de l'esprit. À la question de savoir ce que les sens connaissent des corps, la réponse est : rien de ce qui fait leur nature. Au fil de l'ordre s'ajointent des retours, des renvois au chemin parcouru, à un passé plus originaire, qui n'empêchent pas l'esprit de progresser dans le raisonnement. Car le retour mémoriel, en procurant une compréhension du cheminement de la pensée, déploie dans la pensée se faisant une conscience vive de sa nature, de ses opérations et du rapport à ses objets.

Il n'y a pas ainsi de véritable contradiction entre l'intentionnalité théorique, le rapport de l'esprit à la présence de la chose qui est

1. *Méditation Seconde*, AT, IX-1, 25.

objectivement dans les idées que nous examinons réflexivement, et l'intentionnalité pratique, que nous avons entrevue avec la sensation et l'affectivité du sujet incarné. Parce que l'intentionnalité est, chez Descartes, mémorielle ou réfléchissante, le réel *et* son appréhension se forment par la mémoire, dans retour de l'esprit sur ses actes. Il déploie ainsi une relation temporelle et vivante, ouverte aux choses et aux êtres, et à l'effort de compréhension qu'une telle relationalité importe dans la dimension historique de l'institution de soi. Il n'y a pas beaucoup de sens à opposer ces deux conceptions de l'intentionnalité, parce que la connaissance de soi – la compréhension de la nature de l'esprit, de ses actes, de son rapport aux objets – n'est pas plus théorique que pratique.

La connaissance de soi va donc de pair avec l'usage de soi chez Descartes. Mieux nous embrassons la signification de l'unité de l'esprit, mieux nous usons de nos facultés, parce que nous en avons une meilleure conscience. La différence entre le présent et le passé dans le mouvement continu et ininterrompu de la pensée se perçoit à ce que le présent marque des pauses, où l'esprit peut parfois réaliser le chemin parcouru. Le présent de la pensée prend l'allure d'un franchissement de seuils dans la compréhension du passé, franchissement de soi, changement, dont le passé lorsqu'il était présent ne manifestait pas ou pas encore la possibilité. C'est ainsi que le présent tranche sur un passé, qui sans lui se poursuivrait. Ce qui tranche dans la continuation de la pensée, ce qui fait du cheminement plus qu'une synthèse de ses moments, c'est un acte de compréhension ou de réalisation, le retour du soi sur ses pensées par le biais de l'invention des pensées, qui est aussi l'invention du fil temporel des pensées et la construction d'un récit.

On se rapproche ainsi du dernier usage de la mémoire que je voulais mettre en valeur. En effet, si la pensée est une invention au fil des déductions, c'est parce que le retour réflexif sur les pensées passées, et la reprise du passé dans sa différence avec le présent, constitue une ouverture par laquelle l'invention de nouvelles pensées devient possible. La récapitulation du chemin parcouru, dans la *Méditation Quatrième*[1], fournit par exemple une nouvelle lecture de ce que signifie le *Cogito*, cette fois à partir de la notion d'indifférence comme plus bas degré de la liberté. Il y a en un sens différence, répétitions différentes, dans les récits de nos pensées, qui font et défont nos pensées, non au point de faire de l'esprit celui qui diffère de lui-même, comme tout Autre. Mais il s'agit néanmoins d'un récit conçu

1. AT, IX-1, 46-47.

comme cheminement ou déambulation, dans l'invention d'un système de lieux et dans l'orientation de la pensée inventive au fil du temps.

En deçà de l'écriture des pensées, et du retour mémoriel de la pensée, dont on a traité, en mettant en valeur la variété des chemins, Descartes fournit la boussole intérieure qui règle la démarche de la pensée quand elle est inventive, et aussi celle de la vie quand elle est l'invention de formes de vie différentes : liberté entendue au sens d'une mémoire de la résolution, qui est en partie en notre pouvoir, pour autant qu'on emploie assez d'industrie à se dresser et à se conduire [1]. Finalement, la liberté est une pratique de soi qui prend la forme de la méditation réitérée et du règlement de soi, de cette forme de la résolution en quoi consiste la vertu. Il s'agit de la mémoire au sens de la discipline ou du gouvernement de soi, suivant la belle expression de Foucault.

Il nous appartient en effet de graver en notre mémoire et de

> retenir fermement la résolution de ne jamais donner mon jugement sur les choses dont la vérité ne m'est pas clairement connue. Car quoique je remarque cette faiblesse en ma nature, que je ne puis attacher continuellement mon esprit à une même pensée, je puis toutefois, par une méditation attentive et souvent réitérée, me l'imprimer si fortement en la mémoire, que je ne manque jamais de m'en ressouvenir, toutes les fois que j'en aurai besoin, et acquérir de cette façon l'habitude de ne point faillir [2].

La liberté n'est pas un pouvoir métaphysique séparé, transcendant le cours des pensées ou des événements, et qui règlerait en quelque façon la pensée et l'action souverainement. Penser ou vivre d'une façon inventive, c'est pouvoir se tenir aux jugements et aux décisions qui sont les nôtres, mais c'est aussi pouvoir en changer, et modifier ses habitudes de pensée et ses manières d'agir, si l'on estime que c'est faire bien. La liberté est prise dans le flux immanent de la constitution des habitudes, qu'elle contribue à consolider et parfois à défaire. C'est le rapport à soi qui permet de se déprendre de soi, et de se résoudre parfois à changer à ou penser autrement.

1. *PdA*, I, art. 50, AT, XI, 370.
2. AT, IX-1, 49.

CONCLUSION

INTENTIONNALITÉ ET INSTITUTION DU SUJET

Nous avons restitué les sources médiévales de l'intentionnalité. Ce qui se constitue au travers du lexique de l'intentionnel et de l'objectif chez Thomas d'Aquin, chez Duns Scot, et dans la critique des êtres intentionnels chez Guillaume d'Ockham et dans le nominalisme, c'est un rapport de l'esprit aux objets qui doit être bien pensé en termes d'ouverture et de visée. Notre parcours des théories médiévales de l'intentionnalité a montré que nous avions affaire aux prémices de la corrélation du sujet et de l'objet. Dans cette généalogie médiévale, on assiste à la mise en place d'une théorie de la représentation chez Duns Scot, dont on retrouve certains prolongements jusque dans l'idéalisme transcendantal. Ce qui se joue dans cette théorie de la représentation, c'est le rapport de l'esprit et de ses actes noétiques aux objets. Cependant les transformations que Descartes fait subir à la gnoséologie médiévale, par la critique des espèces intentionnelles et le refus du problème médiéval de la distinction entre la connaissance intuitive et la connaissance abstractive, visible dans la définition qu'il donne de l'*intuitus* dans les *Regulæ*, nous invitent à nous demander si finalement l'intentionnalité a une réelle importance dans sa pensée.

Dans la notion de réalité objective de l'idée, on a affaire à la présence objective qui doit être entendue moins comme une *res*, comme une petite chose-pensée qui se glisserait entre l'esprit et les choses, que comme une manière de considérer l'idée elle-même. Le sujet cartésien peut percevoir plus ou moins clairement et distinctement la chose dont il a l'idée. Comme l'idée est toujours une idée de chose, il arrive que pour savoir si l'idée est véritable on doive examiner ce qu'on pense, en y réfléchissant. La pensée ne s'identifie certes pas à la réflexion, et penser n'est pas nécessairement réfléchir chez Descartes, mais il se peut néanmoins que pour penser quelque chose véritablement nous ayons à y réfléchir. La réalité objective de l'idée est l'objet de nos pensées réfléchies et non pas le contenu représentationnel que l'esprit devrait nécessairement poser *pour* penser. La réalité objective de l'idée ne sert pas à expliquer la nature de la pensée et elle n'en est pas la condition de possibilité. Chez Descartes, la visée d'extériorité est constitutive de l'esprit, quand « on lui relâche la bride », mais elle repose sur le rapport de l'esprit à ses idées, autrement dit sur le rapport à soi. La transparence ne caractérise pas le rapport de l'esprit aux choses ni à lui-même. On a tort de réduire la clarté et la distinction à l'idéal de la transparence dans la pensée, qui se concrétise dans des idées adéquates.

> Car il y a bien de la différence entre avoir une connaissance entièrement parfaite, de laquelle personne ne peut jamais être assuré, si Dieu ne le lui révèle, – *cognitionenem plane adæequatam, quod nunquam certo scire possumus an sit verum, nisi a Deo reveletur* – et avoir une connaissance parfaite jusqu'à ce point que nous sachions qu'elle n'est pas rendue imparfaite par aucune abstraction de notre esprit. Ainsi, quand j'ai dit qu'il fallait concevoir *pleinement* une chose, ce n'était pas mon intention de dire que notre conception devait être entière et parfaite, mais seulement, qu'elle devait être assez distincte, pour savoir que cette chose était complète – *cum dixi rem intelligendam esse* complete, *sensus non erat intellectionem debere esse adæquatam, sed tantum rem satis debere intelligi, iut scire esse* completam [1].

L'esprit humain n'est pas capable d'avoir des idées adéquates, entières et parfaites, mais il peut avoir l'intellection d'une chose complète, c'est-à-dire d'une substance à partir de son attribut principal. La connaissance de la chose par l'attribut principal est suffisamment distincte pour être la connaissance pleine d'une chose, c'est-à-dire la connaissance que l'idée est bien l'idée d'une chose vraie et existante, qui relève de l'étendue ou de la pensée ou encore de l'union de l'âme et du corps.

Une idée vraie est une idée qui représente à l'esprit une chose réelle et positive. L'idée matériellement fausse est dès lors une idée qu'on n'appelle fausse, « que parce qu'étant obscure et confuse, je ne puis discerner si elle me représente quelque chose qui, hors de mon sentiment, soit positive ou non; c'est pourquoi j'ai occasion de juger que c'est quelque chose de positif, quoique peut-être ce ne soit qu'une simple privation » [2]. L'obscurité et la confusion des idées sensibles expliquent que nous avons du mal à voir si elles nous représentent quelque chose. La vivacité du sentiment de chaud

1. *Quatrième Réponses*, AT, IX, 172; AT, VII, 221, l. 6-14.
2. *Ibid.*, AT, IX, 181; VII, 234, l. 13-18.

ou de froid est une forme de clarté, mais le fait que nous soyons tentés de prendre une privation, comme la froideur, pour quelque chose de réel, c'est-à-dire pour une chose ou une propriété d'une chose, nous la fait connaître comme une idée confuse et obscure, et elle nous donne ainsi l'occasion de juger faussement qu'elle exhibe une chose véritable ou positive. Entre l'idée vraie et l'idée fausse se trouve l'abîme qu'il y a entre reconnaître une chose positive hors de l'esprit et croire qu'il y a dans l'objet quelque chose qui cause en nous les sentiments. On ne se trompe néanmoins que si l'on identifie cette cause à une propriété qualitative de la chose, mais si on y voit quelque chose d'indéterminé qu'on remarque ne pas connaître, alors le jugement n'est pas erroné[1].

Descartes est loin de considérer que l'objet des idées vraies soit quelque chose d'indéterminé, un objet en général, ni même qu'il soit déterminable pour autant qu'il est un objet en général réductible au représentable. Si la chose est quelque chose à connaître, ce n'est pas que la chose soit une notion transcendantale, réduite au connaissable, mais plutôt qu'elle est positive, réelle ou véritable. L'esprit connaissant est attentif aux choses et se modalise sur elles pour les connaître, selon leur détermination ontologique propre ou si l'on veut selon leur donation : l'âme et ses affections sont connues par l'entendement, le corps par l'entendement aidé éventuellement de l'imagination, et l'union de l'âme et du corps par le sens ou le sentiment. C'est de cette manière que se décline l'intentionnalité en contexte cartésien. On a ainsi expliqué que les idées du moi et de Dieu sont véritables parce qu'elles représentent une chose vraie et positive. Ils sont les premiers principes de la métaphysique de la connaissance. Ainsi la preuve de l'existence n'est pas tant un discours qui fait recours à l'application sèche de la cause efficiente sur le contenu de l'idée, qu'un examen attentif de la réalité objective des idées dans leur visée d'extériorité. Cette attention débouche sur une chose existante et véritable présente objectivement à l'esprit, pour autant qu'on a reconnu que Dieu est source des vérités et qu'il assure que tout ce que nous concevons clairement et distinctement est vrai.

La *res* ne joue pas chez Descartes le rôle d'un transcendantal, dans le sens qui est celui de la théorie médiévale des transcendantaux ou dans son acception scolastique qui la prolonge, et dont on reconnaît les traces jusque

1. *Principes*, I, art. 70, AT, IX-2, 57. : « Tant que nous nous contentons de croire qu'il y a je ne sais quoi dans les objets (c'est-à-dire dans les choses telles qu'elles soient) qui cause en nous ces pensées confuses qu'on nomme sentiments, tant s'en faut que nous nous méprenions, qu'au contraire nous évitons la surprise qui pourrait faire méprendre, à cause que nous nous emportns à juger téméairement d'une chose que nous remarquons ne pas connaître ».

dans l'idéalisme transcendantal de Kant. Descartes délaisse la problématique médiévale et scolastique des transcendantaux, parce qu'il est attentif aux choses existantes, dans la particularité de leur détermination ontologique, et non pas à la généralité de l'étant. Il échappe à la théorie médiévale des transcendantaux jusque dans la manière dont il rend problématique la convertibilité entre le vrai et le bien.

Descartes paraît en effet traiter du vrai et du bien de la même façon, comme si l'on pouvait mettre quasiment sur le même plan la façon dont l'esprit connaissant représente ses objets à la façon dont la volonté tend vers le bien qui est son objet. « Car il nous est toujours possible de nous retenir de poursuivre un bien clairement connu ou d'admettre une vérité évidente, pourvu que nous pensions que c'est un bien d'affirmer par là notre libre arbitre »[1]. Comment la volonté se comporte-t-elle à l'endroit d'une vérité que lui représente l'entendement? Est-ce de la même façon que quand elle se représente un bien et le recherche? Sommes-nous dans le même rapport au vrai quand nous recherchons la vérité et quand nous tendons vers quelque bien?[2]

La vérité dans la connaissance est susceptible d'une définition nominale en termes de conformité de la pensée avec l'objet. D'une façon plus éclairante, mais qui reste cependant purement formelle, la vérité est le caractère d'une pensée qui satisfait les conditions de l'évidence. On peut aussi caractériser les choses qui sont hors de la pensée comme *vraies*, et ce terme signifie alors que ces choses peuvent servir à des pensées véritables. Mais le bien n'est pas pour sa part définissable d'une façon seulement formelle. On peut certes dire qu'il est l'objet de la volonté et que si l'esprit peut se retenir de poursuivre quelque bien représenté clairement par l'entendement, c'est parce qu'il y a quelque bien dans l'affirmation du libre-arbitre, qui peut être considéré plus grand que le bien représenté précédemment par l'entendement. C'est dire que formellement la volonté est entièrement libre de se déterminer et que l'indifférence y est positive.

Mais la volonté est-elle aussi libre à l'égard du vrai qu'à l'égard du bien? Dans la connaissance de la vérité, quand on a formé un jugement vrai à propos d'une certaine question, la recherche s'achève. Elle peut être relancée sur une autre question. Dans la recherche du bien, le connaître est une chose et le poursuivre une autre; cela explique qu'on puisse suspendre

1. *Lettre à Mesland*, 9 février 1645, AT, IV, 173, l. 20-23 : « Semper enim nobis licet nos revocare a bono clare cognito prosequendo, vel a perspicua veritate admittenda, modo tantum cogitemus libertatem abitrii nostri per hoc testari » ; trad. FA, III, 552.

2. Voir D. Kambouchner, *Descartes et la philosophie morale*, *op. cit.*, « Liberté et structure de l'âme », § 3 *sq.*, p. 45-75.

son jugement et même épouser quelque autre bien différent du parti qui nous a précédemment paru être le meilleur. Il semble qu'aucune représentation objective du bien, quelque propension qu'elle excite, ne soit entièrement déterminante par rapport à la volonté. D'une grande lumière dans l'intellect s'ensuit une grande propension dans la volonté. La liberté cartésienne est sans conteste une liberté éclairée. Mais que l'on puisse suspendre son jugement ou épouser un bien différent de celui qui est représenté par l'entendement comme vrai montre que la volonté éprouve une inclination qui est plus déterminante dans la connaissance de la vérité que dans la recherche du bien. Le bien suppose en effet un rapport particulier à la personne qui s'arrête à tel bien ou bien décide de poursuivre la recherche. La détermination du bien est comparative, bien plus que ne saurait être la connaissance de la vérité. Cela ne signifie pas que la valeur des choses soit l'objet d'un calcul en termes de peine et de plaisir, mais qu'elle relève de jugements qui sont nos principales armes pour nous arrêter à des résolutions prises. L'expérience du bien est un sentiment, un élan ou une propension, plus souvent qu'elle n'est une représentation objective et cela fait que dans la poursuite du bien le bien éprouvé outrepasse toute détermination du bien comprise seulement comme objet connu ou représenté. On ne peut donc pas mettre sur le même plan le rapport que la volonté entretient avec le bien et avec la vérité.

Que la personne soit concernée en particulier signifie que le bien n'est pas seulement visé dans une représentation objective, mais qu'il est éprouvé dans une expérience qui ne relève pas uniquement de la saisie intellectuelle. Cela est manifeste pour les passions de l'âme qui sont causées et entretenues par les esprits animaux. On distinguera par exemple la passion de l'amour du jugement qui la porte à se joindre de volonté avec les choses. On la distingue aussi des émotions intellectuelles, que les seuls jugements excitent en l'âme, comme c'est le cas de l'amour intellectuel. Mais notre bien et notre mal dépendent principalement des émotions que Descartes nomme intérieures, qui se rattachent à un sentiment de soi, et ne conduit pas à la saisie claire d'un objet qu'on nommerait le soi. L'article 147 des *Passions de l'âme* souligne que les émotions intérieures sont excitées en l'âme par l'âme elle-même. Elles se distinguent des passions tout en étant des affects ou des émotions. Elles sont une auto-affection de l'âme. Le sentiment de soi est alors un rapport actif à ses propres affections, qui est le cœur de la vertu, par exemple dans la générosité, et dont la lecture des romans comme la représentation théâtrale peuvent nous donner une certaine expérience. Car nous sommes émus intellectuellement non pas par un jugement, mais par la représentation d'une âme forte qui se trouve affectée, et nous éprouvons un plaisir intellectuel à suivre l'action et à être émus par les mêmes affections que celles des héros. Le plaisir esthétique ou intellectuel est ici un *analogon* qui nous permet de nous représenter les évènements de notre vie, en portant notre attention sur le sentiment de soi, sur la force ou sur la faiblesse de notre âme, qui se distingue et qui s'éprouve dans la manière dont elle est affectée, plus ou moins librement ou activement, par les choses, les personnes et les évènements. Les romans et le théâtre sont l'occasion d'une culture du sentiment de soi qui s'exerce ordinairement dans la vie.

On voit ainsi que dans la visée intentionnelle du bien, il est moins question d'une visée objective que d'un rapport affectif à soi, où le bien est senti au travers de l'expérience de soi plutôt qu'il n'est représenté. En l'occurrence, les seules représentations de nous-mêmes que nous puissions avoir dans le registe de l'âme, où elle est considérée à part au sein de l'union de l'âme et du corps, sont nos jugements, que l'article 48 des *Passions de l'âme* désigne comme nos propres armes dans l'institution de la force d'âme. Le sentiment de soi, l'institution de soi, ce n'est pas la projection d'un idéal du moi, le fantasme d'un moi objet idéal, c'est plutôt une pratique de soi ou une culture du rapport à soi, autrement dit un dressage de l'affectivité dans le rapport aux choses et aux personnes.

Doit-on, dès lors que le rapport à soi est constitutif de la visée de l'extériorité, considérer que la notion d'intentionnalité permet de rendre compte de la pensée cartésienne ? Tout dépend de la définition qu'on donne à la notion d'intentionnalité. Car si elle est bien la capacité de l'esprit à tendre vers des objets, si par les objets, on doit entendre non la chose existante, la *res*, mais l'objectivité en général présente à l'esprit, alors Descartes s'est effectivement émancipé du devenir de cette notion d'intentionnalité ou, si l'on préfère, sa philosophie s'écarte de cette conception du rapport de l'esprit aux choses. Mais, à vrai dire, la notion de l'intentionnalité ainsi conçue, suppose une opposition ou un face-à-face du sujet et de l'objet; elle finit par y souscrire ou par y tomber, soit parce que la nature se réduit finalement au système des concepts de l'entendement, soit parce que la constitution suppose l'horizon de l'objet transcendantal = X comme foyer de la constitition.

La compréhension de l'intentionnalité comme visée pure de l'objet en général a pour caractéristique d'être une forme d'abstraction, son sens est strictement gnoséologique ou noétique, et elle est désinvestie de la dimension vitale de la pensée s'exerçant ordinairement dans la pratique. Or Descartes accorde une place de choix à la pratique. La philosophie n'est pas seulement l'étude de la sagesse, la connaissance de la vérité par ses premières causes métaphysiqes. Elle a en effet trait à la vie, parce qu'elle consiste en une parfaite connaissance de ce que l'homme peut savoir pour *la conduite de la vie*, et que « c'est proprement avoir les yeux fermés sans tâcher de les ouvrir, que de vivre sans philosopher »[1]. La principale utilité de la philosophie se trouve dans la pratique et la sagesse s'accomplit dans l'art de se conduire, et dans l'exercice réglé des facultés, ou dans le bon usage du libre arbitre qui est le souverain bien.

L'importance que Descartes accorde aux choses existantes, et aux genres de choses dans la connaissance, nous permet donc de montrer les limites de la notion d'intentionnalité. J'ai affirmé dès le début de l'ouvrage que l'intentionnalité devait être entendue plutôt au sens d'une corrélation du sujet et de l'objet que comme une opposition ou un face à face du sujet et de l'objet. En montrant que chez Descartes, l'intentionnalité renvoie moins au problème de l'objet en général et plutôt à celui de la manière dont l'esprit se rapporte aux choses existantes par ses principales idées, cette notion permet bien de rendre compte de sa philosophie de la connaissance et des idées, du moins dans la manière dont j'en reconstruis l'histoire à partir du Moyen Âge. Car une des limites que le cartésianisme impose à l'extension de l'intentionnalité au domaine de la pensée est le refus que la transcendance et l'altérité radicale soient l'horizon de vérité du rapport aux choses et aux personnes; c'est plutôt dans l'immanence du rapport à soi, dans l'élément de la réflexion, qu'il convient d'envisager chez Descartes l'attention pour les choses et les personnes. Les autres limitations sont liées à l'histoire de la représentation et à la causalité métaphysique. Avec Descartes, l'intentionnalité ne constitue pas la ruine de la représentation, mais la fonction représentative de l'idée est ce qui fait au contraire que l'idée est idée de quelque chose, sans qu'on doive néanmoins poser des contenus de la représentation, ce qui la réifie. Et, en outre, l'intentionnalité en contexte cartésien n'est pas totalement indifférente à la causalité efficiente.

On trouve, chez Guillaume d'Ockham, la critique la plus radicale des contenus représentationnels. Guillaume d'Ockham critique en effet les êtres intentionnels de Hervé de Nédellec et de Pierre d'Auriole. Il comprend la présence intentionnelle comme une entité, là où ces auteurs réfléchissent sur les modes d'apparaître, ou encore sur un mode de présentation de l'objet corrélatif au mode de présence à quelque chose, qui serait caractéristique de l'esprit. Cette présence objective, que ces auteurs nomment « présentialité », n'est pas un intermédiaire mental, un mode d'être qui appartiendrait objectivement au mental, un *esse obiectivum*, ou

1. *Lettre-préface à l'Édition française des Principes*, AT, IX-2, p. 3, l. 24-26.

représentatif, comme chez Duns Scot, ou un être intentionnel immanent à l'esprit, qui seraient une sorte d'écran entre l'esprit et les choses. La distinction entre présence et présentialité (*præsentia / præsentialitas*) vise en réalité à décoller l'existence de l'objet de son mode d'apparaître à l'esprit. Ce qui se manifeste, chez ces auteurs, relèverait plutôt d'une conception pré-phénoménologique de l'intentionnalité.

Ainsi au lieu de faire de Descartes, avec la réalité objective de l'idée, un tenant du mode d'être objectif, plus rigide que ne le sont certains médiévaux, ou que Suárez lui-même, il est possible d'envisager la clarté et la distinction des perceptions comme un mode de présence ou d'apparaître plutôt que comme un caractère psychologique réifiant, qui accompagne un contenu mental, ou encore une représentation évidente. Mais la conceptualité et le lexique phénoménologiques ne nous sont pas d'une grande utilité pour rendre compte de la réalité objective des idées dans le cartésianisme, non seulement en raison du caractère anachronique qui consiste à décrire le lexique de l'âge classique en le traduisant dans celui de la phénoménologie, mais aussi parce que le lexique phénoménologique repose précisément sur la critique du cartésianisme, ou de la conception qu'elle s'en fait. Comment, dans ces conditions, ne pas être conduit à fausser la conception qu'on décrit avec un lexique qui lui est si contraire ? Mais nous disposons d'un lexique, ou d'une articulation philosophique, historiquement plus précis, et mieux adaptés à la nature de l'objectivité dans la théorie cartésienne des idées. En effet, la reprise nominaliste du lexique scotiste, qui est devenue l'idiome courant du réalisme direct, à la fin du Moyen Âge, est mieux adaptée, à notre avis, pour la décrire. Et c'est l'adaptation arnaldienne de ce lexique à celui de la fonction représentative des *idées*, nouveau au XVIIe siècle pour parler de la pensée humaine, qui est la façon la plus convaincante de rendre compte de la réalité objective des idées chez Descartes.

Ce lexique permet, en effet, à Arnauld de faire valoir la différence entre la présence réelle et la présence objective et d'identifier la perception, ou la modification de l'âme, avec l'idée de la chose, comme deux rapports : de notre âme apercevant un carré, par exemple, ou du carré comme présent objectivement dans l'âme[1]. Il restait à se demander si la manière dont Arnauld rend compte de la fonction représentative des idées est entièrement fidèle à la notion de réalité objective de l'idée chez Descartes. On a pu voir que les différences d'accent ne faussaient pas l'intention de la philosophie cartésienne.

1. Voir Arnauld, *VFI*, chap. V, Déf. 6.

Je me suis penchée sur les prétendus préjugés des classiques : la réification de l'être objectif et l'application métaphysique de raisonnements de causalité en lieu et place de la visée intentionnelle, le prétendu intellectualisme du cartésianisme. J'ai voulu montrer à quel point ce sont là plus souvent des préjugés qui courent *à propos* des classiques plus nombreux que ceux *des* classiques.

Dans la problématique médiévale du *subjectum* de la pensée, on peut voir les prémices de la notion de sujet, bien que ce soit dans certaines limites assez strictes, que j'ai relevées, et qui sont liées à ce que la corrélation du sujet et de l'objet est seulement en train de se constituer à cette époque. Pour mettre en valeur le « sujet cartésien », il fallait assigner la place de l'*ego* comme fondement transcendantal et métaphysique de la connaissance, en l'envisageant parmi les autres aspects, constitutifs de la vie du sujet, *i.e.* selon les différents aspects de l'institution de soi qui est affective, personnelle et morale. Il fallait déplacer le rapport aux objets vers le rapport temporel à soi, vers la place de l'autre qu'il implique, dans la mesure où une telle relation temporelle à soi, constitutive de la formation de soi, suppose l'horizon de la vérité et de la critique.

Car si on éprouve la nécessité de se penser dans un rapport à la vérité, c'est parce que le rapport à soi est le cœur du rapport ou de l'attention à autrui. Il est ainsi non seulement ce qui nous tient dans l'ouverture et l'attention pour nos proches et pour leurs pensées et leurs sentiments, mais aussi ce qui nous maintient dans la relation à nos interlocuteurs, présents et passés, qui sont nos contemporains dans le champ de la pensée et de la réflexion philosophique. L'intentionnalité chez Descartes relève de la mémoire, ou de la réflexion sur ses pensées, autrement dit, de la critique des préjugés. Le rapport à soi est d'ordre mémoriel. Mémoire est donc le nom véritable du rapport intellectuel et affectif à soi. L'intentionnalité est soutenue par un rapport temporel à soi, durée de la pensée, compréhension des événements et de la suite de notre vie. La critique porte alors sur la manière dont on se croyait au champ même de la vérité, alors qu'on était assujetti aux préjugés et déterminés à penser de l'extérieur. Le rapport à soi est le cœur de la critique de nos préjugés et, dans sa dimension historique, il appartient à l'histoire du dire-vrai (ou de la *parrêsia*), comme le dit Foucault.

> Le projet moral, qui est présent dès le début de l'entreprise cartésienne, ce projet de morale n'est pas simplement un additif à un projet essentiel qui serait celui de fonder une science. Il me semble que, dans le grand mouvement qui va depuis l'énonciation en première personne de ce que Descartes pense vrai dans la forme de l'évidence jusqu'au projet final de conduire les

> hommes jusque dans leur vie et dans la vie de leur corps, vous avez là la grande reprise de ce qu'était la fonction parrèsiastique de la philosophie dans le monde ancien [1].

Et c'est la raison pour laquelle l'intentionnalité de la pensée est aussi pratique chez Descartes. Certes cette pensée est peut-être pour une bonne part au-delà de ce que Descartes a pu envisager dans les quelques textes où il réfléchit sur la politique, mais son projet philosophique n'est pourtant pas étranger au projet pratique de la philosophie, tel qu'il est par exemple envisagé par Foucault[2]. Dans la visée de l'extériorité, comme dans la manière dont la volonté tend vers ses objets, l'essentiel se trouve moins dans l'objectif que dans la transformation du rapport à soi et à ses objets. L'objet de nos pensées est une chose vraie, parce qu'elle finit par requérir de nous un déplacement par rapport à elle ou une transformation du rapport que nous entretenons avec elle. L'expérience de la conscience est l'effet en retour de l'existence véritable des choses sur notre manière de les penser. Elle nous fait éprouver une certaine assurance qui n'est pas dogmatique.

1. M. Foucault, *Le Gouvernement de soi et des autres, Cours au Collège de France. 1982-1983,* éd. F. Ewald et A. Fontana, F. Gros, Paris, Hautes Études-Gallimard-Seuil, 2008 : (Leçon du 9 mars 1983, p. 321-322). Sur Foucault et Descartes, voir mon article « La Vérité du sujet. Descartes et Hegel dans l'histoire de la subjectivité » dans D. Boquet, B. Dufal et P. Labey (dir.), *Une histoire au présent. Michel Foucault et les historiens,* Rennes, PUR, 2012.

2. *Ibid.*, p. 326 : « Elle [la philosophie] aurait également bien tort de vouloir se donner pour mission la libération ou la désaliénation du sujet lui-même. La philosophie n'a pas à dire ce qu'il faut faire dans la politique. Elle a à être dans une extériorité permanente et rétive par rapport à la politique, et c'est en cela qu'elle est réelle. Deuxièmement, la philosophie n'a pas à partager le vrai et le faux dans le domaine de la science. Elle a perpétuellement à exercer sa critique à l'égard de ce qui est leurre, tromperie et illusion, et c'est en cela qu'elle joue le jeu dialectique de sa propre vérité. Enfin troisièmement, la philosophie n'a pas à désaliéner le sujet. Elle a à définir les formes dans lesquelles le rapport à soi peut éventuellement se transformer. La philosophie comme ascèse, la philosophie comme critique, la philosophie comme extériorité rétive à la politique, je crois que c'est cela le mode d'être de la philosophie moderne ».

OUVRAGES CITÉS

ŒUVRES DE DESCARTES

DESCARTES, René, *Œuvres*, publiées par Charles ADAM et Paul TANNERY, nouvelle présentation par Bernard ROCHOT et Pierre COSTABEL, 11 vol., Paris, Vrin, CNRS, 1964-1974 (l'édition est citée AT, suivi du volume et de la page, éventuellement des lignes).

– *Œuvres philosophiques de Descartes*, édition de Ferdinand Alquié, 3 tomes, Paris, Garnier-Frères, 1963-1973 (l'édition est citée FA, suivi du tome et de la page).

– *L'Entretien avec Burman*, édition, traduction et annotation par J.-M. Beyssade. Suivi d'une étude sur *RSP ou le monogramme de Descartes*, Paris, P.U.F., 1981.

AUTEURS ANCIENS ET MÉDIÉVAUX

ALBERT LE GRAND, *De intellectu et intelligibili*, éd. A. et E. Borgnet, t. 9, (p. 477-521), Paris, 1890.

ARISTOTE, *Métaphysique*, trad. Jean Tricot, Paris, Vrin, 1986.

– *Traité de l'âme*, trad. Jean Tricot, Paris, Vrin, 1972.

– *Physique*, trad., présentation et notes, par P. Pellegrin, Paris, GF-Flammarion, 2000.

– *Petits traités d'histoire naturelle*, trad., présentation et notes, par P.-M. Morel, Paris, GF-Flammarion, 2000.

AUGUSTIN, *De Diversis quaestionibus LXXXIII*, trad. G. Bardy, J.-A. Beckaert, J. Boutet, Paris, Bibliothèque Augustinienne (vol. 10), 1952.

– *De libero arbitrio*, Paris, Bibiothèque Augustinienne (vol. 6), 1952.

– *Confessiones*, introd. et notes de A. Solignac, trad. E. Tréhorel et G. Bouissou, Bibliothèque Augustinienne (vol. 13 & 14), Paris, 1962.

AVERROÈS, *Averrois Cordubensis commentarium in Aristotelis de anima libros*, éd. F. S. Crawford, Cambridge (Mass.), The Medieval Academy of America, 1953.

– *L'Intelligence et la Pensée. Grand Commentaire du* De Anima. *Livre III (429 a 10-435 b 25)*, trad. A. de Libera, Paris, GF-Flammarion, 1998.

AVICENNA LATINUS, *Liber de philosophia prima sive scientia divina*, éd. S. Van Riet, introd. G. Verbeke, Louvain - Leyde, Peeters - Brill, 2 vol., 1977 et 1980.

GUILLAUME D'OCKHAM, *Guillelmi Ockham Opera philosophica et theologica*, St. Bonaventure, New York, 1974-1986

– *Scriptum in primum librum Sententiarum ordinatio*, *Opera theologica*, vol. I-IV (*Oth*, I-IV), 1974-1986.

– *Quodlibeta*, *Oth*, IX, éd. J. C. Wey, 1980.

– *Quaestiones in libros Physicorum Aristotelis*, éd. St. Brown, *Oth*, VI, 1984.

– *Somme de logique*, *SdL*, I, trad. J. Biard, Mauvezin, TER, 1988.

– *Somme de logique*, *SdL*, II, trad. J. Biard, Mauvezin, TER, 1996.

– *Somme de logique*, *SdL*, III (1), trad. J. Biard, Ch; Grellard, K.-S. Ong-van-Cung, Mauvezin, TER, 2003.

– *Somme de logique*, *SdL*, III (2), trad. J. Biard, Ch. Grellard, K.-S. Ong-van-Cung, Mauvezin, TER, 2008.

HENRI DE GAND, *Henrici Gandavo Opera Omnia*, éd. G. A. Wilson, Leuven 1991 ; *Quodlibet*, t. XI.

HERVÉ DE NÉDELLEC, *Tractatus de secundis intentionibus*, édition incunable, Paris, 1489.

JEAN BURIDAN, *In Metaphysicam Aristotelis questiones*, Paris, 1588, reprod. Minerva, Frankfurt a. M., 1964.

JEAN DUNS SCOT, *Opera Omnia*, édition critique, dite édition vaticane, établie par la Commission Scotiste sous la direction de C. Balic, Rome, 1950 (premier tome paru) ; *Ordinatio*, I, (t. I à VI).

– *Ioannis Duns Scoti … Opera Omnia*, édition Wadding, Lyon, 1639, (reprises par l'édition Vivès).

– *Reportatio Parisiensa* (t. XI).

– *Quaestiones quodlibetales* (t. XIII).

– *Quodlibet*, (t. XXV-XXVI).

– O. Boulnois, *Sur l'Univocité et la connaissance de Dieu*, Paris, P.U.F., 1988.

– *L'image*, introd., trad. et notes, G. Sondag, Vrin, Paris, 1993.

MATHIEU D'AQUASPARTA, *Quaestiones disputatæ de gratia*, éd. V. Doucet, Quaracchi, Florence, 1935 (Biblioteca franciscana Scholastica medii aevi, 11).

PIERRE D'AILLY, *Conceptus*, éd. L. Kaczmarek dans *Modi significandi und ihre Destruktionen*, Münster, Münsteraner Arbeitkreis für Semiotik, 1980.

PIERRE D'AURIOLE, *Scriptum super primum Sententiarum*, éd. E. M. Buytaert, Franciscan Institute Publications, Text Series n° 3, St Bonaventure, New York, 1952.

PLATON, *Phèdre*, trad. A. Diès, Paris, Les Belles Lettres, 1941.

– *Thééthète*, texte établi et trad. par M. Narcy, Paris, GF-Flammarion, 1995.

RAOUL LE BRETON, *Quaestiones in Aristotelis librum tertia De anima*, éd. W. Fauser S.J., dans *Der Kommentar des Radulphus Brito zu Buch III De anima*, kritische Edition und philosophisch-historische Einleitung, Münster, Aschendorff, 1974.

ROBERT GROSSETESTE, *Commentarium in Posteriorum Analyticorum libros*, éd. P. Rossi, Florence, Olschki, 1981.

ROGER BACON, *De multiplicatione specierum*, II, éd. D. C., Lindberg, *Roger Bacon's Philosophy of Nature*, Oxford, 1986.

SUÁREZ, Francisco, *Disputationes Metaphysicæ*, dans *Opera omnia*, t. 25 et 26, éd. C. Bermon, Paris, Vivès, 1878; trad. française des *Disputationes* I-III et XXXI, sous les titres *Disputes métaphysiques* et *La Distinction de l'étant fini et de son être*, par J.-P. Coujou, Paris, Vrin, 1998 et 1999.

THOMAS D'AQUIN, (édition léonine) *Sanctii Thomæ Aquinati doctoris angelici Opera omnia Leonis XIII. P. M. edita*, cura et studio fratrum praedicatorum, 1882 –. En cours.

– *Summa theologica*, t. IV-XII.

– *Summa Contra Gentiles*, t. XIII-XV.

– *Quaestiones De potentia Dei*, [éd. R.-A. Gauthier], t. XXI.

– *Compendium theologiae seu Brevis compilatio theologiae ad fratrem Raynaldum*, pars I : *De fide* [éd. H.F. Dondaine], t. XLII; pars II : *De spe* [éd. G. de Grandpré], t. XLII.

– *Quaestiones disputatae De veritate*, [éd. A. Dondaine], t. XXII. 1-3.

– *De unitate intellectus contra Averroistas*, [éd. H.F. Dondaine], t. XLIII.

– *Questiones disputate De anima*, éd. B.-C. Bazán, t. XXIV-1.

– *Sentencia libri De anima*, [éd. R.-A. Gauthier], t. XLV-1.

– *Sentencia libri De sensu et sensato cuius secundus tractatus est De memoria et reminiscencia*, [éd. R.-A. Gauthier], t. XLV-2.

– *Scriptum super libros sententiarum*, t. I-II, éd. P. Mandonnet, O.P., Paris, 1929; t. III-IV, éd. M. F. Moos, O.P., Paris, 1933-1947.

– *Somme théologique*, Paris, Cerf, 1984-1986.

– *Questions Disputées De Veritate*, *Question I*, art. 9, trad. F.-X. Puttallaz dans *Philosophes médiévaux. Anthologie de textes philosophiques (XIIe-XIVe siècles)*, R. Imbach et M.-H. Méléard (dir.), Paris, 10/18, 1986.

– *L'Esprit*, *Question Disputée De Veritate*, *X*, trad. K.-S. Ong-Van-Cung, Paris, Vrin, 1998.

– *Commentaire du Traité de l'âme d'Aristote.* Introduction, traduction et notes, J. M. Vernier, Paris, Vrin, 1999.

– *Somme Contre les Gentils*, I, trad. V. Aubin, C. Michon, D. Moreau, Paris, GF-Flammarion, 1999.

AUTEURS MODERNES ET CONTEMPORAINS

ARNAULD, Antoine, *Œuvres de messire Arnauld*, édition de Lausanne, S. d'Arnay, en quarante-trois volumes, 1775-1783.

– *Des vraies et des fausses idées*, édition, présentation et notes par D. Moreau, Paris, Vrin, 2011.

ARNAULD ET NICOLE, *La Logique ou l'art de penser* (*LAP*), Édition critique par P. Clair et F. Girbal, Paris, Paris, P.U.F., 1981 2.

BERGSON, Henri, *Matière et mémoire*, Paris, P.U.F., 1939.

BRENTANO, Franz, *Psychologie vom empirischen Standpunkt* (*PES*), vol. 1, éd. par O. Kraus, Hambourg, 1974; traduction française *Psychologie du point de vue empirique* par Maurice de Gandillac, introduction de J.-Fr. Courtine, Paris, Vrin, 2008.

FOUCAULT, Michel, *Les Mots et les choses* in *Dits et Ecrits*, éd. de D. Defert et F. Ewald, avec la collaboration de J. Lagrange, Paris, Gallimard, 2001.

– *L'Herméneutique du sujet. Cours au Collège de France. 1981-1982*, Paris, Gallimard-Seuil, 2001.

HEIDEGGER, Martin, *Les Problèmes fondamentaux de la phénoménologie*, trad. J.-Fr. Courtine, Paris, Gallimard, 1985.

HUSSERL, Edmund, *Idées directrices pour une phénoménologie et une philosophie phénoménologique pures*, (*Ideen*, I), trad. P. Ricœur, Paris, Gallimard, 1950.

– *Logique formelle et logique transcendantale*, trad. S. Bachelard, Paris, P.U.F., 1957.

– *Philosophie première*, trad. Arion L. Kelkel, Paris, P.U.F., 1970.

– *Recherches Logiques*, V (notée *RL*, V), trad. H. Elie, A. L. Kelkel, R. Scherer, Paris, P.U.F., 1972.

– *La Crise des sciences européennes et la phénoménologie transcendantale*, trad. G. Granel, Paris, Gallimard, 1976.

– *Méditations cartésiennes*, trad. G. Peiffer et E. Levinas, Paris, Vrin, 1980.

– *Husserl-Twardowski, Sur les Objets intentionnels*, trad. J. English, Paris, Vrin, 1993.

KANT, Emmanel, *Critique de la raison pure*, éd. des *Œuvres philosophiques*, sous la direction de F. Alquié, tome 1, trad. A. Delamarre et F. Marty, à partir de la traduction de J. Barni, Paris, Gallimard, 1980.

KEPLER, Johanes *Paralipomènes à Vitellion* (1604), trad., notes, par C. Chevalley, Paris, Vrin, 1980.

LEIBNIZ, Gottfried Wilhelm, *Discours de Métaphysique*, dans *Die Philosophischen Schriften von G. W. Leibniz*, hrsg. Von C. I. Gerhardt, Halle, 1875-1890 (réimp., Hildesheim, *Olms*, 1960-1961).

LEVINAS, Emmanuel, « La Ruine de la représentation » (1959), *En Découvrant l'Existence avec Husserl et Heidegger*, Paris, Vrin, 1982.

MALEBRANCHE, Nicolas, *Œuvres complètes*, (*OC*), A. Robinet (dir.), Paris, Vrin-CNRS, 1958-1974.

– *La Recherche de la vérité*, (*OC*, I-II) ; éd. de poche par J.-Ch. Bardout, Paris, Vrin, 2006.

– *Eclaircissements*, (*OC*, III).

– *Entretiens sur la métaphysique et la religion* (*OC*, XII-XIII).

MERLEAU-PONTY M., *Phénoménologie de la perception*, Paris, Gallimard, 1945.

Résumés de Cours, *Collège de France*, *1952-1960*, Paris, Gallimard, 1968.

– *L'Œil et l'esprit*, Paris, Gallimard, 1964.

PUTNAM, H., *Raison, vérité et histoire*, trad. A. Gerschenfeld, Paris, Minuit, 1984.

RICŒUR, P., *La Mémoire, l'histoire, l'oubli*, Paris, Seuil, 2000.

SARTRE J.-P., *L'Être et le néant*, Paris, Gallimard, 1943.

– « Une Idée fondamentale de la phénoménologie de Husserl : l'intentionnalité » (1939), dans *Situations* I, Paris, Gallimard, 1947.

SPINOZA, Baruch, *Opera*, éd. C. Gebhardt, 4 volumes, Heidelberg, 1924.

– *Traité de la réforme de l'entendement*, introd., trad. et commentaires par A. Lécrivain, Paris, GF-Flammarion, 2003.

– *Éthique*, présenté, traduit et commenté par B. Pautrat, Paris, Seuil, 1988.

ÉTUDES SUR LES AUTEURS

ALANEN, Lilli, *Descartes's Concept of Mind*, Harvard University Press, Cambridge, Massachissetts, London, England, 2003.

ALQUIÉ, F., *La Découverte métaphysique de Descartes*, Paris, P.U.F., 1950.

– *Le Cartésianisme de Malebranche*, Vrin, 1974.

BARDOUT, Jean-Christophe, *Malebranche et la métaphysique*, Paris, P.U.F., 1999.

– « La Subjectivité hors sujet » Remarques sur le brouillage malebranchistes de l'égologie », dans O. Boulnois (éd.), *Généalogies du sujet. De Saint Anselme à Malebranche*, Paris, Vrin, 2007.

BEYSSADE, Jean-Marie, *La Philosophie première de Descartes*, Paris, Flammarion, 1979.

– *RSP ou le Monogramme de Descartes*, dans l'édition de *L'Entretien avec Burman*, J.-M. Beyssade, 1981.

– « Certitude et fondement. L'évidence de la raison et la véracité divine dans la métaphysique du *Discours de la Méthode* », dans N. Grimaldi, et J.-L. Marion (dir.), *Le Discours et sa méthode*, Paris, P.U.F., 1987.

– *Descartes au fil de l'ordre*, Paris, P.U.F., 2001.

– *Études sur Descartes. L'Histoire d'un esprit*, Paris, Seuil, 2001.

– « En quel sens peut-on parler de transcendantal chez Descartes » dans G. Federici-Vescovini, (éd), 2002.

BIARD, Joël, *Logique et théorie du signe au XIVe siècle*, Paris, Vrin, 1989.

– « Présence et représentation chez Pierre d'Ailly. Quelques problèmes de théorie de la connaissance au XIVe siècle », *Dialogue*, 1992.

– « Intention et signification chez Guillaume d'Ockham. La critique de l'être intentionnel », dans A. Elamrani-Jamal, E. Galonnier (éd.), *Langages et philosophie. Hommage à Jean Jolivet*, Paris, Vrin, 1997.

– « La science divine entre signification et vision chez Grégoire de Rimini », dans C. Marmo (éd.), *Vestigia, Imagines, Verba: Semiotics an Logic in Medieval Theological Texts (XIIth-XIVth Century)*, Turnhout, Brepcls, 1997.

– « Les trois "voies" dans les textes logiques de Jean de Celaya », *Medieval and Renaissance Logic in Spain. Acts of the 12th European Symposium on Medieval Logic and Semantics*, University of Navarre, Pamplona, 26-30 May 1997, éd. I. Angelleli and P. Pérez-Ilzarbe, Hildesheim-Zürich-New York, Geog Olms Verlag, 2000.

– « La science divine comme paradigme du savoir chez quelques auteurs du XIVe siècle : Pierre d'Auriole, Grégoire de Rimini » dans R. Rashed et J. Biard (éd.), *Les Doctrines de la science à l'âge classique*, Leuven, Peteers, 1999, (p. 189-209).

– « Intention et présence : la notion de *presentialitas* au XIVe siècle » dans D. Perler (éd.), 2001.

– « L'Anayse logique des termes transcendantaux selon Jean Buridan », dans G. Federici-Vescovini, (éd), 2002.

– « Le Sujet de l'intellect chez Jean de Jandun », *Oriens-Occidens*, 2002.

– *Le langage mental du Moyen Âge à l'âge classique*, Louvain, Peeters, 2009.

BOULNOIS, Olivier, *Être et représentation. Une généalogie de la métaphysique moderne à l'époque de Duns Scot (XIIe-XIVe siècle)*, Paris, P.U.F., 1999.

— SCHMUTZ, Jacob, SOLÈRE, Jean-Luc (éd.), *Le Contemplateur et les idées. Modèles de la science divine du néoplatonisme au XVIIe siècle*, Paris, Vrin, 2002.

— BARDOUT, Jean-Christophe (éd.), *Sur La Science divine*, Paris, P.U.F., 2002, p. 266-272.

– *Généalogies du sujet. De Saint Anselme à Malebranche*, Paris, Vrin, 2007.

BOUVERESSE, Jacques, *Descartes, Leibniz, Kant*, Marseille, Agone, 2006.

BRENET, Jean-Baptiste, *Transferts du sujet. La noétique d'Averroès selon Jean de Jandun*, Paris, Vrin, 2003.

– « Moi qui pense, moi qui souffre. Le problème de l'identité du composé humain dans la riposte anti-averroïste de Pierre d'Auriole et Grégoire de Rimini », dans O. Boulnois (éd.), 2007.

BRUNSCHWIG, Jacques, « Les multiples chemins aristotéliciens de la sensation commune », *Revue de métaphysique et de morale*, 1991/4.

– « En quel sens le sens commun est-il commun ? », dans *Corps et âme. Sur le* De Anima *d'Aristote*, G. Romeyer-Dherber et C. Viano (éd.), Paris, Vrin, 1996.

BURNYEAT, Myles *in* D. Perler (ed), *Ancient and Medieval Theories of Intentionality*, Leiden, Brill, 2001.

– « Is an Aristotelician Theory of Mind still Credible », dans M. Nussbaum et A. O. Rorty, *Essays on Aristotle* De Anima, Clarendon Press, Oxford, 1992.

– « Aquinas on 'spiritual change' in perception » *in* D. Perler (éd.), 2001.

CARRAUD, Vincent, *Causa sive ratio. La raison de la cause, de Suarez à Leibniz*, Paris, P.U.F., 2002.

— et Armogathe, Jean-Robert, *Bibliographie cartésienne (1960-1996)*, Lecce, Conte Editore, 2004.

COHEN, Sheldom M. « St Thomas Aquinas on Immaterial Reception of Sensible Forms », *The Philosophical Review* 91, 1982.

COURTINE, Jean-François, *Suarez et le système de la métaphysique*, Paris, P.U.F., 1990.

– « Histoire et destin phénoménologique de l'*Intentio* », dans D. Janicaud (éd.), *L'Intentionalité en question entre phénoménologie et recherches cognitives*, Paris, Vrin, 1995.

– « La Doctrine cartésienne de l'idée et ses sources scolastiques », dans *Lire Descartes aujourd'hui*, Louvain, Peeters, 1997.

– « L'Aristotélisme de Franz Brentano, *Études Phénoménologiques*, 1998.

CRONIN, T. J., *Objective Being in Descartes and Suárez*, Rome, Pontificia Università Gregoriana, 1966.

DALBIEZ, R., « Les Sources scolastiques de la théorie cartésienne de l'être objectif », *Revue d'Histoire de la philosophie*, 3, (1929), p. 464-472.

DOIG, J. C. « Suarez, Descartes and the Reality of Ideas », *The New Scholasticsm*, 51, 1977.

DUBARLE, Dominique, « L'esprit de la physique cartésienne », *Revue des sciences philosophiques et théologiques*, 1937.

FICHANT, Michel, « *Actiones sunt suppositorum.* L'Ontologie leibnizienne de l'action », *Philosophie*, 1997, n° 53.

– *Science et métaphysique dans Descartes et Leibniz*, Paris, P.U.F., 1998.

FEDERICI-VESCOVINI, G., (éd), *Le Problème des transcendantaux du* XIVe *au* XVIIe *siècle*, Paris, Vrin, 2002.

FODOR, Jerry, *The Language of Thought*, New York, Harvard university Press, 1975.

– *Representations. Philosophical Essays on the Fondations of Cognitives Sciences*, Harvard University Press, 1973.

– *La Modularité de l'esprit*, trad. Gershenfeld, Paris, Minuit, 1986.

– « Pourquoi il doit y avoir un langage de la pensée ? », trad. fr. dans D. Fisette et P. Poirier, *Philosophie de l'esprit. Psychologie du sens commun et sciences de l'esprit*, Paris, Vrin, 2002.

GILSON, Étienne, *Commentaire sur le Discours de la méthode*, Paris, Vrin, 1925.

– *Études sur le rôle de la pensée médiévale dans la formation du système cartésien*, Paris, Vrin, 1930, 1984.

– *L'Être et l'essence*, Paris, Vrin, 1948, 1981.

– *Index scolastico-cartésien*, Paris, Vrin, 2002 2.

GYEKYE, K., "The Terms "*prima intentio*" and "*secunda intentio*" *in* Arabic Logic", *Speculum* 46, 1971.

GOUHIER, Henri, *La Pensée métaphysique de Descartes*, Paris. Vrin, 1962, 2e éd., 1969.

GUENANCIA, Pierre *L'Intelligence du sensible, Essai sur le dualisme cartésien*, Paris, Gallimard, 1998.

GUEROULT, Martial, *Descartes selon l'ordre des raisons*, Paris. Aubier, 1953.

– *Malebranche*, Paris, Aubier-Montaigne, 1955.

HAMELIN, O., *Le Système de Descartes*, Paris, Félix Alcan, 1911 (rééd. 1979).

HAMLYN, D. W. *Sensation and Perception*, London, Routledge and Kegan, 1961.

HAMOU, Philippe, *La Mutation du visible. Essai sur la portée épistémologique des instruments au XVIIe siècle*, Lille, Presses du Septentrion, 1999.

HAN, Béatrice, « Analytique de la finitude et histoire de la subjectivité », G. le Blanc et J. Terrel (éd.), Presses universitaires de Bordeaux, 2003.

HEDWIG, Klaus, « Der scholastiche Kontext des intentionalen bei Brentano » dans *Die Philosophie Franz Brentano. Beiträge zur Brentano-Konferenz*, Chisholm, M. Roderick, R. Haller, (ed.), Amsterdam, Rodopi, 1978.

HOFFMAN, Paul « St Thomas Aquinas on the Halfway State of Sensible Being », *The Philosophical Review*, 99, 1990.

KENNY, Antony, *Aquinas on Mind*, New York, Routledge, 1993.

KNUDSEN, Ch., « *Intentions ans Impositions* » *in* N. Kretzmann, A. Kenny, J. Pinborg (ed), *Cambridge History of Late Medieval Philosophy*, Cambridge University Press, 1982.

KACZMAZEK, L., « "Notitia" bei Peter von Ailly, Sent. 1, q. 3. Anmerkungen zu Quellen und Textgestalt », *in* O. Pluta (Hrsg), *Die Philosophie im 14. und 15. Jahrundert*, Amsterdam, Verlag Grüner, 1988.

KAMBOUCHNER, Denis, « Des Vraies et des Fausses Ténèbres. La Connaissance de l'âme d'après la controverse avec Malebranche », *Antoine Arnauld.*

Philosophie du langage et de la perception, éd. J.-Cl. Pariente, Paris, Vrin, 1995.

– « Descartes et le problème de l'imagination empirique », *De la phantasia à l'imagination*, D. Lories et L. Rizzerio (dir.), Louvain-Namur-Paris, Peeters, 2003.

– « Le Corps sans milieu : Descartes à la lumière d'Arnauld » dans K.-S. Ong-Van-Cung, (éd.), 2006.

– « Remarques sur la définition cartésienne de la clarté et de la distinction » dans *Les Facultés de l'âme à l'âge classique*, Ch. Jaquet et T. Pavlovits (dir.), Paris, Publications de la Sorbonne, 2006.

– *Descartes et la philosophie morale*, Paris, Hermann, 2008.

KIEFT, Xavier « Mémoire corporelle et mémoire intellectuelle et unité de l'individu selon Descartes », *Revue Philosophique de Louvain*, 2006.

LANDORMY, Paul, « La Mémoire corporelle et la mémoire intellectuelle dans la philosophie de Descartes », Paris, 1902.

LAPORTE, Jean, *Le Rationalisme de Descartes*, Paris, P.U.F., 1945 (rééd. 1988).

LIBERA, Alain de, *La Querelle des universaux de Platon à la fin du Moyen Âge*, Paris, Seuil, 1996.

– *Archéologie du sujet. Naissance du sujet*, Paris, Vrin, 2007.

– « Sujet insigne et *Ich-Satz*. Deux lecrtures heideggeriennes de Descartes », *Les Études philosophiques*, 2009.

MARENBON, John, *Later Medieval Philosophy (1150-1350)*, New York, Routledge, 1987, 1991.

MARION, Jean-Luc, *Sur l'Ontologie grise de Descartes*, Paris, Vrin, 1978.

– *Sur la théologie blanche de Descartes*, Paris, P.U.F., 1991 [2].

– *Questions cartésiennes*, I. *Méthode et métaphysique*, Paris, P.U.F., 1991.

– « Descartes hors sujet », *Les Études philosophiques*, 2009-1.

— et J.-L., MASSONIE, J.-Ph., MONAT, P., UCCIANI, *Index des* Meditationes de prima Philosophiæ *de R. Descartes*, Annales littéraires de l'Université de Franche-Comté, Les Belles Lettres, 1996.

MARITAIN, Jacques *Distinguer pour unir, ou les degrés du savoir*, dans J. et R. Maritain, *Œuvres complètes*, vol. IV, Suisse-Paris, Éditions Universitaires Fribourg-Éditions Saint-Paul, 1983, p. 218.

MAURER, Armand « Henry of Harclay's Questions on the Divine Ideas » dans *Medieval Studies* XXII, 1961.

MCCORD, Marylin, Adams, *William Ockham*, 2 vol., University of Notre Dame Press, 1987.

– « Théories de la pensée, de ses objets et de son discours chez Guillaume d'Occam », *Dialogue*, 1994.

MCCULLOCH, Warren S., « A Historical Introduction to the Postulational Foundations of Experimental Epistemology », dans *Embodiments of Mind*, The MIT Press, Cambridge, 1965.

MICHON, Cyrille, « Les représentations rendent-elles indirecte la connaissance des choses ? », dans J. Biard, 1999.

MOREAU, Denis, *Deux cartésiens. La polémique entre Antoine Arnauld et Nicolas Malebranche*, Paris, Vrin, 1999.

– *Malebranche. Une philosophie de l'expérience*, Paris, Vrin, 2004.

NADLER, Steven, *Arnauld and the Cartesian Philosophy of Ideas*, Manchester University Press, 1989.

– « Dualism and Occasionalism. Arnauld and the Development of Cartesian Metaphysics », *Revue Internationale de philosophie* 48 (1994), p. 421-440.

NORMORE, Calvin, « Meaning and Objective Being : Descartes and his sources » dans *Essays on Descartes's* Meditations, éd. A. O. Rorty, Berkeley, UCP, 1986.

NUSSBAUM, M. et PUTNAM, H., « Changing Aristotle's Mind » dans M. Nussbaum et E. O. Rorty, *Essays in Aristotle De Anima*, Oxford, Clarendon Press, 1992.

OLIVO, Gilles, *Descartes et l'essence de la vérité*, Paris, P.U.F., 2005.

ONG-VAN-CUNG, Kim Sang, « Substance et distinctions chez Descartes, Suárez et leurs prédécesseurs médiévaux », dans *Descartes et le Moyen Âge*, J. Biard et R. Rashed (éd.), Paris, Vrin, 1997.

— (éd.), *Descartes et la question du sujet*, Paris, P.U.F., 1999.

– *Descartes et l'ambivalence de la création. Causa sui et création*, Paris, Vrin, 2000.

– Préface, dossier et glossaire à Descartes, *Règles pour la direction de l'esprit*, trad. et notes J. Brinschwig, Paris, Livre de poche, LGF, 2002.

— (éd.), *La Voie des idées ? Le Statut de la représentation (XVIIe-XXe siècles)*, Paris, CNRS-éditions, 2006.

— (éd.), *Idée et idéalisme*, Paris, Vrin, 2006.

– « Spinoza et l'intentionnalité », dans Ch. Jaquet, P. Sévérac, A. Suhamy, *La Théorie spinoziste des rapports corps / esprit et ses usages actuels*, Paris, Hermann, 2009.

– « Intériorité et institution du sujet chez Descartes », dans C. Dumoulié (dir.), *La Fabrique du sujet. Histoire et politique d'un concept*, Paris, Desjonquières, 2011, p. 101-119.

– « Notions et choses ches Descartes. A propos de *Principes,* I, 48 », dans J.-P. Cléro et E. Faye (dir.), *Descartes, Des Principes aux phénomènes*, Paris, Armand Colin/Recherches, 2012.

– « Histoire et expérience. Foucault et l'ontologie historique de nous-mêmes », dans D. Boquet, B. Dufal et P. Labey (dir.), *Une histoire au présent. Michel Foucault et les historiens*, Rennes, PUR, 2012.

PANACCIO, Claude, *Les Mots, les concepts et les choses. La sémantique de Guillaume d'Occam et le nominalisme d'aujourd'hui*, Paris-Montréal, Vrin-Bellarmin, 1992.

– « From Mental Word to Mental Language », *Philosophical Topics*, 1992, p. 125-147.

– *Le Discours intérieur de Platon à Guillaume d'Ockham*, Paris, Seuil, 1999.

– « Aquinas on Intellectual Representation », dans D. Perler (éd.), 2001.

PASNAU, Robert *Theory of Cognition in the Later Middle Ages*, Cambridge University Press, 1997.

PERLER, Dominik, « Peter Aureol vs. Hervæus Natalis on Intentionality. A Text Edition with Introductory Remarks », *Archives d'histoire doctrinale et littéraire du Moyen Âge* 61, 1994.

– *Repräsentation bei Descartes*, Frankfurt a. M., Klostermann, 1996.

— (éd.), *Ancient and Medieval Theories of Intentionality*, Leiden, Brill, 2001.

— (éd.), *Theorien der Intentionalität in Mittelalter*, Frankfurt a. M., Klostermann, 2002.

– *Théories de l'intentionalité au moyen âge*, Paris, Vrin, 2003.

PROUST, Joëlle, « Espace et représentation », *Archives de philosophie*, 1995.

RABOUIN, David « Husserl et le projet leibnizien d'une *mathesis* universalis », *Philosophie*, 2006.

– Mathesis universalis. *L'idée de « mathématique universelle » d'Aristote à Descartes*, Paris, P.U.F., 2009.

RODIS-LEWIS, Geneviève, *L'Œuvre de Descartes*, Paris, Vrin, 1970.

SCHUSTER, J. A. « Descartes' Mathesis Universalis, 1619-1628 » *in* S. Gaukroger (éd.), *Descartes : Philosophy, Mathematics and Physics*, Sussex, Harvester Press, 1980.

SIMON, Gérard, *Structures de pensée et objets du savoir chez Kepler*, Atelier de reproduction des thèses, Lille, 1976.

– « L'Optique d'Ibn Al-Haytham et la tradition ptoléméenne », *Arabic Sciences and Philosophy*, vol. 2 (1992).

– *Sciences et savoirs aux XVIe et XVIIe siècles*, Villeneuve-d'Ascq, Presses universitaires du Septentrion, 1996.

– « La Théorie cartésienne de la vision, Réponse à Kepler et rupture avec la problématique médiévale », dans J. Biard, R. Rashed (éd.), *Descartes et le Moyen Âge*, Paris, Vrin, 1997.

– *Archéologie de la vision : L'optique, le corps, la peinture*, Paris, Seuil, 2003.

SORABJI, Richard, « Body and Soul in Aristotle », dans J. Barnes, M. Schoffield, R. Sorabji, (éd.), *Articles on Aristotle*, vol. 4 : *Psychology and Aesthetics*, Duckworth, 1979, p. 42-64.

– « Intentionality and Physiological Processes : Aristotle's Theory of Sense-Perception », dans M. Nussbaum et A. O. Rorty, (éd.), *Essays on Aristotle* De Anima, Clarendon Press, Oxford, 1992, p. 195-225.

– « Aristotle on Sensory Processes and Intentionality », dans D. Perler (éd.), 2001.

TACHAU, Katherine, *Vision and Certitude in the Age of Ockham. Optics, Epistemology and the Foundations of Semantics 1250-1345*, Leiden, Brill, 1988.

– « Some Aspects of the Notion of Intentional Existence at Paris, 1250-1320 », dans St. Ebbesen and R. L. Friedman, *Medieval Analyses in Language and Cognition*, Copenhagen, Reitzel, 1999, p. 331-353.

TERREL, Jean, *politiques de Foucault,* P.U.F., 2010.

TWEEDALE, M. « Origins of the Medieval Theory That Sensation is an Immaterial Reception of Forms », *Philosophical Topics*, 1992, p. 215-231.

VENDLER, Zeno « Descartes on Sensation », *Canadian Journal of Philosophy* (1971) ; *Res Cogitans*, Cornell University, 1972.

WEBER, J.-P., *La Constitution du texte des* Regulae, SEDES, 1964.

– « La méthode de Descartes d'après les *Regulae* », *Archives de philosophie*, 1972.

WELLS, N. J., « Objective Being : Descartes and His Sources », *The Modern Schoolman*, XLV, 1967, p. 49-61.

– « Material Falsity in Descartes, Arnauld and Suarez », *Journal of History of Philosophy*, 22, 1984.

– « Objective Reality of Ideas in Descartes, Caterus and Suárez », *Journal of the History of Philosophy*, 28 / 1 (1990), p. 33-61.

– « Objective Reality of Ideas in Arnauld, Descartes and Suárez » *in* E. J. Kremer, (ed), *The Great Arnauld and Some of his Philosophical Correspondents*, Toronto, Buffalo, Londres, The University of Toronto Press, 1994, p. 138-183.

INDEX NOMINUM

AERTSEN, J. A., 131
ALANEN, L., 29, 234, 255, 339.
ALQUIÉ, F., 8, 9, 18, 175, 201, 335, 338, 339.
ARISTOTE, 6, 10, 20, 37, 39-42, 55, 68, 71, 72, 75, 85, 87, 92, 94, 96, 98-106, 111-112, 114, 117, 121, 128-130, 133, 136, 158-160, 164, 238, 245, 279, 285-287, 335-339, 341, 345.
ARNAULD, A., 7, 48, 60, 83, 167-168, 178, 181, 186, 192-213, 237, 251, 264, 273, 275, 284-285, 300, 304, 306, 307, 317, 332, 338, 342, 343, 344, 346.
AUGUSTIN, 39, 42, 43, 65, 66, 67, 69, 72, 84, 104, 107, 108, 111, 114, 121, 124, 139, 148, 196, 317, 335.
AVICENNE, 39, 68-69, 96, 131-133, 135, 139, 287, 336.
AVERROÈS, 11, 45, 75, 105, 336, 340.

BARDOUT, J.-CH., 193, 196, 199, 200, 201, 339, 340.
BERGSON, H., 25, 243, 284, 338.
BEYSSADE, J.-M., 17, 23, 24, 119, 130, 166, 173, 177, 178, 187, 209, 226, 286, 289, 297, 305, 335, 339.
BIARD, J., 11, 23, 27, 29, 46, 47, 49, 71, 110, 135, 144, 145, 150, 160, 164, 165, 336, 340, 344, 345.
BOULNOIS, O., 10, 11, 43, 77, 125, 129, 130, 137, 196, 219, 336, 339, 340, 341.
BRENTANO, F., 6, 27, 28, 33, 35-47, 50, 51, 69, 81, 88, 98, 338, 341, 342.
BRUNSCHWIG, J., 17, 226, 227, 286, 341.
BURNYEAT, M., 98, 99, 101, 103, 104, 341.

CARRAUD, V., 62, 178, 221, 223, 341.
CHEVALLEY, C., 239, 240, 338.
COURTINE, J.-F., 7, 20, 35, 36, 37, 39, 136, 137, 338, 341.

DE LIBERA, A., 9, 10, 65, 69, 111, 112, 121, 127, 128, 219, 336.
DUBARLE, D., 230, 341.
DUNS SCOT, 6, 26, 27, 37, 39, 41-45, 47, 66, 67, 69, 70, 71, 73, 76, 77, 79, 81, 120, 123-130, 134, 135, 143, 144, 148-153, 156, 158, 159, 168, 194, 195, 325, 332, 336, 340.

FICHANT, M., 11, 70, 172, 235, 239, 341.
FODOR, J., 144, 341.
FOUCAULT, M., 10, 11, 12, 25, 26, 28, 210, 237, 273, 281, 324, 333, 334, 338.

GILSON, É., 6, 8, 84, 89, 90, 168, 287, 342.
GOUHIER, H., 178, 342.
GUENANCIA, P., 29, 234, 252, 256, 258, 290, 292, 342.

GUEROULT, M., 178, 201, 251, 342.
GUILLAUME D'OCKHAM, 27, 45-48, 110, 143, 144, 149, 150, 151, 156-168, 194, 238, 325, 331, 336, 340, 345.
GRELLARD, CH., 47, 336.
GRIMALDI, N., 178, 339.

HAMOU, PH., 230, 342.
HAN, B., 12.
HERVÉ DE NÉDELLEC, 39, 69, 81, 143-150, 155, 156, 159, 331, 336.
HUSSERL, E., 5-7, 15-16, 27-28, 33-39, 43, 49-63, 67, 81, 84, 90, 338, 339, 345.

KAMBOUCHNER, D., 29, 181, 207, 279, 282, 295, 297, 328.
KANT, E., 8, 12-16, 28, 50-54, 59, 124, 130, 134, 135, 140, 145, 168, 259, 262, 297, 328, 338, 340.
KIEFT, X., 287, 343.
KEPLER, J., 70, 71, 239-241, 245, 246, 264, 345.

LAPORTE, J., 178, 343.
LAUGIER, S., 29.
LEIBNIZ, G. W., 11, 16, 59, 60, 62, 70, 120, 137, 172, 221, 238, 239, 259, 262, 339, 340, 341, 345.
LEVINAS, É., 16, 59, 338, 339.

MALEBRANCHE, N., 10, 48, 73, 181, 184, 192-213, 231, 237, 239, 243, 339, 340, 342.
MARION, J.-L., 8, 9, 18, 21, 22, 29, 40, 177, 178, 219, 250, 339, 343.
MARITAIN, J., 84, 86, 88, 89, 343.
MATHIEU D'AQUASPARTA, 72, 74, 336.
MCCORD ADAMS, M., 156, 343.
MERLEAU-PONTY, M., 25, 265, 266, 267, 269, 283, 317, 318, 339.
MOREAU, D., 48, 193, 196, 338, 344.
MOREAU, P.-F., 29.

NADLER, ST., 48, 194-196, 344.
NORMORE, C., 7, 45, 344.

OLIVO, G., 175, 177, 178, 344

PANACCIO, Cl., 48, 110, 111, 112, 144, 159, 160, 345.
PASNAU, R., 91, 95, 110, 345.
PERLER, D., 7, 80, 98, 110, 144, 149, 150, 340, 341, 344-346.
PIERRE D'AILLY, 143, 144, 156, 165, 166, 336, 340.
PIERRE D'AURIOLE, 11, 47, 78-81, 143, 144, 145, 149, 150-157, 159, 331, 337, 340, 341.
PLATON, 69, 86, 110, 147, 162, 244, 279, 285, 337, 343, 345.
PUTNAM, H., 61, 92, 98, 339, 344.

RICŒUR, P., 56, 281, 338, 339.
RODIS-LEWIS, G., 178, 345.
ROGER BACON, 72-76, 337.

SARTRE, J.-P., 5, 6, 25, 283, 339.
SCHUSTER, J. A., 18, 233, 345.
SIMON, G., 70, 71, 73, 239, 240, 345.
SOLÈRE, J.-L., 40, 43, 84, 340.
SORABJI, R., 98, 104, 345.
SPINOZA, B., 25, 61, 137, 138, 237, 239, 298, 339, 339, 344.
SUÁREZ, F., 6, 7, 21, 23, 39, 45, 47, 49, 62, 89, 130, 137, 168, 190, 221, 332, 337, 341, 344, 346.

TACHAU, K., 66, 73, 74, 78, 80, 346.
THOMAS D'AQUIN, 6, 26, 27, 34, 39, 40-42, 45, 68, 75, 83-121, 123, 124, 125, 128, 129, 131, 132, 138, 139, 140, 144, 184, 206, 229, 287, 325, 337.

VENDLER, Z., 255, 346.

WEBER, J.-P., 18, 256, 346.

INDEX RERUM

Attention, 67, 107, 109, 205, 214, 225, 265, 301, 320, 327, 330, 331, 333.

Cause efficiente, 59, 62, 63, 73, 105, 161, 223, 327.

Certitude, 51-56, 73, 131, 138, 150, 174, 178, 180, 184, 201, 237, 253, 255, 256, 258, 263.

Connaissance intuitive, 37, 76, 126, 127, 129, 148, 149, 151-153, 160-163, 167, 194, 325.

Connaissance abstractive, 37, 76, 127, 129, 148, 149, 151, 152, 160-163, 194, 325.

Distinction réelle de l'âme et du corps, 21, 25, 117, 176, 184, 195, 235, 249-251, 255, 263, 271-276, 288, 289, 300, 316, 320, 321.

Entendement, 8, 11, 13, 17, 19-21, 23, 24, 50, 52, 53, 60, 83, 89, 109, 116, 117, 119, 121, 137, 138, 164, 166, 173-180, 183, 184, 186, 188-190, 200, 203, 208, 210-213, 215, 216, 222, 226, 230, 232, 233, 235, 249, 252, 255-258, 263, 264, 267-269, 276, 277, 280, 285, 288, 294, 295, 299, 301, 303, 304, 308, 309, 314, 319, 321, 327-329.

Espèces : — intelligible, 40, 44, 77,
78, 86-88, 106, 110-112, 114-116, 124, 126-129, 146, 196 ; — intentionnelles, 26, 27, 41, 47, 63, 71, 72, 81-84, 128, 196, 197, 227, 229, 237-239, 241-243, 253, 269, 280, 286, 325 ; — sensibles : 43, 68, 73, 77, 78, 93, 119, 123-126, 138, 238.

Être : — *esse apparens,* 47, 78, 79, 80, 150, 153-156, 158 ; — *esse intentionale,* 8, 27, 34, 44, 46, 72, 75, 78-81, 90, 91, 93, 124, 144, 147, 148, 150, 155-157, 159, 164, 165, 190, 332, 340 ; — *esse obiectivum,* 6, 7, 26, 34, 39, 45-48, 50, 78, 80, 81, 89, 90, 123, 128, 130, 146-150, 154-159, 164, 190, 195, 332, 333, 341.

Évidence, 54, 55, 127, 162, 174, 178, 179, 185, 201, 211, 212, 215, 217, 218, 271, 302, 328, 335, 339.

Existence, 9, 15, 16, 35-38, 42-44, 55-57, 60-62, 65, 67, 74, 75, 78, 88-90, 97, 108, 112, 116, 117, 125, 127, 128, 131, 133, 139, 140, 148, 150-153, 155-157,

162, 163, 174, 178, 179, 181, 182, 186-188, 190, 191, 194, 195, 197, 201, 211, 212, 214-216, 218, 219, 221-223, 225, 242, 250, 251, 253, 277, 282, 295, 299, 300, 327, 332, 334.

Jugement, 11, 35, 52-56, 60, 92, 96, 106-108, 111, 112, 114, 115, 117, 120, 121, 131, 161, 163, 175, 176, 178, 179, 187, 188, 192, 209-211, 213, 221, 234, 237, 243, 252, 253, 255-258, 261, 262, 264-269, 271, 277, 279, 280, 294, 307, 312, 321, 322, 324, 327-330.

Objet en général, 13-21, 23, 25, 63, 135-137, 140, 141, 171, 173, 174, 227, 327, 330, 331.

Réalité : — objective de l'idée, 6, 7, 14-17, 21, 34, 48, 50, 51, 60, 61, 84, 89, 123, 130, 138, 171, 181, 187, 189, 190, 191, 202-204, 207, 215, 221, 222, 241, 325-327, 332 ; — formelle de l'idée, 7, 47, 130, 138, 181, 189, 191, 192, 196, 202, 213-215, 220, 221, 289.

Union de l'âme et du corps, 22, 24, 25, 27, 137, 140, 180, 195, 227, 232, 235, 236, 249-251, 253-255, 259, 263, 266, 268, 272, 273, 275-277, 279, 280, 284, 286, 299, 301, 302, 308, 312-314, 318, 320, 321, 326, 327, 330.

Vérité, 11, 15, 18, 52, 54, 61, 62, 73, 78, 108, 109, 112-114, 118-121, 125, 129, 130, 137-140, 161, 164, 175, 177-179, 182, 186-188, 190, 191, 193, 197, 205, 212, 214, 216, 218-220, 222-224, 226, 238, 240, 243, 260, 269-273, 302, 313, 317, 324, 327-331, 333, 334.

Volonté, 9, 10, 24, 60, 62, 65-67, 69, 84, 109, 117, 121, 133, 145, 158, 173, 176-180, 182, 183, 188, 200, 210-213, 215, 220-223, 226, 245, 250, 255, 260, 269, 276, 280, 296-298, 310-312, 315, 316, 328, 329.

TABLE DES MATIÈRES

INTRODUCTION : L'HORIZON DE LA CORRÉLATION DU SUJET ET DE L'OBJET 5

La question du sujet et l'histoire de l'intentionnalité 5

L'objet des pensées chez Descartes 12

Note d'orientation 26

PREMIÈRE PARTIE

THÉORIES DE L'INTENTIONNALITÉ AU MOYEN ÂGE

CHAPITRE PREMIER : L'INTENTIONNALITÉ PHÉNOMÉNOLOGIQUE ET SES SOURCES SCOLASTIQUES 33

Brentano et les sources scolastiques de l'intentionnalité 35

Husserl et Descartes 49

CHAPITRE II : LE LEXIQUE MÉDIÉVAL DE L'*INTENTIO* 65

Intention et intentionnalité au Moyen Âge 65

Voir et connaître : l'intentionnalité et l'optique des médiévaux 70

CHAPITRE III : LA FORME INTENTIONNELLE 83

Intentionnalité et immatérialité chez Thomas d'Aquin 84

Modification naturelle et modification spirituelle............................. 90

L'objet et la fin de la connaissance 110

CHAPITRE IV : L'INTENTIONNALITÉ ET LE MODE DE PRÉSENCE DES OBJETS 123

Présence objective et représentation selon Duns Scot 123

Descartes, le transcendantal et la vérité 130

CHAPITRE V : PRÉSENCE, PRÉSENTIALITÉ, ET MODE D'APPARAÎTRE 143

La présentialité... 145

Guillaume d'Ockham et la critique de l'être intentionnel 156

DEUXIÈME PARTIE
SUJET ET OBJET DANS LE CARTÉSIANISME

CHAPITRE VI : LA PRÉSENCE OBJECTIVE DANS LE CARTÉSIANISME 171
Chose et objet selon Descartes 171
La perception et l'idée chez Descartes 181
La perception et l'idée chez Malebranche et Arnauld 192
L'idée de moi-même et l'idée de l'infini chez Descartes 214
CHAPITRE VII : INTENTIONNALITÉ ET PERCEPTION 229
Le statut explicatif du dualisme 232
La vision et les images 237
La perception et le jugement 253
CHAPITRE VIII : LA MÉMOIRE ET LE RAPPORT À SOI 279
Les traces et les plis : la mémoire corporelle comme habitude 284
Les espèces de la mémoire intellectuelle ou la mémoire comme reconnaissance 299
La représentation du passé 317

CONCLUSION 325

OUVRAGES CITÉS 335
INDEX NOMINUM 347
INDEX RERUM 349
TABLE DES MATIÈRES 351

Imprimerie de la Manutention à Mayenne (France) - Mai 2012 - N° 895197R
Dépôt légal : 1er trimestre 2012